高等职业教育财务会计类富媒体智能型 · 工学结合系列教材

财务大数据分析

CAIWU DASHUJU FENXI

杨华　主编

东北财经大学出版社
Dongbei University of Finance & Economics Press
大连

图书在版编目（CIP）数据

财务大数据分析 / 杨华主编. —大连：东北财经大学出版社，2024.11
（高等职业教育财务会计类富媒体智能型·工学结合系列教材）
ISBN 978-7-5654-4987-1

Ⅰ.财… Ⅱ.杨… Ⅲ.财务管理-数据处理-高等职业教育-教材 Ⅳ.F275

中国国家版本馆CIP数据核字（2024）第078956号

东北财经大学出版社出版
（大连市黑石礁尖山街217号 邮政编码 116025）
网 址：http://www.dufep.cn
读者信箱：dufep@dufe.edu.cn

大连图腾彩色印刷有限公司印刷 东北财经大学出版社发行

幅面尺寸：185mm×260mm 字数：362千字 印张：15.25
2024年11月第1版 2024年11月第1次印刷

责任编辑：王天华 责任校对：那 欣
封面设计：原 皓 版式设计：原 皓

定价：42.00元

教学支持 售后服务 联系电话：（0411）84710309

如有印装质量问题，请联系营销部：（0411）84710711

前 言

2021年，教育部发布《职业教育专业目录（2021年）》，其中，财经类专业许多都被冠以“大数据”，财务管理专业、会计专业分别更名为“大数据与财务管理”专业、“大数据与会计”专业；财政专业、税务专业合并更名为“财税大数据应用”专业。业财融合是新时代财务人员转型的方向，传统的财务会计将向业务发展转变，这也是财会专业高素质人才的必经之路。业财税融合人才，不再是单纯地提供数据报表，更重要的是，要从财务数据中提炼出有价值的信息，并基于大数据的分析和预测，转化成为企业决策提供有价值的服务。基于此，我们探索编写了本教材，并在校内试用了3个学期。

本教材具有以下特点：

（1）由浅入深。本教材按照“数据获取—数据清洗—数据建模—数据可视化—数据分析与可视化的应用”的思路编写，旨在培养学生财务大数据思维，使学生具有撰写财务与成本分析报告的能力，能应用大数据技术进行业务财务数据收集、清洗、整理、挖掘和可视化输出。

（2）详略得当。对“数据清洗”和“数据建模”重难点内容录制了微课，进行详细介绍；在“数据可视化”部分，统一介绍生成可视化图表和元素布局，以及各种交互操作；在“数据分析与可视化的应用”部分，利用10余个案例，从内部表格、对外报表和财务指标三个方面，介绍了Power BI默认的20余种图表，给出了分析思路，提供了Power BI操作结果文件。正文中穿插的“小贴士”板块，用于提示操作误区或知识拓展。

（3）嵌入思政。将习近平新时代中国特色社会主义思想、党的二十大报告、工匠精神、劳模精神等融入教材，编写了职业素养思考题，培养学生奋进新时代、筑梦新征程的使命和担当。

（4）专创融合。结合课程特点，按模块介绍商业计划书的撰写，利用思维导图介绍写作思路，培养学生创新意识、造就创业人才。

（5）赛证融通。将“大数据与会计”“大数据与财务管理”等专业1+X证书考试、专业技能大赛中的试题进行改编，夯实学生专业基础知识、巩固技能操作方法。

（6）案例丰富。本教材案例操作使用的是2024年1月更新后的Power BI软件，而现有网络和教辅参考资料具有滞后性，因此，本教材更贴近实务，学习者更容易上手操作软件。案例编写具有多样性，介绍了在企业内部表格、对外财务报表和财务分析指标中，如何应用Power BI进行数据分析与可视化应用。教材中涉及的Power BI文件资源可登录东北财经大学出版社网站（http：//www.dufep.cn）免费下载。

本教材由淄博职业技术大学杨华教授任主编，山东理工职业学院于蕾副教授、淄博职业技术大学任纪霞副教授和任丹梅讲师任副主编，山东畜牧兽医职业学院孙茜讲师、山东金富矿业有限公司于晓兵注册会计师为教材编写提供了大量建议和指导。具体编写分工如下：杨华编写项目一、项目四和项目五，任纪霞编写项目二，于蕾和任丹梅编写项目三，最后由杨华负责总纂、任纪霞负责校对。

为方便教学，本教材配有课程标准、电子课件、电子教案、题库，以及完成的可视化报告文件等教学资源，任课教师可登录东北财经大学出版社网站（www.dufep.cn）免费下载。此外，我们在本教材中以二维码的形式添加了51个数字化教学资源，用手机扫一扫即可直接观看。为方便查找，书后特增加了"数字化教学资源索引"。

本教材参考和引用了国内许多作者的观点和有关资料，在此谨向相关作者表示深深的谢意。因作者水平有限，书中疏漏之处在所难免，恳请广大读者指正。

编　者

2024年11月

目 录

项目一

大数据与商业智能分析工具

知识目标	1. 掌握大数据的含义、特征、类型和应用 2. 熟悉Power BI Desktop的主界面 3. 了解数据和信息的关系
能力目标	具备下载并安装Power BI软件的能力
素养目标	1. 培养持续学习，不断了解、掌握行业新技术、新方法的能力 2. 培养大数据思维，践行“数字中国”使命 3. 培养敢闯会创的创新创业思维

任务一　大数据

情景导入

19世纪，在克里米亚战争期间，南丁格尔在分析士兵死伤情况时绘制了玫瑰图（如图1-1所示），用来说明并比较战地医院伤患因各种原因死亡的人数，每块扇形代表着各个月份的死亡人数，面积越大代表死亡人数越多。

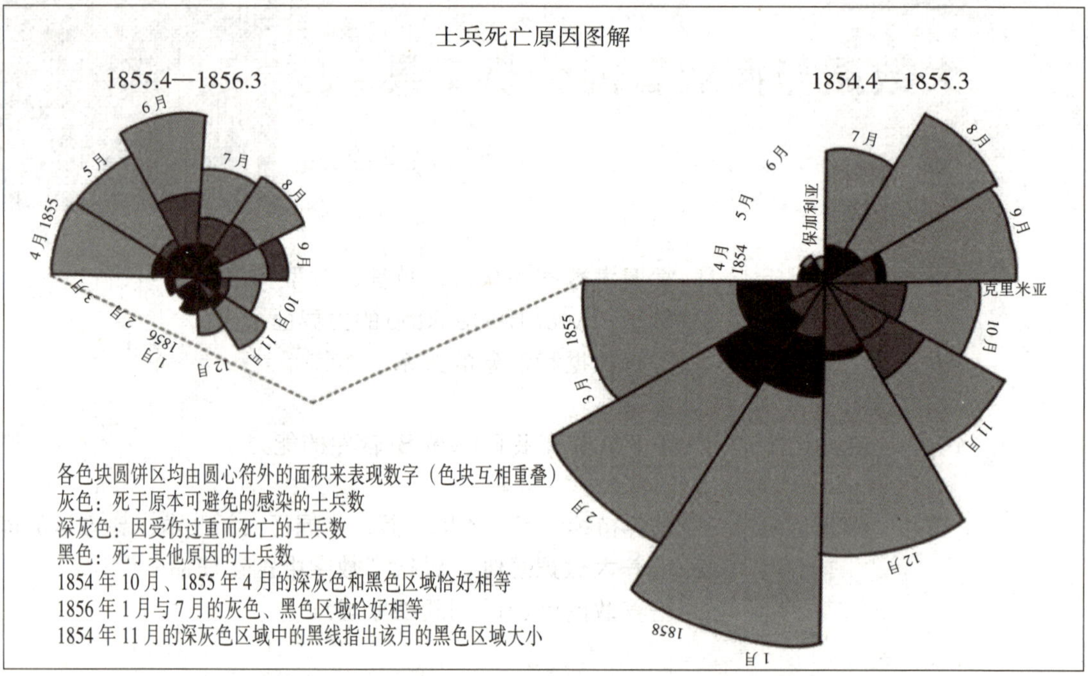

图1-1　南丁格尔的玫瑰图

图片来源：徐桂兴. 5.12“国际护士节”：医学博士聊护理学创始人的南丁格尔玫瑰图［EB/OL］.［2024-09-01］.https：//www.familydoctor.com.cn/encyclopedia/a/202105/2677882.html.

【请思考】玫瑰图具有什么作用？

知识学习

一、数据和信息

（一）数据和信息的含义

数据（Data），是事实或观察的结果，是对客观事物的逻辑归纳，是用于表示客观事物的未经加工的原始素材。承载数据的形式有很多，不仅包括文字、数字、符号、图像、语音、视频，也可以是对某个事物的属性、数量、位置、关系的抽象表示。例如，大气的温湿度、汽车的行驶路线、学生的档案记录、商务合同等，这些都是数据。我们平时用电子设备看新闻、拍照片、买东西、打游戏，本质上都是在和数据打交道。在计算机系统中，它们是一连串包含有0和1的二进制数的组合。

数据经过加工后就成为信息（Information），信息是一组数据，根据给定的要求以有意义的方式进行处理。信息在给定的上下文中进行处理、结构化或呈现，以使其有意义和有用。信息赋予数据意义并提高数据的可靠性，当数据转化为信息时，它永远不会有任何无用的细节。例如，当人们在研究甲骨文时，上面记录的符号仅仅是一些数据。要读懂这些数据，就必须了解数据背后要表达的含义。一旦对数据作出解释，我们就能得到甲骨文上的信息。无论是数字、字符或它们的组合，如果我们无法解读，就不能称其为信息。判断信息有一个重要的标准，就是看它是否承载了有用的内容。无论是石头上刻的画、纸上写的字、墙上的涂鸦还是电脑中的文件，只要它们能表达确切的含义，就能被认为是信息。

（二）数据和信息的关系

数据和信息是不可分离的，数据是信息的表达，信息是数据的内涵。数据本身没有意义，数据只有对实体行为产生影响才能成为信息。数据和信息的关系，见表1-1。

表1-1　数据和信息的关系

参数	数据	信息
描述	定性或定量变量，有助于发展想法或结论	一组承载新闻和意义的数据
格式	采用数字、字母或一组字符的形式	想法和推论
代表于	可以是结构化的，如表格数据、图形、数据树等	基于给定数据的语言、想法和思想
意义	没有任何特定目的	具有通过解释数据而分配的含义
相互关系	收集的信息	已处理的信息
特征	是一个单位、原始的，本身没有任何意义	是共同具有逻辑意义的数据的产物和组合
依存	从不依赖于信息	取决于数据
测量单元	以位（Bit）和字节（Byte）为单位	以有意义的单位（如时间、数量等）进行测量
支持决策	不能用于决策	广泛用于决策
包含	未加工的原始要素	以有意义的方式处理
知识水平	是低级知识	是第二层次的知识
特征	是组织的财产，不向公众出售	可向公众出售
属地	取决于收集数据的来源，从来都不是根据用户的特定需求而设计的	取决于数据，始终特定于用户的要求和期望，因为在转换过程中，所有不相关的事实和数据都会被删除

续表

参数	数据	信息
举例	巡演乐队的门票销售	按地区和地点划分的销售报告，提供了“哪个场地对该业务有利可图”的信息
意义	本身并不重要。数据基于记录和观察，存储在计算机中或由人记住	本身就很重要。信息被认为比数据更可靠，它有助于研究人员进行适当的分析
效用	研究人员收集的数据可能有用，也可能没有用	信息是有用和有价值的，因为它随时可供研究人员使用

（三）数据的发展

从人类文明之初的“结绳记事”，到文字发明后的“文以载道”，再到近现代科学的“数据建模”，数据一直伴随着人类社会的发展变迁，承载了人类基于数据认识世界的努力和取得的巨大进步。然而，直到以电子计算机为代表的现代信息技术出现后，为数据处理提供了自动的方法和手段，人类掌握数据、处理数据的能力才实现了质的跃升。信息技术及其在经济社会发展方方面面的应用，推动数据成为继物质、能源之后的又一种重要战略资源。

如今，数据正改变我们的工作、生活和娱乐方式。我们的各种行为每时每刻都在产生大量数据。我们上网的浏览记录、交易记录，行走数据、衣食住行等各种行为数据，可以帮助我们彼此建立更多和更深的联系，并让我们更快、更轻松地获取产品和服务。伴随而来的是数据的爆炸式增长，据国际信息技术咨询企业——国际数据公司（IDC，International Data Corporation）的报告，2020年全球数据存储量将达到44ZB（10^{21}B），到2030年将达到2 500ZB。

【学思课堂】2023年2月，中共中央、国务院印发《数字中国建设整体布局规划》，指出：“建设数字中国是数字时代推进中国式现代化的重要引擎，是构筑国家竞争新优势的有力支撑。加快数字中国建设，对全面建设社会主义现代化国家、全面推进中华民族伟大复兴具有重要意义和深远影响。”

二、大数据的含义、特征、类型和应用

（一）大数据的含义

大数据（Big Data），或称巨量数据、海量数据、大资料，是指所涉及的数据量规模巨大到无法通过人工在合理时间内达到收集、管理、处理和使用，并整理成为人类所能解读的信息。

大数据就在我们身边，如影随形，与每个人的吃住行都分不开。在浏览网页时，嵌入页面的广告内容是基于大数据用户画像系统进行的精准广告推荐；当出行呼叫专车时，呼叫者与专车之间的匹配是基于位置、距离、评分、拼车等多个参数进行的大数据精准匹配模型运算出来的结果。一分钟能产生多少数据？在互联网的一分钟里，电子邮件用户可以发送204 166 677封邮件，消费者在网上花费的金额达到272 070美元！

大数据代表着数据从量到质的变化过程，代表着数据作为一种资源在经济与社会实践中扮演着越来越重要的角色，相关的技术、产业、应用、政策等会与之互相影响、互为促

进。从技术角度来看，这种数据规模质变后带来新的问题，即数据从静态变为动态，从简单的多维度变成巨量维度，而且其种类日益丰富，超出当前分析方法与技术能够处理的范畴。然而，大数据发展的最终目标还是挖掘其应用价值，没有价值或者没有发现其价值的大数据从某种意义上讲是一种冗余和负担。

大数据分析（Big Data Analysis），就是将海量混杂的数据，通过利用各类手段统一协调成一个有机整体，然后以不同的可视化分析工具直观呈现给用户，让其通俗易懂地发现数据中的一些关键因素点，以保障相关人员提升工作效率及分析数据核心指标，并且为企业带来收益价值点。这是一个用数据说话的时代，也是一个依靠数据竞争的时代。目前世界500强企业中，几乎所有的公司都建立了数据分析部门。IBM、微软、Google、阿里巴巴等知名公司都积极投资数据业务，建立数据部门，培养数据分析团队。各国政府和越来越多的企业意识到数据和信息已经成为企业的智力资产和资源，数据的分析和处理能力正在成为日益倚重的技术手段。

（二）大数据的特征

大数据具有数据量大、数据种类多、数据价值密度低、数据产生和处理速度快等4个主要特征（如图1-2所示）。

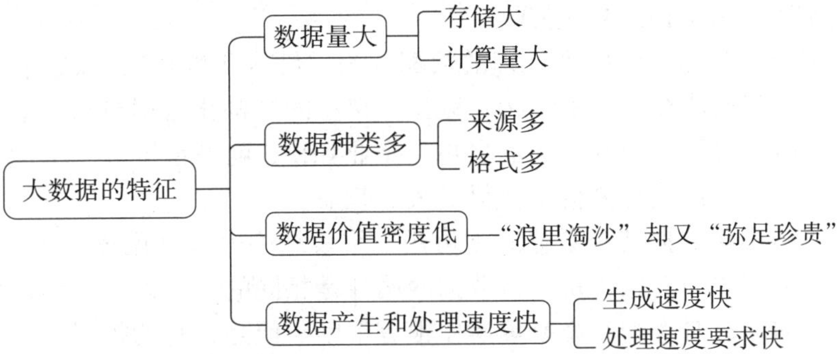

图1-2　大数据的特征

1.数据量大（Volume）

数据量大是大数据的首要特征。传感器、物联网、工业互联网、车联网、手机和平板电脑等，无一不是数据来源或者承载的方式。当今的数字时代，人们日常生活，如微信、QQ、上网搜索和购物等，都在产生着数量庞大的数据。这表现为大数据不再以GB或TB为单位来衡量，而是以PB（1 024TB）、EB（1 024^2TB）或ZB（1 024^3TB）为计量单位。

2.数据种类多（Variety）

大数据不仅体现在量的急剧增长，数据类型亦很多样，可分为结构化、半结构化和非结构化数据。有报告称，全世界结构化数据和非结构化数据的增长率分别是32%和63%，网络日志、音视频、图片、地理位置信息等非结构化和半结构化数据量占比达到80%左右，并在逐步提升。产生人类智慧的大数据往往就是这些非结构化数据。

3.数据价值密度低（Value）

大数据的重点不在于其数据量的增长，而是在信息爆炸时代对数据价值的再挖掘。如何挖掘大数据的有效信息，是至关重要的。价值密度的高低与数据总量的大小成反比。以视频为例，一部1小时的视频，在连续不间断的监控中，有用数据可能仅有一两秒。如何通过强大的机器算法更迅速地完成数据的价值“提纯”，成为目前大数据背景下亟待解决的难题。

4.数据产生和处理速度快（Velocity）

美国互联网数据中心指出，企业数据正在以55%的速度逐年增长，互联网数据每年将增长50%，每两年便将翻一番。数据价值除了与数据规模相关，还与数据处理速度成正比关系，也就是，数据处理速度越快、越及时，其发挥的效能和价值就越大。在数据处理速度方面，有一个著名的“1秒定律”，即要在秒级时间范围内给出分析结果，超出这个时间，数据就失去价值了。

（三）大数据的类型

根据内容的不同，大数据可以分为结构化数据、非结构化数据和半结构化数据三类。其中，结构化数据仅占到全部数据量的20%，其余80%都是以文件形式存在的非结构化和半结构化数据，日志文件、机器数据等又占据非结构化数据的90%。针对结构化数据存在成熟的分析工具，但用于挖掘非结构化数据的分析工具正处于萌芽和发展阶段。

1.结构化数据（Structured Data）

可以以固定格式存储、访问和处理的数据称为“结构化数据”，如数字、符号等。在日常工作生活中，我们能经常见到结构化数据，典型的结构化数据包括：信用卡号码、日期、财务金额、电话号码、地址、产品名称、企业ERP、财务系统等。结构化数据采用类似的格式，企业可以通过执行分析来获得最大的收益。

简单来说，结构化数据就是数据库，可用二维表结构表示（见表1-2），以行为单位，一行数据表示一个实体的信息，每一行数据的属性是相同的。所以，结构化数据的存储和排列是很有规律的，这对查询和修改等操作很有帮助。但是，它的扩展性不好。比如，如果字段不固定，则利用关系型数据库是比较困难的。

表1-2　　　　二维表

人员ID	销售代表	性别	销售经理	工作店铺
A1001	李晨佳	男	张晓鹏	101
A1016	何嘉欣	女	庞涓涓	102
A1120	牛袁鹏	男	崔洁凤	103
A1002	王德林	女	崔洁凤	103

2.非结构化数据（Unstructured Data）

任何以未知形式或结构出现的数据都属于非结构化数据，如音频、视频、图片、图像、文档和文本等（见表1-3）。用户散落在论坛、微博、微信或其他渠道发表的关于产品的各种评价或吐槽就是非结构化数据。国内的企业级客户在进行大数据分析时，仍以分析结构化数据为主。处理非结构化数据并对其进行分析以获取数据驱动的答案是一项艰巨的任务，因为它们来自不同类别，将它们放在一起只会使情况变得更糟。

表1-3　典型的非结构化数据

形式		来源
人为生成	文本文件	文字处理、电子表格、演示文稿、电子邮件、日志
	社交媒体	来自新浪微博、微信、QQ、Meta、Twitter等平台的数据
	网站	YouTube，Instagram，照片共享网站
	移动数据	短信、位置等
	通信	聊天、即时消息、电话录音、协作软件等
机器生成	卫星图像	天气数据、地形、军事活动
	科学数据	石油和天然气勘探、空间勘探、地震图像、大气数据
	数字监控	监控照片和视频
	传感器数据	交通、天气、海洋传感器

许多企业已经意识到，结构化数据仅仅是企业所拥有数据的一小部分。与业务信息系统中大量用于交易记录、流程控制和统计分析的结构化数据相比，非结构化数据具有某种特定和持续的价值，这种价值在共享、检索和分析等使用过程中得以产生和放大，并最终对企业业务和战略产生影响。

结构化数据与非结构化数据的区别，见表1-4。

表1-4　结构化数据和非结构化数据比较

项目	结构化数据	非结构化数据
显示方式	可以显示在行、列，以及关系型数据库中	不可以显示在行、列，以及关系型数据库中
典型形式	数字、日期和字符串	图片、图像、音频、视频、文本和文档等
企业数据占比	约占20%的企业数据	约占80%的企业数据
存储空间	需要更少的储存空间	需要更多的储存空间
保护和管理数据	使用遗留方案保护和管理数据更方便	难以用遗留解决方案保护和管理数据

3. 半结构化数据（Semi-structured Data）

半结构化数据，是介于结构化和非结构化之间的数据，如Html、Xml、Json、报表、资源库、Web服务器日志等。其中，Json数据格式如图1-3所示。

```
from dataclasses import dataclass

@dataclass
class User:
    id: str
    phone_number: int

def default(obj):

    if isinstance(obj, User):
        phone_number_str = str(obj.phone_number)
        return {
            'id': obj.id,
            'phone_number': f'{phone_number_str[:3]}xxxx{phone_number_str[-4:]}'
        }

    raise TypeError

demo_json6 = {
    'user1': User(id=str(uuid.uuid4()), phone_number=13966666666)
}

orjson.dumps(demo_json6,
             option=orjson.OPT_PASSTHROUGH_DATACLASS,
             default=default)
```

```
b'{"user1":{"id":"2b386cc6-85e2-4199-aa11-2b1ae2e8fdee","phone_number":"139xxxx6666"}}'
```

图1-3　Json数据格式

半结构化数据是结构化数据的一种形式，但结构变化很大。它一般是自描述的，数据的结构和内容混在一起，没有明显的区分。因为我们要了解数据的细节，所以不能将数据简单地组织成一个文件按照非结构化数据处理，由于结构变化很大也不能够简单地建立一个表和它对应。

比如员工的简历，它不像员工基本信息那样一致，每个员工的简历大不相同。有的员工的简历很简单，比如只包括教育情况；有的员工的简历很复杂，比如包括工作情况、婚姻情况、出入境情况、户口迁移情况、党籍情况和技术技能等，有可能还有一些我们没有预料的信息。通常我们要完整地保存这些信息并不是很容易的，因为我们不会希望系统中的表的结构在系统的运行期间进行变更。

（四）大数据的应用

按照数据开发应用深入程度的不同，可将众多的大数据应用分为三个层次：描述性分析应用、预测性分析应用和指导性分析应用。当前，在大数据应用的实践中，描述性、预测性分析应用多，指导性等更深层次的分析应用偏少。

1.描述性分析应用

描述性分析应用，是指从大数据中总结、抽取相关的信息，帮助人们分析发生了什么，并呈现事物的发展历程。如美国DOMO公司从其企业客户的各个信息系统中抽取、整合数据，再以统计图表等可视化形式，将数据蕴含的信息推送给不同岗位的业务人员和管理者，帮助其更好地了解企业现状，进而作出判断和决策。

2. 预测性分析应用

预测性分析应用，是指从大数据中分析事物之间的关联关系、发展模式等，并据此对事物发展的趋势进行预测。如2013年，经济学家大卫·罗斯柴尔德（David Rothschild）通过收集和分析赌博市场、好莱坞证券交易所、社交媒体用户发布的帖子等大量公开数据，建立预测模型，对多届奥斯卡奖项的归属进行预测。2014年和2015年，模型均准确预测了奥斯卡24个奖项中的21个，准确率高达87.5%。

3. 指导性分析应用

指导性分析应用，是指在前两个层次的基础上，分析不同决策将导致的后果，并对决策进行指导和优化。如无人驾驶汽车分析高精度地图数据和海量的激光雷达、摄像头等传感器的实时感知数据，对车辆不同驾驶行为的后果进行预判，并据此指导车辆的自动驾驶。

【学思课堂】当前，数据已成为与土地、资本、劳动力同等重要的生产要素。发展大数据产业，是发挥我国海量数据规模和丰富应用场景优势、激活数据要素潜能的时代要求，是加快经济发展变革、构建现代化产业体系的必然选择。

【任务实训1-1】

目的：了解大数据在日常生活中的应用。

资料：尿不湿和啤酒。

为了能够准确地了解顾客在其门店的购买习惯，沃尔玛对其顾客的购物行为进行了购物篮关联规则分析，从而知道顾客经常一起购买的商品有哪些。沃尔玛庞大的数据仓库里集合了其所有门店的详细原始交易数据，在这些原始交易数据的基础上，沃尔玛利用数据挖掘工具对这些数据进行分析和挖掘。一个令人惊奇和意外的结果出现了：跟尿不湿一起购买最多的商品竟是啤酒！这是数据挖掘技术对历史数据进行分析的结果，反映的是数据的内在规律。这个结果符合现实情况吗？是否是一个有用的信息？是否有利用价值呢？

为了验证这一结果，沃尔玛派出市场调查人员和分析人员对这一结果进行调查分析。经过大量实际调查和分析，他们揭示了一个隐藏在“尿不湿和啤酒”背后的美国消费者的一种行为模式：在美国，到超市买尿不湿是一些年轻父亲下班后的日常工作，他们中有30%～40%的人在买尿不湿的同时也会为自己买一些啤酒。产生这一现象的原因：一种情况是美国的太太们常叮嘱她们的丈夫不要忘了下班后为小孩买尿不湿，而丈夫们在买尿不湿后又随手带回了他们喜欢的啤酒；另一种情况是丈夫们在买啤酒时突然记起他们的责任，又去买了尿不湿。既然尿不湿和啤酒一起被购买的机会很多，那么沃尔玛就在他们所有的门店里将尿不湿和啤酒并排摆放在一起，结果尿不湿和啤酒的销售量双双增长。按常规思维，尿不湿和啤酒风马牛不相及，若不是借助数据挖掘技术对大量交易数据进行挖掘分析，沃尔玛是不可能发现数据内这一有价值的规律的。

要求：列举你在日常生活中发生的使用大数据的例子。

任务二 商业智能分析工具

情景导入

2023年《政府工作报告》中的几个关键数字，被媒体做成了图片（如图1-4所示）。

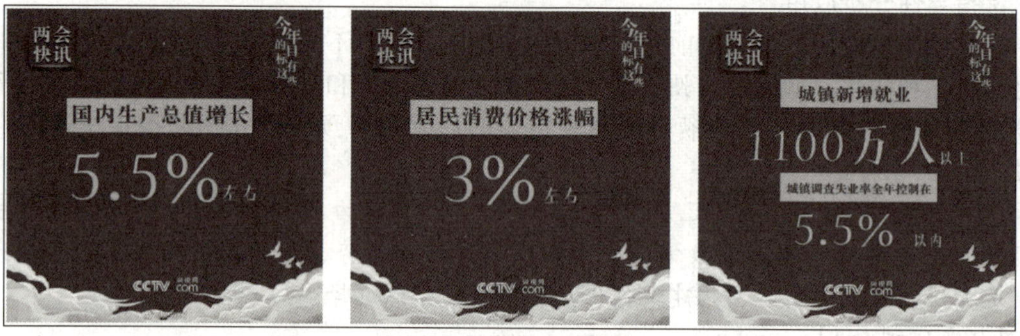

图1-4 《政府工作报告》关键数字可视化

【请思考】与翻阅《政府工作报告》相比，关键数字的可视化有什么效果？

知识学习

一、商业智能与数据可视化

（一）商业智能

从海量数据中获得有用的信息不是一件容易的事，过去获取信息需要花费大量的人力、物力、财力，技术的进步和商业智能的出现使一键获取信息成为可能，省去了获取信息的成本。

商业智能（Business Intelligence，BI），泛指针对大数据的解决方案，可以对来自不同系统的数据进行提取、清理、整合、汇总和分析，帮助企业作出有效的预测和明智的决策。简单来说，商业智能就是一个将数据变成信息的过程。提供商业智能解决方案的著名IT厂商包括微软、IBM、Oracle、SAP等。

数据分析完成以后还需要让别人正确地理解，这难度并不比分析过程小，用传统的图表来表达数据也是一个比较大的工作量，这时数据可视化派上用场了。

【学思课堂】根据Fortune Business Insights发布的报告，2022年全球商业智能市场规模为271.1亿美元，预计到2030年将增长到542.7亿美元。全球商业智能市场增长主要归功于企业内部云端部署、AI/ML服务和分析服务应用增加。智能时代的财务人员需要拥有宽广的视野和足够的专业深度，在智能化的浪潮中提升自我能力。

（二）数据可视化

1. 数据可视化的含义

数据可视化（Data Visualization），是指利用计算机图像处理技术，将数据转换成图像或图像展示于屏幕上，从而实现清晰表达、有效沟通的目的。数据可视化通过对大量数据的有效分析，可以发现数据背后存在的事实真相与规律，然后利用可视化视图手段，显示出数据背后的规律，从而达到方便观察和分析的效果，可为后期的发展指引准确的方向。如图 1–5 所示，通过对厦门景点介绍文本进行词云图绘制，我们很容易看出厦门的特点，厦门是一座典型的海滨休闲城市，帆船、鼓浪屿、游艇等词被大量提及，建筑、博物馆等词也有一定提及，体现出厦门浓厚的人文气息。

图1–5　厦门景点介绍文本词云图

数据可视化的目的是直观地展现数据。例如，让花费数小时甚至更久才能归纳的数据量，转化成一眼就能读懂的指标；通过加减乘除、各类公式权衡计算得到的两组数据差异，在图中通过颜色区分、长短大小的不同表现即能直观地形成对比。

数据可视化是一个沟通复杂信息的强大武器。通过可视化，我们的大脑能更好地抓取和保存有效信息，增加对信息的印象。但如果数据可视化做得较弱，反而会带来负面效果。错误的表达往往会损害数据的传播、曲解和误导用户。所以更需要我们多维地展现数据，而不仅仅是单一层面的数据展现。

数据可视化帮助我们更加直观、清楚地理解数据内在的含义，分析其存在的规律，但我们需要遵循一条原则：可视化的目的是让我们能更加容易地理解数据，因此，并不是越复杂的图形越好。数据可视化的含义见表1-5。

表1-5　数据可视化的含义

序号	方面	含义
1	研究对象及其特点	包括空间、非空间等各种类型的大数据
2	研究目的	将无意义的数据以含义丰富的形式表现出来，便于人们理解或提供启发、挖掘规律的可能
3	主要技术及表达方式	计算机图形、图像
4	交互类型	人机交互

2. 数据可视化的应用

无论何种行业、规模大小，所有企业都在使用数据可视化来解读数据。数据可视化的应用主要包括以下几个方面：

（1）快速理解信息

通过使用商业信息图形，企业能够以清晰、一致的方式查看大量数据，并从该信息中得出结论。由于以图形格式分析信息的速度明显快于分析电子表格中信息的速度，所以企业可以更及时地解决问题或回答问题。

（2）识别关系和模式

即使是大量的复杂数据，在其被以图形方式显示时也会变得容易理解；企业可以识别高度相关的参数。一些相关性将变得显而易见，其他的则不会。识别那些关系可以帮助组织专注于最可能对其最重要目标产生影响的领域。

（3）确定新兴趋势

使用数据可视化来发现业务和市场中的趋势，可以让企业在竞争中占据优势，并最终影响利润。易于发现影响产品质量或客户流失的离群值，并在问题变得更严重之前就对其加以解决。

（4）与他人交流案例

一旦企业从视觉分析中发现了新的洞察，下一步就是将这些洞察传达给其他人。在此步骤中，使用图表、图形或其他具有视觉冲击力的表示形式非常重要，因为它可以吸引人们并迅速传达信息。

二、微软公司商业智能分析工具——Power BI

（一）Power BI简介

Power BI，即微软公司开发的一款商业智能分析工具，它结合了Power Query、Power Pivot、Power View和Power Map等一系列工具的经验成果和功能，不仅仅是在计算机中安装的一个软件，而是一系列的软件服务和应用，这些软件服务和应用协同工作，不管数据是简单的Excel工作簿，还是基于云的数据仓库和本地混合数据仓库的集合，Power BI都可以轻松连接到数据源，简化数据的准备工作，将多种数据源转化为数据模型，形成可交互的可视化报告，并与所需的人共享，从而供企业的相关人士查看和分析数据。

简而言之，Power BI可以从各种数据源中提取数据，并对数据进行整理分析，然后生成可视化图表，并且可以在电脑端、移动端和网页版与他人共享的一个“神器”，如图1-6所示。

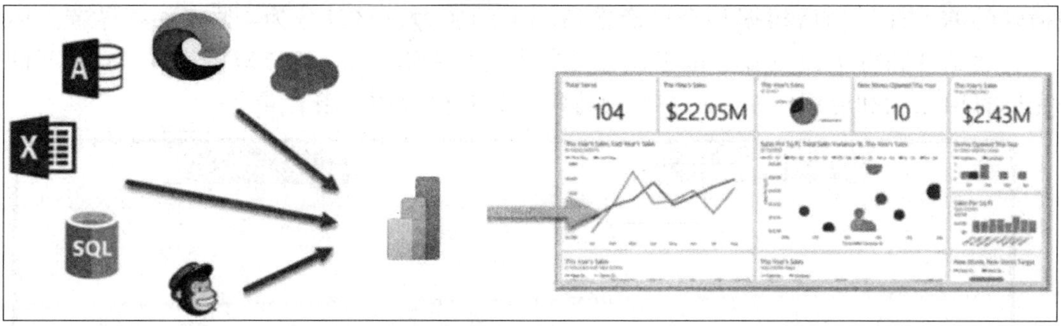

图1-6　Power BI

Power BI包含桌面版Power BI Desktop、在线Power BI服务和移动端Power BI应用（如图1-7所示）。我们学习的时候使用Power BI Desktop已足够，它是Power BI的精髓技能，简单来说，在线Power BI服务和移动端Power BI应用不过是Power BI的分发共享功能而已。Power BI Desktop是免费的，支持各国语言。

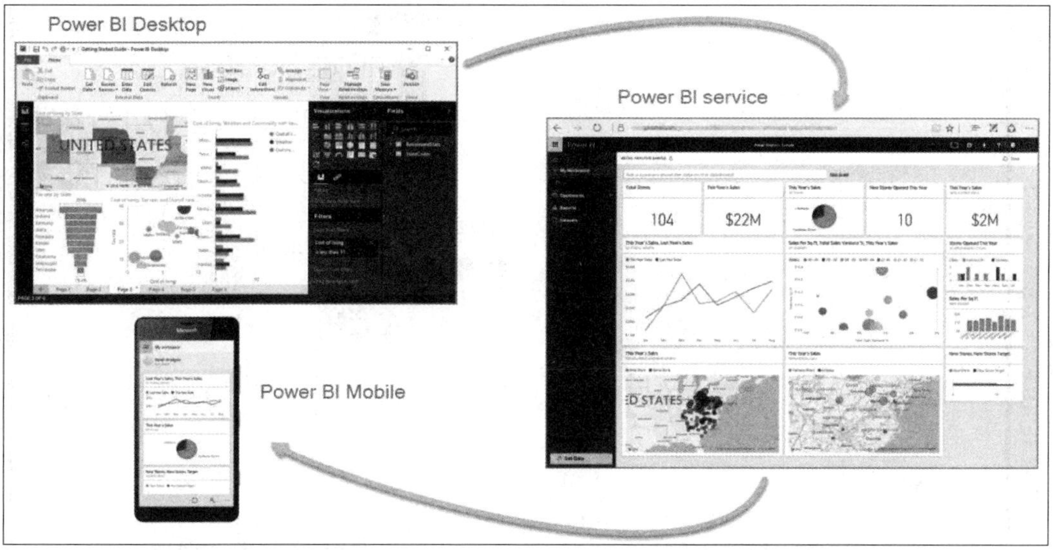

图1-7　Power BI的构成

（二）Power BI的优势

对于大多数人来说，Excel是最常用的数据分析软件，运用它不仅能制作各种各样的表格，对数据进行统计和分析，还能通过图表功能可视化地展示数据。但是Excel并不完美，在处理海量数据时，Excel并不具有优势，Excel的行数被限制在了“1048576”行，而且在可视化展示数据时，运用Excel制作的图表效果也不够专业。虽然微软在Excel中增加了Power Pivot、Power Map、Power View等插件，但是在自动化办公方面，这些插件的操作并不简单。如果使用Power BI，只需简单几步，即可快速实现对数据的分析和可视化展示。Power BI与Excel都是微软公司出品的软件，其根源上有很多相通之处，因此从Excel过渡到Power BI并不困难。下面结合Power BI的功能来介绍其优势。

1. 处于行业领导者地位

全球最具权威性的IT研究与顾问咨询公司Gartner制作的2023年商业智能和分析平台的魔力象限图如图1-8所示。该机构评价了商业智能和分析平台的厂商，即纵轴的执行力和横轴的前瞻性。随后根据每个厂商在市场上的实力，将其分为4类——领导者、挑战者、有远见者和特定领域者。位于领导者象限的厂商有7家，在7家中，Microsoft不仅具备完整的BI架构和应用体系，还在可视化领域具有很大的突破。

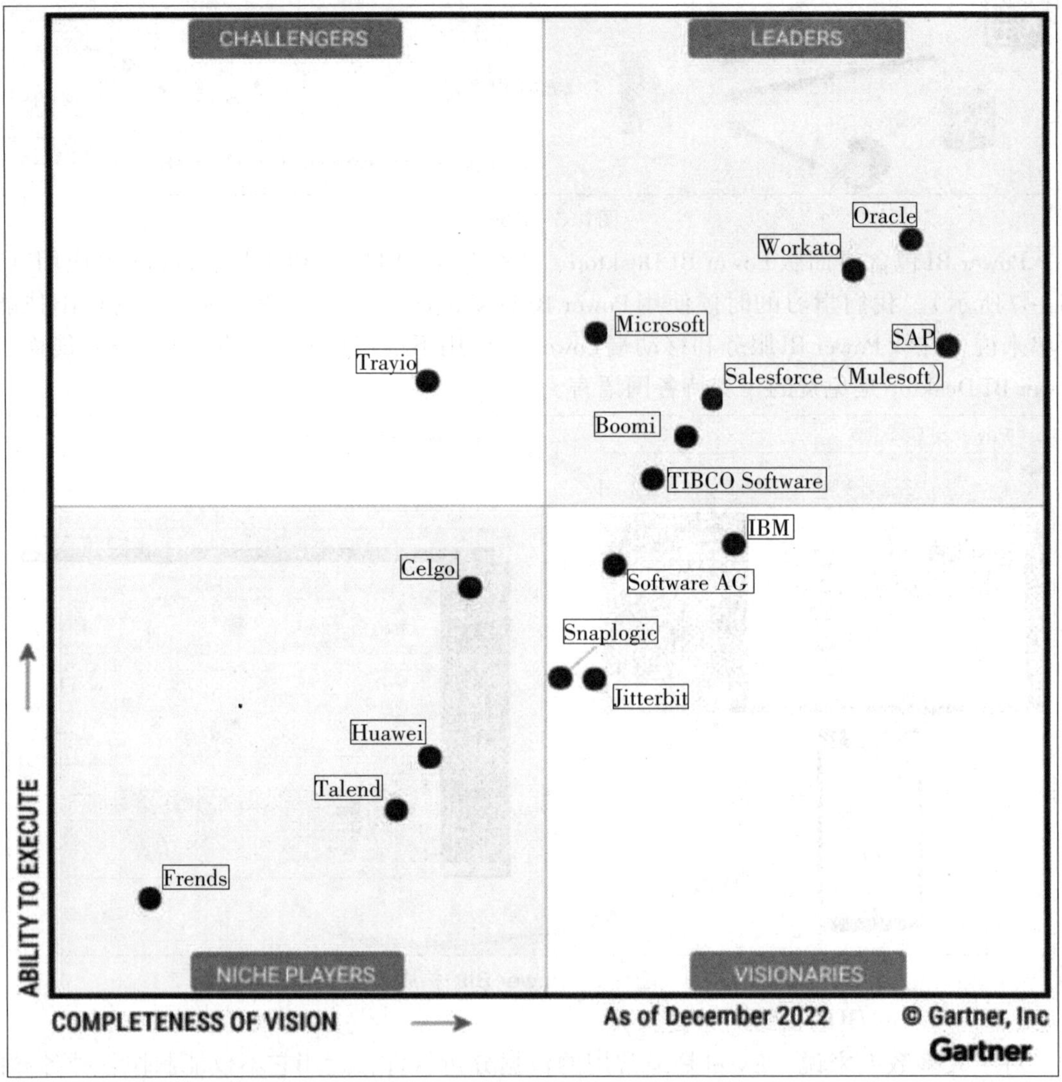

图1-8 2023年商业智能和分析平台的魔力象限图

2. 可连接数百个数据来源

Power BI可以从数百个本地和基于云的数据源（如SQL、Excel和SharePoint等）访问数据，而且能够访问的数据源还在不断增加，可以满足各行各业用户的需求，Power BI可连接的部分数据源如图1-9所示。此外，Power BI在处理数据量较大的数据时效率很高，不会出现像Excel在处理大量数据时速度慢或卡“死”的现象。

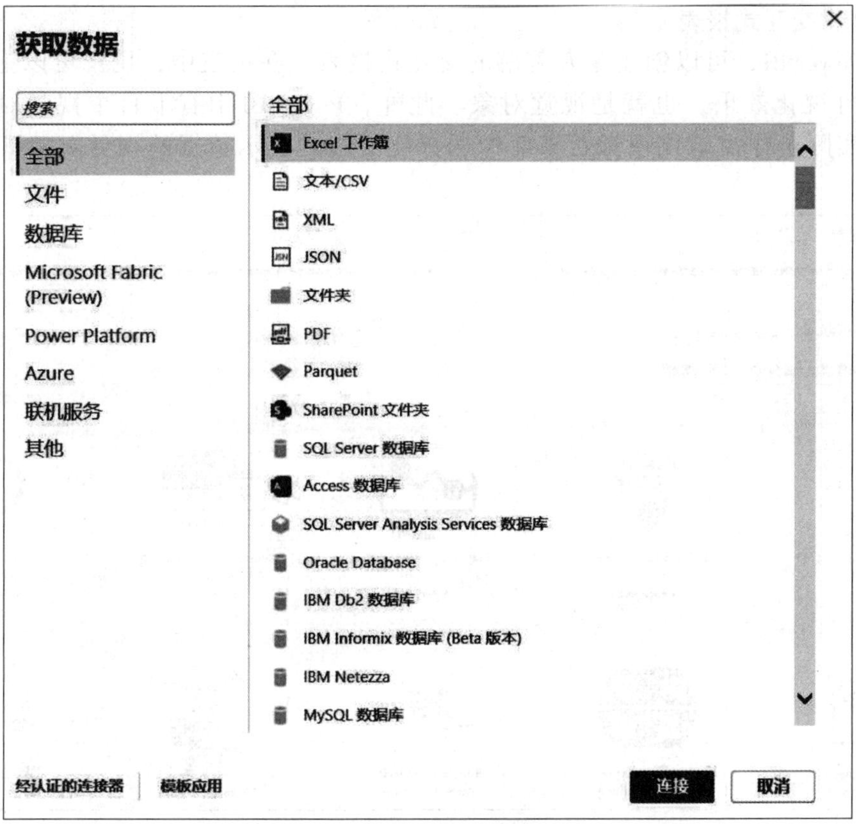

图1-9　Power BI可连接的数据源

3. 软件更新频率高

Power BI的更新频率非常高，几乎每月更新一次（如图1-10所示）。Power BI每次更新都会在原有基础上新增和完善一些功能，并修复一些漏洞，使用户使用该软件的体验更好。

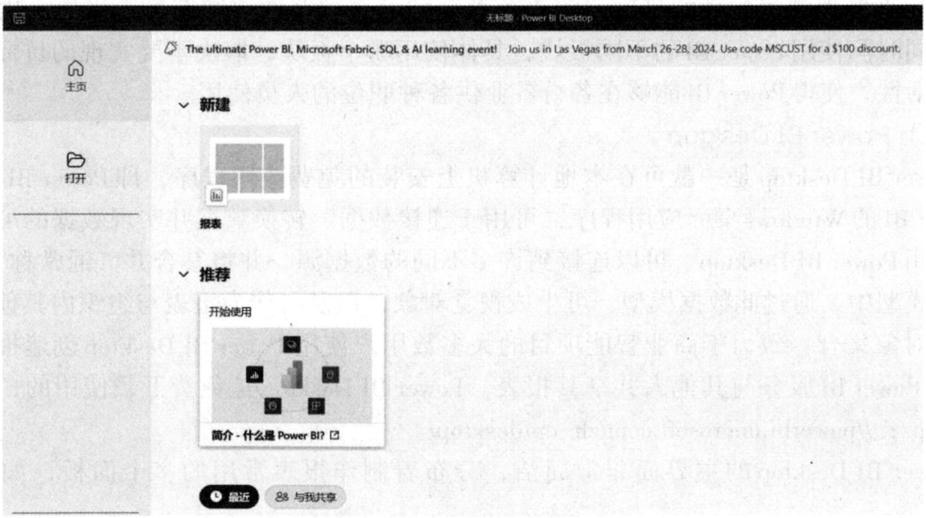

图1-10　Power BI登录界面

4. 可创建交互式报表

利用Power BI，可以创建令人震撼的交互式报表。在报表中，用户可以拖放画布中制作好的可视化效果，也就是视觉对象。此外，Power BI中有上百个视觉对象，用户可以根据实际工作需求在视觉对象库中选择能够直观展示数据的视觉对象（如图1-11所示）。

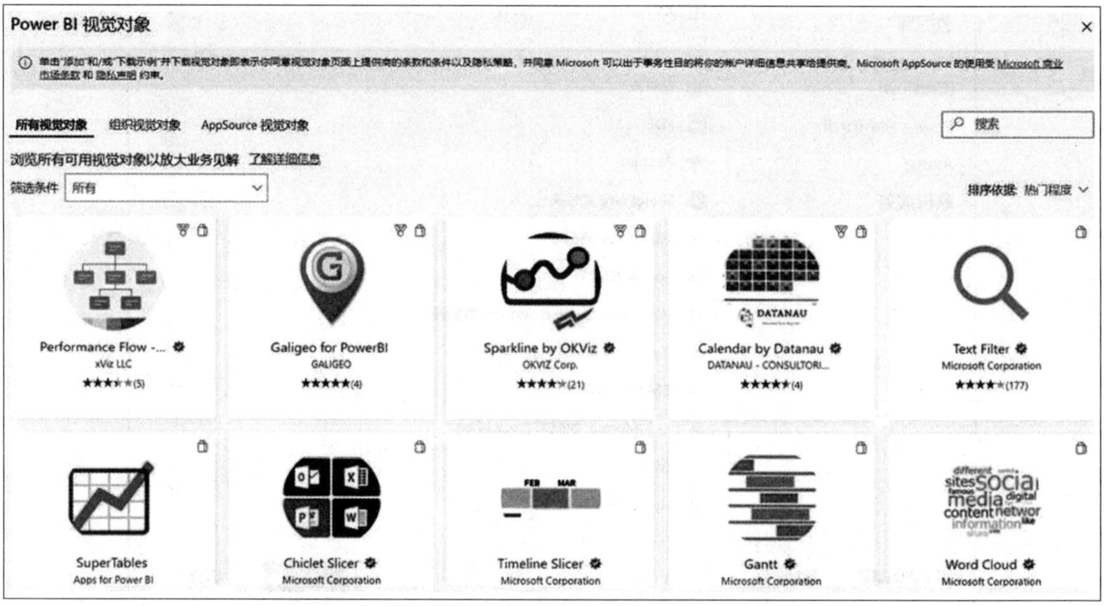

图1-11 视觉对象库

5. 可根据角色与工作匹配

使用Power BI时，用户可以根据需要与他人共享数据，还能根据自己在项目中的角色或所在团队的工作性质，从不同方面查看报表数据。例如，负责处理数据和生成业务报表的人员可能主要使用Power BI Desktop来创建报表；负责销售的人员可能主要使用Power BI Mobile来监视销售配额的进度，深入了解新的潜在顾客的详细信息。当然，用户也可能在不同时间使用Power BI的不同板块，具体使用哪个板块，取决于要实现的目标。正是这种灵活性，使得Power BI能够在各行各业供各种职位的人员使用。

（三）Power BI Desktop

Power BI Desktop是一款可在本地计算机上安装的免费应用程序，即Power BI Desktop是Power BI的Windows桌面应用程序，可用于连接数据、转换数据并实现数据的可视化效果。使用Power BI Desktop，可以连接到许多不同的数据源，并将其合并（通常称为建模）到数据模型中。通过此数据模型，可生成视觉对象，以及可作为报表与组织内其他人共享的视觉对象集合。致力于商业智能项目的大多数用户使用Power BI Desktop创建报表，然后使用Power BI服务与其他人共享其报表。Power BI Desktop是免费下载使用的，下载网站为https：//powerbi.microsoft.com/zh-cn/desktop/。

Power BI Desktop的主界面非常简洁，分布着制作报表常用的多个面板，如图1-12所示。

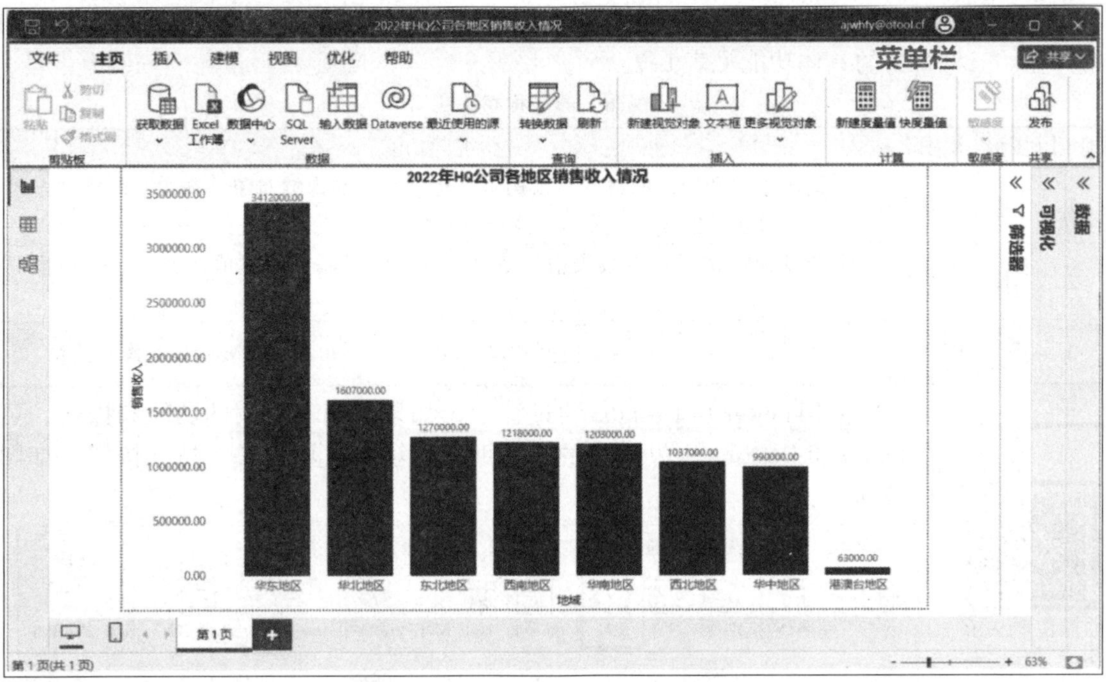

图1-12　Power BI Desktop主界面

主界面各面板的名称和功能见表1-6。

表1-6　主界面各面板的名称和功能

序号	名称	功能
1	快速访问工具栏	存放最常用的按钮，如“保存”“撤销”等
2	标题栏	显示当前报表的名称，如“2022年HQ公司各地区销售收入情况”
3	账户登录	用户使用工作邮箱登录Power BI
4	窗口控制按钮	可对当前窗口进行最大化、最小化和关闭操作
5	菜单栏	以“选项卡”和“组”的形式分类组织功能按钮，便于用户快速找到所需功能
6	视图按钮	用于切换视图，包括“报表”“表格”“模型”三种视图
7	画布	可在其中创建和排列视觉对象
8	“筛选器”窗格	用于查看视觉级、页面级和报告级筛选器，对可视化图表对象之间的编辑交互范围进行控制
9	“可视化”窗格	提供了饼图、折线图、散点图、地图、切片器等可视化图表类型，可以设置可视化图表的参数和格式
10	“数据”窗格	显示导入的数据源的表名、列字段和度量值，根据需要将相应的列字段和度量值拖放到“可视化”窗格的参数设置中或“筛选器”窗格的筛选设置中，用以创建动态可视化效果
11	页面选项卡	用于选择或添加报表页

主界面左侧自上而下排列的三种视图按钮用于切换视图，在不同的视图下可进行不同的操作。三种视图的具体功能见表1-7。

表1-7　　“视图”的名称和功能

序号	图标	视图名称	视图功能
1		报表视图	可使用创建和导入的数据表来构建具有吸引力的视觉对象，并按照期望的方式排列。报表可包含多个页面，并可与他人共享
2		表格视图	以数据模型格式查看报表中的数据，在其中可添加度量值、创建新列和管理关系
3		模型视图	以图形方式显示已在数据模型中建立的关系，并可根据需要管理和修改关系

1-1 微课

如何在Power BI中使用“帮助”功能

在使用Power BI Desktop的过程中，如果遇到不了解的功能和操作，可在Power BI Desktop主界面中的“帮助”选项卡下单击“支持”按钮，如图1-13所示。

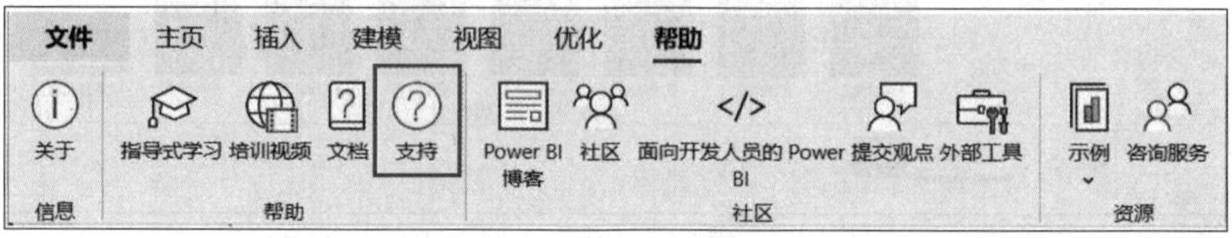

图1-13　“帮助”按钮

此时，会打开浏览器。在“支持”网页中，点击“技术文档”，在搜索框中输入要查看的内容关键词，单击“搜索”按钮，即可搜索出与关键词相关的内容链接，单击要查看的内容链接，在新的网页中可看到该链接的具体内容，如图1-14所示。

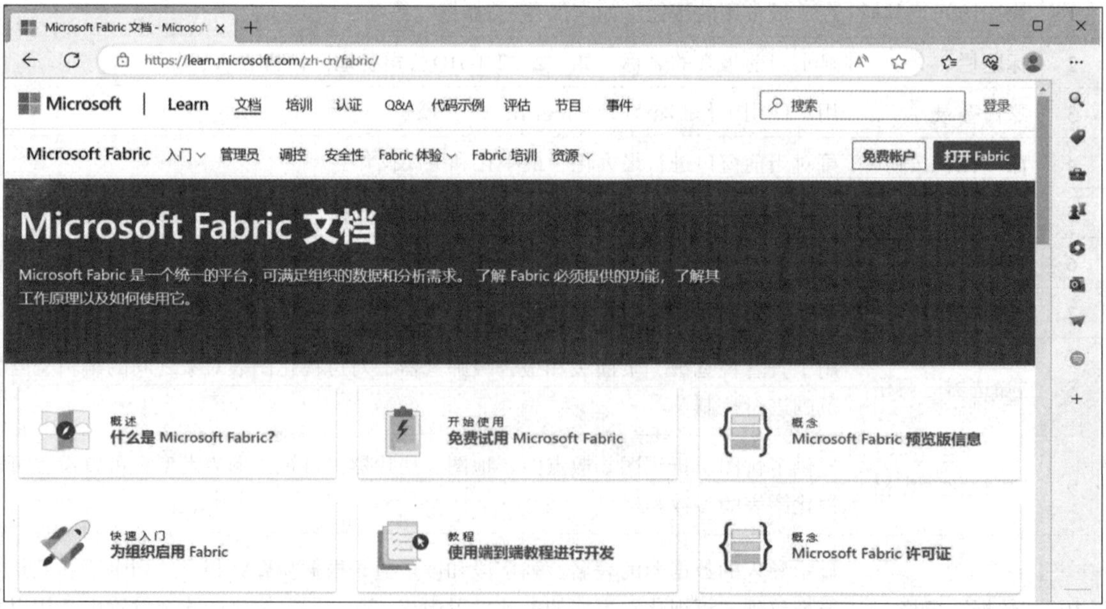

图1-14　打开的“技术文档”界面

三、大数据分析与可视化的步骤

使用Power BI进行大数据分析与可视化，应遵循6步，如图1-15所示。

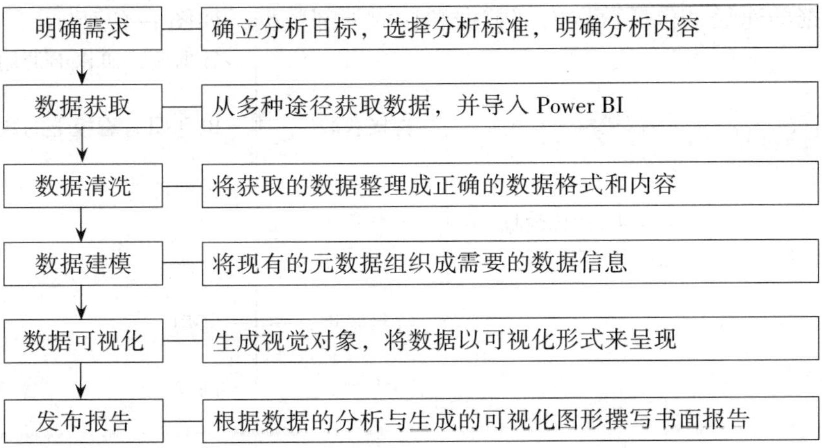

图1-15　大数据分析与可视化的步骤

（一）明确需求

数据分析与可视化的目的，是把隐藏在一些看似杂乱无章的数据背后的信息提炼出来，总结研究对象的内在规律。在实际工作中，数据分析与可视化能够帮助管理者进行判断和决策，以便采取适当策略与行动。例如，为什么本月的销售额下降了？员工在每月中旬，甚至上旬就能完成当月的业绩，是好还是坏？数据分析与可视化的一切工作都是围绕着分析目标展开的，只有明确分析需求，才能清楚需要解决的问题，进而有针对性地收集数据，解决问题。

（二）数据获取

使用Power BI Desktop，第一步为获取数据，可从Power BI Desktop连接到多个不同数据源，如图1-16所示。

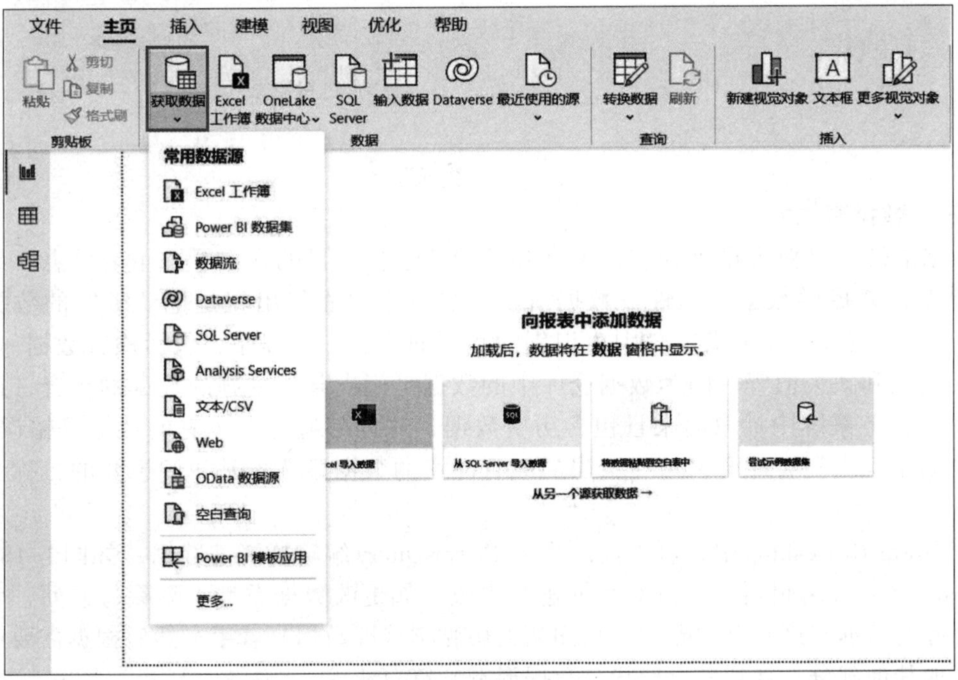

图1-16　获取数据

获取数据的途径，包括获取内部数据和获取外部数据，如图1-17所示。

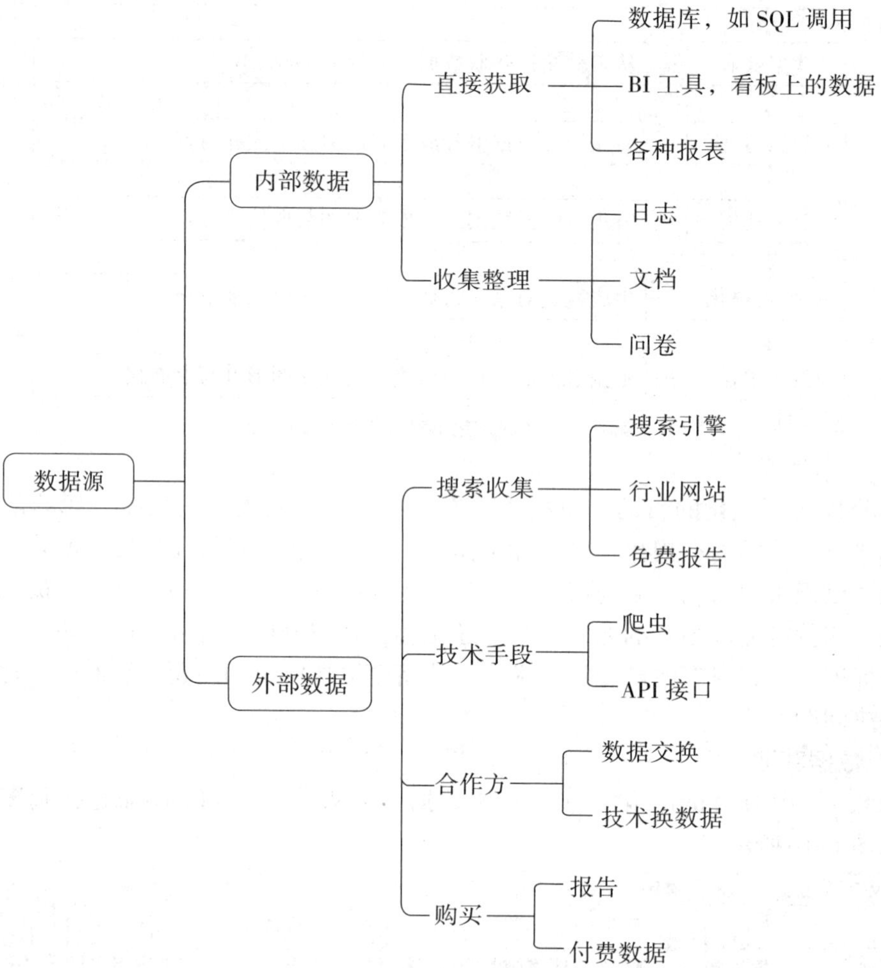

图1-17 数据源

（三）数据清洗

数据清洗，是对数据进行重新审查和校验的过程，目的在于删除重复信息、纠正存在的错误，并提供数据一致性。数据清洗从名字上也看得出就是把“脏”的数据“洗掉”，这是发现并纠正数据文件中可识别的错误的最后一道程序，包括检查数据一致性，处理无效值和缺失值等。因为数据仓库中的数据是面向某一主题的数据的集合，这些数据从多个业务系统中抽取而来且包含历史数据，这样就避免不了有的数据是错误数据、有的数据相互之间有冲突，这些错误的或有冲突的数据显然不是我们想要的，称为“脏数据”。

在Power BI Desktop中，可以使用内置Power Query编辑器清洗数据，如图1-18所示。使用Power Query编辑器，可以对数据进行更改，如更改数据类型、删除行或列、合并来自多个源的数据。这有点像雕刻，我们从大块黏土（即数据）着手，然后根据需要进行刮削或添加其他部分，直到黏土形状（数据形态）符合要求。

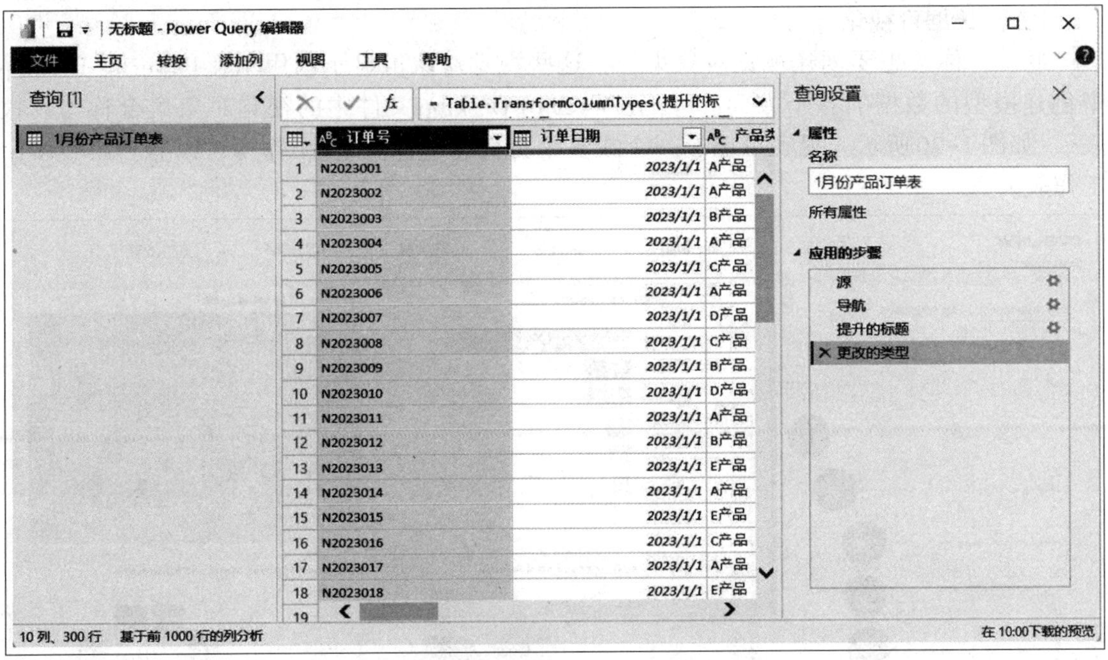

图1-18　Power Query编辑器

做好数据清洗工作，形成好的数据源是数据分析与可视化的重要前提。同时，数据清洗也是数据分析与可视化过程中最为烦琐和最耗时的一步，它几乎占用了数据分析与可视化60%~80%的时间。数据清洗的路径，如图1-19所示。

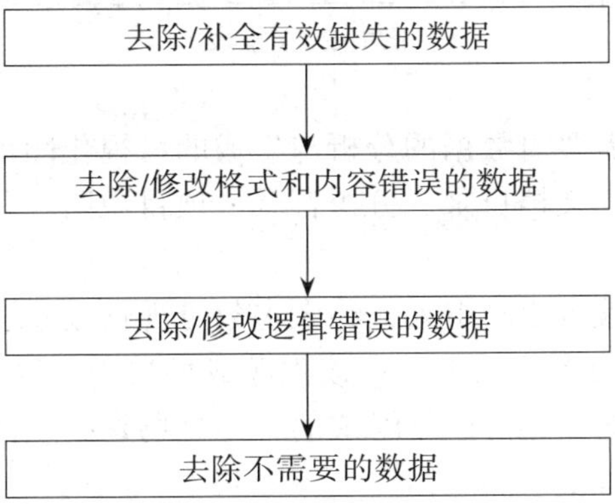

图1-19　数据清洗的路径

（四）数据建模

Power BI处理的数据表往往是多个的，通过多个表中的数据及其关系来执行一些复杂的数据分析任务，这一过程就叫数据建模。一个良好的数据模型可以将多个表像一个表一样使用。

数据建模是数据分析与可视化过程中最具有技术含量的核心工作，也是最能考察一个分析人员分析能力的步骤，对待同一份数据，不同的分析人员会有着不同的见解，得出的结果也不尽相同，这不仅需要我们积累业务经验提高对数字的敏感度，同时也需要我们提高对工具的熟练度。

（五）数据可视化

通常，你会想要创建视觉对象集合，这些视觉对象可显示已用于在Power BI Desktop中创建模型的数据的各个方面。一个Power BI Desktop文件中的视觉对象集合称为“报表”，如图1-20所示。报表可以有一个或多个页面，就像Excel工作簿可以有一个或多个工作表。

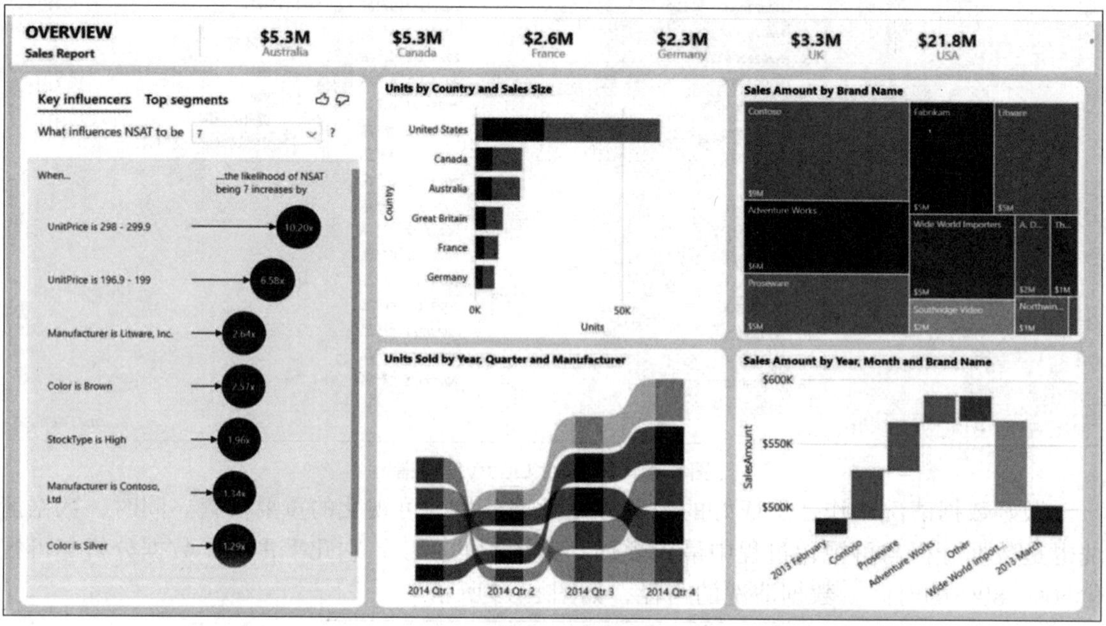

图1-20 报表

（六）发布报告

在实际项目中，最终需要对数据的分析与生成的可视化图形撰写书面报告。报告的大致格式可以为：报告标题、文档目录、分析背景、项目说明、分析思路、结论建议、分析主体和附录。

进行汇报时，为了让报告更吸引人，绝大多数可视化故事会以某类问题作为开场，引导汇报对象进入某个主题或者场景中，在该主题或场景中，数据所蕴含的意义最为丰富。这种引导方式可以是显式的，也可以是隐式的，但是场景必须清晰明确。作为开场白的问题包含该故事的前提和引言。

数据分析报告主要有3个方面的作用，即展示分析结果、验证分析质量，以及为决策者提供参考依据。

数据分析报告的原则，见表1-8。

表1-8 数据分析报告的原则

序号	原则	含义
1	规范性	数据分析报告中所使用的名词术语一定要规范，标准统一，前后一致。要与业内公认的术语一致
2	重要性	数据分析报告一定要体现数据分析与可视化的重点，应该重点选取关键指标，科学专业进行分析，此外，针对同类问题，其分析结果也应当按照问题重要性的高低来分级阐述

续表

序号	原则	含义
3	谨慎性	数据分析报告的编制过程一定要谨慎，基础数据必须真实、完整，分析过程必须科学、合理，分析结果要可靠，内容要实事求是
4	创新性	数据分析报告需要适时地引入新的研究模型或分析方法，一方面可以用实际结果来验证或改进它们，另一方面也可以让更多的人了解全新的科研成果，使其发扬光大

我们可以把数据分析与可视化的过程，比作炒菜过程，见表1-9。

表1-9　数据分析与可视化与做菜过程对比

序号	数据分析与可视化过程	做菜过程
1	明确需求	明确做什么菜品
2	数据获取	去菜市场买菜
3	数据清洗	洗菜、切菜、配菜
4	数据建模	炒菜
5	数据可视化	拍照发朋友圈
6	发布报告	写做菜心得

【活动1-1】2022年HQ公司实现销售收入10 800 000元，相关数据见二维码1-2。使用Power BI软件，分析2022年HQ公司的销售收入是高还是低，市场占有率是大还是小，产品在国内市场的销售情况等。

1-2表格

HQ公司销售收入

1.明确需求

明确分析对象、分析内容、分析目的、可以采用的分析方法和与之比较的分析标准，见表1-10。

表1-10　分析思路

序号	项目	内容
1	分析对象	HQ公司
2	分析内容	2022年的销售收入和市场占有率
3	分析目的	判断2022年销售收入水平和市场占有率的高低、产品在国内市场的销售情况等
4	分析方法	比较分析法、比率分析法、结构分析法、趋势分析法等
5	分析标准	历史数据、行业其他企业数据、预算数据等

2.数据获取

根据使用的分析方法，确定需要收集的数据。

（1）比较分析法：①与2022年HQ公司的预算目标进行比较，可以从HQ公司编制的预算表中获取数据（2022年预算销售收入为10 000 000元）；②与2022年行业其他企业的销售收入比较，考虑到规模因素的影响，可以采用构建指标的方式，如使用净利率（净利润/销售收入，衡量每取得1元的销售收入，有多少是净利润），可以从行业其他企业网站公开的2022年利润表中获取销售收入和净利润数据；③与2022年行业其他企业产品的市场占有率比较（企业产品销售收入在市场同类产品中所占比重），可以从2022年行业协会报告中，获取市场同类产品的销售收入（2022年市场同类产品的销售收入为145 700 000元）。

（2）结构分析法：从2022年HQ公司产品在国内不同省份（直辖市、自治区）的销售收入，分析产品在国内市场的销售情况。

（3）趋势分析法：与HQ公司历年销售收入数据比较，如收集2013—2022年的销售收入，可以从HQ公司历年利润表上获取这些数据。

收集的数据存放于Excel工作簿“HQ公司销售收入”。使用主页画布上的“从Excel导入数据”命令，选中需要导入Power BI的工作簿“HQ公司销售收入”，在弹出的“导航器”对话框，挑选需要导入Power BI的表格，如图1-21所示，选中全部表格。

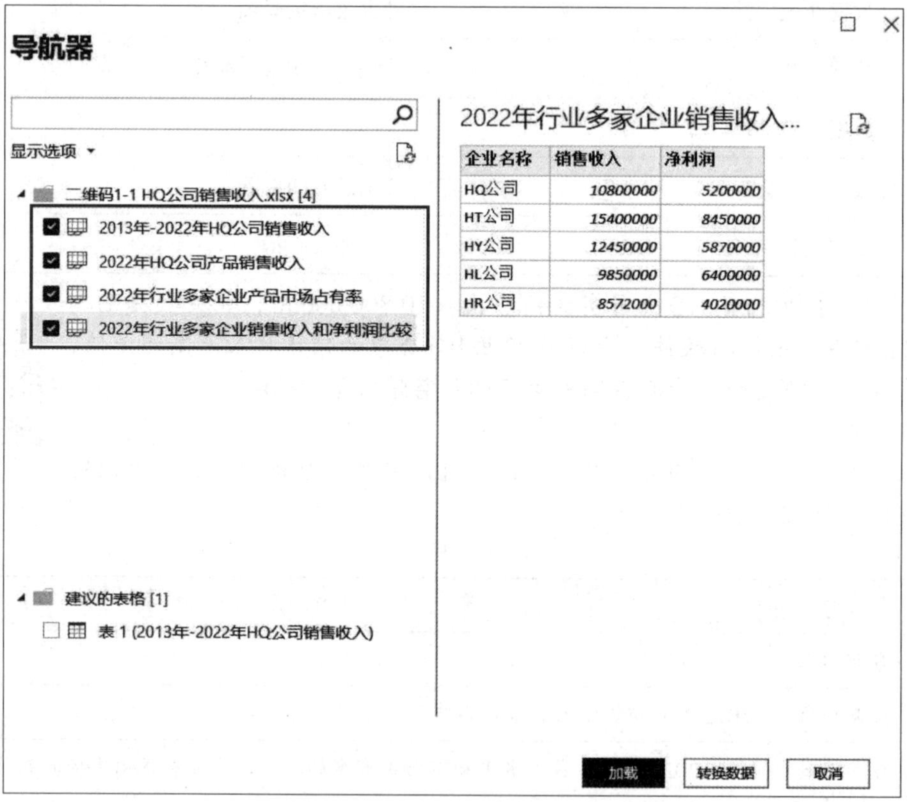

图1-21　选择加载的表格

3.数据清洗

在“数据视图”的“数据”窗格中，任选一张数据表，右击鼠标，在弹出的快捷菜单中，点击“编辑查询”，打开Power Query编辑器，查看导入Power BI的表格数据需要清洗的地方。

（1）在“HQ公司销售收入”工作表的“2013—2022年HQ公司销售收入”中，有2个空行，需要删除，如图1-22所示。

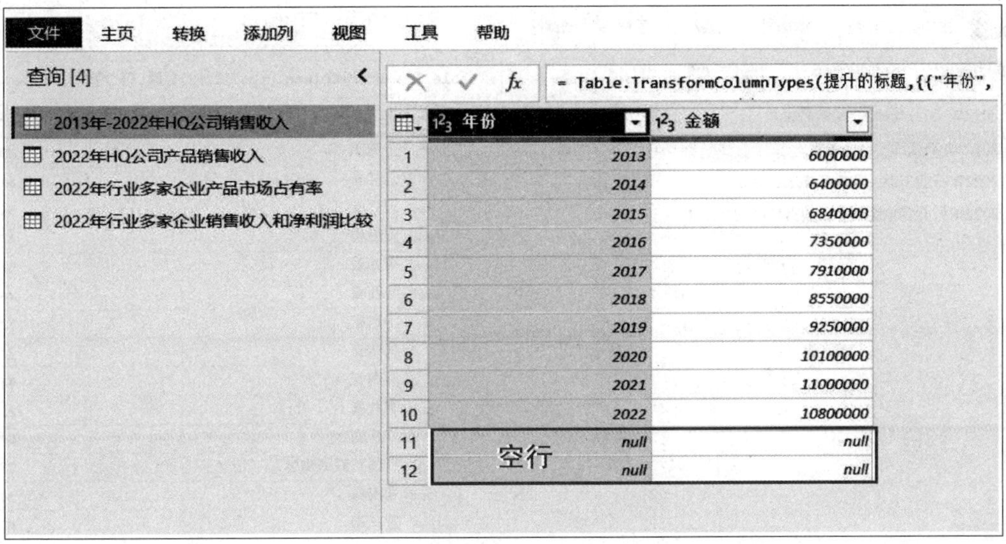

图1-22　空行

（2）在工作表“2022年HQ公司产品销售收入”中，存在两处问题。

①列字段“地区”存在缺失的数据，需要补全，如图1-23所示。

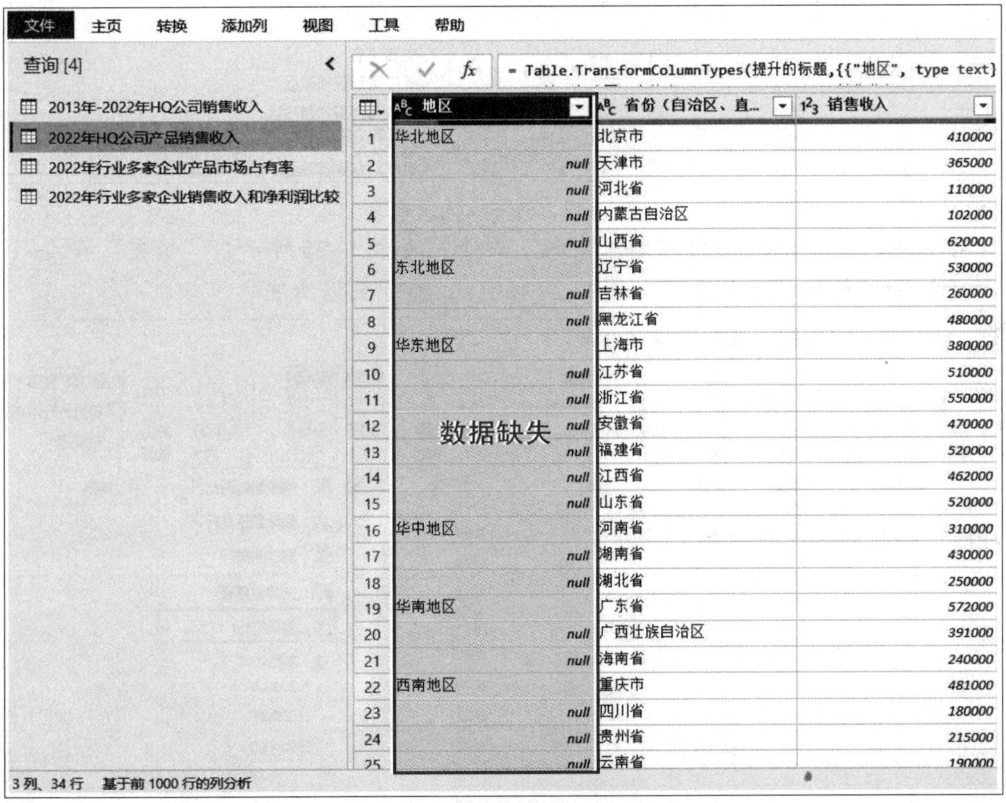

图1-23　列字段数据缺失

②列字段“销售收入”中存在没有数据的行，需要将其金额替换为0，如图1-24所示。

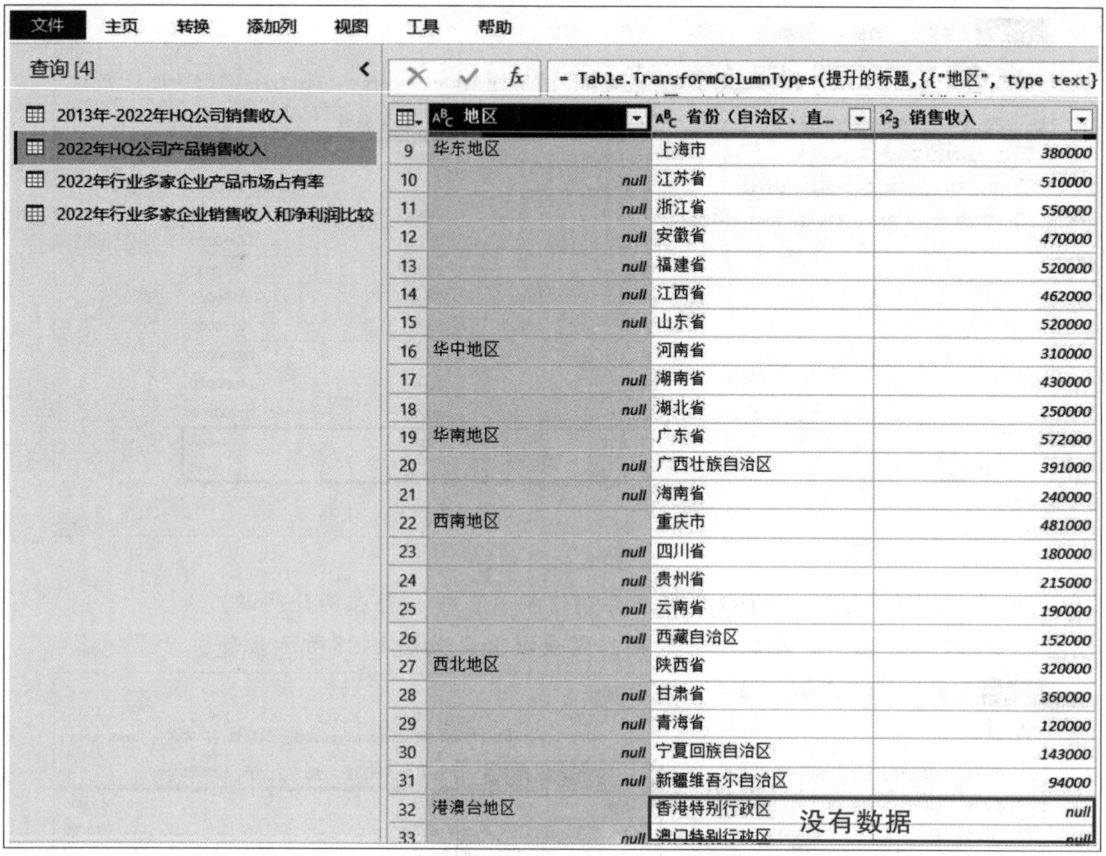

图1-24　列字段缺少数据

针对上述问题，依次使用“删除空行”命令（如图1-25所示）、“填充”命令（如图1-26所示）和“替换值”命令（如图1-27所示），进行数据清洗。

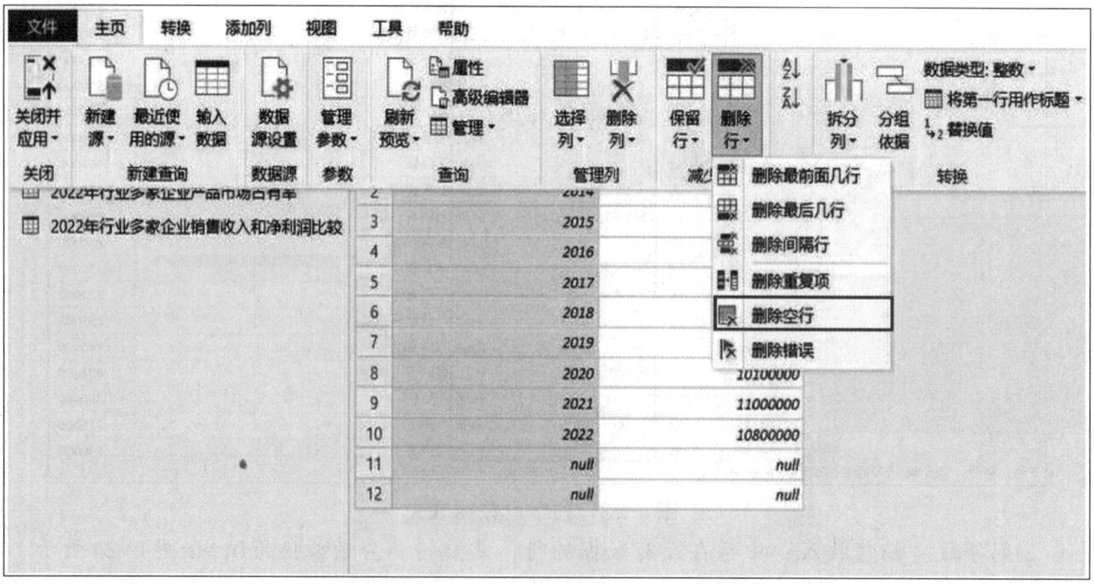

图1-25　“删除空行”命令

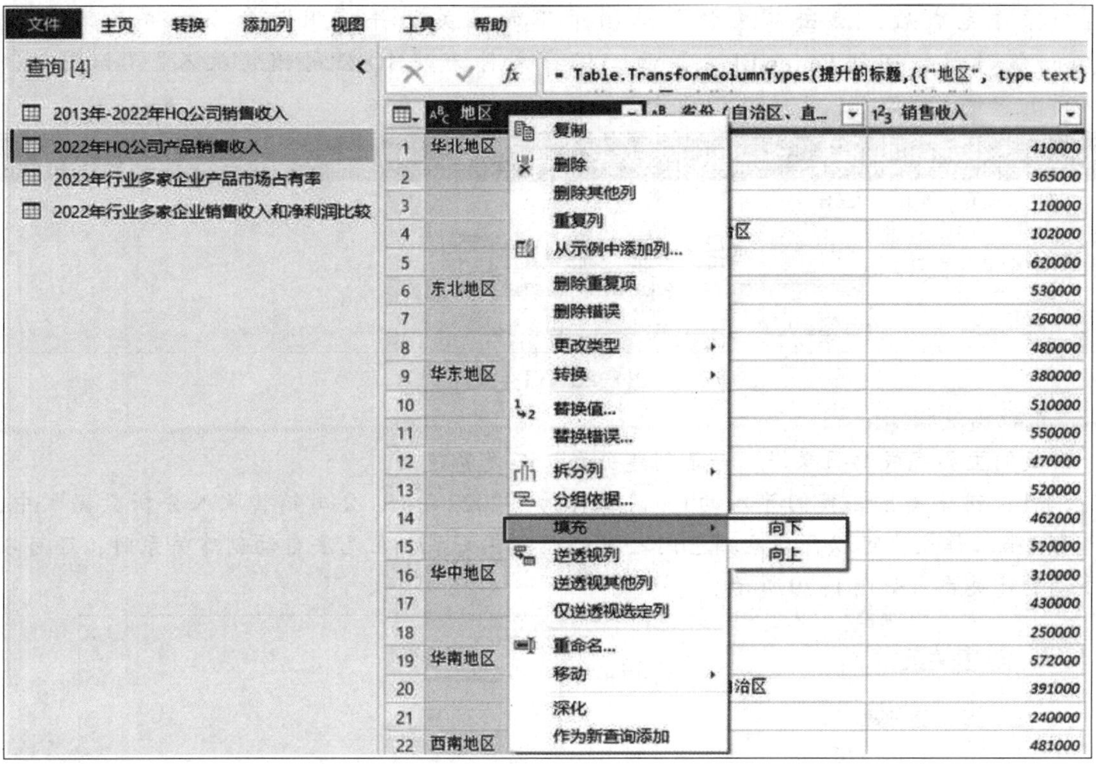

图1-26　“填充”命令

图1-27　“替换值”命令

操作完成后，点击“文件”选项卡下的“关闭并应用”命令，并关闭Power Query编辑器，回到Power BI主界面，保存文件为“HQ公司销售收入”（如图1-28所示）。

图1-28　保存文件

4.数据建模

我们主要完成两项操作，一是创建关系，二是新建列。

（1）创建关系。我们导入的Excel工作簿“2022年HQ公司销售收入分析数据”中，包含4张工作表，可以自动检测它们之间是否存在关系，在无法自动创建关系时，还可以手动创建关系，如图1-29所示。

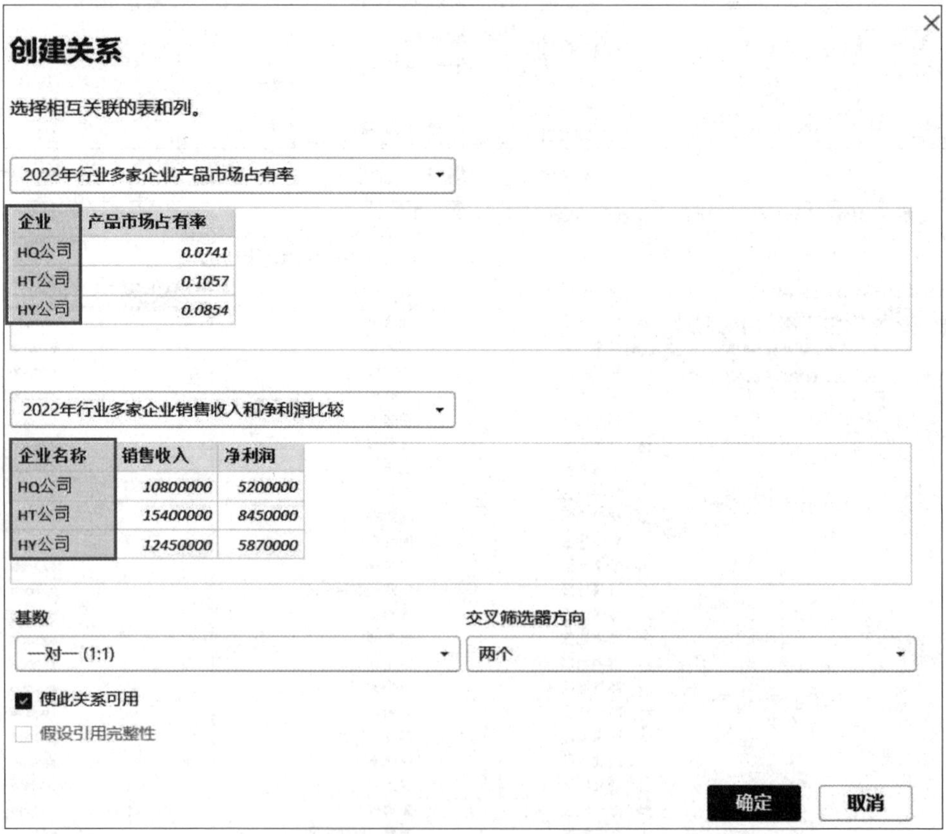

图1-29　手动创建关系

（2）新建列。因为需要使用指标“净利率”衡量不同企业在2022年的销售业绩，在工作表“2022年行业多家企业销售收入和净利润比较”中，我们可以采用新建列的方法创建列“净利率”，如图1-30所示。注意，保存格式为百分比，保留2位小数。

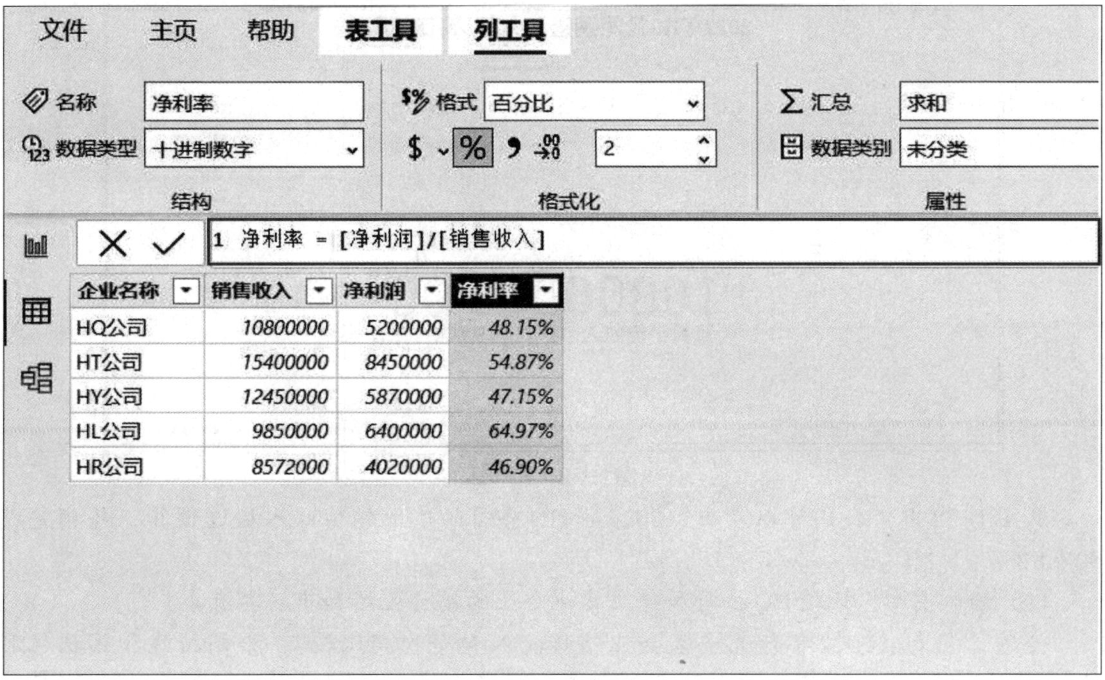

图1-30　新建列“净利率”

5.数据可视化

（1）绘制KPI图，分析2022年HQ公司预算销售收入完成情况。

①使用“输入数据”的方法，新建一张数据表“2022年HQ公司销售收入预算完成情况”，如图1-31所示。

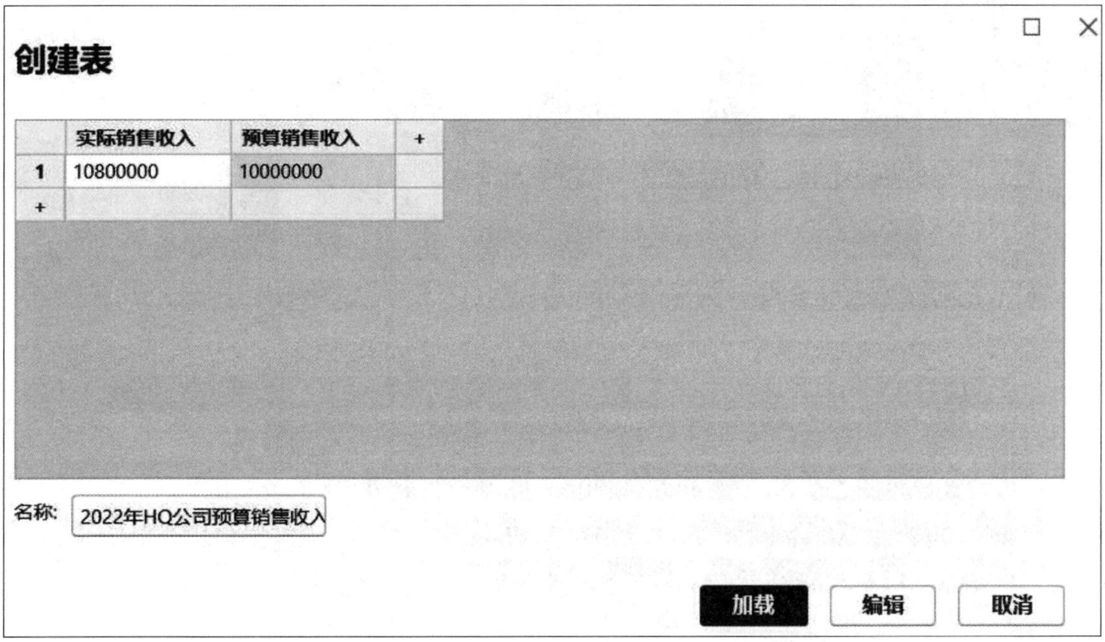

图1-31　创建表

②在“报表视图”下，绘制KPI图（如图1-32所示）。

图1-32 KPI图

从图1-32中，我们可以看出，2022年HQ公司的实际销售收入超过预算，超额完成率为8%。

（2）绘制图形，比较HQ公司和行业其他企业的销售业绩和市场占有率。

使用工作表“2022年行业多家企业销售收入和净利润比较”，绘制折线和簇状柱形图，对比分析2022年HQ公司与行业其他企业的净利率；使用工作表“2022年行业多家企业产品市场占有率”，绘制簇状条形图，对比分析2022年HQ公司与行业其他企业的市场占有率。注意，可以在“数据视图”下，调整市场占有率的数据类型，将其调整为带2位小数的百分比。绘制的折线和簇状柱形图存放于一张报表页，如图1-33所示。

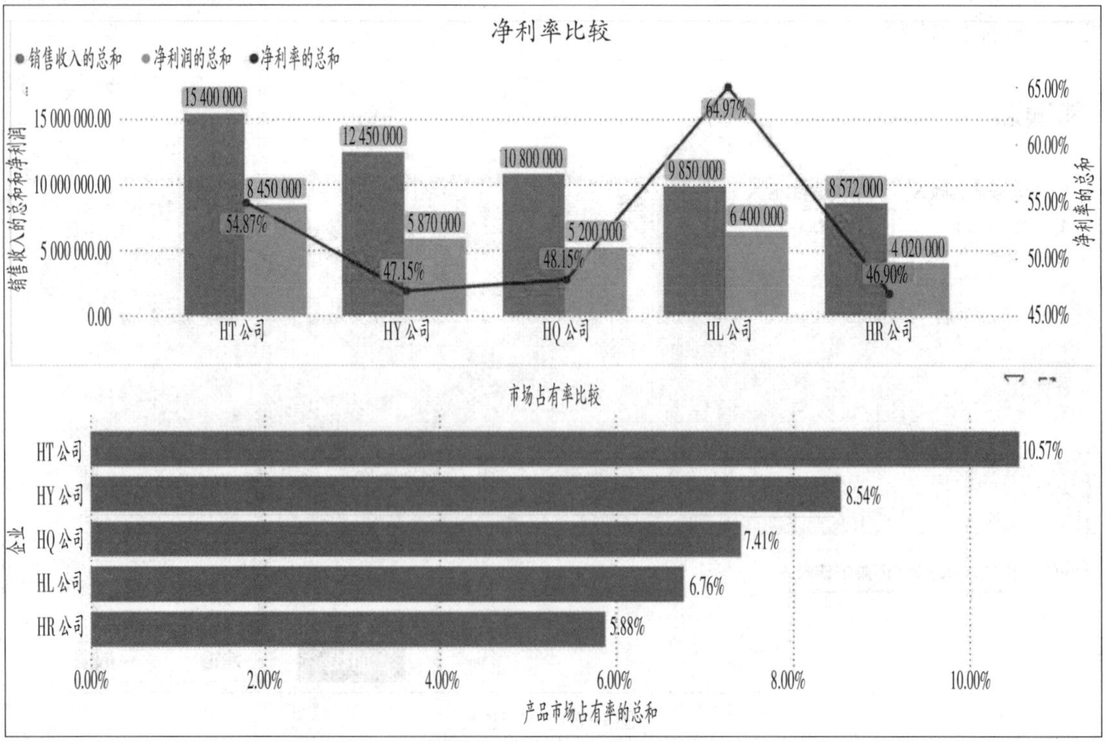

图1-33 折线和簇状柱形图

从折线和簇状柱形图中，我们可以看出：①2022年HQ公司的销售收入在五家企业中排名第三，净利润不如销售收入排名第四的HL公司；②2022年HQ公司的净利率排名第三，高于销售收入排名第二的HY公司。综上分析，HQ公司和HY公司尽管销售收入多，但净利润低，因而导致净利率偏低，这表明企业不要盲目扩大销售收入，应该在提升净利润上下功夫。

从簇状柱形图中，我们可以看出，HQ公司的市场占有率为7.41%，与排名第一的HT公司相差3.16%，差距较大。市场占有率反映了企业产品在市场上的地位，是测量企业市场影响力的指标。因此，HQ公司还需要细分市场，找到可进一步挖掘的市场地区。

（3）使用工作表“2022年HQ公司产品销售收入”，绘制环形图，分析2022年HQ公司的产品在国内市场的销售情况，如图1-34所示。

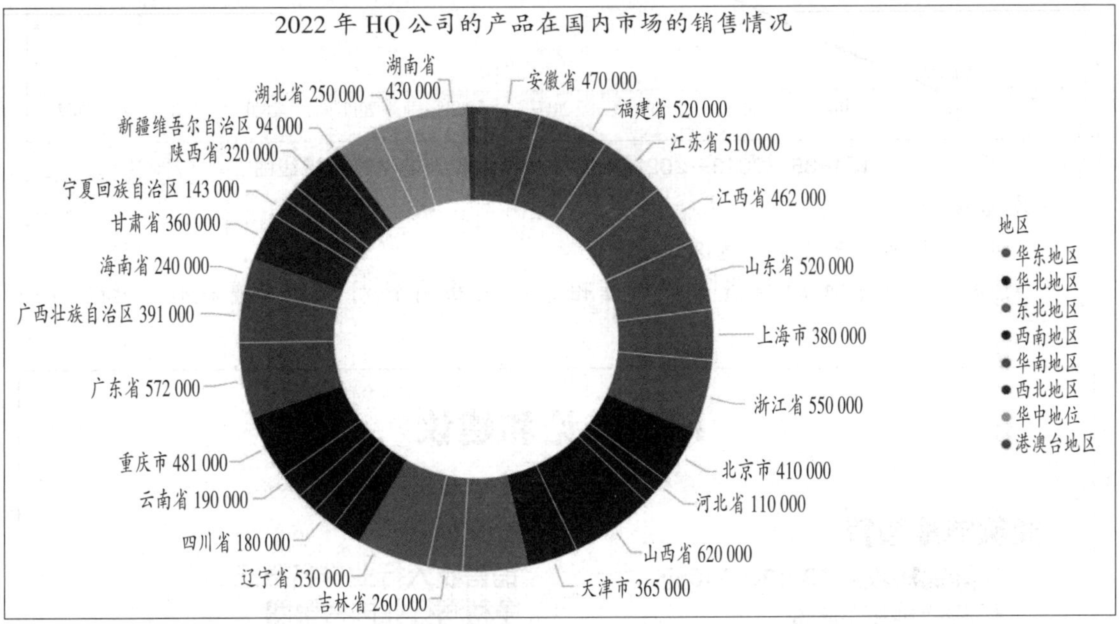

图1-34　环形图

从图1-34中可以看出，HQ公司的产品销售遍布全国，从地区角度分析，在华东地区的销售收入最多，港澳台地区的销售收入最少，可以进一步开发港澳台市场；从省份（自治区、直辖市）角度分析，山西省的销售收入最多，香港和澳门特别行政区无销售收入，因此，在港澳台市场中，应重点开发香港和澳门市场。

（4）绘制折线图，分析2013—2022年HQ公司销售收入变化趋势，如图1-35所示。

从图1-35中可以看出，2013—2021年，HQ公司的销售收入呈现出持续上涨的趋势；相比于2021年，2022年HQ公司的销售收入有所下降。应从地区销售情况、产品销售情况等不同角度，进一步分析2022年HQ公司产品销售收入下降的原因。

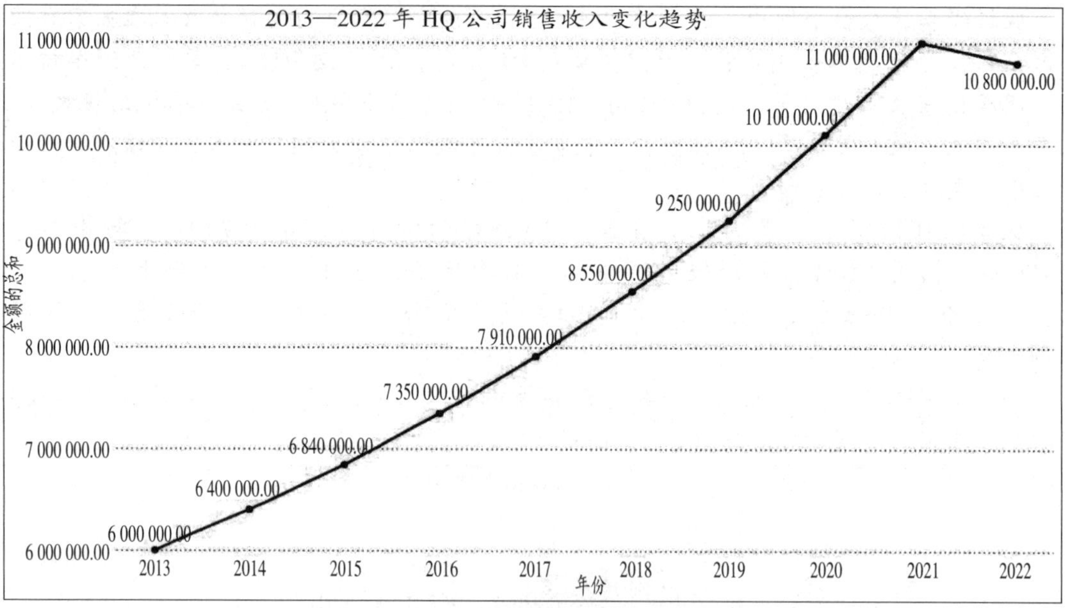

图1-35　2013—2022年HQ公司销售收入变化趋势折线图

6.发布报告

（1）形成结论，给出对策建议。

针对每一张报表页的分析，形成结论，并提出有针对性的对策建议，如图1-36所示。

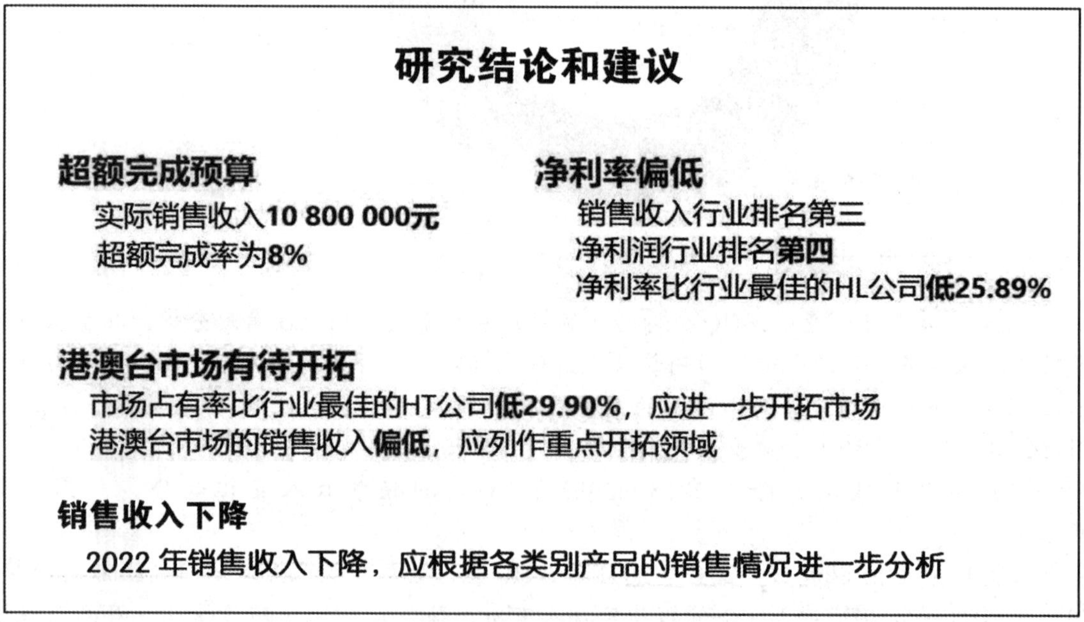

图1-36　研究结论及建议

（2）设计封面，标注报告标题、汇报人及汇报时间，如图1-37所示。

图1-37 报告封面

注意，插入背景图片后，输入文本框时，需要将文字的透明度设为“100%”。

（3）设计封底，如图1-38所示。

图1-38 报告封底

（4）建立书签，设置书签导航器和页面导航器。

①建立书签，如图1-39所示。

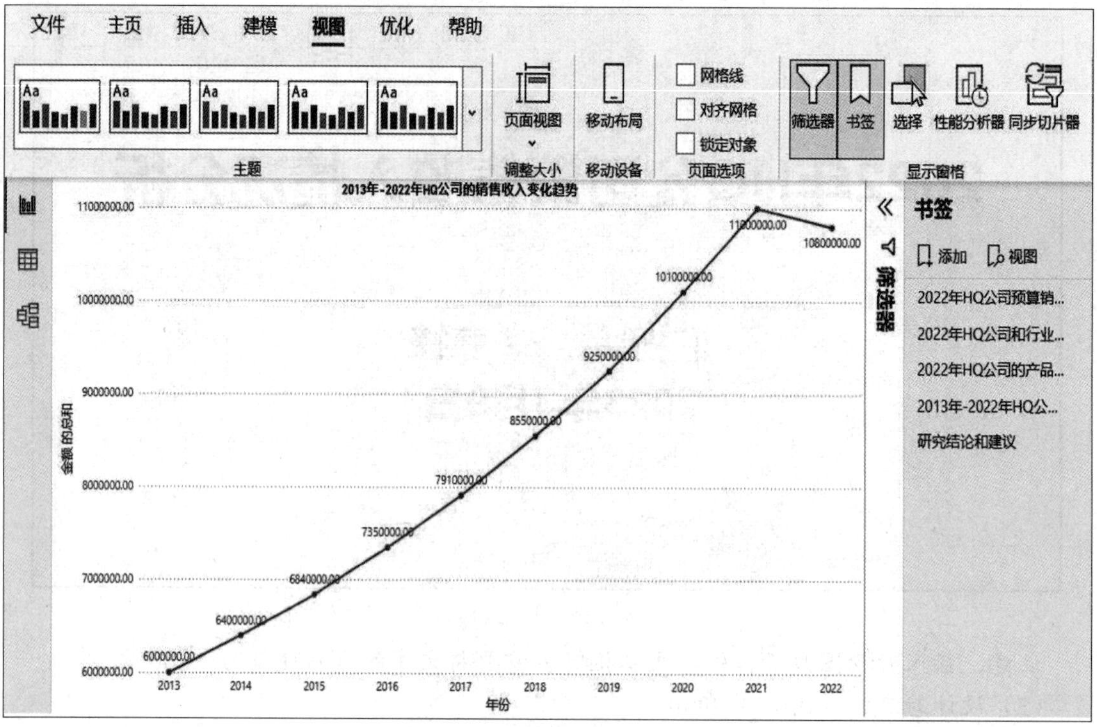

图1-39　建立书签

②设置书签导航器（如图1-40所示），按住“Ctrl”键，选择要查看的报表，从封面导航到该报表页。

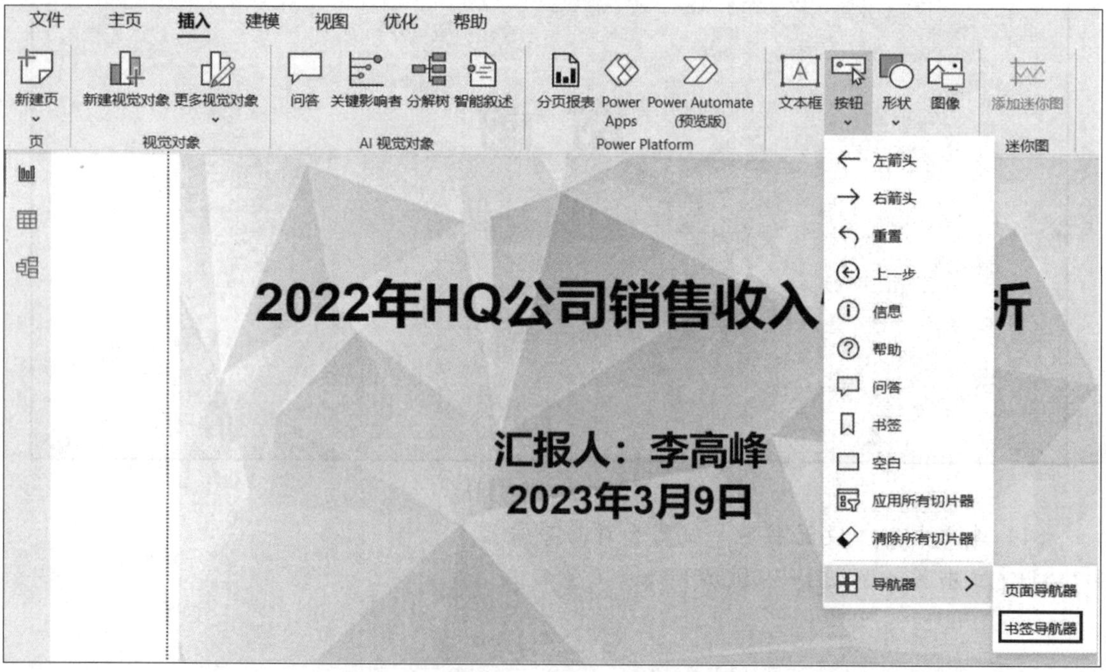

图1-40　书签导航器

③设置页面导航器（如图1-41所示），按住“Ctrl”键，选择封面页，可以从该报表

页导航到封面和其他报表页。

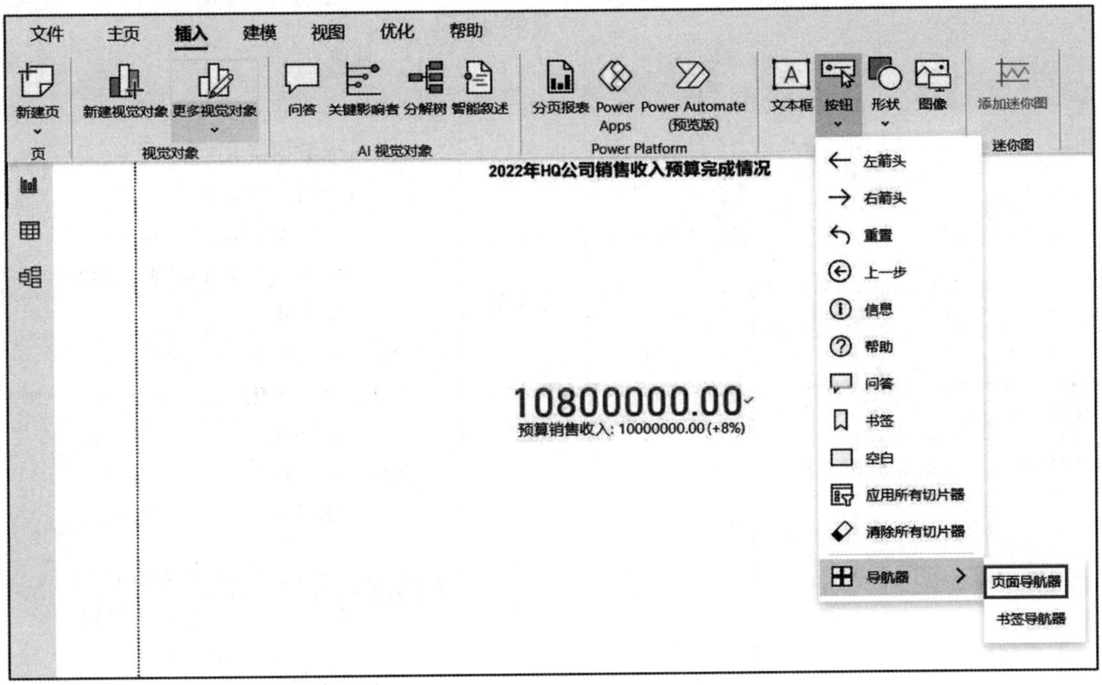

图1-41　页面导航器

登录东北财经大学出版社网站，下载“文件1-1”，可查看完成的Power BI文件。

【任务实训1-2】

目的：初步体验Power BI。

资料：【活动1-1】提供的工作表。

要求：动手操作完成HQ公司销售收入的可视化分析报告。

项目总结

本项目思维导图如图1-42所示。

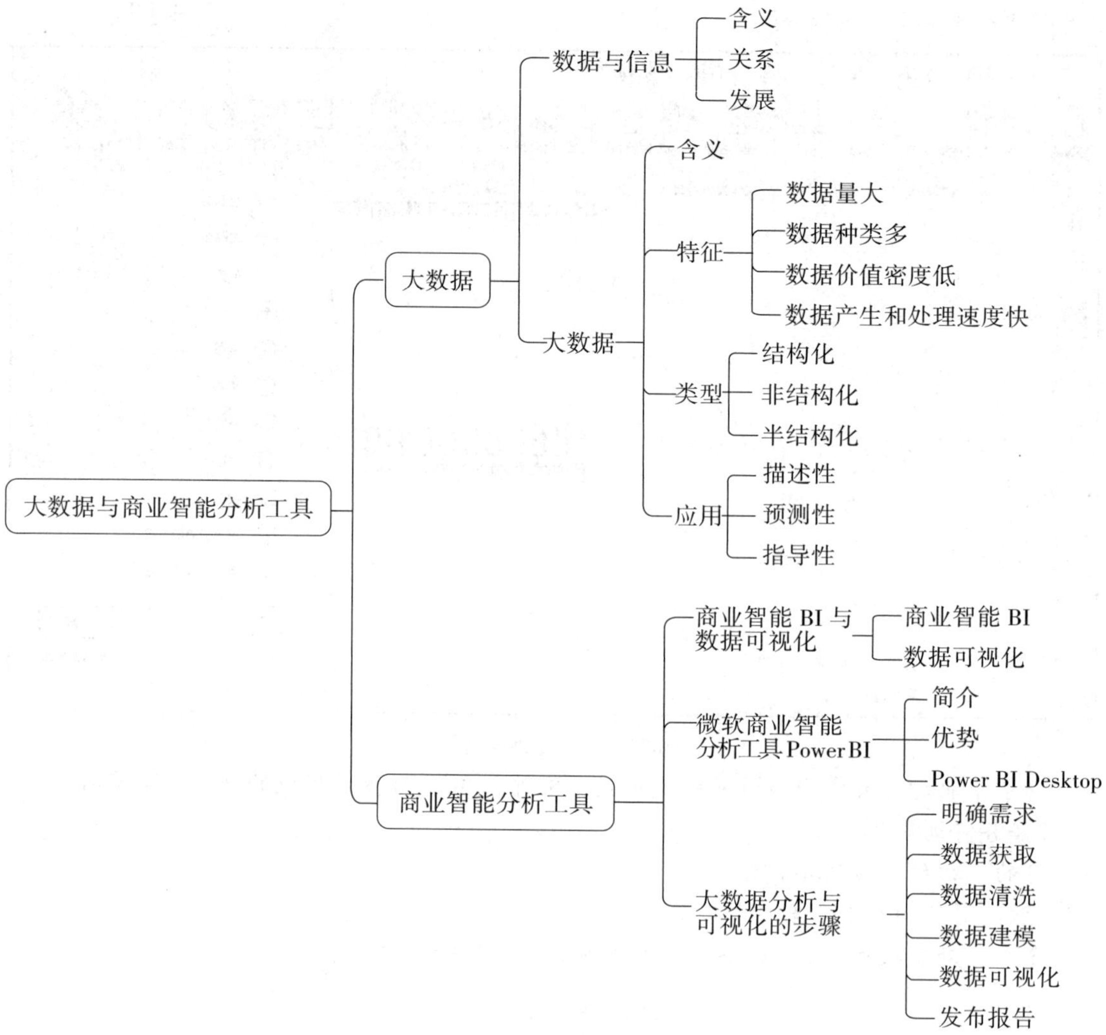

图1-42　项目思维导图

专创融合

利用学习过的大数据知识，采用地图、图形、表格等多种形式，构思一份创业计划书（如图1-43所示）。

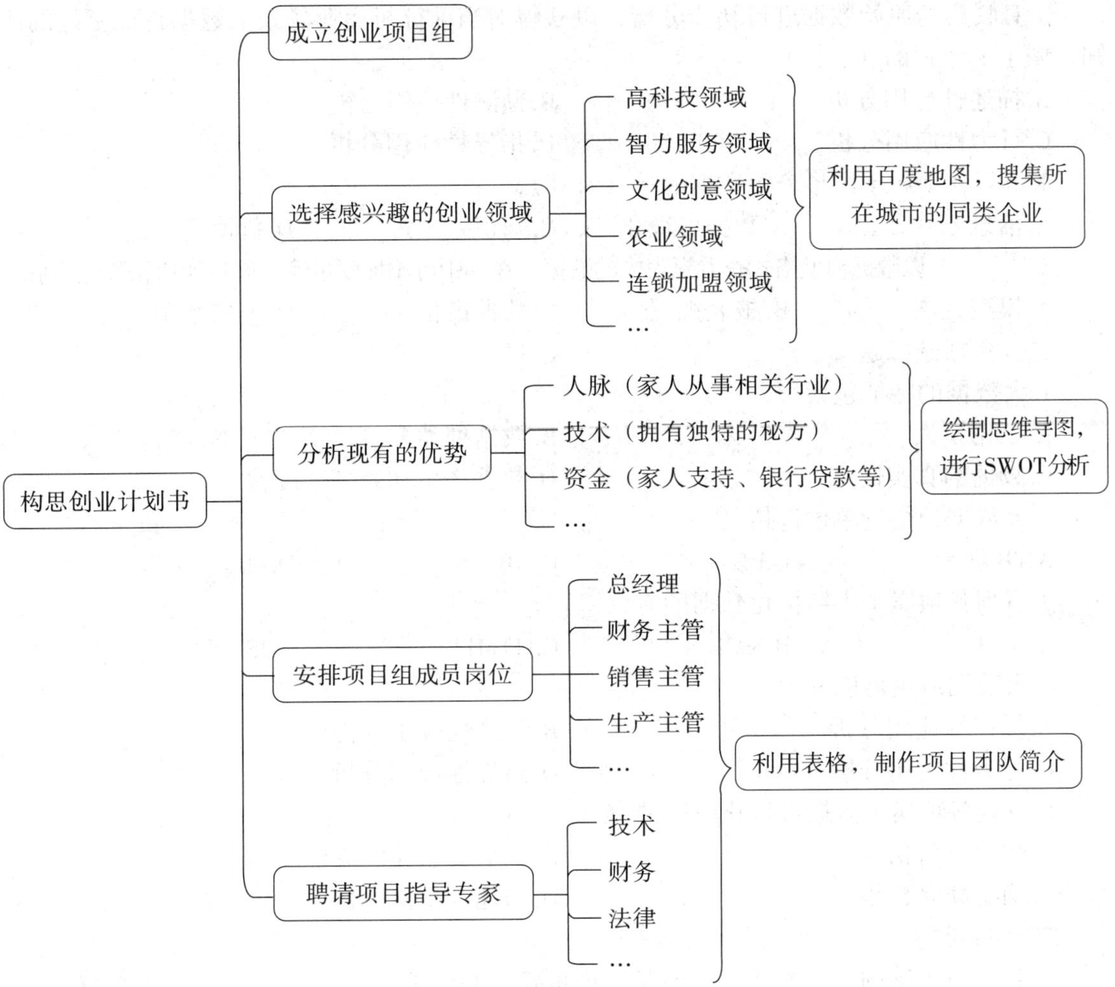

图1-43　构思创业计划书

赛证融通

理论部分

一、单项选择题

1.各种字母、数字符号的组合、语音、图形和图像等统称为（　　）。

A.数据　　B.信息　　C.知识　　D.数据库

2.产生人类智慧的大数据往往是（　　）。

A.信息　　B.结构化数据

C.非结构化数据　　D.半结构化数据

3.对收集的原始数据进行初步分析，以获得对当前分析商业场景下数据特征更好的认知，属于大数据的（　　）。

A.描述性应用分析　　B.预测性应用分析

C.行为性应用分析　　D.指导性应用分析

4.下列各项属于图形表示数据的是（　　）。

A.信息　　B.数据可视化　　C.知识　　D.价值链

5.（　　）以数据模型格式查看报表中的数据，在其中可添加度量值、创建新列和管理关系。

A.模型视图　　B.报表视图　　C.数据窗格　　D.表格视图

二、多项选择题

1.大数据的特征包括（　　）。

A.数据量大　　B.数据种类多

C.数据的真实性高　　D.数据产生和处理速度快

2.大数据的衡量单位包括（　　）。

A.TB　　B.PB　　C.GB　　D.ZB

3.下列各项属于半结构化数据的有（　　）。

A.OWL　　B.XML　　C.HTML　　D.JSON

4.大数据应用可以分为（　　）。

A.描述性应用分析　　B.预测性应用分析

C.行为性应用分析　　D.指导性应用分析

5.下列各项属于数据可视化应用的有（　　）。

A.快速理解信息　　B.识别关系和模式

C.确定新兴趋势　　D.与他人交流案例

三、判断题

1. 数据成为继物质、能源之后的又一种重要战略资源。（　　）

2. 价值密度的高低与数据总量的大小成正比。（　　）

3. 任何以未知形式或结构出现的数据都属于半结构化数据。（　　）

4. 商业智能可以看成是一种解决方案。（　　）

5. 画布用于创建和排列视觉对象。（　　）

技能部分

实训1：下载并安装Power BI Desktop。

实训2：在Excel 2016以上版本中安装“Microsoft Power Pivot for Excel”和“Microsoft Power View for Excel”插件。

素质部分

大学生应该如何面对大数据时代？

项目二

数据获取与清洗

知识目标

1. 掌握一维表和二维表
2. 熟悉Power Query编辑器
3. 了解Power BI的数据源

能力目标

1. 具备从不同数据源获取数据的能力
2. 具备规范清洗数据的能力

素养目标

1. 培养学生的信息素养和创新思维
2. 培养查找资料、数据挖掘的主动意识
3. 培养爱岗敬业、谨慎细微的精神品质

任务一　Power Query和表格转换

情景导入

在数据采集的过程中，因为采集渠道多样，数据格式也多种多样，从而会出现部分数据的丢失和不准确的情况，因此，为了处理掉这些“垃圾”数据，需要对数据进行清洗。Power Query，即查询编辑器，是整理和清洗数据的一款效率神器。

【请思考】在数据分析过程中，我们会因为“垃圾数据”而浪费多少精力？

知识学习

一、Power Query

（一）Power Query的功能

Power Query是一个数据转换和数据准备引擎。Power Query有一个用于从源获取数据的图形界面和用于应用转换的Power Query编辑器，可以导入来自不同数据源的数据，将清洗、整理好的数据传递给数据透视表、Power Pivot、Power View、Power Map等工具进行数据分析和展示，如图2-1所示。使用Power Query，可以执行提取、转换和加载（ETL）数据处理。

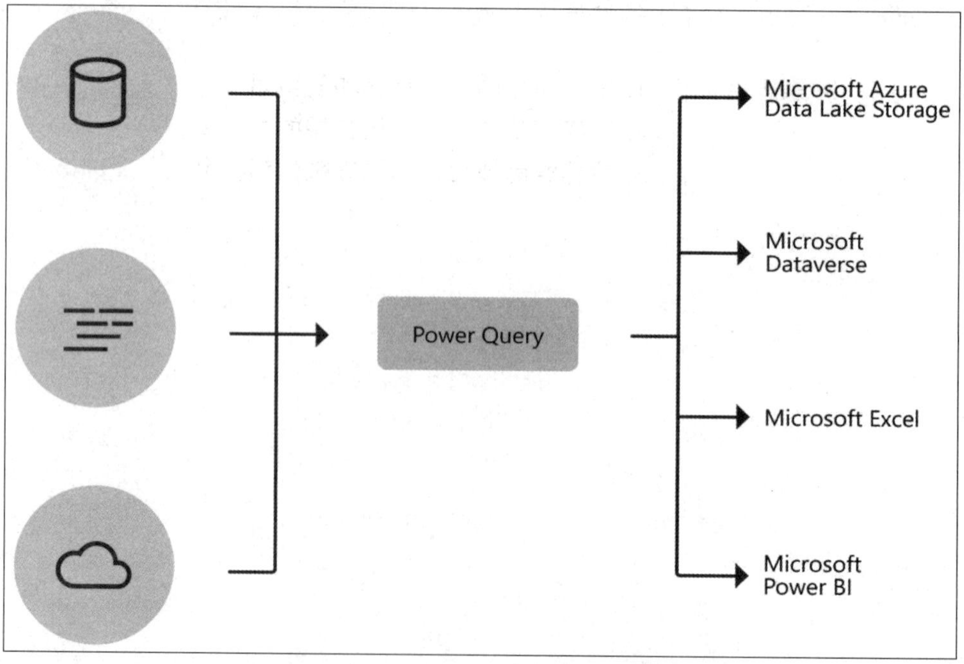

图2-1　Power Query的功能

与Excel相比，Power Query具有以下功能：

（1）Power Query丰富了Excel可以连接的数据源，可以将不同数据源的数据导入进行集成处理，包括各种数据库、网络服务、各种格式的本地文件等，具有网络爬虫功能，能抓捕一些网页上的格式化信息。

（2）Power Query数据处理逻辑跟Excel是有区别的，Power Query采用的是数据列运算的模式，而不是Excel常见的单元格计算。Power Query这种计算模式跟数据库的处理模式一样，因此Power Query具有处理海量数据的能力。Excel有1048576行的限制，Power Query没有这个限制。

（3）Power Query处理数据可以极大地降低重复劳动。因为Power Query会记录用户对数据处理的每一步操作，就像Excel录制宏一样，手动操作后自动记录每个步骤可查看效果，可删除、添加步骤，完成后只需要添加数据，刷新即可获得最新数据。

（4）Power Query中内置了很多直击用户痛点的实用功能，比如Power Query可以实现字段的智能提取，用户不需要学习Left/Right/Mid等函数，只需要写几个数据示例，Power Query就可以创建自定义字段提取函数。再比如，Power Query中的合并查询功能，不但支持多条件查询，而且可以实现匹配多条数据，这绝对是VLOOKUP函数的升级加强版。

2-1微课

启动Power Query编辑器的方法

（二）Power Query的启动

在Power BI中，提供了5种启动Power Query编辑器的方法。

方法1：在创建表时，点击“编辑”按钮，打开Power Query编辑器（如图2-2所示）。

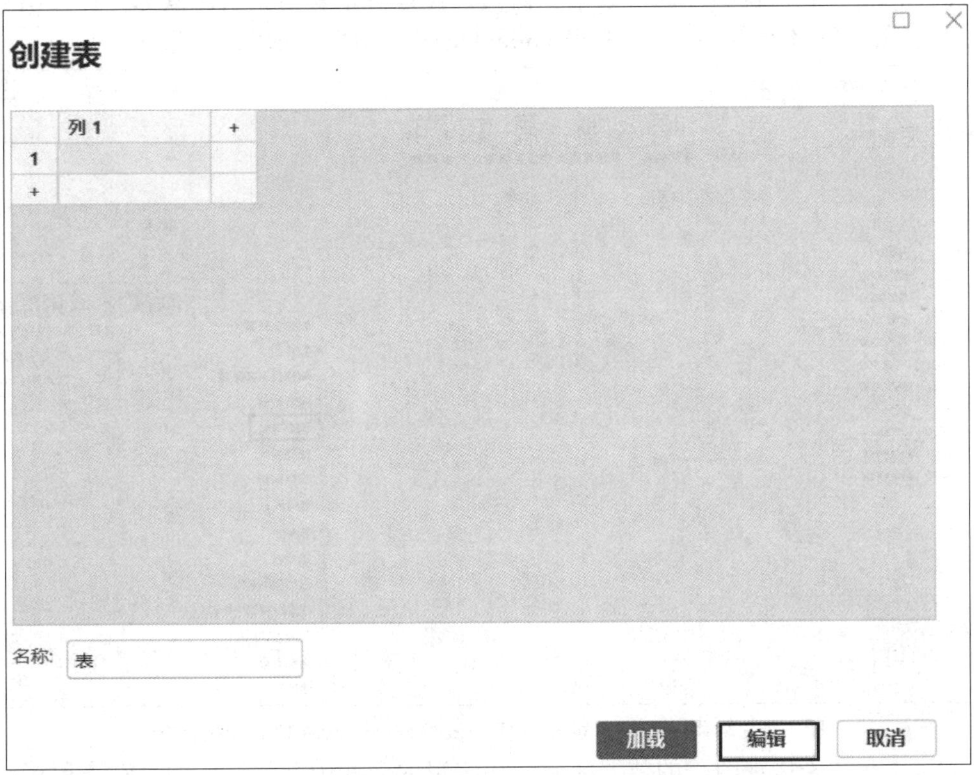

图2-2　在创建表时打开Power Query编辑器

方法2：在导入Excel工作簿时，点击“转换数据”按钮，打开Power Query编辑器（如图2–3所示）。

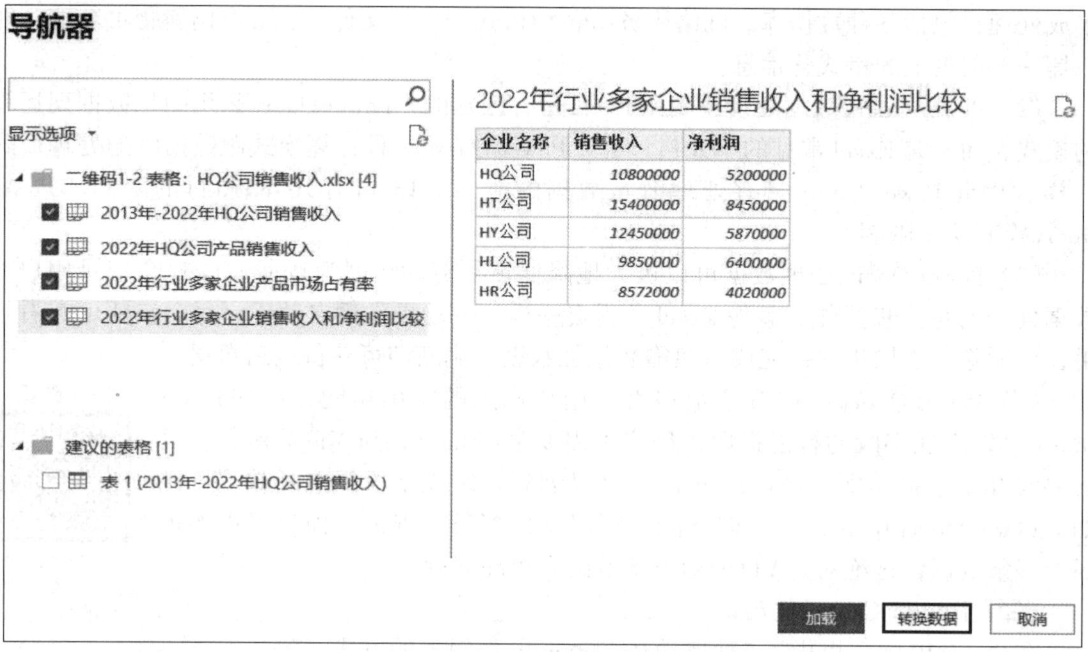

图2–3 在导入Excel工作簿时打开Power Query编辑器

方法3：在“表格视图”的“数据”窗格，任选一张表格，右击鼠标，在弹出的快捷菜单中，点击“编辑查询”按钮，打开Power Query编辑器（如图2–4所示）。

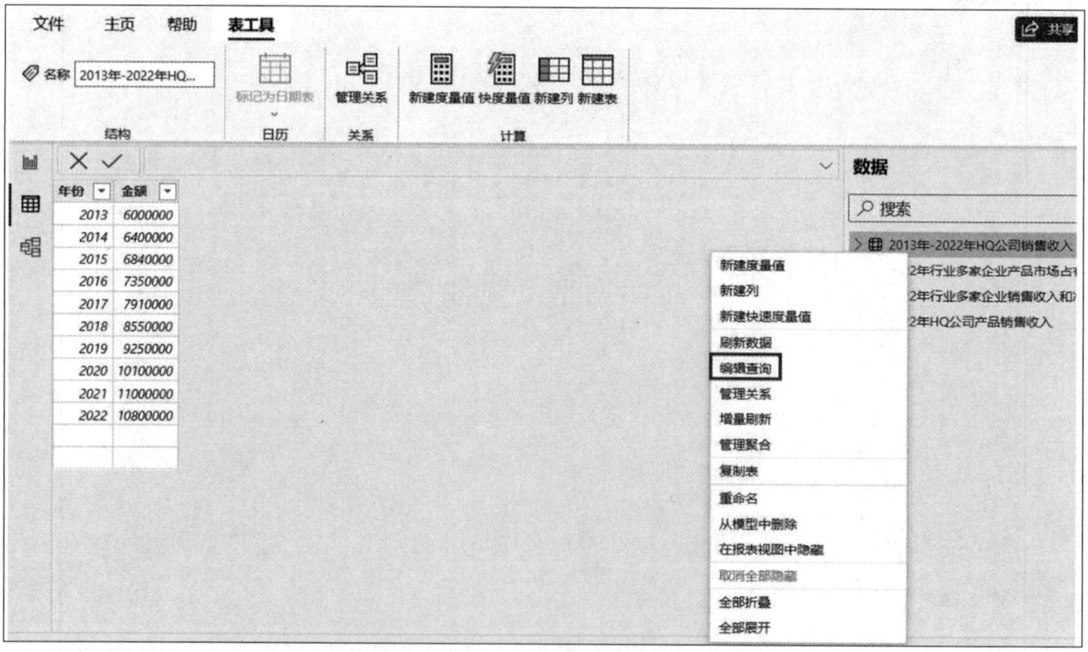

图2–4 利用“数据”窗格的任一表格打开Power Query编辑器

方法4：在“表格视图”的数据区域，在编辑的表格中，任选一列，右击鼠标，在弹出的快捷菜单中，点击“编辑查询”按钮，打开Power Query编辑器（如图2–5所示）。

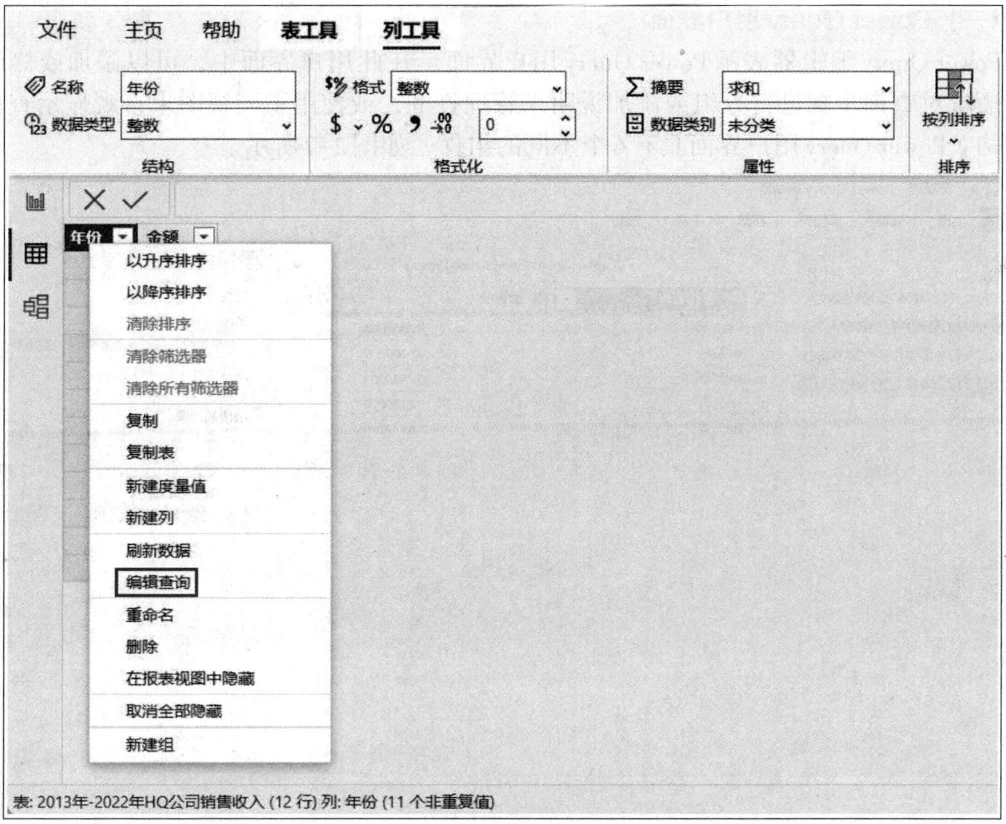

图2–5　利用数据区域的任一列打开Power Query编辑器

方法5：在“主页”选项卡的“查询”组中，利用“转换数据”按钮下的“转换数据”命令，打开Power Query编辑器（如图2–6所示）。

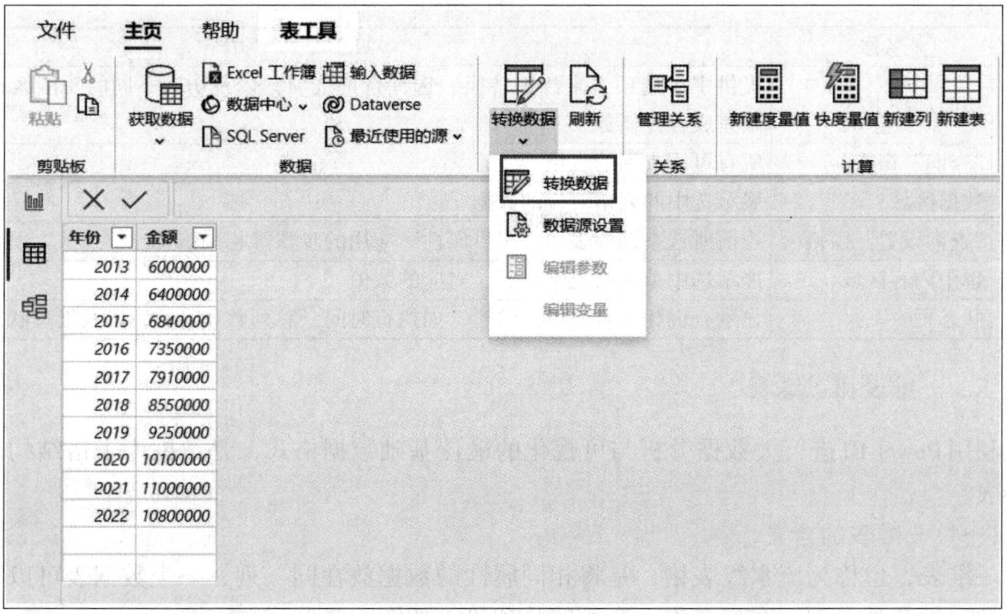

图2–6　利用“转换数据”命令打开Power Query编辑器

（三）Power Query用户界面

Power Query编辑器表示Power Query用户界面。在此用户界面中，可以添加或修改查询、通过对查询步骤进行分组或添加说明来管理查询，或使用不同视图来直观显示查询及其结构。Power Query用户界面具有6个不同的组件，如图2-7所示。

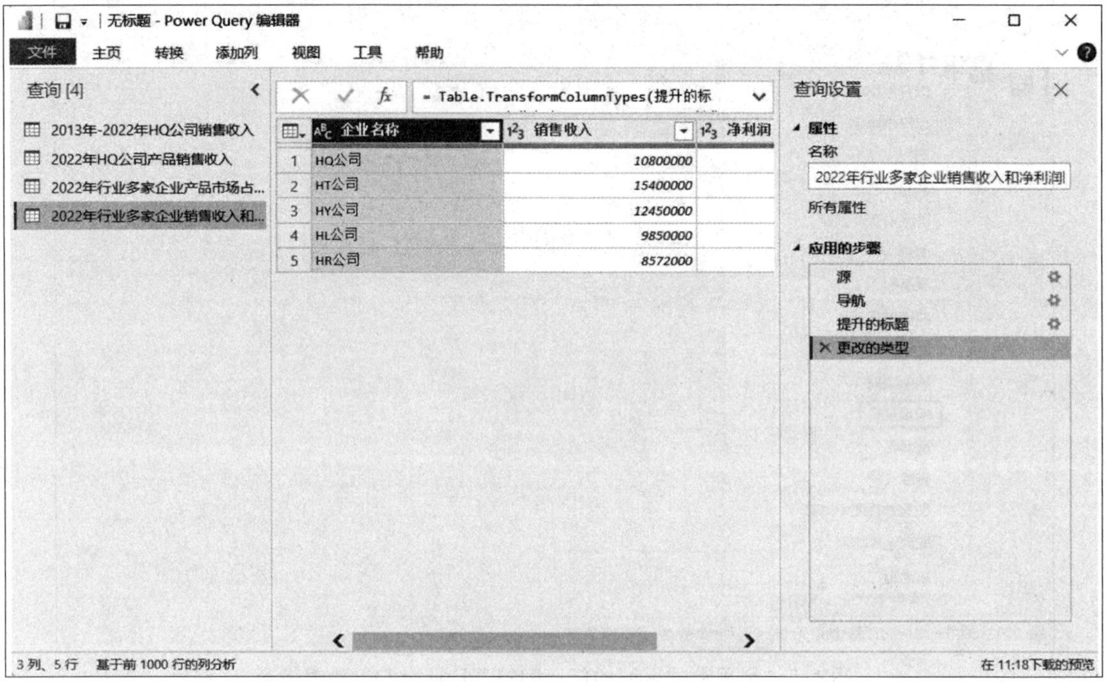

图2-7　Power Query用户界面

不同组件的功能，见表2-1。

表2-1　　不同组件的功能

序号	名称	功能
1	功能选项卡区	提供多个选项卡来添加转换、选择查询选项，以及访问不同的功能区按钮来完成各种任务
2	“查询”窗格	所有可用查询的表格
3	数据区域	展示选中的表格对应的数据
4	“查询设置”窗格	当前所选查询的表格，提供属性、应用的步骤等相关信息
5	选中内容区域	展示选中单元格或某行后，对应的数值
6	状态栏	显示查询相关重要信息的栏，如执行时间、总列数和行数，以及处理状态

二、一维表和二维表

利用Power BI进行大数据分析与可视化的最佳基础数据格式，是数据库表格结构——一维表。

（一）一维表的含义

一维表，也称为流水线表格，是将相同属性的数据放在同一列，一个数据表可以有多个属性，如产品类型、客户名称、金额的总和等，如图2-8所示。

年	季度	月份	日	产品类型	客户名称	金额的总和
2023	季度 1	January	1	甲产品	AA公司	147500
2023	季度 1	January	1	乙产品	AB公司	214175
2023	季度 1	January	2	丙产品	AC公司	454240
2023	季度 1	January	3	丁产品	AB公司	98410
2023	季度 1	January	6	甲产品	AD公司	65412
2023	季度 1	January	8	甲产品	AC公司	45721
2023	季度 1	January	10	乙产品	AE公司	324578
2023	季度 1	January	11	丙产品	AF公司	151270
2023	季度 1	January	12	乙产品	AG公司	102421
2023	季度 1	January	15	丙产品	AE公司	34821
2023	季度 1	January	18	甲产品	AA公司	157313
2023	季度 1	January	20	丁产品	AC公司	418248
2023	季度 1	January	21	丁产品	AG公司	64424
2023	季度 1	January	27	乙产品	AH公司	90394
2023	季度 1	January	28	丙产品	AD公司	23231
2023	季度 1	January	31	乙产品	AG公司	51724
总计						**2443882**

图2-8　一维表

（二）二维表的含义

二维表，是以一个或多个属性数据横向排列，同一属性数据占据多列的呈现方式，如AA公司、AB公司、AC公司等，都是企业，属于同一属性，却以横向排列，如图2-9所示。

年	AA公司	AB公司	AC公司	AD公司	AE公司	AF公司	AG公司	AH公司	**总计**
⊟ **2023**	**304813**	**312585**	**918209**	**88643**	**359399**	**151270**	**218569**	**90394**	**2443882**
⊟ **季度 1**	**304813**	**312585**	**918209**	**88643**	**359399**	**151270**	**218569**	**90394**	**2443882**
⊟ **January**	**304813**	**312585**	**918209**	**88643**	**359399**	**151270**	**218569**	**90394**	**2443882**
⊟ **1**	**147500**	**214175**							**361675**
甲产品	147500								**147500**
乙产品		214175							**214175**
⊞ **2**			**454240**						**454240**
⊞ **3**		**98410**							**98410**
⊞ **6**				**65412**					**65412**
⊞ **8**			**45721**						**45721**
⊞ **10**					**324578**				**324578**
⊞ **11**						**151270**			**151270**
⊞ **12**							**102421**		**102421**
⊞ **15**					**34821**				**34821**
⊞ **18**	**157313**								**157313**
⊞ **20**			**418248**						**418248**
⊞ **21**							**64424**		**64424**
⊞ **27**								**90394**	**90394**
⊞ **28**				**23231**					**23231**
⊞ **31**							**51724**		**51724**
总计	**304813**	**312585**	**918209**	**88643**	**359399**	**151270**	**218569**	**90394**	**2443882**

图2-9　二维表

（三）一维表和二维表的判断

判断数据是一维表还是二维表的关键是看列的内容，即每一列是否是一个独立的属性。如果每一列都是独立的属性，那就是一维表；如果列方向有同类属性，那就是二维表。

（四）二维表转换为一维表

2-2表格

2023年第一季度HQ公司客户产品购买量

在数据分析与可视化过程中，尽量使用一维表。即在Power BI中，要将二维表转换成一维表，在二维表数据导入Power BI后，可以通过Power Query编辑器的“逆透视”功能，一键完成“二维表”转“一维表”操作。

【活动2-1】判断“2023年第一季度HQ公司客户产品购买量”（见二维码2-2）是一维表还是二维表；如果是二维表，则转换为一维表。

（1）在表中，A产品、B产品、C产品、D产品、E产品，都是企业的产品，属于同一属性，却作为单独一列，如图2-10所示，因此，该表是二维表。

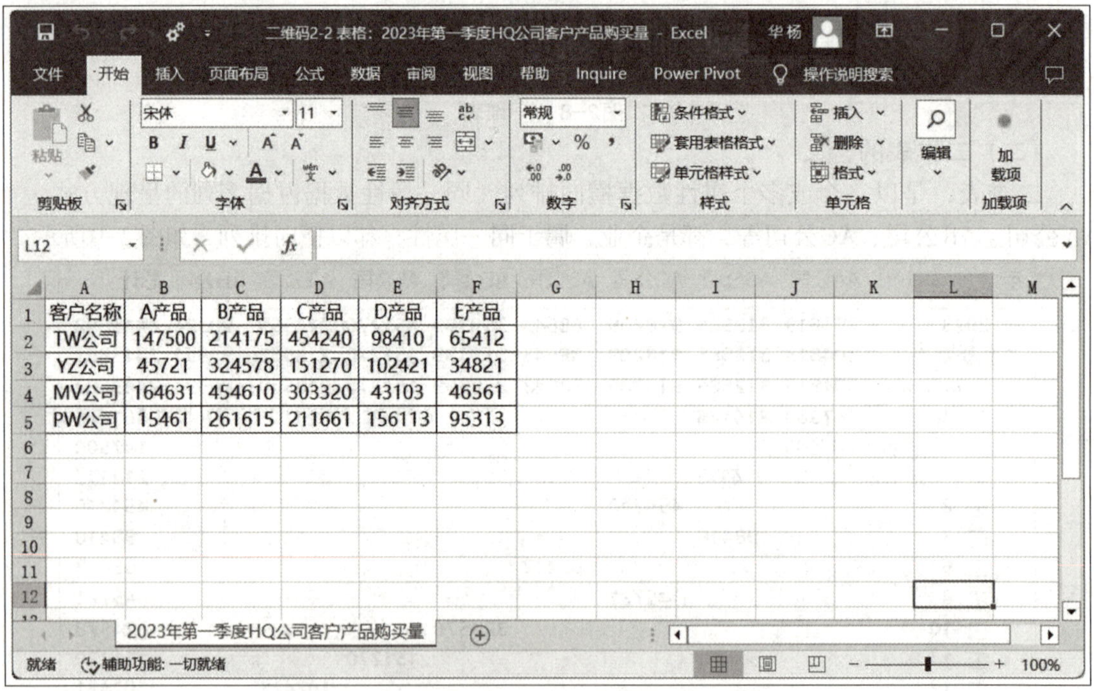

客户名称	A产品	B产品	C产品	D产品	E产品
TW公司	147500	214175	454240	98410	65412
YZ公司	45721	324578	151270	102421	34821
MV公司	164631	454610	303320	43103	46561
PW公司	15461	261615	211661	156113	95313

图2-10　2023年第一季度HQ公司客户产品购买量

2-3微课

将二维表转换为一维表

（2）二维表转换一维表。具体操作步骤如下：

①任选一列，右击鼠标，在弹出的快捷菜单中，点击“编辑查询”命令，打开Power Query编辑器。

②在Power Query用户界面，选中列“客户名称”，在“转换”选项卡下“任意列”组中，点击“逆透视列”按钮下的“逆透视其他列”命令，如图2-11所示。也可以按住“Shift”键，选中除“客户名称”以外的其他列，使用“逆透视列”或“仅透视选定列”命令。

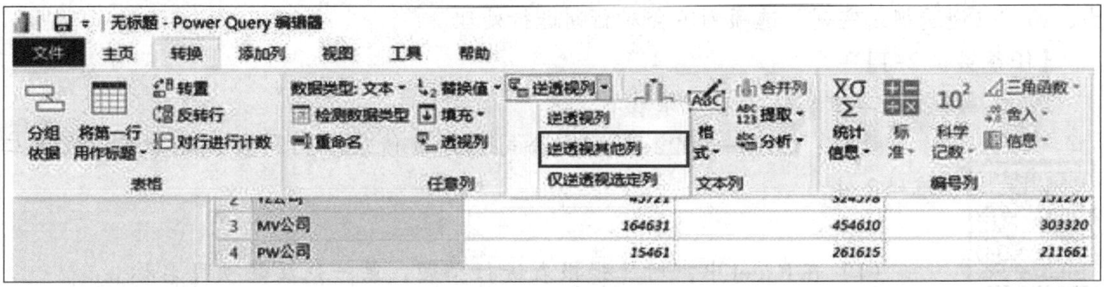

图2-11 逆透视列

③转换完成后，将第二列的列名称“属性”重命名为“产品名称”，将第三列的列名称“值”重命名为“产品购买量”，如图2-12所示。

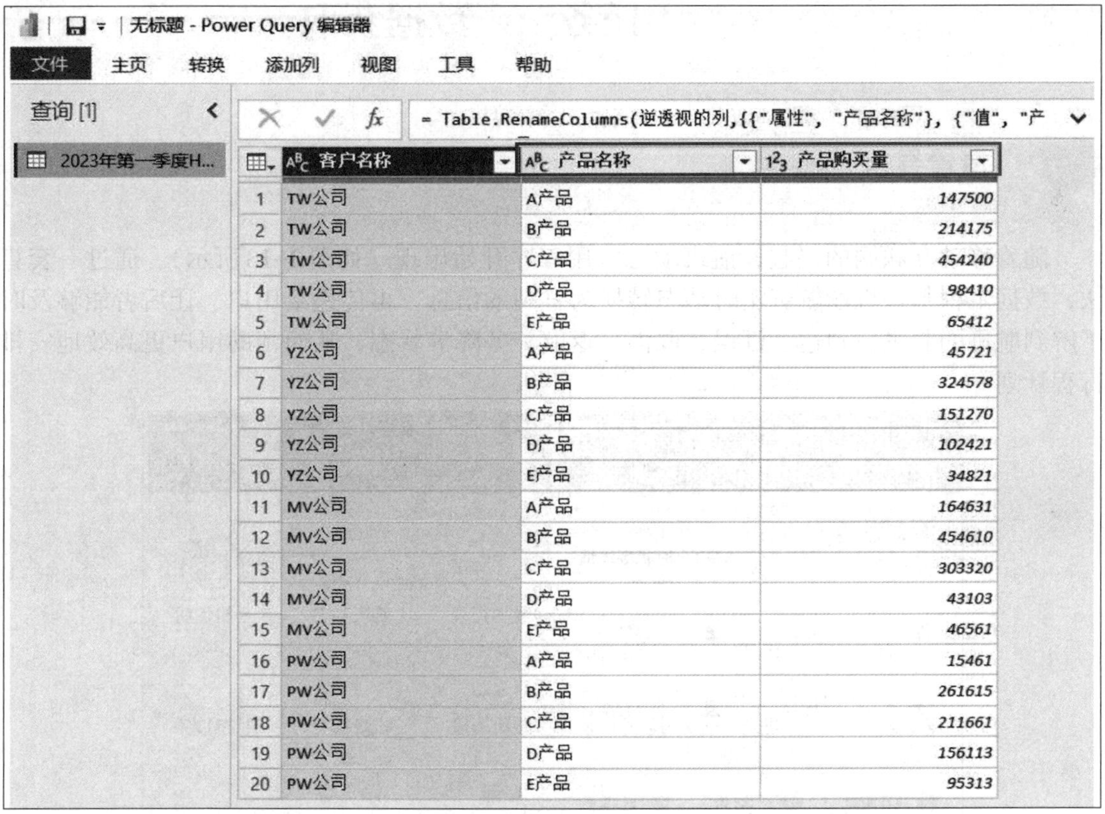

	客户名称	产品名称	产品购买量
1	TW公司	A产品	147500
2	TW公司	B产品	214175
3	TW公司	C产品	454240
4	TW公司	D产品	98410
5	TW公司	E产品	65412
6	YZ公司	A产品	45721
7	YZ公司	B产品	324578
8	YZ公司	C产品	151270
9	YZ公司	D产品	102421
10	YZ公司	E产品	34821
11	MV公司	A产品	164631
12	MV公司	B产品	454610
13	MV公司	C产品	303320
14	MV公司	D产品	43103
15	MV公司	E产品	46561
16	PW公司	A产品	15461
17	PW公司	B产品	261615
18	PW公司	C产品	211661
19	PW公司	D产品	156113
20	PW公司	E产品	95313

图2-12 重命名列名称

【小贴士】透视列（Pivot）和逆透视列（Unpivot）是经常使用的一对数据聚合和拆分方法。在Power Query编辑器中，对“逆透视列”操作提供了三个选项，其功能区别如下：

（1）逆透视列：对当前列进行逆透视操作，列中数据将被转换成行，未选中列保持不变。

（2）逆透视其他列：是逆透视列操作的反选操作。使用此选项意味着对选中列以外的其他列进行逆透视操作，选中列保持不变。

（3）仅逆透视选定列：仅仅对当前选中列做逆透视操作。

“逆透视列”、“逆透视其他列”和“仅逆透视选定列”选项的区别在于，当有新的列添加到表单当中时，“逆透视列”和“逆透视其他列”选项拥有自动将新列进行逆透视操作的能力，而“仅逆透视选定列”选项则不会对新列进行处理。

【任务实训2-1】

目的：练习将二维表转换为一维表。

2-4表格

FY公司财务报表

资料：2013—2022年，FY公司资产负债表、利润表和现金流量表见二维码2-4。

要求：

（1）在Excel中，对三张报表进行整理，第一列反映项目名称。

（2）判断三张报表是一维表还是二维表，若是二维表，将其转换为一维表。

任务二　数据获取

情景导入

随着移动互联网的兴起，航班动态应用程序开始出现（如图2-13所示）。通过一套算法，数据工程师将机场航班实时动态转换为直观的信息，再传递给用户，让后者能够及时了解到航班的起飞、到达、延误、取消、返航、备降等状态，从而帮助用户更高效地安排行程计划。

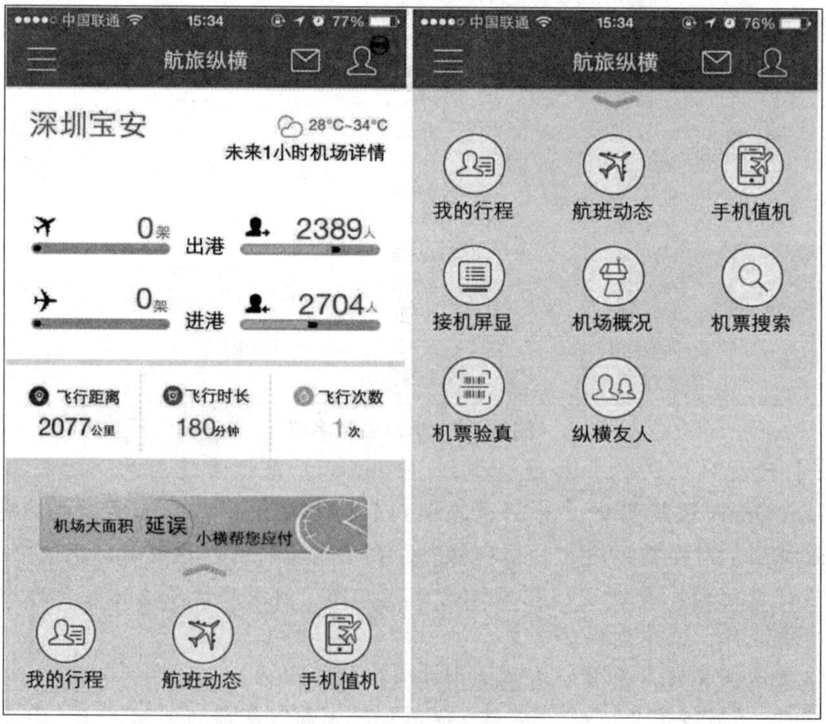

图2-13　航旅纵横

【请思考】获取数据对我们的生活有什么影响和改变？

知识学习

一、数据获取的含义和数据源

（一）数据获取的含义

数据是数据分析与可视化的基础，所以Power BI创建报表的第一步就是获取数据。数据获取（Data Acquisition），又被称为数据收集（Data Collection），是指根据数据分析的需求获取相关原始数据的过程。经过数据获取这一过程后，就可以进入数据清洗阶段。

【学思课堂】2022年12月，中共中央、国务院印发《中共中央 国务院关于构建数据基础制度更好发挥数据要素作用的意见》，指出“充分发挥我国海量数据规模和丰富应用场景优势”，同时明确提出“探索数据资产入表新模式”。该意见为数据作为生产要素在市场中进行配置提供了政策土壤，也推动了我国大数据产业不断发展。

（二）数据源

Power BI可连接多种不同类型的数据源，见表2-2。

表2-2 Power BI可连接的数据源

序号	类型	举例
1	文件	Excel、文本/CSV、Xml、Json、文件夹、PDF等类型的文件
2	数据库	SQL Server、SQL Server分析服务、Access、Oracle、MySQL
3	Power Platform	Power BI数据集、Power BI数据流、数据市场等
4	Azure	Azure SQL数据库、Azure SQL数据仓库、Azure分析服务数据库、Azure Blob存储等
5	联机服务	Salesforce、Dynamics 365、Microsoft Exchange在线等联机服务
6	其他数据源	Web页面、ODBC、OLE DB、R脚本、Python脚本等

使用自定义的连接器，Power BI还可连接特殊的数据源，所以，理论上没有Power BI不能连接的数据源。

在财务工作中，从Excel工作簿中获取数据最为常见。除了Excel工作簿，Power BI中还会用到以下格式的文件：

（1）文本文件，是指以ASCII码方式（也称文本方式）存储的文件，比如英文字母、数字等字符。

（2）XML文件（Extensible Markup Language，可扩展标记语言），非常适合用于网络传输，它可以提供统一的方法来描述和交换独立于应用程序或供应商的结构化数据。

（3）CSV文件（Comma Separated Values，逗号分隔值），是指用逗号作为分隔符的文件，通常以纯文本形式存储表格数据（数字和文本）。CSV文件由任意数量的记录组成，记录间以某种换行符分隔；每条记录由字段组成，字段间的分隔符是逗号。

（4）JSON（JavaScript Object Notation，JS对象简谱），是一种轻量级的数据交换格式。它基于ECMAScript（欧洲计算机协会制定的JS规范）的一个子集，采用完全独立于编程语言的文本格式来存储和表示数据。

（5）PDF文件（Portable Document Format，便携式文档格式），是以Post Script语言图像模型为基础，无论在哪种打印机上都可保证精确的颜色和准确的打印效果，即PDF会忠实地再现原稿的每一个字符、颜色及图像。

二、数据获取的方法

在Power BI Desktop中，获取数据的方法不止一种，可以获取的数据类型也多种多样。介绍4种常用的数据获取方法：在Power BI中输入数据、导入Excel工作簿中的数据、从Web网页抓取数据、导入PDF文件数据。

（一）在Power BI中输入数据

2-5微课

在Power BI 中输入数据

在Power BI中，不是所有的数据源都需要从外部导入，还可以利用“输入数据”这个功能，直接在Power BI中写入数据。不过，Power BI提供的数据输入环境较为简单，“创建表”对话框中仅提供了“剪切”“复制”“粘贴”“插入”“删除”等少数功能。当数据较多时，直接在Power BI中输入数据不仅费时费力，而且容易出错。

【活动2-2】采用一维表形式，将HQ公司2018—2022年的净利润数据输入Power BI，数据见表2-3。

表2-3　2018—2022年HQ公司的净利润　单位：元

年度	2018	2019	2020	2021	2022
金额	3 400 000	3 750 000	4 200 000	4 650 000	5 200 000

具体操作步骤如下：

（1）启动Power BI，在“主页”选项卡下的“数据”组中，点击“输入数据”命令，如图2-14所示。

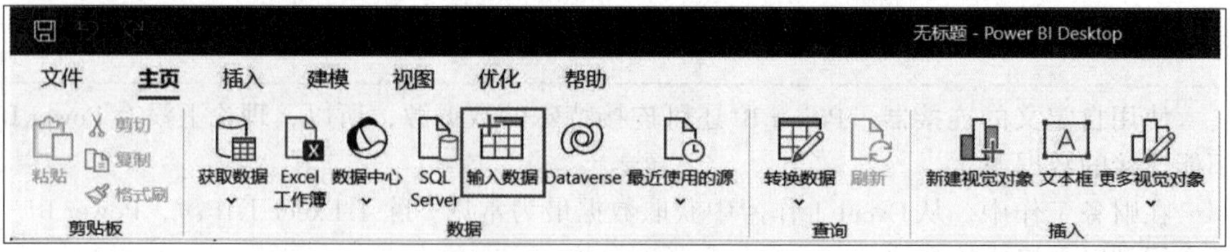

图2-14　“输入数据”命令

（2）在新打开的“创建表”对话框中，选中单元格，直接输入列名称和数据即可，点击行号下方或者列名称右边的“+”按钮，可以在继续增加的空白行或空白列中输入数据，也可以双击单元格增加空白行或空白列。在“列1”单元格输入列名称“年度”，在“列2”单元格输入列名称“金额”……在“名称”对应的文本框中，修改表名为“2018—2022年HQ公司的净利润”，操作结果如图2-15所示。

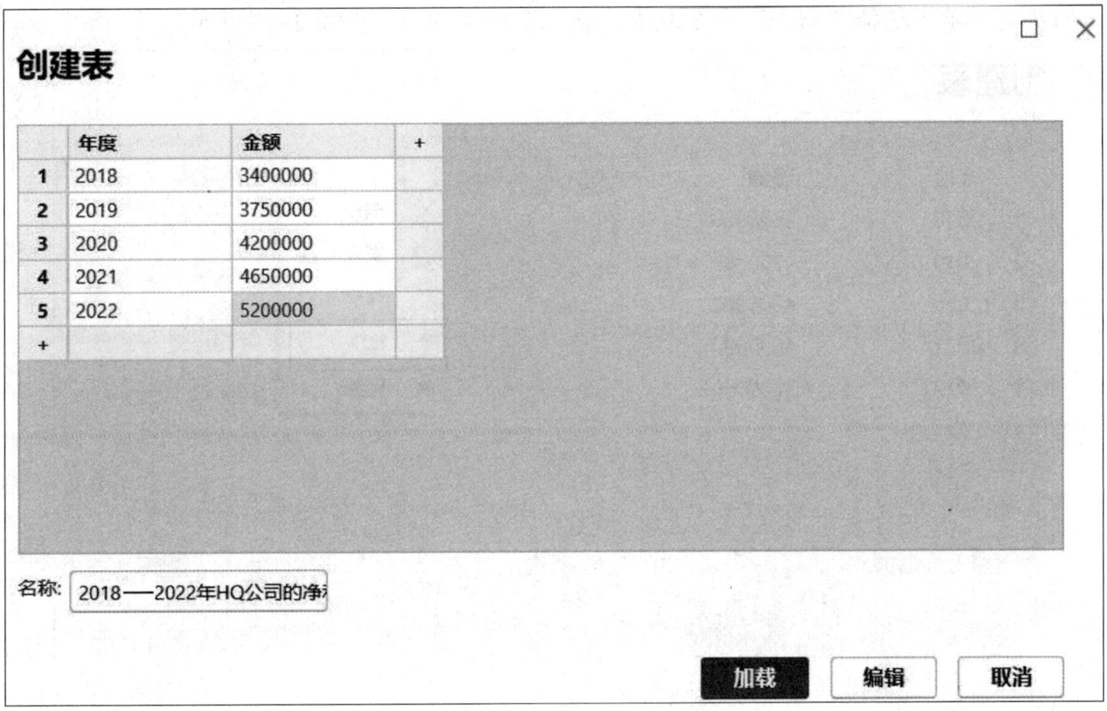

图2-15 “创建表”对话框

也可以在“创建表”对话框中，右击鼠标，使用“粘贴”命令，一次性导入电子形式存储的表格数据，如图2-16所示。注意，这时粘贴的表2-3是二维表，需要在Power Query编辑器中转换成一维表。

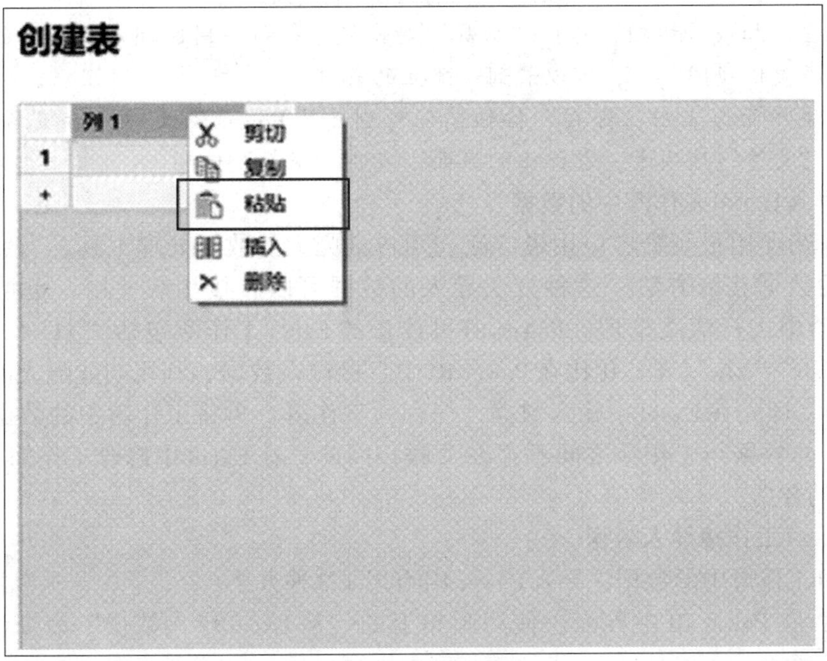

图2-16 粘贴表格数据

（3）删除多余的行（列）或者插入行（列），可在行号或者列名称上右击鼠标，在弹出的快捷菜单中选择“删除”命令或者“插入”命令即可，如图2-17所示。

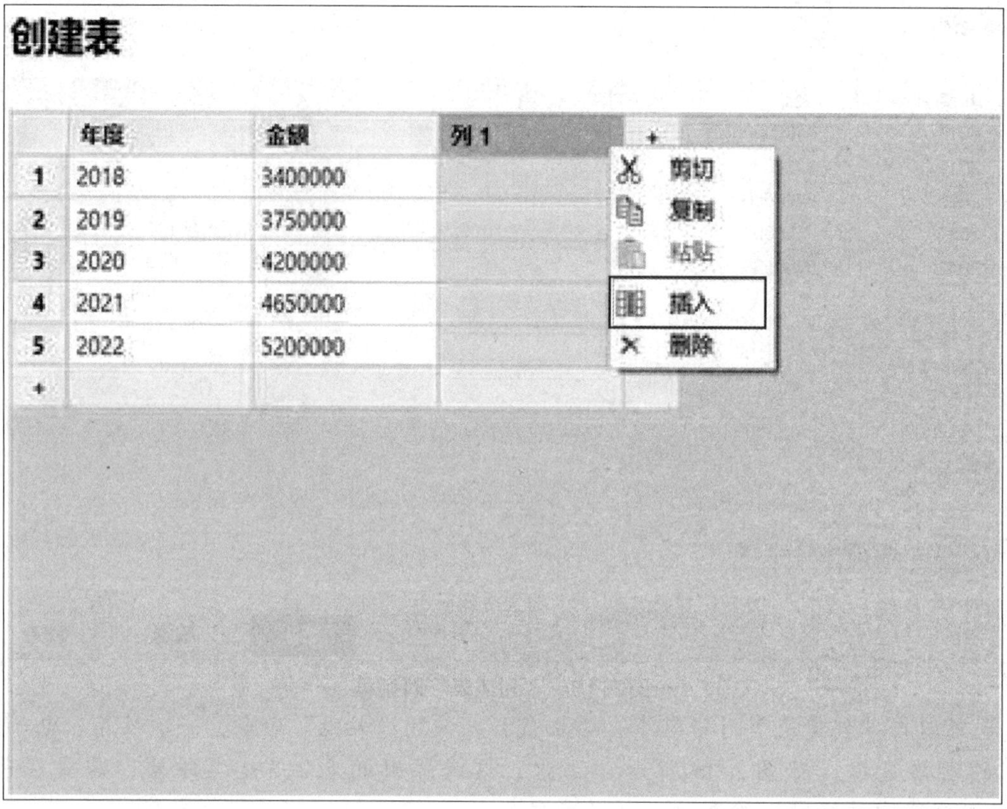

图2-17　删除或插入行（列）

（4）点击“加载”按钮，弹出“加载”对话框，等待一段时间后，表格的加载完成。在主界面的“表格视图”下，可以看到新建立的表格。

（5）在主界面，点击“保存”按钮，保存创建的Power BI文件，后缀名为“.pbix”。也可以点击“文件”选项卡，在弹出的界面，点击“保存”选项。

（二）导入Excel工作簿中的数据

Excel作为使用最频繁、应用最广泛、用户最庞大的数据处理工具，当然也是Power BI最常用的数据获取方法。这种方法导入的数据可以直接加载使用，也可以在Power Query编辑器中进行清洗整理。Power BI可连接的Excel工作簿包括“.xl”“.xls”“.xlsx”“.xlsm”“.xlsb”“.xlw”等。相比在Power BI中直接输入数据，利用功能强大的Excel会更快、更准确，即先在Excel中输入数据，保存为工作簿，再将工作簿中的数据导入Power BI中。导入的数据与工作簿之间不存在关联，因此，在Excel中修改工作簿时不会影响Power BI中的数据。

1. 从Excel工作簿导入数据

将Excel工作簿中的数据，导入Power BI有以下3种方法：

方法1：在Power BI主界面，使用画布上的“从Excel导入数据”命令，如图2-18所示。

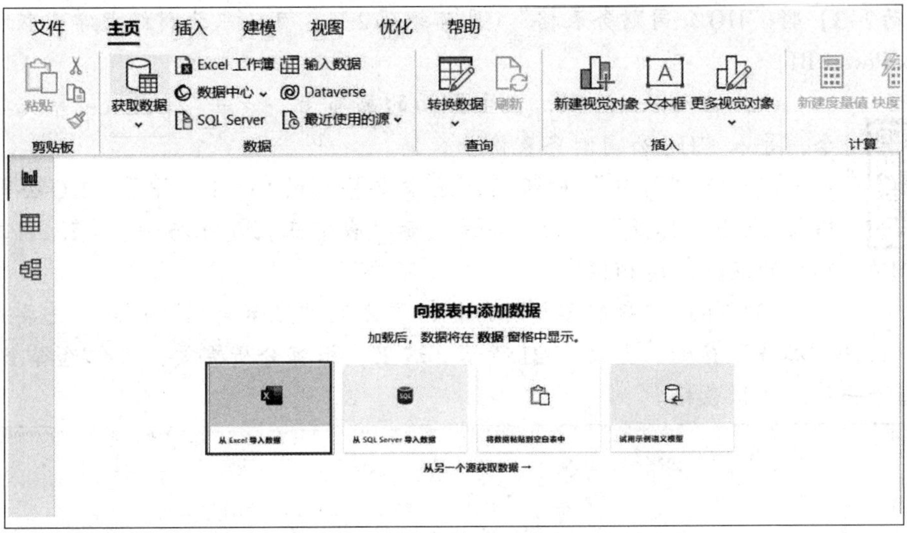

图2-18　使用画布上的“从Excel导入数据”命令

方法2：在“主页”选项卡“数据”组中，点击“Excel工作簿”命令，如图2-19所示。

图2-19　“Excel工作簿”命令

方法3：在“主页”选项卡“数据”组中，点击“获取数据”按钮下的“Excel工作簿”命令，如图2-20所示。

图2-20　“获取数据”按钮下的“Excel工作簿”命令

【活动2-3】将“HQ公司财务表格”（见二维码2-6，可从东北财经大学出版社网站下载）导入Power BI。

2-6表格

HQ公司财务表格

（1）启动Power BI，在主界面的画布上，点击“从Excel导入数据”命令，导入“HQ公司财务表格”数据。

（2）在“打开”对话框，选中要导入的Excel工作簿“HQ公司财务表格”，点击“打开”按钮。系统提示“我们正在建立与……（Excel工作簿名称）的连接，请稍候”。

（3）弹出“导航器”对话框，在左侧“显示选项”中，勾选要建立连接的表格，点击“加载”按钮，如图2-21所示。这里，根据分析需要，可以选择全部表格，也可以选择一张或几张表格。

时间	流动资产	非流动资产	资产
2023/1/31	501629	451870	953499
2023/2/28	511660	458721	970381
2023/3/31	521897	435423	957320
2023/4/30	532562	447821	980383
2023/5/31	543320	485214	1028534
2023/6/30	554183	499312	1053495
2023/7/31	569871	514700	1084571
2023/8/31	577320	532400	1109720
2023/9/30	588090	521420	1109510
2023/10/31	600100	512500	1112600
2023/11/30	612540	528900	1141440
2023/12/31	625470	524043	1149513

图2-21　“导航器”对话框

（4）系统弹出“加载”窗口。等待加载完成后，在主界面，切换到“表格视图”，可以查看导入的Excel工作簿，如图2-22所示。

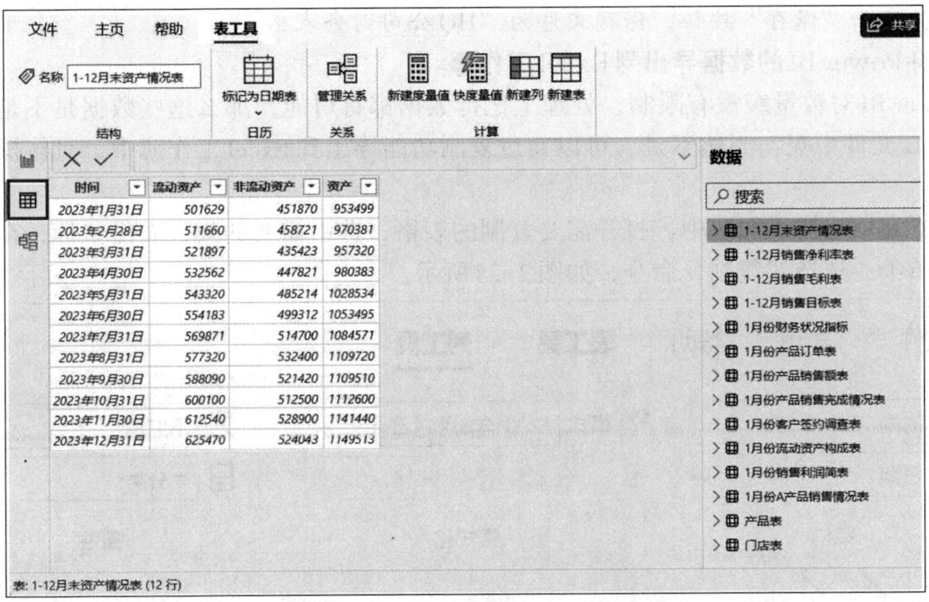

图2-22　查看导入的Excel工作簿

（5）在“表格视图”下，点击右侧的“数据”窗格中的Excel工作表“1-12月末资产情况表”，在左侧的编辑区显示出工作表中的数据。点击第一列“时间”按钮右侧的倒三角，在弹出的快捷菜单中，可以筛选需要查看的月份，如图2-23所示。

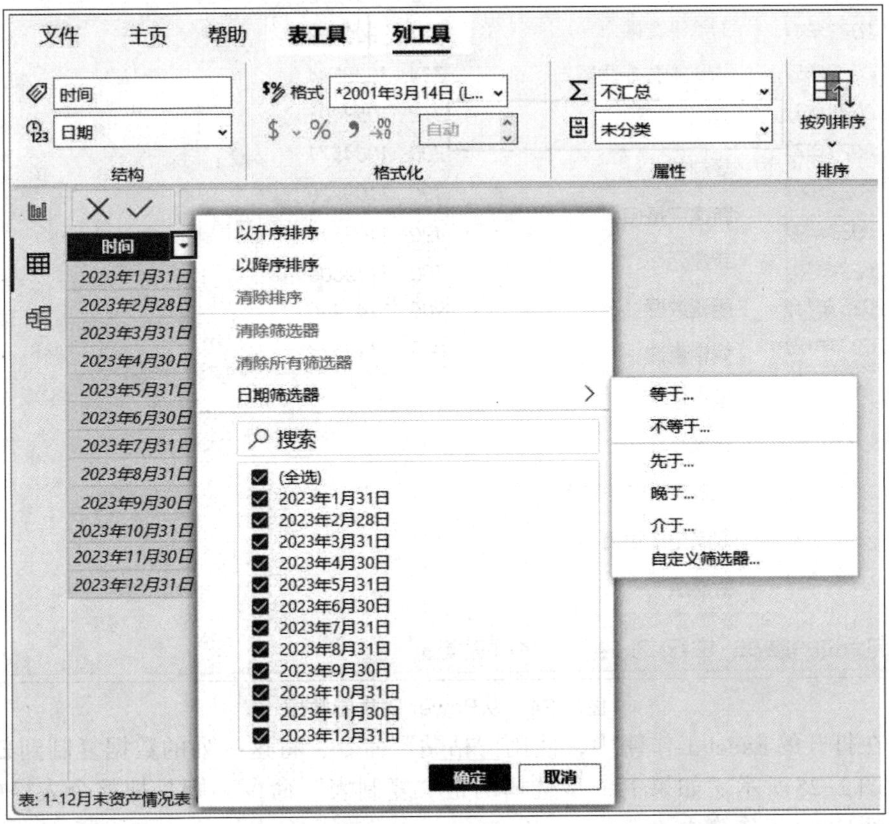

图2-23　筛选行数据

（6）点击“保存”按钮，保存文件为“HQ公司财务表格”。

2. 将Power BI的数据导出到Excel工作簿

Power BI对数量级没有限制，处理上亿行数据都有可能，那么这些数据是不是只能保存在.pbix文件中呢？当然不是，可以通过复制功能导出到Excel工作簿中，具体操作步骤如下：

（1）在“表格视图”中，打开需要复制的表格，选中需要的列，右击鼠标，在弹出的快捷菜单中，选择“复制”命令，如图2-24所示。

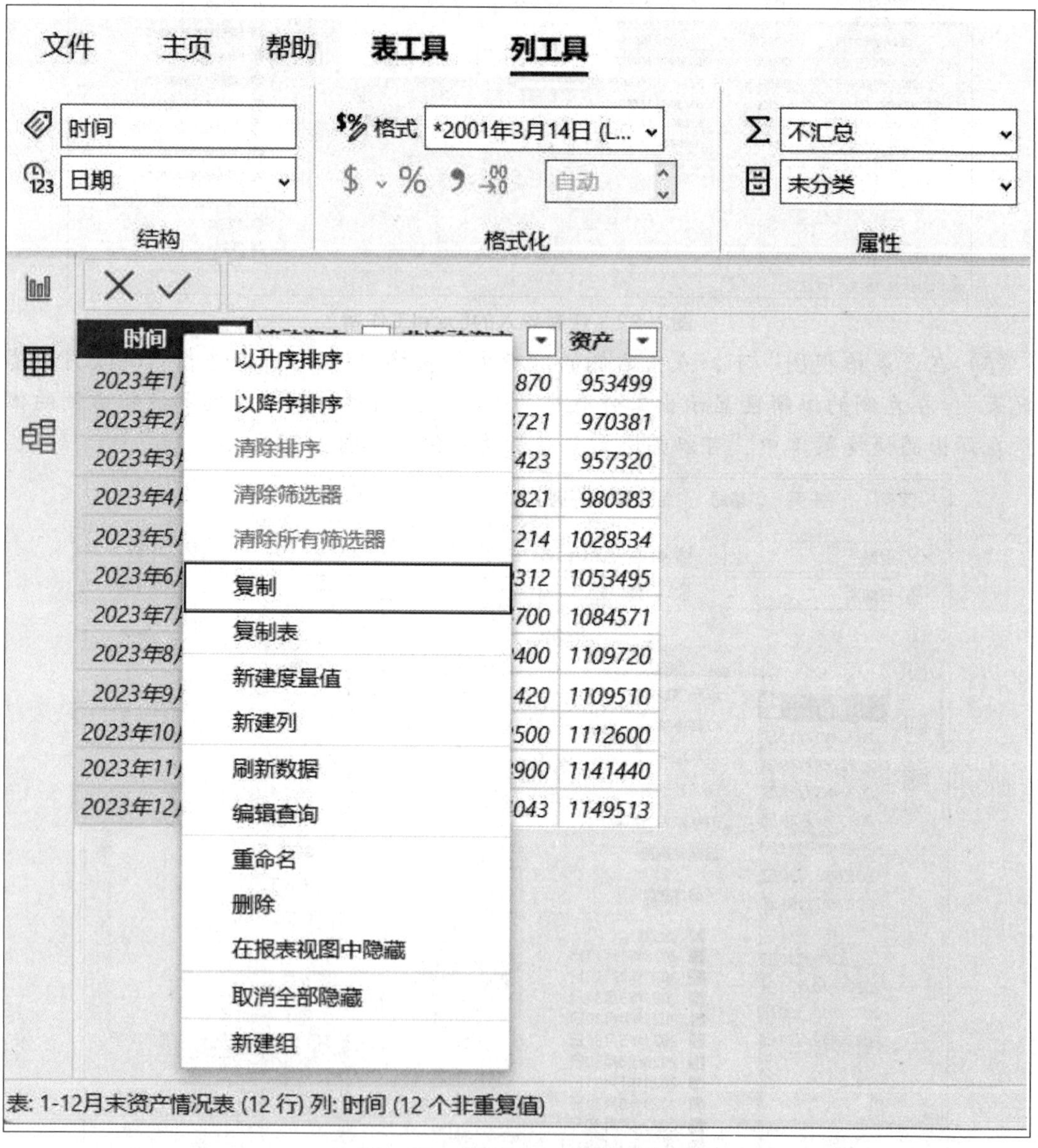

图2-24　从Power BI复制数据

（2）在打开的Excel工作簿中，使用“粘贴”命令，将这一列的数据复制到Excel工作簿中，如图2-25所示。如果上一步选择的是“复制表”命令，则是把整个表格中的全部数据粘贴到Excel工作簿中。

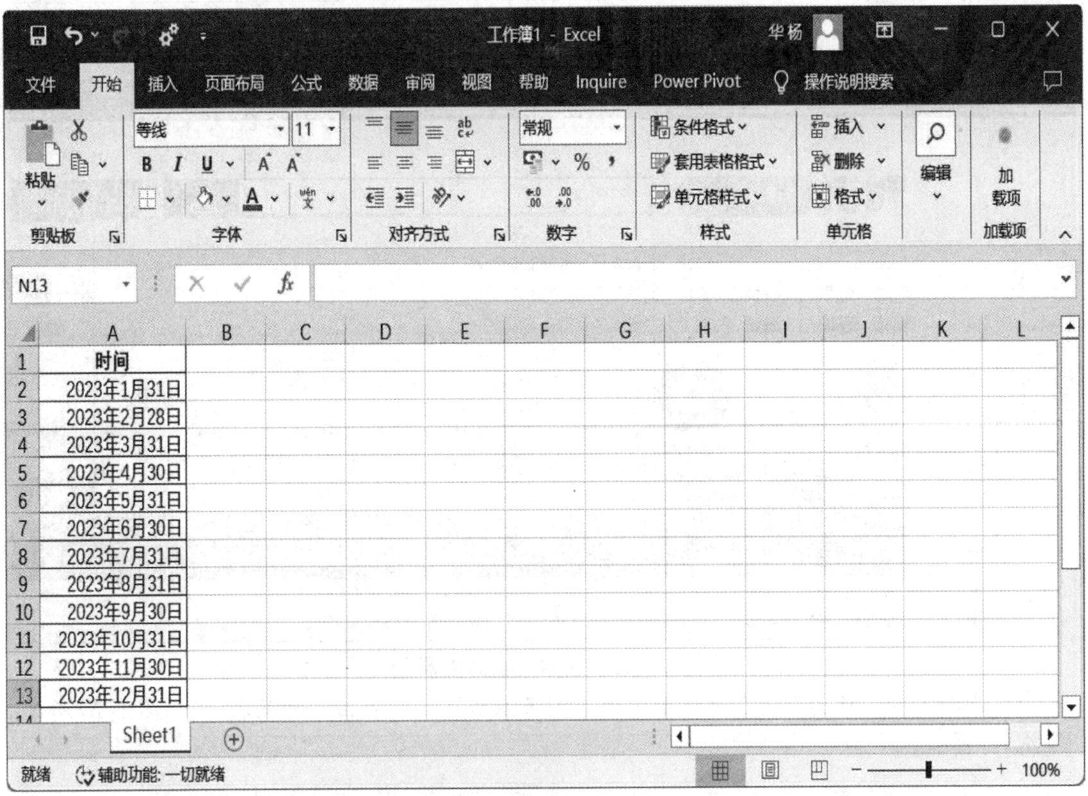

图2-25　复制到Excel工作簿

【小贴士】在Power Query编辑器中，我们进行处理的每一步都是生成一个表格，如果需要中间的过程表，就点击该步骤，然后选中列，右键复制即可。需要注意的是，如果数据量比较大，使用这种方法很可能复制的只是一部分数据，因为只有在这个窗口显示预览的数据才能被复制，如果想复制完整数据，就要预览出完整数据，数据量过大时显然不现实。所以，这种方法只适合导出数量较少的数据。

（三）从Web网页抓取数据

在现代商业环境中，企业需要了解市场趋势、竞争对手、客户需求等信息。这些信息通常存储在网站上，并且可能分布在多个页面上。使用Power BI抓取网页数据可以帮助企业快速、准确地收集这些信息。

从Web网页抓取数据，也称为网络爬虫，是一种从网页中提取数据的方法，它可以帮助我们获取和整理海量的网络数据，实现自动化的数据分析、挖掘和处理。从Web网页抓取数据时，需要注意遵守规则、尊重隐私和保护安全，确保抓取的合法性和道德性。

【活动2-4】从和讯网（https://www.hexun.com）抓取2022年格力电器（000651）利润表数据。

2-7微课

从Web网页获取数据

（1）在百度浏览器搜索“和讯网”，打开“和讯网”的主界面。在主界面的搜索框中，输入代码“000651“或者公司简称“格力电器”进行搜索，如图2-26所示。

图2-26 搜索“格力电器”

（2）在打开的“格力电器”页面的左侧“财务数据”下，点击“利润表”，如图2-27所示。

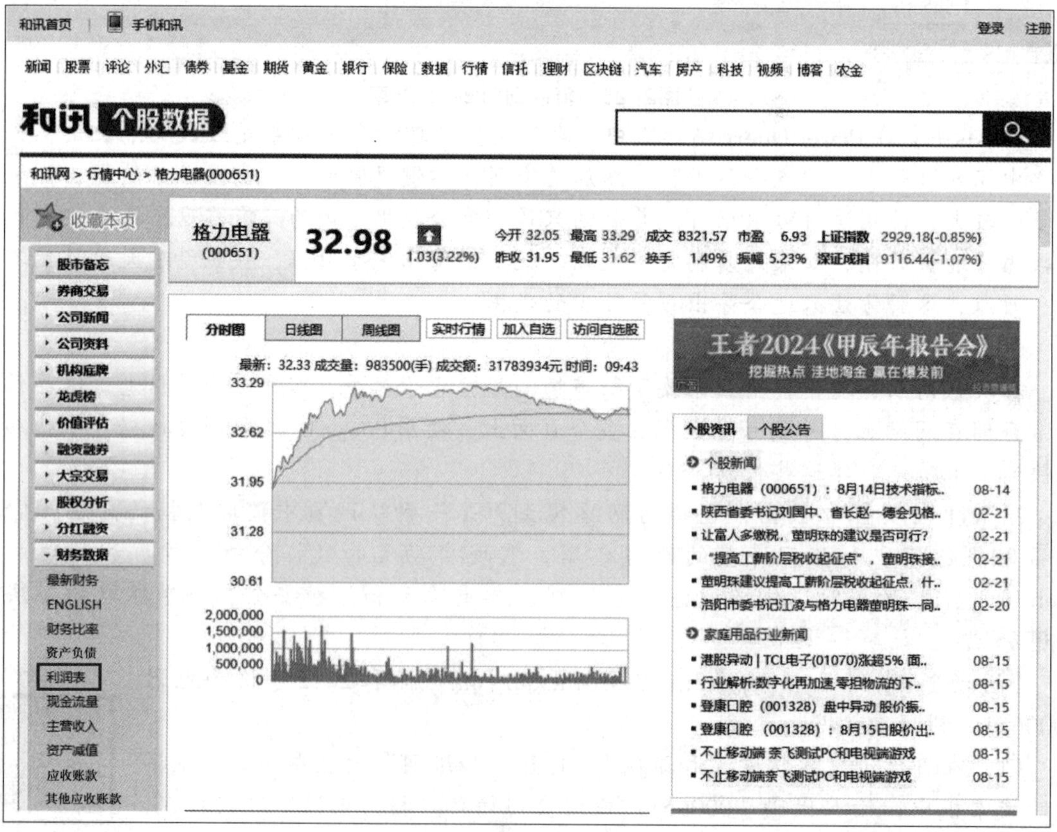

图2-27 选择“利润表”

（3）在新打开的界面，点击“全部会计年度”按钮，选择“22年年度”，则显示出2022年格力电器利润表，复制网址，如图2-28所示。

图2-28　复制抓取数据的网址

（4）启动Power BI，在“主页”选项卡下，点击“获取数据”按钮下方的箭头，打开“常用数据源”对话框，选择“Web”。

（5）在弹出的界面“从Web”中，粘贴上第（3）步复制的网址，点击“确定”按钮，如图2-29所示。

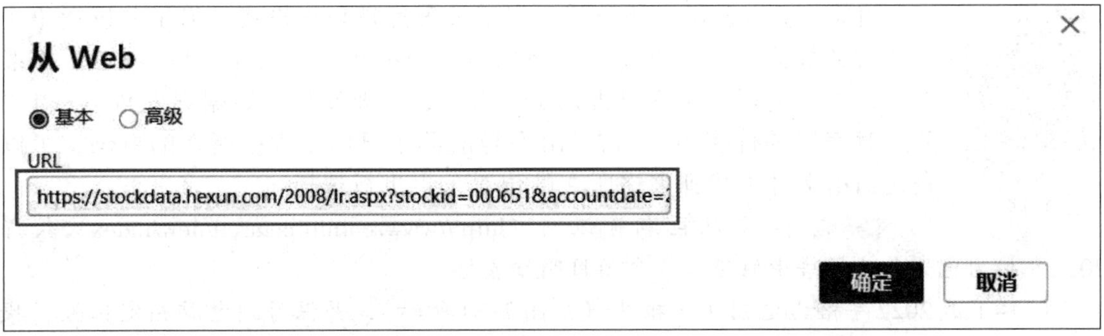

图2-29　粘贴网址

（6）连接完成后，弹出“导航器”对话框，选择“表1”，点击“加载”按钮，如图2-30所示。

图2-30　“导航器”对话框

（7）加载完成后，在主界面切换到“表格视图”，可看到加载后的表字段。在右侧的“数据”窗格下，选中表名“表1”，右击鼠标，可以对“表1”进行重命名为“2022年格力电器利润表”。

（8）点击“保存”按钮，保存文件。

（四）导入PDF文件数据

2-8微课

导入PDF文件数据

当前，上市公司对外公开的年度报告都是PDF格式。为了分析竞争对手的财务数据，我们也需要掌握如何将PDF文件数据导入Power BI。一般来说，上市公司的年度报告都是上百页，需要我们在数据导入Power BI之前，对表格进行筛选，Power BI在导航器中显示了表格所在的页码，可以先在PDF文件中找到表格所在的位置，再进行选择。

【活动2-5】从巨潮资讯网（http://www.cninfo.com.cn/new/index）获得2022年格力电器年度报告中的货币资金项目明细表格。

（1）下载2022年格力电器年度报告（如图2-31所示），并保存到电脑指定位置，找到货币资金项目明细表格所在的页码（第152页）。

图2-31　2022年格力电器年度报告

（2）打开Power BI，在“主页”选项卡的“数据”组中，点击“获取数据”选项下方的箭头，在弹出的快捷菜单中，选择“更多”命令，如图2-32所示。

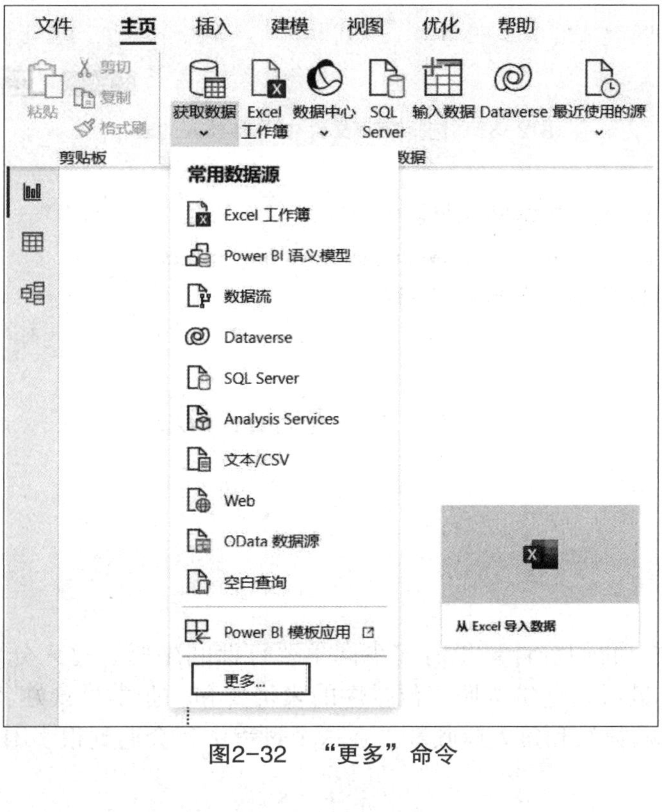

图2-32　“更多”命令

（3）在弹出的“获取数据”对话框中，选择“PDF”命令，点击“连接”按钮，弹出“打开对话框”，从指定位置选择刚才下载的2022年格力电器年度报告，点击“打开”按钮。

（4）弹出“导航器”对话框，在“显示选项”中，勾选第152页对应的货币资金明细表格前面的复选框，点击“加载”命令（如图2-33所示），将表格导入Power BI，并保存。

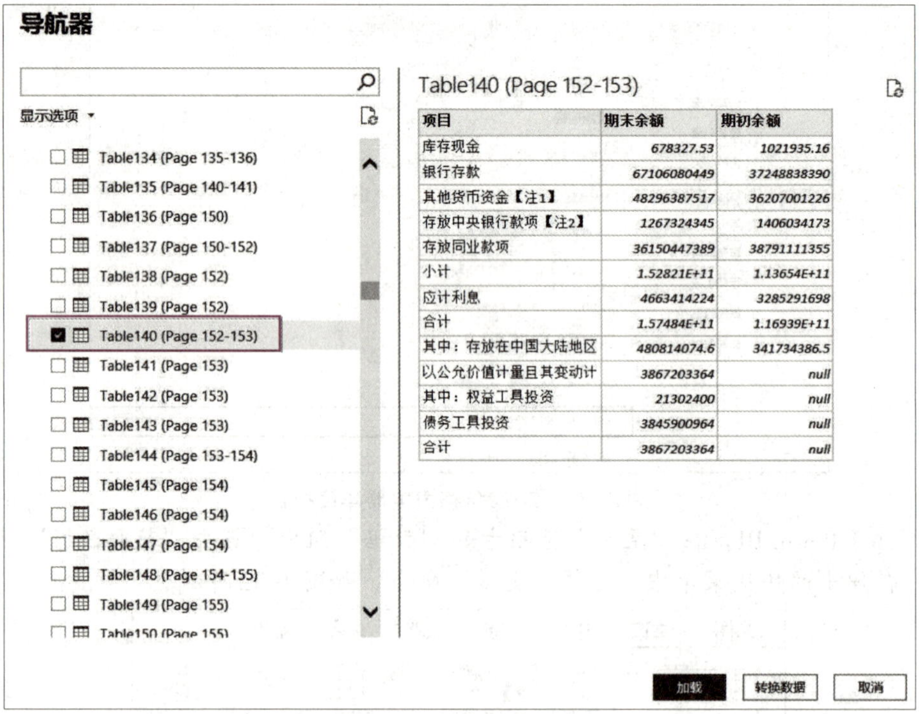

项目	期末余额	期初余额
库存现金	678327.53	1021935.16
银行存款	67106080449	37248838390
其他货币资金【注1】	48296387517	36207001226
存放中央银行款项【注2】	1267324345	1406034173
存放同业款项	36150447389	38791111355
小计	1.52821E+11	1.13654E+11
应计利息	4663414224	3285291698
合计	1.57484E+11	1.16939E+11
其中：存放在中国大陆地区	480814074.6	341734386.5
以公允价值计量且其变动计	3867203364	null
其中：权益工具投资	21302400	null
债务工具投资	3845900964	null
合计	3867203364	null

图2-33　选择PDF文件中需要导入的表格

【任务实训2-2】

目的：练习从Web网页抓取数据。

资料：东方财富网（https：//www.eastmoney.com）数据。

要求：抓取2022年格力电器财务指标。

任务三　数据清洗

情景导入

上小学的时候，我们统计班里有多少同学要订课间牛奶，每人分别需要的口味和规格，应收多少钱。最后，这份按照座位排序的表格要和一张学号（姓名）表格对应起来，并计算每种口味订购数量和每人应收款。在这个过程中，会遇到很多困难，例如有同学订了多种口味，有同学的信息被登记到了别的同学那一行——这应该是我们最早的数据清洗经历。

知识学习

一、数据规范要求

对从各种数据源导入的数据进行数据整理的过程，称为数据清洗。之所以称为清洗，是因为杂乱的数据就是“脏数据”，只有被清洗成“干净数据”后，才可以进行分析使用。其中，“脏数据”是指没有经过处理、自身含有一定问题的数据，如数据缺失、异常、重复等。“干净数据”是指经过处理完全符合规范要求的数据。

Power BI 只能识别一维表中的干净数据，表格数据应满足的要求见表2-4。

表2-4　　数据规范要求

<table>
<tr><th>序号</th><th>规范要求</th><th>错误示例</th></tr>
<tr><td>1</td><td>表格中不能出现合并单元格</td><td>
<table>
<tr><th></th><th>A</th><th>B</th><th>C</th><th>D</th><th>E</th></tr>
<tr><td>1</td><td colspan="5">2023年1月份HQ公司销售单</td></tr>
<tr><td>2</td><td>产品类别</td><td>销售单价</td><td>销售量</td><td>折扣</td><td>销售额</td></tr>
<tr><td>3</td><td>A1产品</td><td>50.00</td><td>212</td><td>3%</td><td>10282.00</td></tr>
</table>
</td></tr>
<tr><td>2</td><td>避免多行标题、多列标题</td><td>
<table>
<tr><th></th><th>A</th><th>B</th><th>C</th><th>D</th><th>E</th></tr>
<tr><td>1</td><td colspan="5">2023年1月份HQ公司销售单</td></tr>
<tr><td>2</td><td colspan="5">（金额单位：元）</td></tr>
<tr><td>3</td><td>产品类别</td><td>销售单价</td><td>销售量</td><td>折扣</td><td>销售额</td></tr>
<tr><td>4</td><td>A1产品</td><td>50.00</td><td>212</td><td>3%</td><td>10282.00</td></tr>
</table>
</td></tr>
<tr><td>3</td><td>字段名称在第一行，前后避免出现空行</td><td>
<table>
<tr><th></th><th>A</th><th>B</th><th>C</th><th>D</th><th>E</th></tr>
<tr><td>1</td><td></td><td></td><td></td><td></td><td></td></tr>
<tr><td>2</td><td>产品类别</td><td>销售单价</td><td>销售量</td><td>折扣</td><td>销售额</td></tr>
<tr><td>3</td><td></td><td></td><td></td><td></td><td></td></tr>
<tr><td>4</td><td>A1产品</td><td>50.00</td><td>212</td><td>3%</td><td>10282.00</td></tr>
</table>
</td></tr>
<tr><td>4</td><td>不能出现斜线表头</td><td>
<table>
<tr><th></th><th>A</th><th>B</th><th>C</th><th>D</th><th>E</th></tr>
<tr><td>1</td><td></td><td>销售单价</td><td>销售量</td><td>折扣</td><td>销售额</td></tr>
<tr><td>2</td><td>A1产品</td><td>50.00</td><td>212</td><td>3%</td><td>10282.00</td></tr>
<tr><td>3</td><td>A2产品</td><td>60.00</td><td>256</td><td>5%</td><td>14592.00</td></tr>
</table>
</td></tr>
<tr><td>5</td><td>字段不能有空值，避免出现空列</td><td>
<table>
<tr><th></th><th>A</th><th>B</th><th>C</th><th>D</th><th>E</th><th>F</th></tr>
<tr><td>1</td><td>产品类别</td><td>销售单价</td><td>销售量</td><td>折扣</td><td></td><td>销售额</td></tr>
<tr><td>2</td><td>A1产品</td><td>50.00</td><td>212</td><td>3%</td><td></td><td>10282.00</td></tr>
<tr><td>3</td><td>A2产品</td><td>60.00</td><td>256</td><td>5%</td><td></td><td></td></tr>
<tr><td>4</td><td>A3产品</td><td>75.00</td><td>188</td><td>2%</td><td></td><td>13818.00</td></tr>
</table>
</td></tr>
</table>

续表

<table>
<tr><th>序号</th><th>规范要求</th><th>错误示例</th></tr>
<tr><td>6</td><td>同一列数据的数据类型应该统一，不能出现两种及以上的数据类型</td><td>
<table>
<tr><th></th><th>A</th><th>B</th><th>C</th><th>D</th><th>E</th></tr>
<tr><td>1</td><td>产品类别</td><td>销售单价</td><td>销售量</td><td>折扣</td><td>销售额</td></tr>
<tr><td>2</td><td>A1 产品</td><td>50.00</td><td>212</td><td>3%</td><td>¥10,282.00</td></tr>
<tr><td>3</td><td>A2 产品</td><td>60.00</td><td>256</td><td>5%</td><td>¥14,592.00</td></tr>
<tr><td>4</td><td>A3 产品</td><td>75.00</td><td>188</td><td>0.02</td><td>13818.00</td></tr>
<tr><td>5</td><td>A4 产品</td><td>80.00</td><td>202</td><td>0.03</td><td>15675.2</td></tr>
<tr><td>6</td><td>A5 产品</td><td>90.00</td><td>132</td><td>0.05</td><td>11286.00</td></tr>
</table>
</td></tr>
<tr><td>7</td><td>删除文本中不必要的空格</td><td>
<table>
<tr><th></th><th>A</th><th>B</th><th>C</th><th>D</th><th>E</th></tr>
<tr><td>1</td><td>产品类别</td><td>销售单价</td><td>销售量</td><td>折扣</td><td>销售额</td></tr>
<tr><td>2</td><td>A1 产 品</td><td>50.00</td><td>212</td><td>3%</td><td>10282.00</td></tr>
<tr><td>3</td><td>A2 产 品</td><td>60.00</td><td>256</td><td>5%</td><td>14592.00</td></tr>
<tr><td>4</td><td>A3 产 品</td><td>75.00</td><td>188</td><td>2%</td><td>13818.00</td></tr>
</table>
</td></tr>
<tr><td>8</td><td>不能出现非法日期</td><td>
<table>
<tr><th></th><th>A</th><th>B</th><th>C</th><th>D</th><th>E</th><th>F</th></tr>
<tr><td>1</td><td>日期</td><td>产品类别</td><td>销售单价</td><td>销售量</td><td>折扣</td><td>销售额</td></tr>
<tr><td>2</td><td>230131</td><td>A1产品</td><td>50.00</td><td>212</td><td>3%</td><td>10282.00</td></tr>
<tr><td>3</td><td>230131</td><td>A2产品</td><td>60.00</td><td>256</td><td>5%</td><td>14592.00</td></tr>
<tr><td>4</td><td>230131</td><td>A3产品</td><td>75.00</td><td>188</td><td>2%</td><td>13818.00</td></tr>
</table>
</td></tr>
</table>

对于存在上述格式不规范情况的表格，尽量在导入Power BI前进行数据规范化处理。在Excel工作簿中，规范化处理后的表格如图2-34所示。

	A	B	C	D	E	F
1	日期	产品类别	销售单价	销售量	折扣	销售额
2	2023-01-31	A1产品	50.00	212	3%	10282.00
3	2023-01-31	A2产品	60.00	256	5%	14592.00
4	2023-01-31	A3产品	75.00	188	2%	13818.00
5	2023-01-31	A4产品	80.00	202	3%	15675.20
6	2023-01-31	A5产品	90.00	132	5%	11286.00

图2-34 规范化的一维表

不便处理的，可以在导入Power BI后，在Power Query编辑器处理。以【任务实训2-2】抓取的2022年格力电器财务指标数据表“表11”（见东北财经大学出版社网站“文件2-1”）为例，介绍数据表的操作和查询、替换、更改数据类型等操作。

【学思课堂】2023年8月1日，财政部印发《企业数据资源相关会计处理暂行规定》（以下简称《会计处理暂行规定》），并于2024年1月1日正式施行。《会计处理暂行规定》是贯彻落实党中央、国务院关于发展数字经济决策部署的具体举措，这一举措迈出了从数据资源到数据资产的关键一步，有利于盘活数据资源价值，提升企业数据资产意识，增强企业对数据进行深度开发利用的动力，进而有效激发数据交易市场的活跃性。

二、数据表操作

导入Power BI的数据存放于数据表中。在Power Query编辑器中，可以对数据表进行重命名、复制、删除、移动、转置、管理、将第一行用作标题等操作。

（一）重命名表格

1. 在“查询”窗格中，双击需要重命名的表格，表格的名称变为可编辑状态，输入新表名称即可；也可以右击鼠标，在弹出的对话框中，选择“重命名”命令，修改表格的名称。

2. 在“查询设置”窗格的“属性”选项中，在名称对话框，输入新表的名称。

【活动 2-6】将“表 11”重命名为“2022 年格力电器财务指标”。重命名的表格如图 2-35 所示。

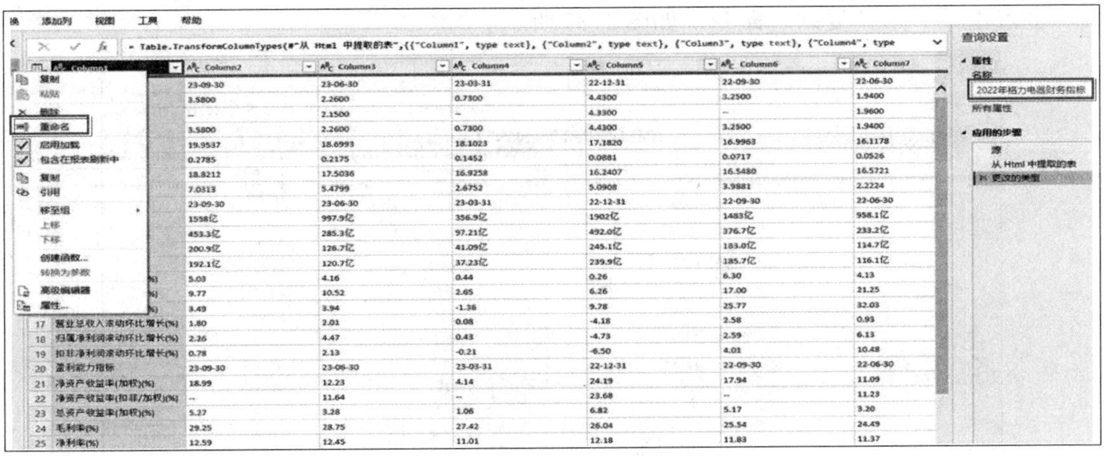

图2-35　在Power Query编辑器重命名表格

【小贴士】在 Power BI 主界面的“表格视图”中，也可以重命名表格，有两种方法，如图 2-36 所示。

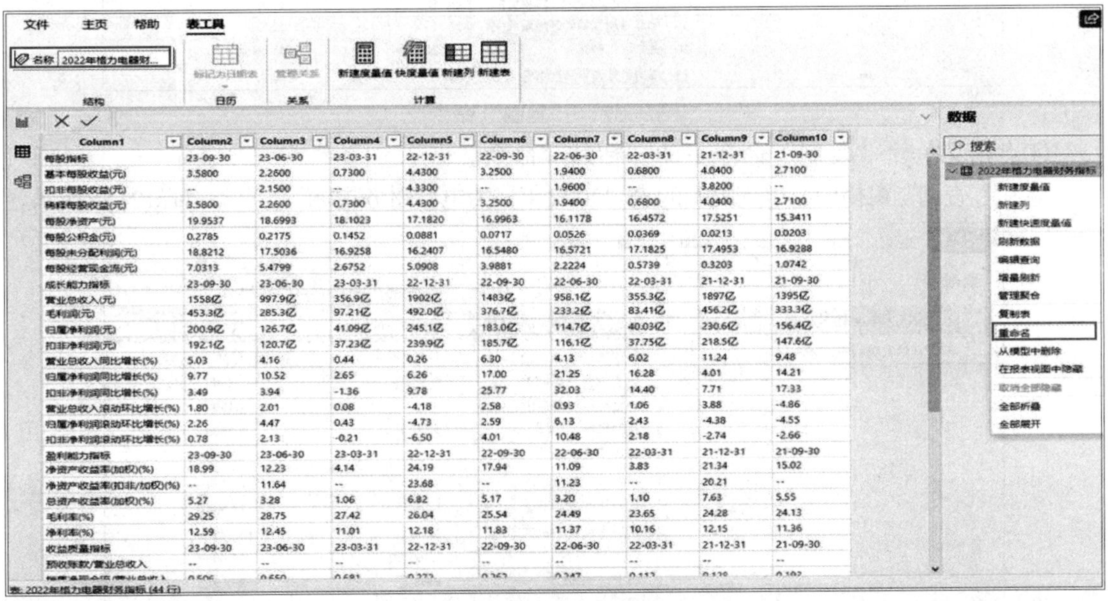

图2-36　在“报表视图”重命名表格

方法 1：在“数据”窗格中，选中需要重命名的表格，右击鼠标，在弹出的快捷菜单中，选择“重命名”命令。

方法 2：在“表工具”选项卡下，选中需要重命名的表格，在名称对话框中直接输入新表的名称。

（二）复制和删除表格

1. 复制表格

在Power Query编辑器中，复制表格的方法有4种。

方法（1）：复制和粘贴表格。

①在“查询”窗格中，选中需要复制的表格。

②右击鼠标，弹出快捷菜单。

③点击第一个“复制”命令，如图2-37所示。

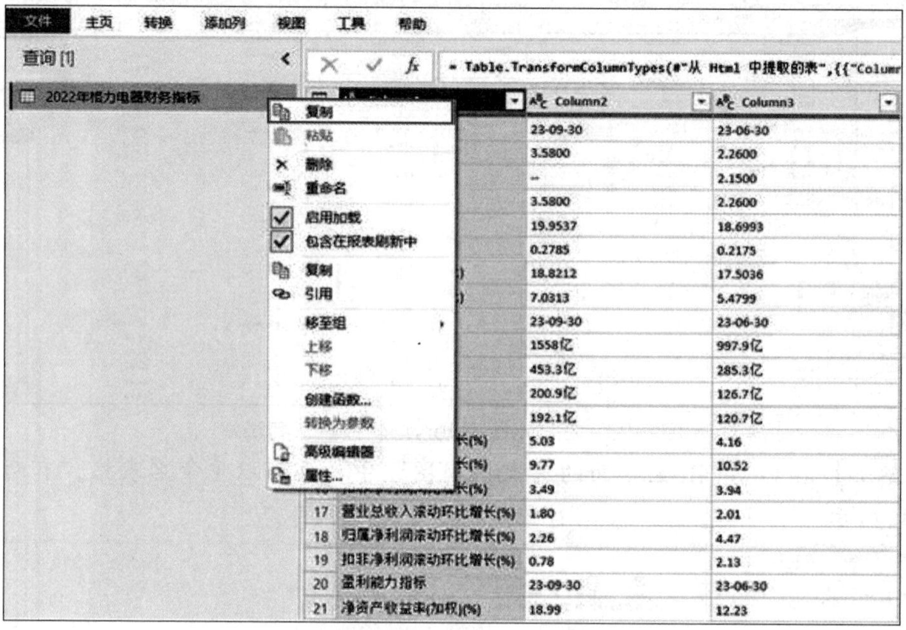

图2-37　“复制”命令

④点击第一个“复制”命令下的“粘贴”命令。

⑤在“查询”窗格中，出现复制的表“2022年格力电器财务指标（2）”，如图2-38所示。

图2-38　复制和粘贴表格

方法（2）：快速复制表格。

①在“查询”窗格中，选中需要复制的表格。

②右击鼠标，弹出快捷菜单。

③点击第二个“复制”命令，如图2-39所示。

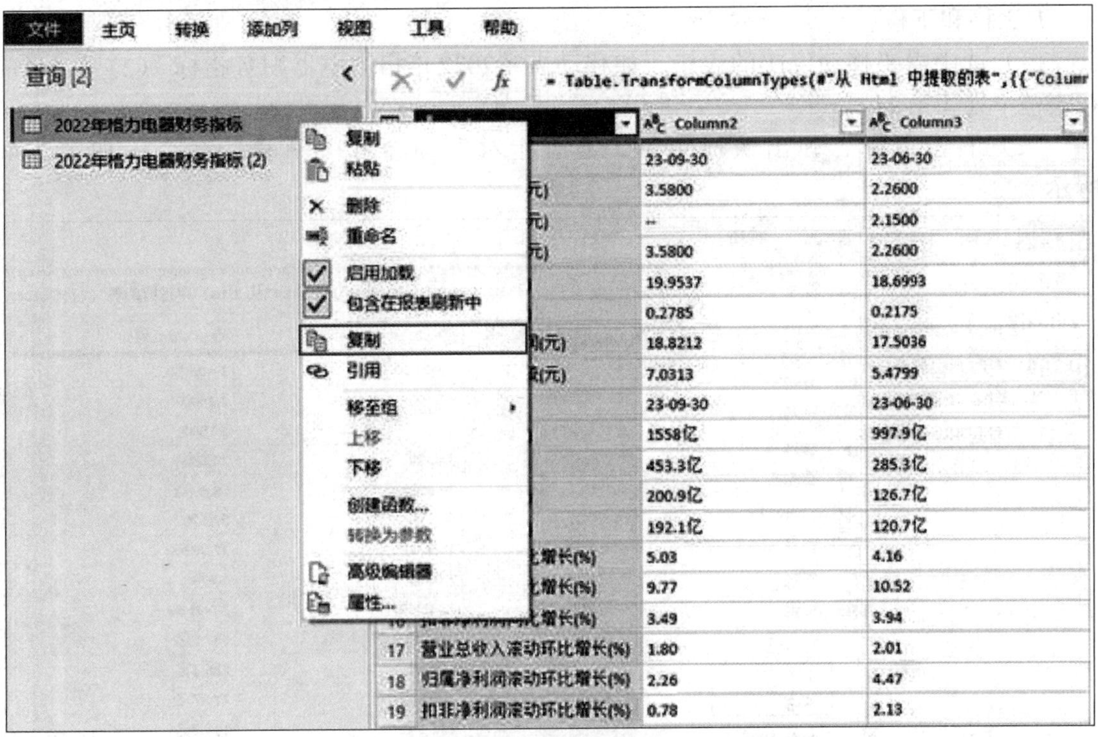

图2-39　快速复制表

④在“查询”窗格中，出现复制的表“2022年格力电器财务指标（3）”。

方法（3）：引用表。

使用“引用”命令，可以快速复制表。

① 在“查询”窗格中，选中需要复制的表格。

② 右击鼠标，弹出快捷菜单。

③ 点击“引用”命令。

④ 在“查询”窗格中，出现复制的表“2022年格力电器财务指标（4）”。

方法（4）：利用“主页”选项卡下“查询”组中的“管理”选项。

在“主页”选项卡下“查询”组的“管理”选项中，通过执行“复制”命令和“引用”命令，可以实现表的复制。

2. 删除表格

删除表的方法也有3种。

方法（1）：在“查询”窗格中，选中需要删除的表，右击鼠标，在弹出的快捷菜单中，选择“删除”命令。

方法（2）：在右侧“查询设置”窗格中，在“名称”下方的对话框中，右击鼠标，在弹出的快捷菜单中，选择“删除”命令。

方法（3）：在“主页”选项卡下“查询”组的“管理”选项中，通过执行“删除”命令，可以删除表。

（三）移动表格

在“查询”窗格中，移动表格的位次有以下两种方法：

1. 上移和下移

（1）选中需要移动位次的表格，如移动表“2022年格力电器财务指标（2）”，目前在表格中处于第2位。

（2）右击鼠标，弹出快捷菜单，有“上移”命令和“下移”命令，如图2-40所示。

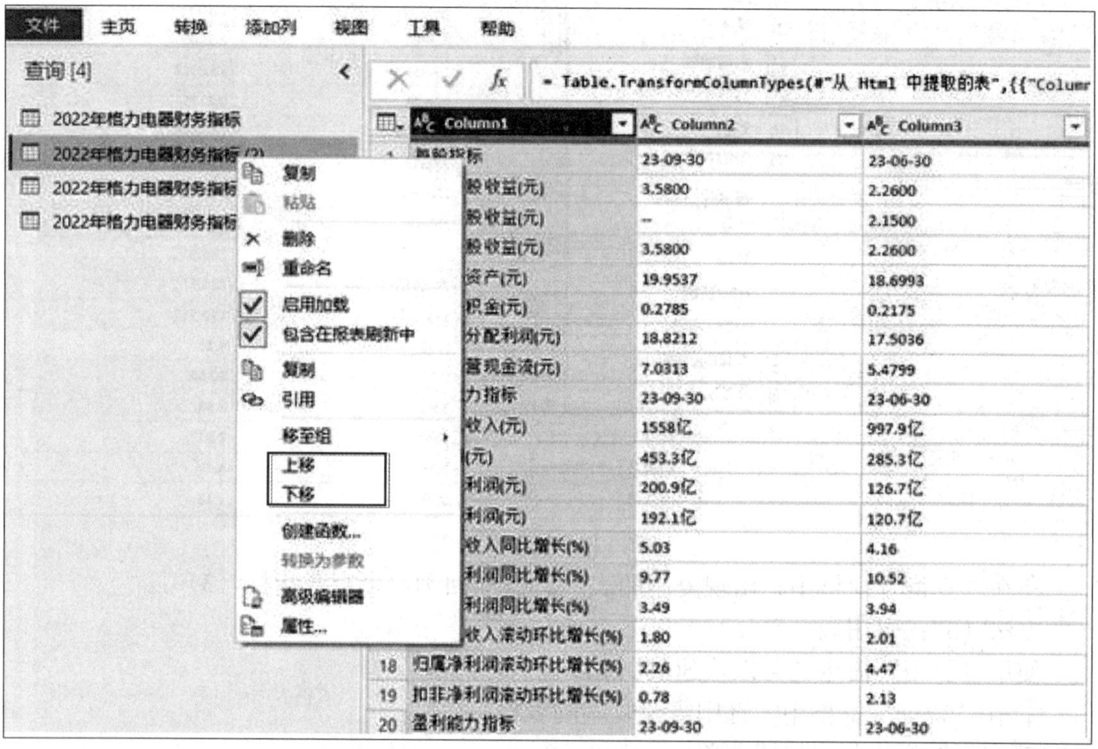

图2-40　“上移”和“下移”命令

（3）选择“上移”命令，则移动至第一位；选择“下移”命令，则移动至第三位。

2. 拖动表格

在“查询”窗格中，可以拖动表格，实现表格位置的变化。例如，选中表“2022年格力电器财务指标（3）”，覆盖表“2022年格力电器财务指标（2）”，松开鼠标后，则表“2022年格力电器财务指标（3）”出现在原来表“2022年格力电器财务指标（2）”的位置。

（四）转置表格

转置表格，即把行数据颠倒转成列数据，把列数据颠倒转成行数据。可以通过“转换”选项卡下“表格”组的“转置”命令，快速实现表格的转置。

对表“2022年格力电器财务指标”进行转置，第一列展示了财务指标名称，其他列展示了不同时间的财务指标数值，如图2-41所示。

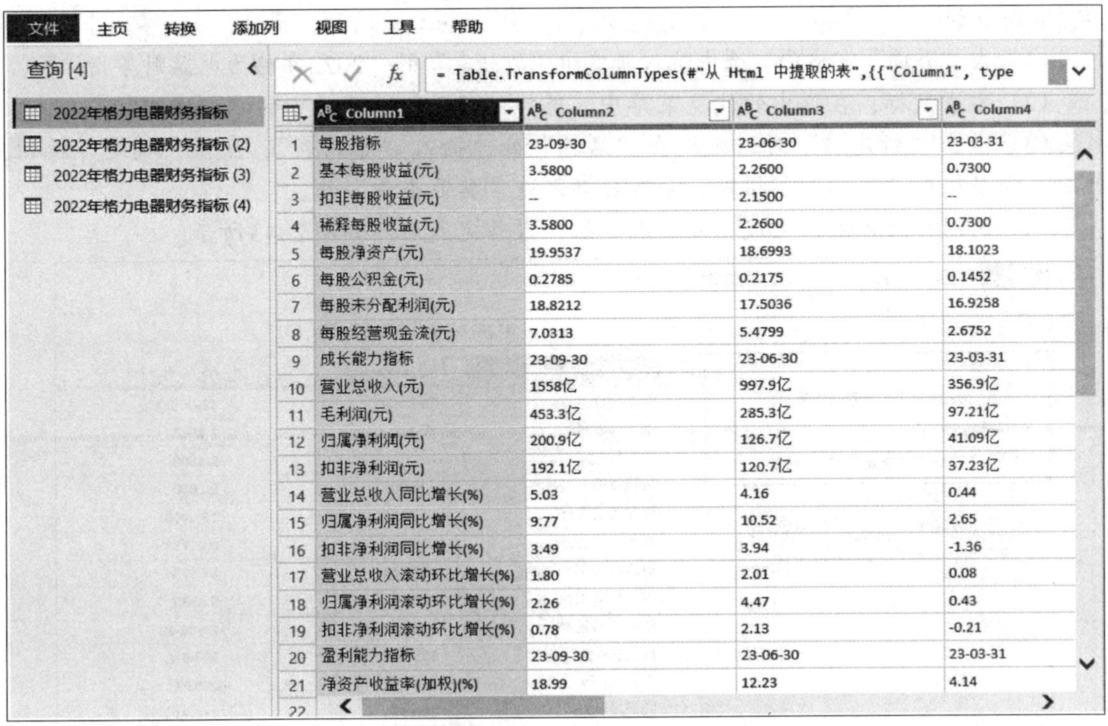

	Column1	Column2	Column3	Column4
1	每股指标	23-09-30	23-06-30	23-03-31
2	基本每股收益(元)	3.5800	2.2600	0.7300
3	扣非每股收益(元)	--	2.1500	--
4	稀释每股收益(元)	3.5800	2.2600	0.7300
5	每股净资产(元)	19.9537	18.6993	18.1023
6	每股公积金(元)	0.2785	0.2175	0.1452
7	每股未分配利润(元)	18.8212	17.5036	16.9258
8	每股经营现金流(元)	7.0313	5.4799	2.6752
9	成长能力指标	23-09-30	23-06-30	23-03-31
10	营业总收入(元)	1558亿	997.9亿	356.9亿
11	毛利润(元)	453.3亿	285.3亿	97.21亿
12	归属净利润(元)	200.9亿	126.7亿	41.09亿
13	扣非净利润(元)	192.1亿	120.7亿	37.23亿
14	营业总收入同比增长(%)	5.03	4.16	0.44
15	归属净利润同比增长(%)	9.77	10.52	2.65
16	扣非净利润同比增长(%)	3.49	3.94	-1.36
17	营业总收入滚动环比增长(%)	1.80	2.01	0.08
18	归属净利润滚动环比增长(%)	2.26	4.47	0.43
19	扣非净利润滚动环比增长(%)	0.78	2.13	-0.21
20	盈利能力指标	23-09-30	23-06-30	23-03-31
21	净资产收益率(加权)(%)	18.99	12.23	4.14

图2-41　转置前的表格

转置后，第一列展示不同的时间点，其他列展示在对应时间的某一财务指标数据，如图2-42所示。

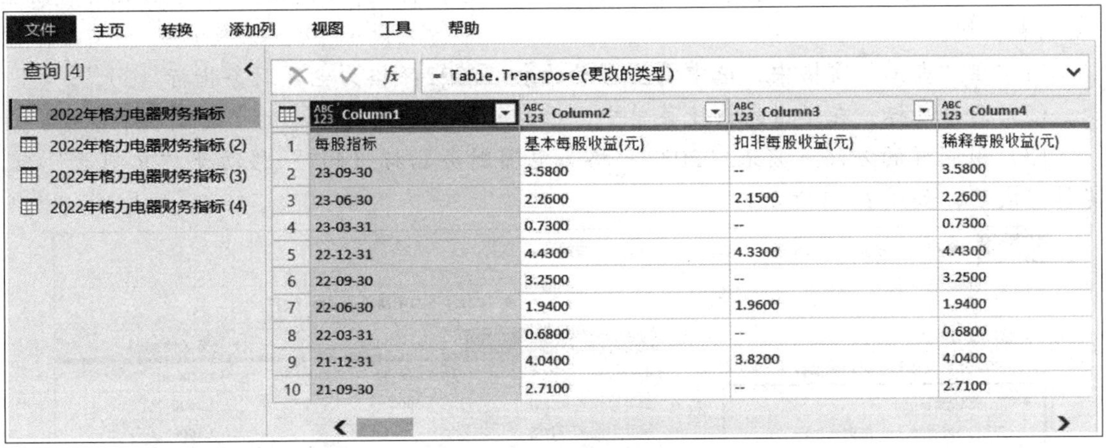

	Column1	Column2	Column3	Column4
1	每股指标	基本每股收益(元)	扣非每股收益(元)	稀释每股收益(元)
2	23-09-30	3.5800	--	3.5800
3	23-06-30	2.2600	2.1500	2.2600
4	23-03-31	0.7300	--	0.7300
5	22-12-31	4.4300	4.3300	4.4300
6	22-09-30	3.2500	--	3.2500
7	22-06-30	1.9400	1.9600	1.9400
8	22-03-31	0.6800	--	0.6800
9	21-12-31	4.0400	3.8200	4.0400
10	21-09-30	2.7100	--	2.7100

图2-42　转置后的表格

（五）管理表格

在Power Query编辑器中，可以使用“组”对表格进行新建、移动、删除和取消分组等管理，便于查看表格。

2-9微课

管理表格

【活动2-7】根据“表11”进行表格管理，将表“2022年格力电器财务指标”分入“原始表”组，其他表分入“复制表”组。

1.新建组

（1）在“查询”窗格中，选中纳入新建组“原始表”的“2022年格力电器财务指标”。

（2）右击鼠标，在弹出的快捷菜单中，选择“移至组”选项中的“新建组”命令。

（3）弹出“新建组”对话框，在“名称”处，输入“原始表”，点击“确定”按钮，此时，除了生成“原始表”组外，系统自动新建“其他查询”组。

（4）用同样的方法，生成“复制表”组，操作完成后，如图2–43所示。

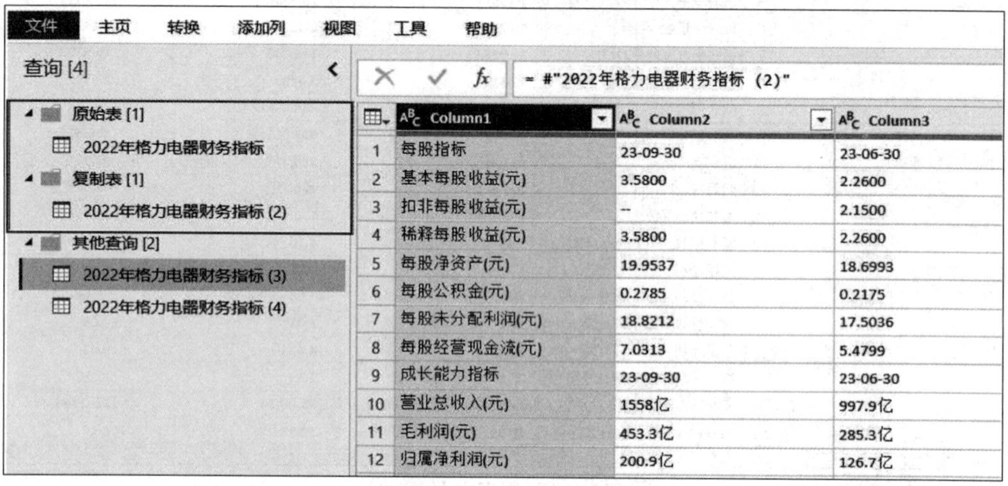

图2–43 新建组

2.移动组

可以通过移动方式，改变表格的存放位置。例如，将“其他查询”组中的表格移动至“复制表”组。

（1）在“查询”窗格中，选中需要移动的表“2022年格力电器财务指标（3）”。

（2）右击鼠标，在弹出的快捷菜单中，选择“移至组”选项中的“复制表”命令。

（3）用同样的方法，将表“2022年格力电器财务指标（4）”移动至“复制表”组，操作完成后，如图2–44所示。

图2–44 移动组

3.删除组

在Power Query编辑器中，只能删除自创的分组，不能删除系统自建的分组“其他查询”。以删除组“复制表”为例，介绍如何删除组。

(1) 在“查询”窗格中，选中需要删除的组名“复制表”。

(2) 右击鼠标，在弹出的快捷菜单中，选择“删除组”命令。

(3) 弹出“删除组”对话框，如果确定删除，点击“确定”命令，操作完成后，如图2-45所示。目前，只有一个自建组“原始表”和一个系统建组“其他查询”，原来自建分组“复制表”及其包括的表格都被删除。

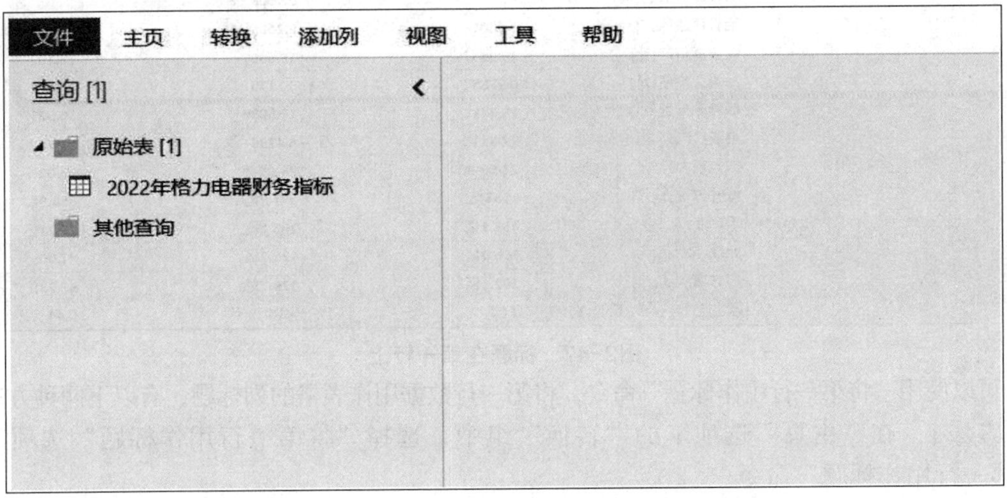

图2-45 删除组

4.取消分组

可以根据需要，取消已有自建分组，如取消分组“原始表”，操作如下：

(1) 在“查询”窗格中，选中需要取消分组的组名“原始表”。

(2) 右击鼠标，在弹出的快捷菜单中，选择“取消分组”命令，此时，“原始表”组被删除，系统建的分组“其他查询”也没有了，即没有分组，操作结果如图2-46所示。

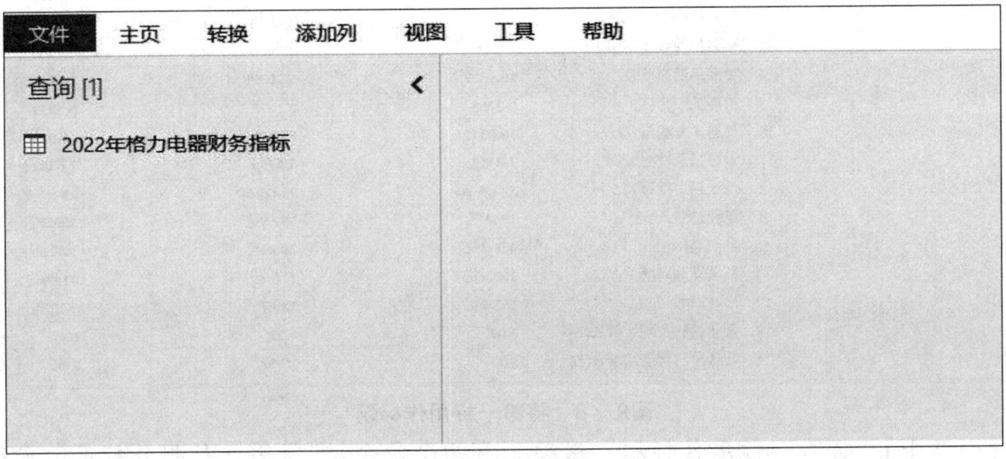

图2-46 取消分组

（六）将第一行用作标题

有时，Power Query编辑器无法识别行，或者其他行才是标题，需要将其他行调整到第一行，如图2-47所示。

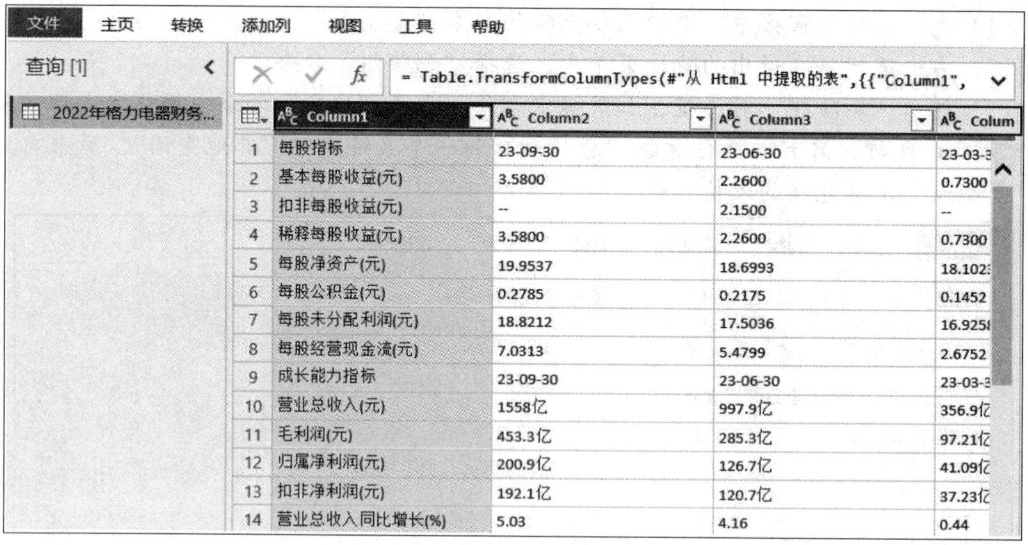

图2-47　标题在第一行上

可以使用"将第一行用作标题"命令，将第一行数据用作表格的列标题，有以下两种方法：

方法1：在"主页"选项卡的"转换"组中，选择"将第一行用作标题"选项下的"将第一行用作标题"命令。

方法2：在"转换"选项卡的"表格"组中，选择"将第一行用作标题"选项下的"将第一行用作标题"命令。

操作完成后，如图2-48所示。

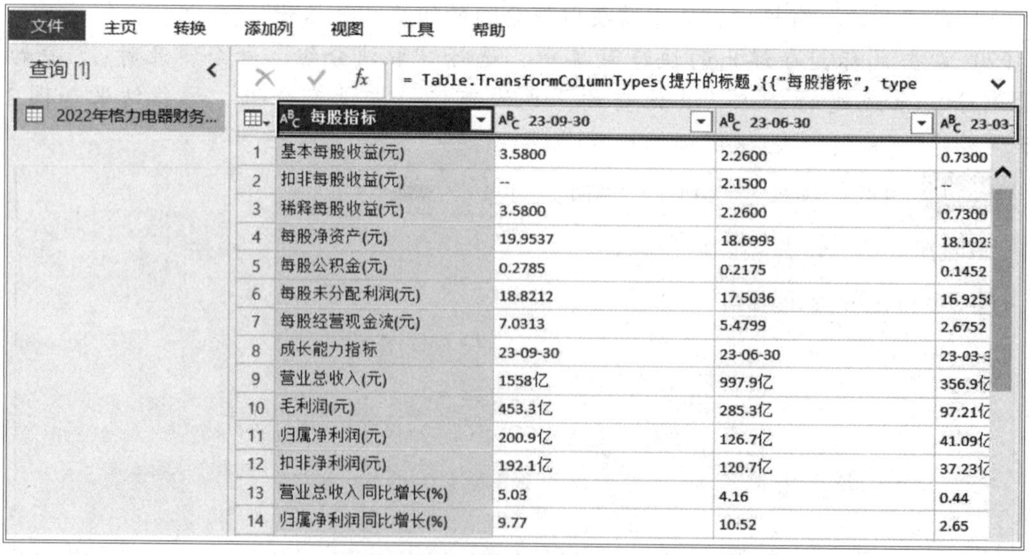

图2-48　将第一行用作标题

【小贴士】"将第一行用作标题"选项下有两个命令："将第一行用作标题"命令和"将标题作为第一行"命令，"将标题作为第一行"命令是"将第一行用作标题"命令的反向操作，原来的列标题下降到第一行数据的位置。

三、数据格式清理

在数据表导入Power Query编辑器后，我们可以对表格中的数据进行查询、替换、更换类型、填充和转换等处理。

（一）查询数据

1. 某一单元格数据查询

在Power Query编辑器的数据区域，选中一单元格，则在选中内容区域，展示该单元格的内容（如图2-49所示），在选中内容区域，展示了2023年半年报的营业总收入金额“1558亿”。

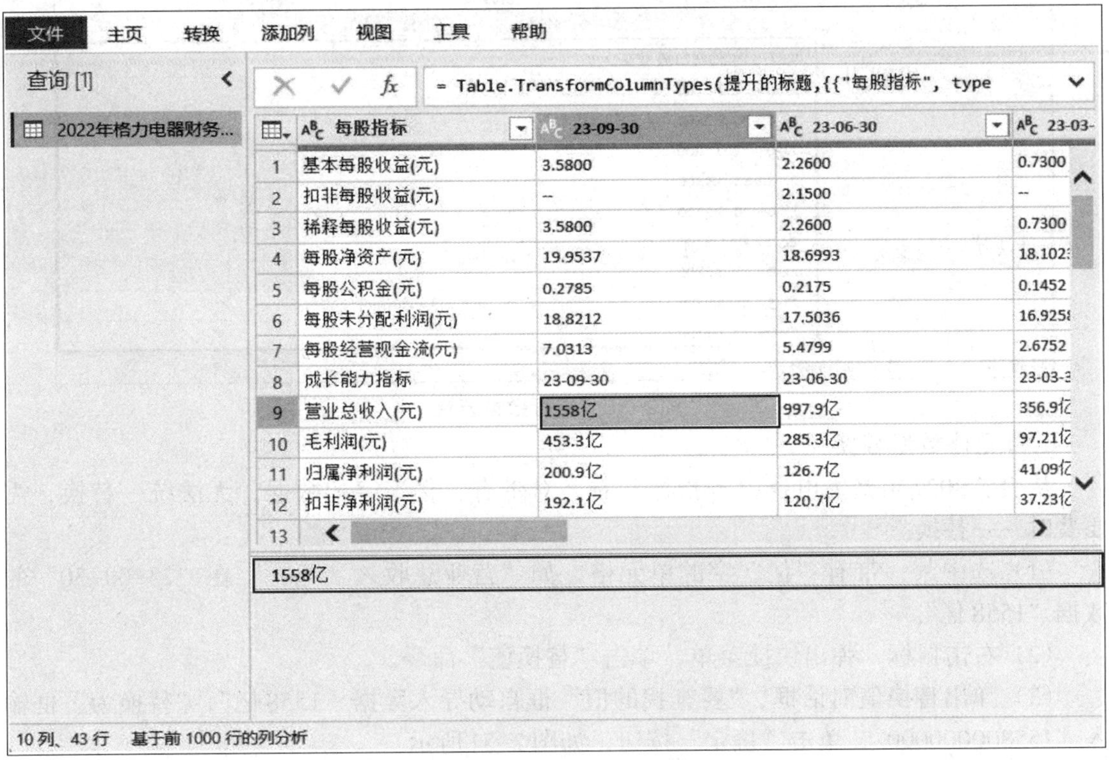

图2-49 查询某一单元格数据

2. 整行数据查询

当表格的列数比较多时，无法一次看清所有的行数据，这时，可以使用整行数据查询的功能，即选中行号，在选中内容区域展示这一行的所有数据，如图2-50所示，选中第三行“稀释每股收益（元）”，选中数据区域展示了这一行的所有数据。

（二）替换数据

替换数据，就是使用新数据替换旧数据。从表“2022年格力电器财务指标”的数据可以看出，有的是以元为单位，有的是以亿元为单位、以%为单位。对于以亿元为单位的，应替换为以元为单位。替换功能是针对选中的单元格或列数据进行操作，如果需要对多列进行操作，可以按住“shift”键选中多列后再进行操作。可以选中单元格或列，使用右键快捷菜单中的“替换值”命令，也可以使用“主页”选项卡“转换”组中的“替换值”命令，进行数据的替换。

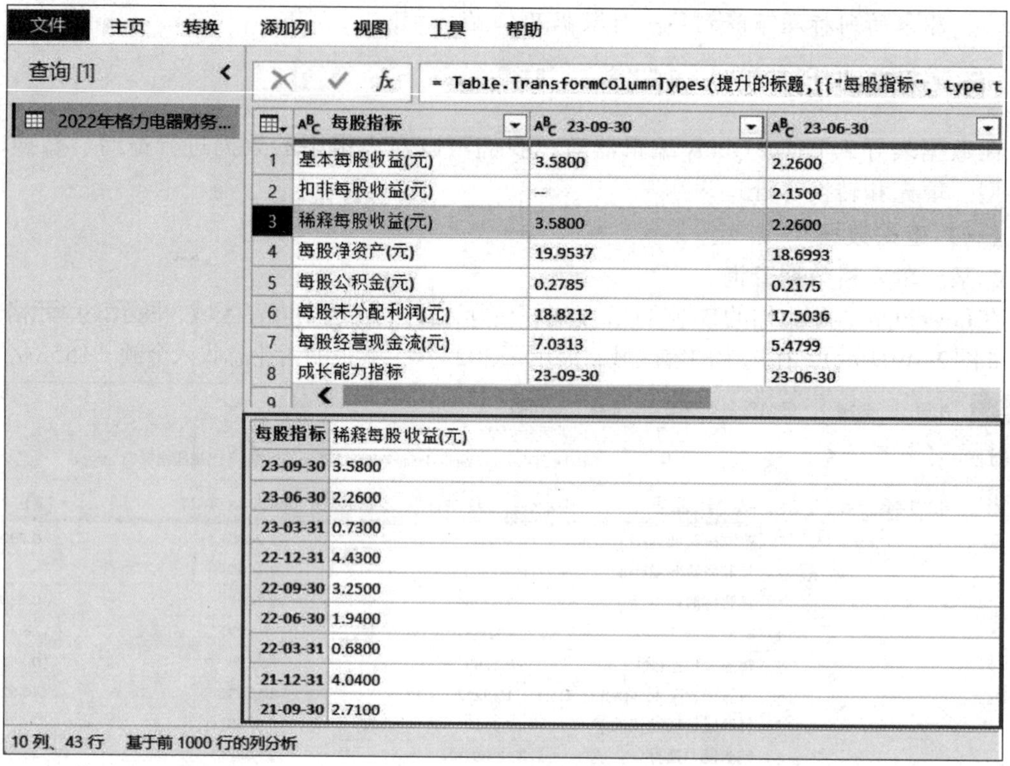

图2-50 整行数据查询

1. 单元格数据替换

从表“2022年格力电器财务指标”看，对带有“亿”字的数据，无法统一替换，需要费时一一替换。

（1）选中某一带有“亿”字的单元格，如“营业总收入（元）”在“23-09-30”的数据“1558亿”。

（2）右击鼠标，弹出快捷菜单，单击“替换值”命令。

（3）弹出替换值对话框，“要查找的值”框自动导入数据“1558亿”，“替换为”框输入“155800000000”，单击“确定”按钮，如图2-51所示。

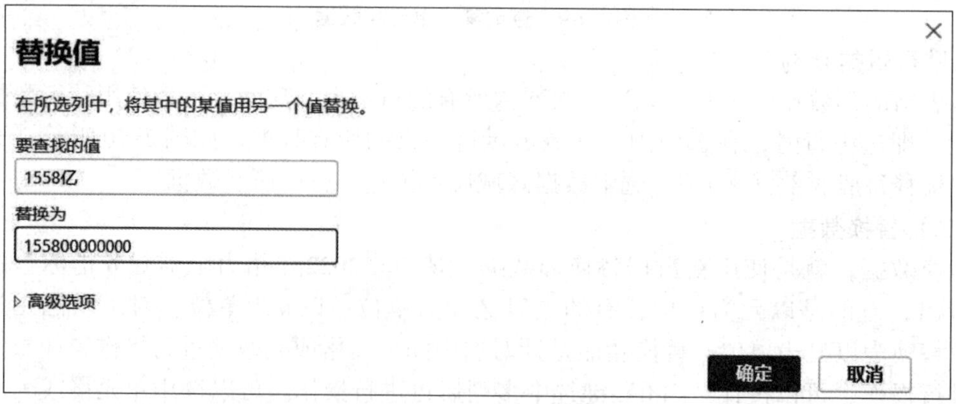

图2-51 “替换值”对话框

（4）使用同一方法，对其他带“亿”字的数据进行替换，替换完成后，操作结果如图2-52所示。

	每股指标	23-09-30	23-06-30	23-03-31
1	基本每股收益(元)	3.5800	2.2600	0.7300
2	扣非每股收益(元)	--	2.1500	--
3	稀释每股收益(元)	3.5800	2.2600	0.7300
4	每股净资产(元)	19.9537	18.6993	18.1023
5	每股公积金(元)	0.2785	0.2175	0.1452
6	每股未分配利润(元)	18.8212	17.5036	16.9258
7	每股经营现金流(元)	7.0313	5.4799	2.6752
8	成长能力指标	23-09-30	23-06-30	23-03-31
9	营业总收入(元)	155800000000	99790000000	35690000000
10	毛利润(元)	45330000000	28530000000	9721000000
11	归属净利润(元)	20090000000	12670000000	4109000000
12	扣非净利润(元)	19210000000	12070000000	3723000000
13	营业总收入同比增长(%)	5.03	4.16	0.44
14	归属净利润同比增长(%)	9.77	10.52	2.65
15	扣非净利润同比增长(%)	3.49	3.94	-1.36
16	营业总收入滚动环比增长(%)	1.80	2.01	0.08
17	归属净利润滚动环比增长(%)	2.26	4.47	0.43
18	扣非净利润滚动环比增长(%)	0.78	2.13	-0.21
19	盈利能力指标	23-09-30	23-06-30	23-03-31
20	净资产收益率(加权)(%)	18.99	12.23	4.14
21	净资产收益率(扣非/加权)(%)	--	11.64	--
22	总资产收益率(加权)(%)	5.27	3.28	1.06

图2-52　替换单元格

【小贴士】对于单元格数据的替换，在Excel表格中更为省事，从Web网页抓取数据后，在Power BI的“表格视图”中，使用“复制表”命令导出表格，先去掉“亿”字，然后扩大到100 000 000倍。

2-10微课

复制表到Excel完成数据替换

2. 列数据替换

在表“2022年格力电器财务指标”中，存在缺失值，显示为“--”。我们用数据“0”替换“--”。可以选中存在单元格数据为“--”的多列，使用右键快捷菜单中的“替换值”命令，也可以使用“主页”选项卡“转换”组中的“替换值”命令，将“--”替换为“0”，如图2-53所示。

	每股指标	23-09-30	23-06-30	23-03-31
1	基本每股收益(元)	3.5800	2.2600	0.7300
2	扣非每股收益(元)	0	2.1500	0
3	稀释每股收益(元)	3.5800	2.2600	0.7300
4	每股净资产(元)	19.9537	18.6993	18.1023
5	每股公积金(元)	0.2785	0.2175	0.1452
6	每股未分配利润(元)	18.8212	17.5036	16.9258
7	每股经营现金流(元)	7.0313	5.4799	2.6752
8	成长能力指标	23-09-30	23-06-30	23-03-31
9	营业总收入(元)	155800000000	99790000000	35690000000
10	毛利润(元)	45330000000	28530000000	9721000000
11	归属净利润(元)	20090000000	12670000000	4109000000
12	扣非净利润(元)	19210000000	12070000000	3723000000
13	营业总收入同比增长(%)	5.03	4.16	0.44
14	归属净利润同比增长(%)	9.77	10.52	2.65
15	扣非净利润同比增长(%)	3.49	3.94	-1.36
16	营业总收入滚动环比增长(%)	1.80	2.01	0.08
17	归属净利润滚动环比增长(%)	2.26	4.47	0.43
18	扣非净利润滚动环比增长(%)	0.78	2.13	-0.21
19	盈利能力指标	23-09-30	23-06-30	23-03-31
20	净资产收益率(加权)(%)	18.99	12.23	4.14
21	净资产收益率(扣非/加权)(%)	0	11.64	0
22	总资产收益率(加权)(%)	5.27	3.28	1.06
23	毛利率(%)	29.25	28.75	27.42

图2-53　将“--”替换为“0”

（三）更换数据类型

在Power Query编辑器中，可以对数据类型进行检测并更改，方法有两种。一是选中更改数据类型的列，使用右键快捷菜单中的“更改类型”命令；二是使用“转换”选项卡“任意列”组中的“数据类型”命令。

以使用右键快捷菜单更换表“2022年格力电器财务指标”的第1列“每股指标”和第2列“23-09-30”的数据类型为例。

1.选中第1列“每股指标”，右击鼠标，弹出快捷菜单。

2.选中“更改类型”选项，在展开的菜单中，可以看到，自动检测数据类型为“文本”，如图2-54所示。从性质上看，列“每股指标”展示了2022年格力电器的财务指标名称，就是文本类型，不需要更改。

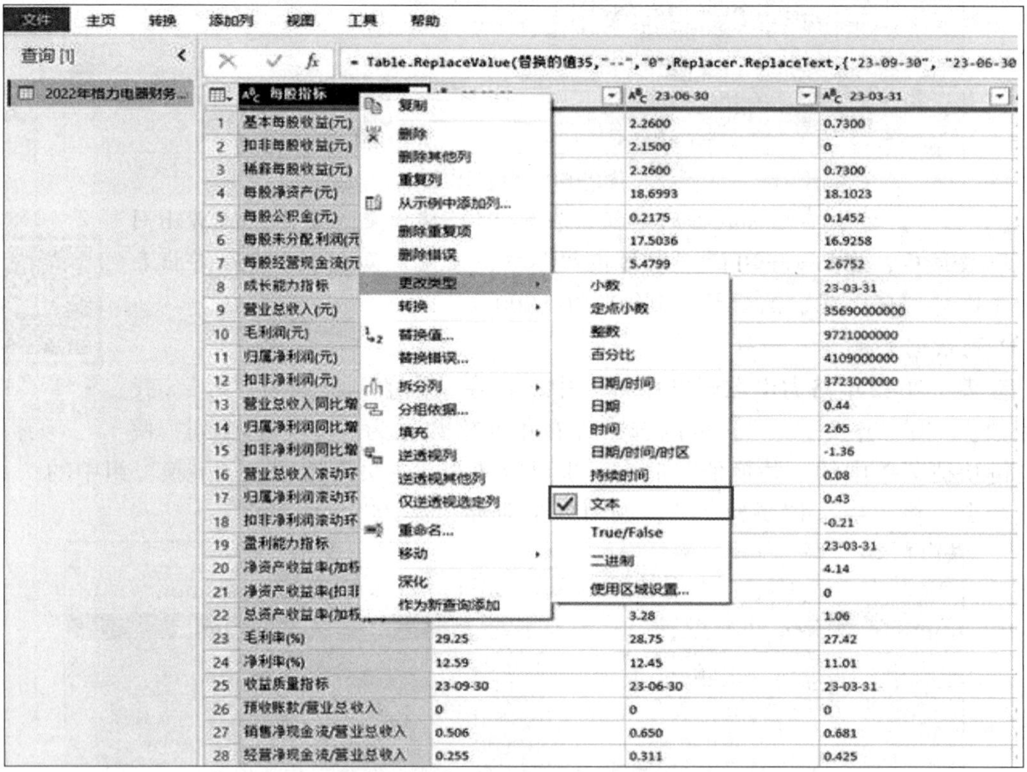

图2-54　第1列更换数据类型

3.用同样的方法，查看第2列“23-09-30”的数据类型，自动检测为“文本”，这一列展示的是2023年第三季度的财务指标数据，可根据需要，修改为“小数”“定点小数”“整数”“百分比”。其中，“小数”类型保持原有的小数位数不变；“定点小数”类型修改小数位数为2位，“整数”类型不保留小数位数；“百分比”类型适用于小于1、百分数形式的数值。从第2列来看，显示的财务指标数据既有以“元“为单位的，还有以”%“为单位的，存在多种数据类型，很难简单确定属于哪种类型，我们先界定为“小数”类型，在后面我们结合行操作再细化处理。操作完成后（如图2-55所示），在单元格中，“小数”类型的数据靠右列示，“文本”类型的数据靠左列示。转换后，出现错误（Error），在后面的行操作中进行处理。

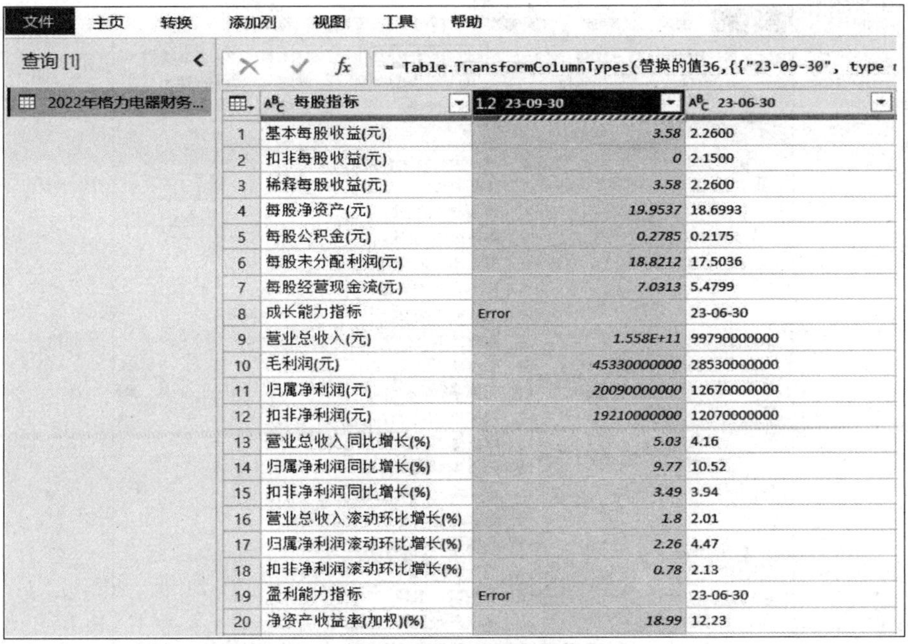

图2-55　第2列更换数据类型

4.用同样方法，对其他列的数据类型进行更换，因为剩余的列都是在某一时间的财务指标数据，系统默认为“文本”，需要更改为“小数”，可以按住“shift”键，对多列进行操作，操作完成后如图2-56所示。

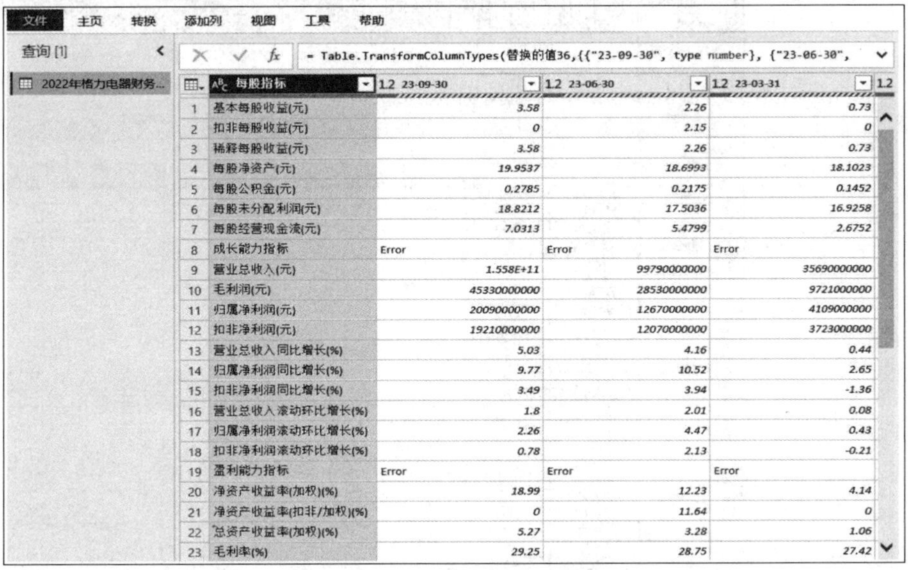

图2-56　更换其他列的数据类型

若是使用“转换”选项卡“任意列”组中的“数据类型”命令，则在命令旁边，直接显示现在的数据类型（如图2-57所示），第3列的数据类型为“小数”。

（四）填充数据

原始数据表格经常会有合并单元格，数据导入到Power BI后，就会出现大量null的情况，不利于后续的数据建模分析与可视化，此时可以通过数据的填充功能解决上述问题。

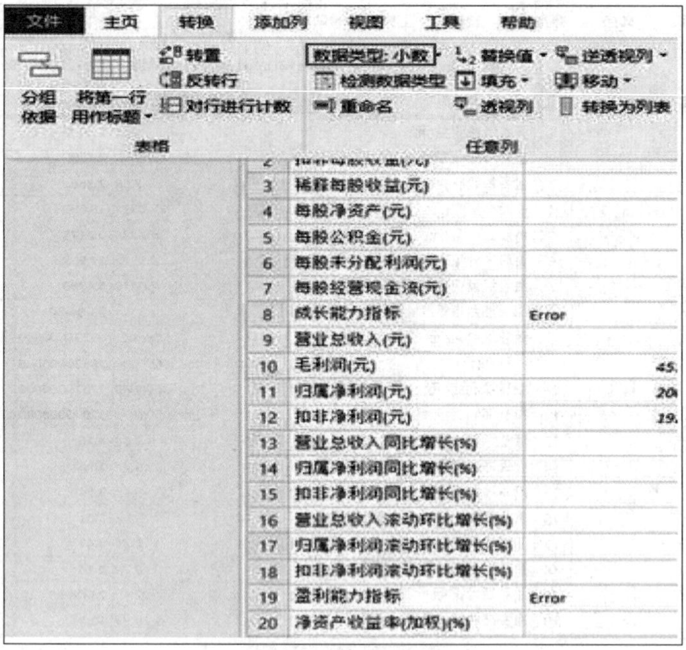

图2-57 更换其他列的数据类型

【活动2-8】使用二维码2-11提供的“2023年1月HQ公司办公用品采购表”中的“办公用品采购表”进行数据填充，原始数据表如图2-58所示。

图2-58 原始数据表

2-11表格

2023年1月HQ公司办公用品采购表

（1）将表格导入Power BI，打开Power Query编辑器。

（2）单击列名称“部门”，右击鼠标，弹出快捷菜单。注意，这里不能随意点击列数据的任一位置。

（3）找到“填充”选项，有两个命令——“向下”和“向上”命令。这里选择“向下”命令，使有数据的行数据填充到自己下面的空白单元格，如图2-59所示。

图2-59　向下填充

也可以在“转换”选项卡的“任意列”组中选择“填充”命令。操作完成后，结果如图2-60所示。

图2-60　数据填充结果

（五）转换数据

对不同类型的数据，也可以在Power Query编辑器中，进行转换，即选中列名称，通过右键鼠标快捷菜单的“转换”选项进行操作。导入【活动2-3】二维码2-6中的“1月份A产品销售情况表”，可以看出，有三种数据类型：日期、文本和数值。

1. 对列数据“订单日期”，首先使用填充功能，补齐数据，选中列名称“订单日期”，右击鼠标，在弹出的快捷菜单中，点击“转换”选项，弹出的菜单如图2-61所示。

图2-61 日期型数据转换

对日期型数据，可以进行年、季度、月份、周、天和文本转换，如选中“年”，则只保留年份，结果如图2-62所示。

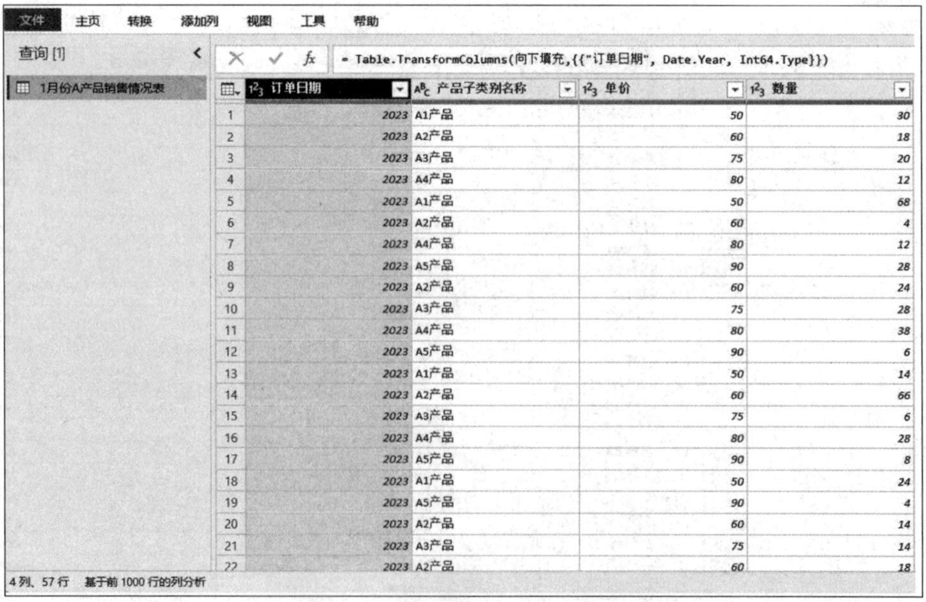

图2-62 日期数据转换按年表示

2.列数据“产品子类别名称”为文本型数据，可以进行的转换操作如图2–63所示。

图2–63　文本型数据转换

3.列字段“单价”为数值型数据，可以进行的转换操作如图2–64所示。

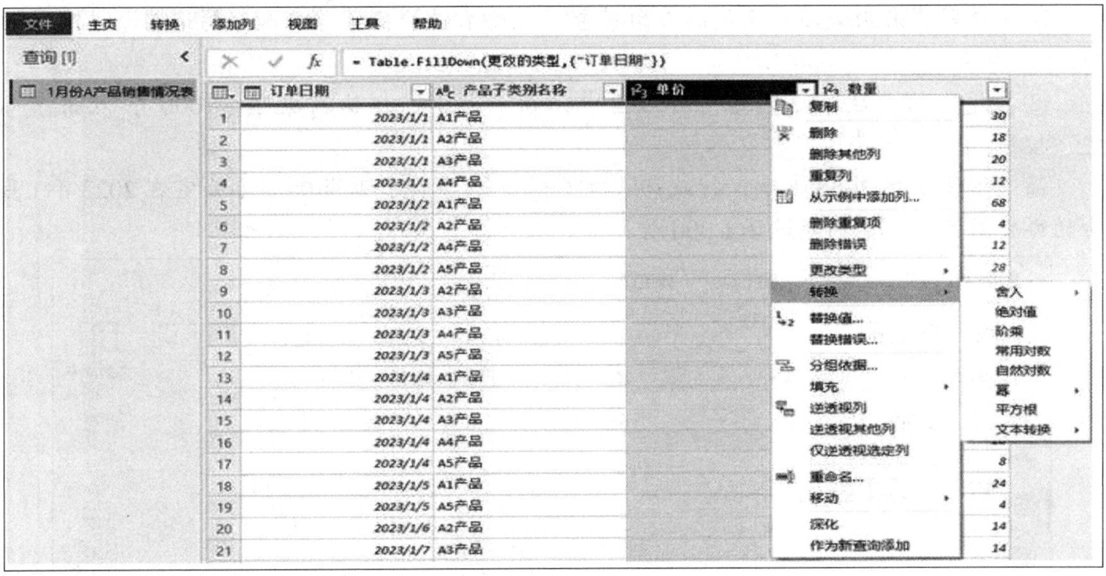

图2–64　数值型数据转换

【学思课堂】从产业链的角度出发，我国数据要素市场可分为数据采集、数据存储、数据加工、数据流通、数据分析、数据应用和生态保障七大模块。这覆盖了数据要素从产生到发挥要素作用的全过程。据国家工业信息安全发展研究中心测算数据，“十四五”期间，数据要素市场规模将突破1 749亿元，整体上进入高速发展阶段。

【任务实训2–3】

目的：练习数据表操作和数据格式整理。

资料：2018—2022年格力电器资产负债表。（可登录东北财经大学出版社网站下载“文件2-2”）

要求：根据所学内容，完成数据表和数据格式的清洗。

四、行操作

（一）筛选和排序

在Power BI主界面的“表格视图”中，可以进行对行数据进行筛选和排序操作。筛选，是指从选定列中挑出满足指定条件的行数据；排序，是指按一定条件，对选定列的行数据进行升序或降序排列。点击选定列右侧的三角符号▾，右击鼠标，在弹出的快捷菜单中有“排序”和“筛选”的选项，“排序”选项包括“以升序排序”“以降序排序”“清除排序”等3个命令，“筛选”选项根据数据类型，有“文本筛选器”“数字筛选器”“日期筛选器”等。

【活动2-9】使用【活动2-8】二维码2-11提供的工作簿“2023年1月HQ公司办公用品采购表”中的表格“部门采购金额汇总表”完成以下操作：

（1）筛选2023年1月采购金额大于1 000元的部门；

（2）按采购金额，对各部门2023年1月的办公用品采购支出进行降序排序。

操作步骤如下：

（1）筛选。

①选中列“采购金额”右侧的三角符号，点击右键快捷菜单“数字筛选器”选项中的“大于”命令。

②在弹出的“数字筛选器”对话框中，在“大于”框输入数字“1000”，点击“确定”按钮。

筛选结果如图2-65所示，行政部、生产部、人事部、财务部和办公室在2023年1月份的办公用品采购金额超过了1 000元。

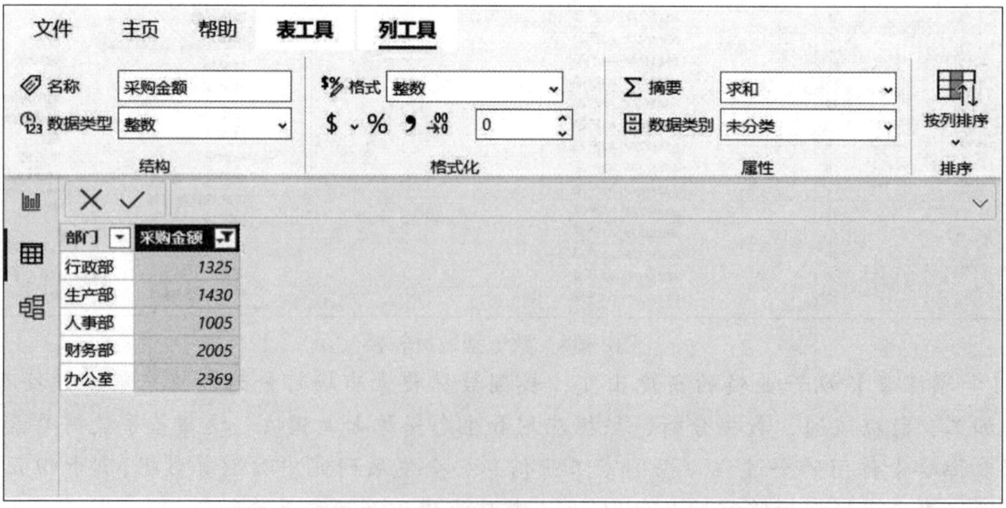

图2-65　筛选办公用品采购金额大于“1 000”的部门

【小贴士】在右键快捷菜单中，点击“清除筛选器”命令，可以取消筛选操作。

（2）排序。

选中列“采购金额”右侧的三角符号，点击右键快捷菜单中的“以降序排序”命令，系统自动完成排序操作（如图2–66所示）。在2023年1月份各部门的办公用品采购支出中，办公室花费的金额最多，为2 369元，销售部花费的金额最少，为105元。

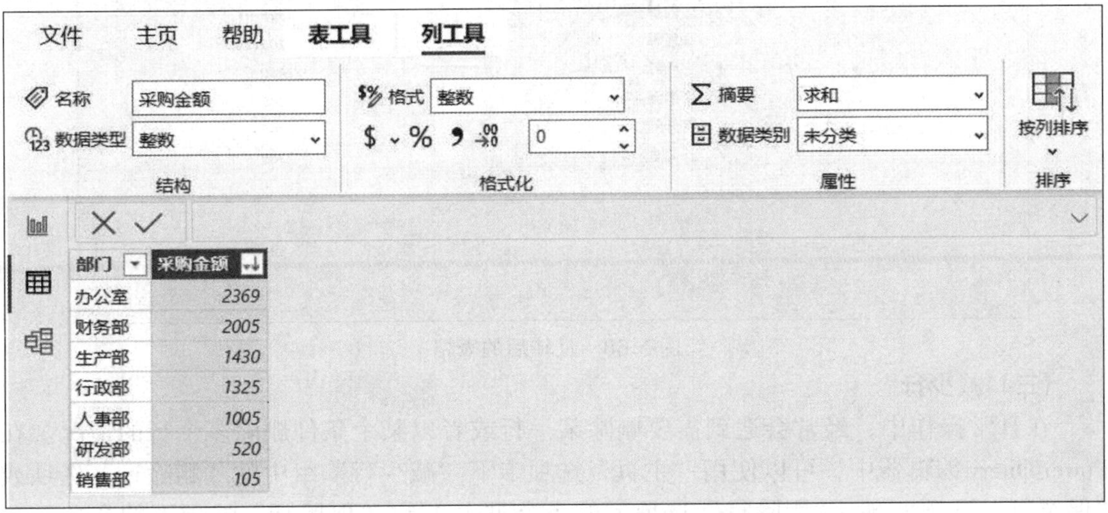

图2–66　各部门办公用品采购金额以降序排序

【小贴士】排序后，在选中列右侧的三角符号后，增加一个排序按钮，表示以降序排序，表示以升序排序。选中“清除排序”命令，取消所作的排序操作。

（二）反转行

反转行，是指反转表格的行，即使最后一行显示为第一行。可以通过“转换”选项卡下“表格”组中的“反转行”命令来实现。以“部门采购金额汇总表”为例，反转前的表格如图2–67所示。

图2–67　反转前的表格

反转后的表格如图2–68所示。

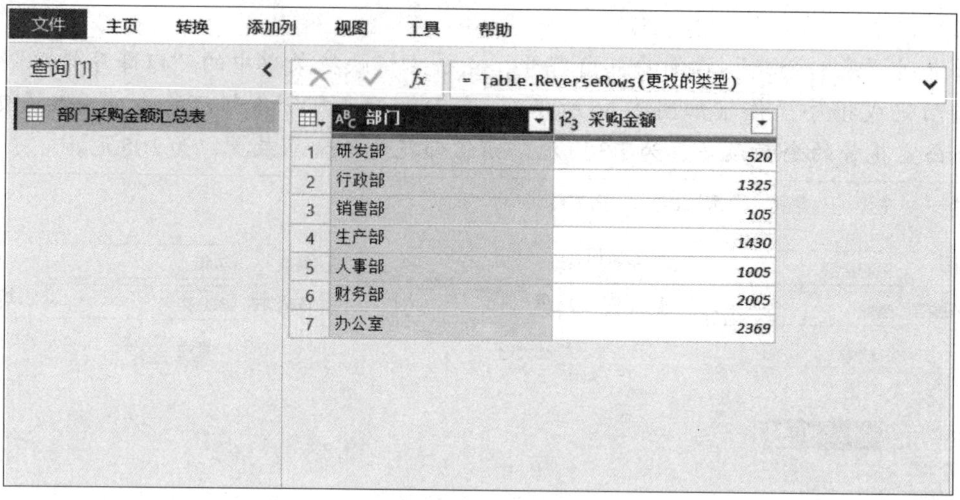

图2-68 反转后的表格

（三）减少行

在日常操作中，经常会遇到需要删除某一行或者以某个条件删除多个行的情况。在Power Query编辑器中，可以使用“主页”选项卡下“减少行”组中的“删除行”选项或“保留行”选项实现。“删除行”选项下的命令见表2-5。“保留行”选项下的命令见表2-6。这两个选项的区别在于，“删除行”选项是从现有的表格中删除不需要的行，剩下的就是需要的行；“保留行”选项是保留在现有表格中的行，就是需要的行。

表2-5 “删除行”选项下的命令

序号	快捷菜单	含义
1	删除最前面几行	删除表中的前N行
2	删除最后几行	删除表中的后N行
3	删除间隔行	删除表中从特定行开始固定间隔的行
4	删除重复项	删除当前选定列中包含重复值的行
5	删除空行	从表中删除所有空行
6	删除错误	删除当前选定列中包含错误（Error）的行

表2-6 “保留行”命令的快捷菜单

序号	快捷菜单	含义
1	保留最前面几行	保留表中的前N行
2	保留最后几行	保留表中的后N行
3	保留行的范围	保留从特定行开始要保留的行数
4	保留重复项	保留当前选定列中包含重复值的行
5	保留错误	保留当前选定列中包含错误（Error）的行

2-12微课

删除行和保留行

【小贴士】选中列的右键快捷菜单也有“删除重复值”命令和“删除错误”命令。

【活动2-10】将表“2022年格力电器财务指标”分为2张表，一张仅含有财务数据值，一张仅含有财务指标值，清除错误值。

（1）使用“删除错误”命令，清除表中存在错误的行。

（2）复制表“2022年格力电器财务指标”，重命名为表“2022年格力电器财务数据值”，原表重命名为“2022年格力电器财务指标值”。

（3）使用“删除行”选项中的命令，删除带有“（元）”字、“（天）”字的行，因为这些行展示的不是财务指标值；删除全部数据均为0的财务指标值，操作完成后，如图2-69所示。

	每股指标	23-09-30	23-06-30
1	营业总收入同比增长(%)	5.03	
2	归属净利润同比增长(%)	9.77	
3	扣非净利润同比增长(%)	3.49	
4	营业总收入滚动环比增长(%)	1.8	
5	归属净利润滚动环比增长(%)	2.26	
6	扣非净利润滚动环比增长(%)	0.78	
7	净资产收益率(加权)(%)	18.99	
8	净资产收益率(扣非/加权)(%)	0	
9	总资产收益率(加权)(%)	5.27	
10	毛利率(%)	29.25	
11	净利率(%)	12.59	
12	销售净现金流/营业总收入	0.506	
13	经营净现金流/营业总收入	0.255	
14	实际税率(%)	14.83	
15	流动比率	1.239	
16	速动比率	1.087	
17	现金流量比率	0.18	
18	资产负债率(%)	69.71	
19	权益系数	3.302	
20	产权比率	2.302	
21	总资产周转率(次)	0.421	
22	存货周转率(次)	2.966	
23	应收账款周转率(次)	9.813	

图2-69　删除行

（4）使用“保留行”选项中的“保留最前面几行”命令，保留表中带有“（元）”字的财务数据值，操作完成，如图2-70所示。

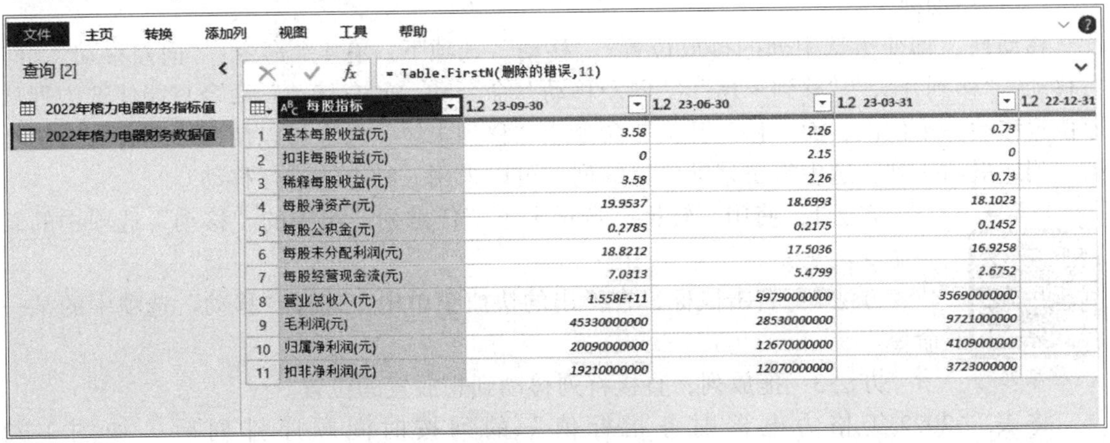

	每股指标	23-09-30	23-06-30	23-03-31	22-12-31
1	基本每股收益(元)	3.58	2.26	0.73	
2	扣非每股收益(元)	0	2.15	0	
3	稀释每股收益(元)	3.58	2.26	0.73	
4	每股净资产(元)	19.9537	18.6993	18.1023	
5	每股公积金(元)	0.2785	0.2175	0.1452	
6	每股未分配利润(元)	18.8212	17.5036	16.9258	
7	每股经营现金流(元)	7.0313	5.4799	2.6752	
8	营业总收入(元)	1.558E+11	99790000000	35690000000	
9	毛利润(元)	45330000000	28530000000	9721000000	
10	归属净利润(元)	20090000000	12670000000	4109000000	
11	扣非净利润(元)	19210000000	12070000000	3723000000	

图2-70　保留行

五、列操作

在Power Query编辑器中进行列操作，是针对选定的列及列数据进行的操作。以表“2022年格力电器财务指标值”为例，介绍列操作的前4项操作。

（一）重命名列

2-13微课

重命名列

重命名列，即重新命名列标题。采用以下2种方法可以实现重命名列：

1. 双击列标题，列标题变为可编辑状态，输入新的列名称。例如，把表第一列“每股指标”重命名为“指标名称”。

2. 选中列标题，右击鼠标，在弹出的快捷菜单中，选择“重命名”命令。例如，把表的其他列按“yyyy-mm-dd”格式重命名。

操作结果如图2-71所示。

	指标名称	2023-09-30	2023-06-30	2023-03-31	2022-12-31
1	营业总收入同比增长(%)	5.03	4.16	0.44	
2	归属净利润同比增长(%)	9.77	10.52	2.65	
3	扣非净利润同比增长(%)	3.49	3.94	-1.36	
4	营业总收入滚动环比增长(%)	1.8	2.01	0.08	
5	归属净利润滚动环比增长(%)	2.26	4.47	0.43	
6	扣非净利润滚动环比增长(%)	0.78	2.13	-0.21	
7	净资产收益率(加权)(%)	18.99	12.23	4.14	
8	净资产收益率(扣非/加权)(%)	0	11.64	0	
9	总资产收益率(加权)(%)	5.27	3.28	1.06	
10	毛利率(%)	29.25	28.75	27.42	
11	净利率(%)	12.59	12.45	11.01	
12	销售净现金流/营业总收入	0.506	0.65	0.681	
13	经营净现金流/营业总收入	0.255	0.311	0.425	
14	实际税率(%)	14.83	14.81	14.06	
15	流动比率	1.239	1.222	1.25	
16	速动比率	1.087	1.062	1.067	
17	现金流量比率	0.18	0.13	0.068	
18	资产负债率(%)	69.71	72.37	72.22	
19	权益系数	3.302	3.619	3.6	
20	产权比率	2.302	2.619	2.6	

图2-71　重命名列

（二）移动列

移动列，即变更选中列的排放位置。“移动”选项下，有4个命令：“向左移动”“向右移动”“移到开头”“移到末尾”。“向左移动”命令和“向右移动”命令只能使选中列从原位置移动一个位次，而“移到开头”命令或“移到末尾”命令可以使选中列直接放置到第一列或最后一列。选中需要移动位置的列，可以采用三种方法进行移动。

2-14微课

移动列

方法1：使用“转换”选项卡下“任意列”组中的“移动”选项中的某一命令。

方法2：右击鼠标，在弹出的快捷菜单中，选择“移动”选项中的某一命令。

方法3：拖放列，直接将列移动到想放置的位置。

将表“2022年格力电器财务指标值”的列按时间顺序排列后，如图2-72所示。

	指标名称	2021-09-30	2021-12-31	2022-03-31	2022-06-30
1	营业总收入同比增长(%)	9.48	11.24	6.02	
2	归属净利润同比增长(%)	14.21	4.01	16.28	
3	扣非净利润同比增长(%)	17.33	7.71	14.4	
4	营业总收入滚动环比增长(%)	-4.86	3.88	1.06	
5	归属净利润滚动环比增长(%)	-4.55	-4.38	2.43	
6	扣非净利润滚动环比增长(%)	-2.66	-2.74	2.18	
7	净资产收益率(加权)(%)	15.02	21.34	3.83	
8	净资产收益率(扣非/加权)(%)	0	20.21	0	
9	总资产收益率(加权)(%)	5.55	7.63	1.1	
10	毛利率(%)	24.13	24.28	23.65	
11	净利率(%)	11.36	12.15	10.16	
12	销售净现金流/营业总收入	0.193	0.128	0.112	
13	经营净现金流/营业总收入	0.047	0.01	0.096	
14	实际税率(%)	15.13	14.82	14.46	
15	流动比率	1.18	1.146	1.119	
16	速动比率	0.96	0.929	0.925	
17	现金流量比率	0.036	0.01	0.016	
18	资产负债率(%)	67.13	66.23	69.74	
19	权益系数	3.043	2.961	3.304	
20	产权比率	2.043	1.961	2.304	
21	总资产周转率(次)	0.494	0.633	0.109	

图2-72 移动列

（三）管理列

在“主页”选项卡下，“管理列”组包括“选择列”和“删除列”两个选项，可以实现列的选择、保留与删除。

1. 选择列

2-15微课

管理列（选择列和删除列）

在“选择列”选项中，有“选择列”命令和“转到列”命令。

（1）“选择列”命令

“选择列”命令可以实现对现有列的选择，只保留选择的列，删除其他的列，操作如下：

①点击“选择列”命令，弹出“选择列”对话框。

②选择要保留的列，如只选择表“2022年格力电器财务指标值”中反映年末的财务指标值，复选框勾选“指标名称”“2021-12-31”“2022-12-31”三项，如图2-73所示。

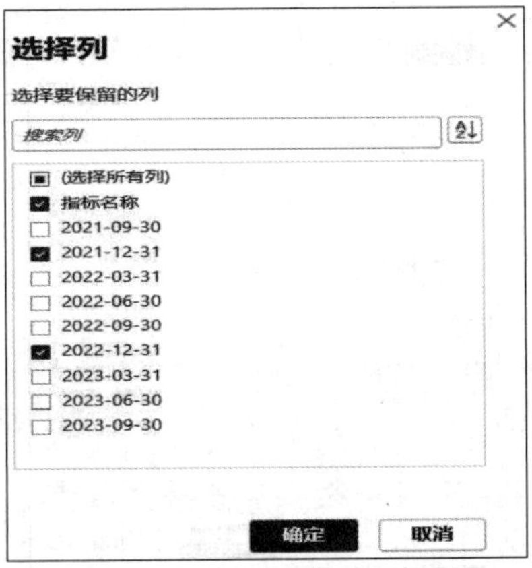

图2-73 “选择列”对话框

③单击“确定”按钮。操作完成后，在Power Query编辑器中，只保留了选择的三列，如图2-74所示。

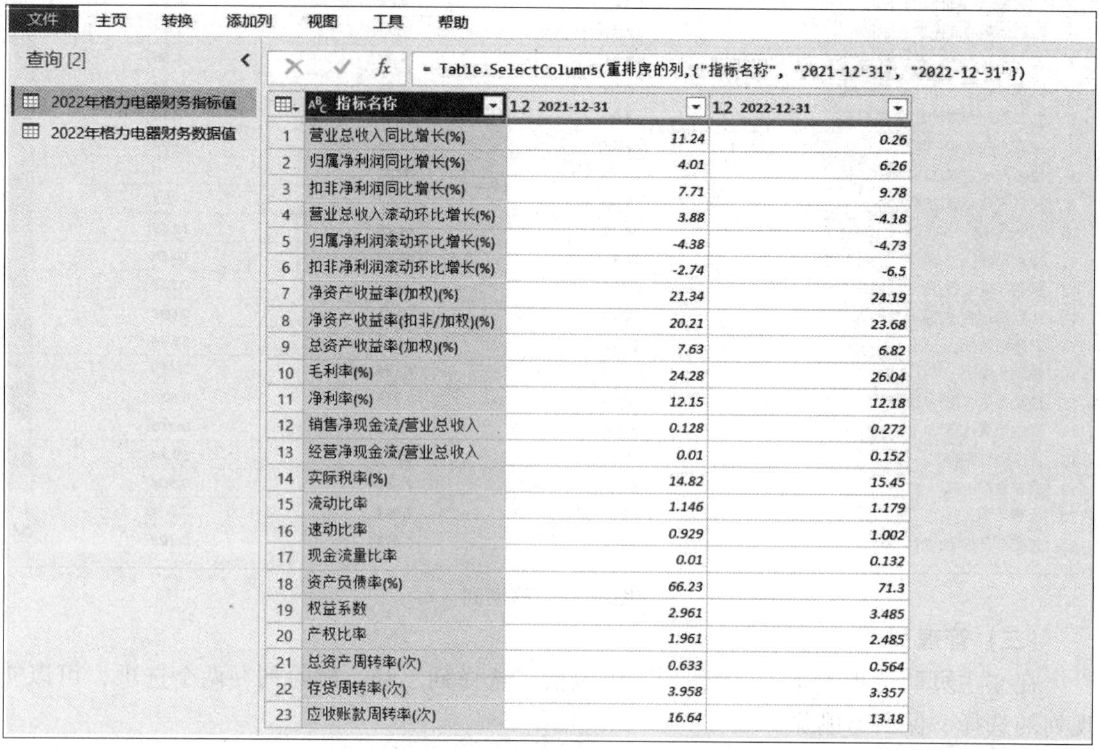

	指标名称	2021-12-31	2022-12-31
1	营业总收入同比增长(%)	11.24	0.26
2	归属净利润同比增长(%)	4.01	6.26
3	扣非净利润同比增长(%)	7.71	9.78
4	营业总收入滚动环比增长(%)	3.88	-4.18
5	归属净利润滚动环比增长(%)	-4.38	-4.73
6	扣非净利润滚动环比增长(%)	-2.74	-6.5
7	净资产收益率(加权)(%)	21.34	24.19
8	净资产收益率(扣非/加权)(%)	20.21	23.68
9	总资产收益率(加权)(%)	7.63	6.82
10	毛利率(%)	24.28	26.04
11	净利率(%)	12.15	12.18
12	销售净现金流/营业总收入	0.128	0.272
13	经营净现金流/营业总收入	0.01	0.152
14	实际税率(%)	14.82	15.45
15	流动比率	1.146	1.179
16	速动比率	0.929	1.002
17	现金流量比率	0.01	0.132
18	资产负债率(%)	66.23	71.3
19	权益系数	2.961	3.485
20	产权比率	1.961	2.485
21	总资产周转率(次)	0.633	0.564
22	存货周转率(次)	3.958	3.357
23	应收账款周转率(次)	16.64	13.18

图2-74 保留的列

【小贴士】在Power Query编辑器“查询设置”窗格的“应用的步骤”中保留了所作的每一步操作，点击✕号，可以删除所作的这一步操作。

（2）“转到列”命令

“转到列”命令，实现选中列的转换。例如，在表“2022年格力电器财务指标值”中，当前选中列为第1列，变成选中列为“2022-12-31”，操作如下：

①选中第一列，点击“转到列”命令，弹出“转到列”对话框。

②点击“2022-12-31”，如图2-75所示。

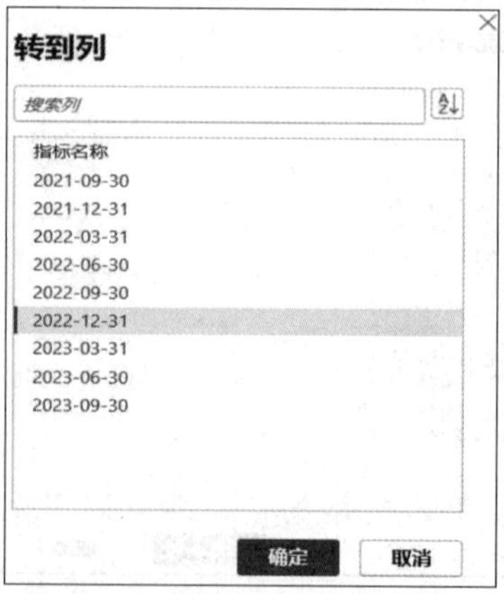

图2-75 “转到列”对话框

③单击“确定”按钮。操作完成后，在Power Query编辑器中，选中列变为“2022-12-31”。

2.删除列

在“删除列”选项中，有“删除列”命令和“删除其他列”命令。

（1）“删除列”命令

“删除列”命令用于删除选中的一列或多列。例如，在表“2022年格力电器财务指标值”中，选中列“2021-09-30”，点击“删除列”命令，只删除了这一列，如图2-76所示。

图2-76　删除列“21-09-30”

（2）“删除其他列”命令

“删除其他列”命令用于删除选中列以外的其他列。例如，在表“2022年格力电器财务指标值”中，按住“shift”键，选中列“指标名称”“2021-12-31”“2022-12-31”，点击“删除其他列”命令，除选中的三列外，其他列都被删除了，如图2-77所示。

图2-77　删除其他列

【小贴士】选中列，使用右键快捷菜单，也可以执行“删除”“删除其他列”命令。

（四）复制和重复列

在Power Query编辑器中，选中某一列，右击鼠标，弹出的快捷菜单中，有“复制”和“重复列”两个命令，如图2-78所示，如果选中多列，不出现“重复列”命令。

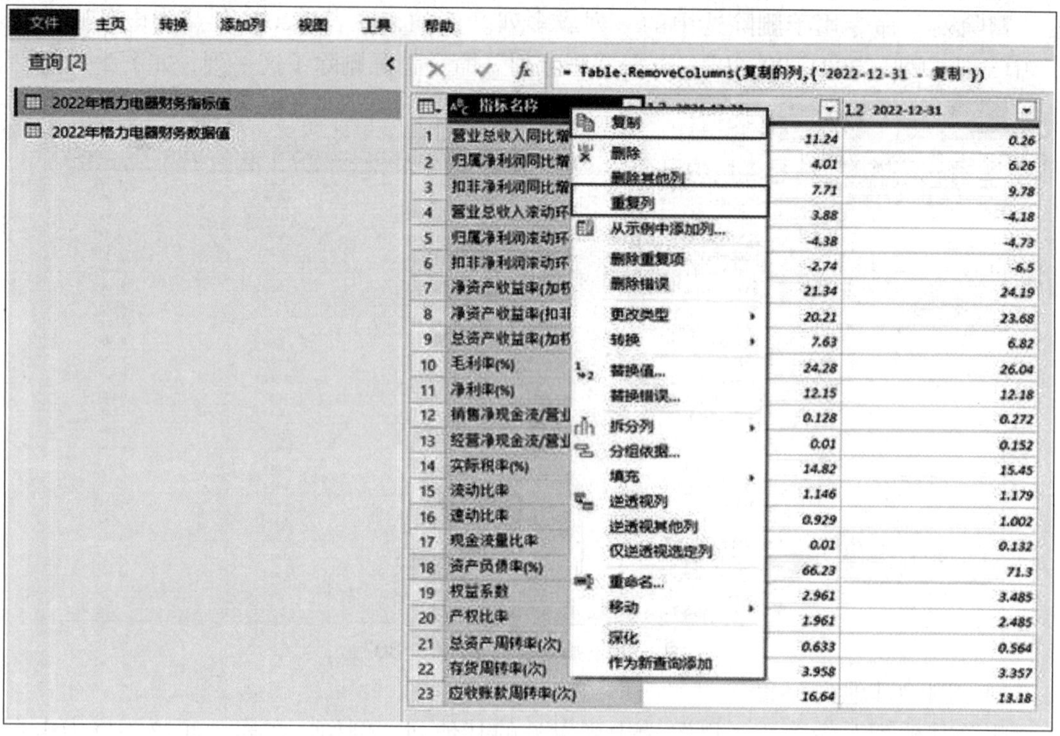

图2-78 “复制”和“重复列”命令

其中，“复制”命令用于复制列数据粘贴至Excel工作簿，“重复列”命令可以实现该列在表中的复制。对表“2022年格力电器财务指标值”的列“2022-12-31”执行“重复列”命令，复制的列自动被命名为“2022-12-31 - 复制”，如图2-79所示。

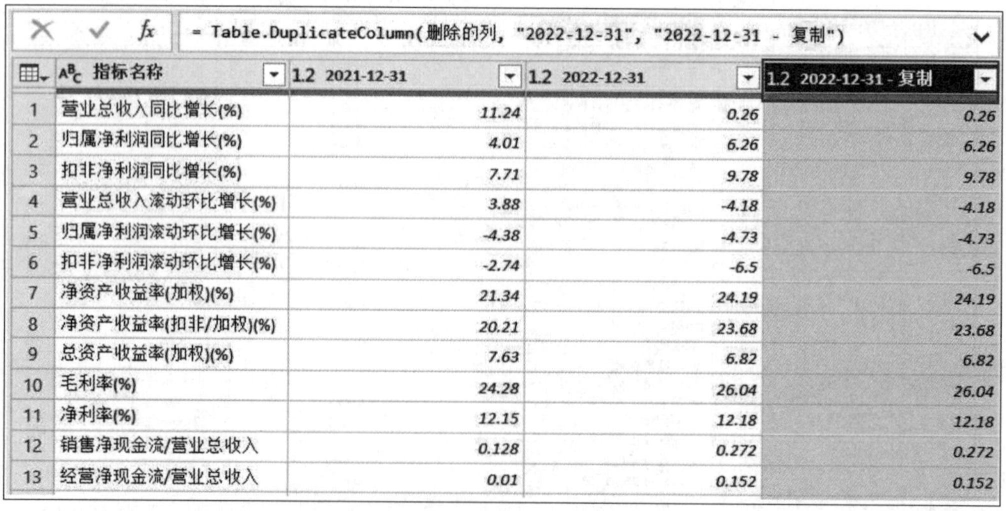
= Table.DuplicateColumn(删除的列, "2022-12-31", "2022-12-31 - 复制")

	指标名称	2021-12-31	2022-12-31	2022-12-31 - 复制
1	营业总收入同比增长(%)	11.24	0.26	0.26
2	归属净利润同比增长(%)	4.01	6.26	6.26
3	扣非净利润同比增长(%)	7.71	9.78	9.78
4	营业总收入滚动环比增长(%)	3.88	-4.18	-4.18
5	归属净利润滚动环比增长(%)	-4.38	-4.73	-4.73
6	扣非净利润滚动环比增长(%)	-2.74	-6.5	-6.5
7	净资产收益率(加权)(%)	21.34	24.19	24.19
8	净资产收益率(扣非/加权)(%)	20.21	23.68	23.68
9	总资产收益率(加权)(%)	7.63	6.82	6.82
10	毛利率(%)	24.28	26.04	26.04
11	净利率(%)	12.15	12.18	12.18
12	销售净现金流/营业总收入	0.128	0.272	0.272
13	经营净现金流/营业总收入	0.01	0.152	0.152

图2-79 复制列“2022-12-31”

【小贴士】在“添加列”选项卡的“常规”组中，也可以执行“重复列”命令。

（五）透视列和逆透视列

透视列和逆透视列是Power Query编辑器中处理数据行列转换的一种特有操作。透视列可以把一维表转化为二维表，逆透视列可以把二维表转换为一维表。逆透视列在前面做了介绍，这儿不再赘述。

2–16微课

透视列

【活动2–11】以【活动2–8】二维码2–11提供的“办公用品采购表”为例，按照部门和采购物品，构建一张二维表，采购物品在一列，部门在一行。

（1）使用“填充”命令，补全因合并单元格而产生的“部门”列缺失值（null）。

（2）按住“shift”键，选中“部门”和“采购物品”两列。

（3）在“转换”选项卡下的“任意列”组中，点击“透视列”命令。

（4）弹出“透视列”对话框，将“值列”选为“采购金额”，点击“确定”按钮。

（5）按住“shift”键，选中存在“null”值的列，将“null”替换为“0”。操作完成后，结果如图2–80所示。

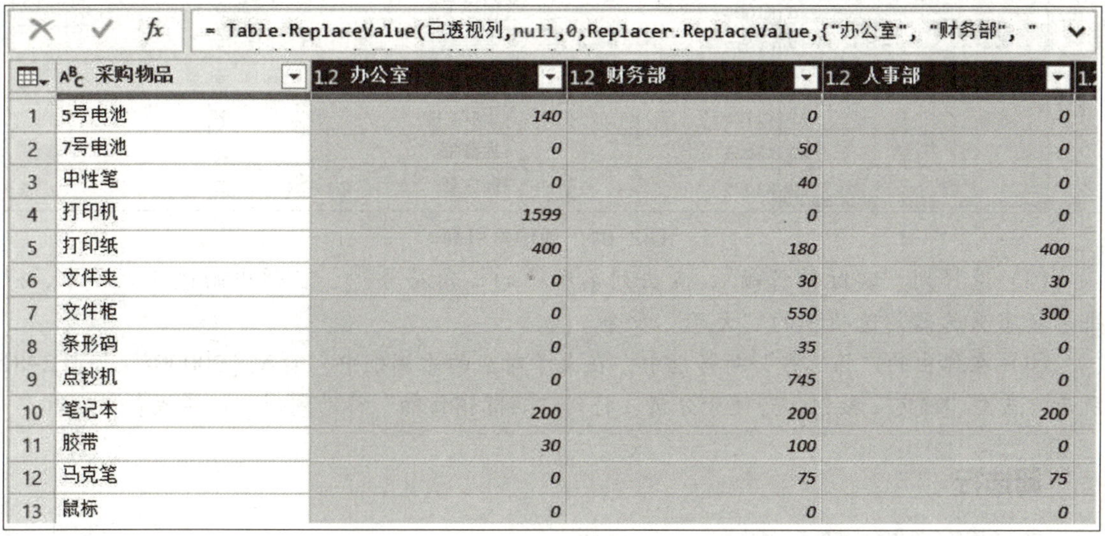

	采购物品	1.2 办公室	1.2 财务部	1.2 人事部
1	5号电池	140	0	0
2	7号电池	0	50	0
3	中性笔	0	40	0
4	打印机	1599	0	0
5	打印纸	400	180	400
6	文件夹	0	30	30
7	文件柜	0	550	300
8	条形码	0	35	0
9	点钞机	0	745	0
10	笔记本	200	200	200
11	胶带	30	100	0
12	马克笔	0	75	75
13	鼠标	0	0	0

图2–80　透视列

（六）索引列

2–17微课

索引列

索引列，是在Power Query编辑器中新建列，根据表中的一列或若干列按照一定顺序建立的列值与记录行之间的对应关系，以显示查询中的行数。这在按行位置进行筛选时特别有用。索引列可帮助确认结果，大大加快数据的检索速度。

【活动2–12】以【活动2–3】二维码2–6中的“销售人员表”为例，创建索引，筛选出实际销售额超过20 000元的销售代表并进行降序排序。

（1）在“添加列”选项卡下“常规”组中，点击“索引列”旁的三角符号▾，有三个命令选项：“从0”　“从1”　“自定义”。

（2）点击“从1”命令，表示索引第一号为1，系统自动创建索引列，列名称为“索引”，将其移动到第一列位置，操作结果如图2–81所示。

	索引	人员ID	销售代表	性别
1	1	K1001	陈晨	男
2	2	K1026	王佳乐	女
3	3	K1101	郝慧琪	女
4	4	K1016	马浩杰	女
5	5	K1120	丁欣雨	女
6	6	K1002	陈晓悦	女
7	7	K1027	王合辉	男
8	8	K1052	孙佳宁	女
9	9	K1091	姜婷	女
10	10	K1071	刘钱钱	女
11	11	K1003	樊亚明	女
12	12	K1028	王丽	女
13	13	K1053	李莉	女
14	14	K1116	王方园	女
15	15	K1096	陈家赢	女
16	16	K1004	付淑玉	女
17	17	K1029	王笠燕	女
18	18	K1104	吕洋	女
19	19	K1128	王欣	女
20	20	K1121	庞鑫慈	女
21	21	K1075	耿文慧	女

图2-81 创建索引列

（3）选择列“实际销售额”，点击列名称旁的三角符号，在弹出的快捷菜单中，点击“数字筛选器”选项下的“大于”命令。

（4）在弹出的“筛选行”对话框中，在大于对应的右侧框中，输入“20000”，如图2-82所示，点击“确定”按钮。为便于分析，将列“实际销售额”移动到列“销售代表”后。

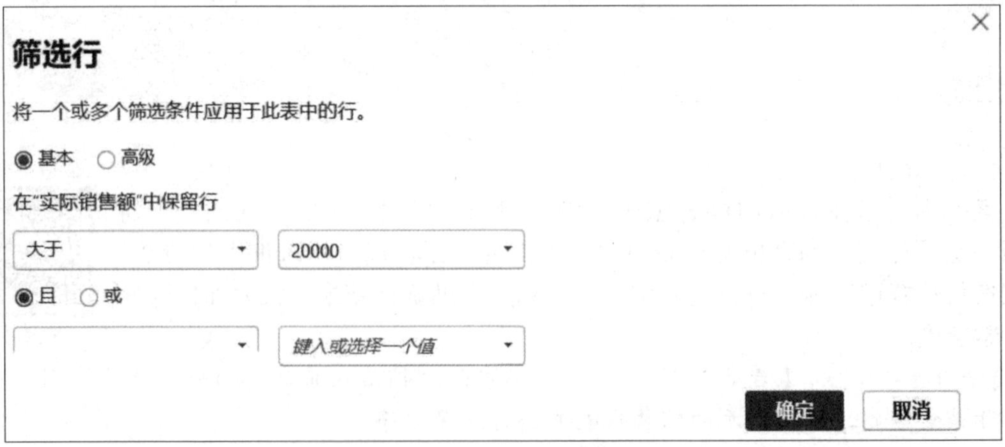

图2-82 “筛选行”对话框

（5）对筛选出的超过20 000元的实际销售额，再按降序排序。点击列名称“实际销售额”，在弹出的快捷菜单中，选择“降序排序”命令，操作结果如图2-83所示。从图2-83可以看出，索引号为52的销售代表孙燕云的实际销售额最高，为35 970元。

	索引	人员ID	销售代表	实际销售额
1	52	K1024	孙燕云	35970
2	49	K1011	李姗姗	34500
3	50	K1036	张佳杰	31500
4	51	K1118	张迪	29800
5	12	K1028	王丽	23100
6	71	K1050	刘梦菲	22410
7	67	K1015	马辰洋	21450
8	59	K1038	张雍野	21450
9	62	K1124	贾梦妍	21010
10	70	K1095	郭菲	21000
11	22	K1005	郭湘雨	21000
12	58	K1013	李泽铉	21000
13	24	K1017	马新翔	20500
14	11	K1003	樊亚明	20140

图2-83　降序排序

（七）条件列和自定义列

2-18微课

条件列和自定义列

条件列和自定义列都是在Power Query编辑器中创建新列，前者是根据表中已有的列设定的条件生成新列，后者则是通过公式创建新列。

1.条件列

使用Power Query编辑器，可以使用“条件列”命令创建新列，新列值将基于应用于表中其他列的一个或多个条件。

【活动2-13】以【活动2-3】二维码2-6“销售人员表”为例，创建条件列“销售业绩”，判定条件见表2-7。

表2-7　判断条件

序号	实际销售额（元）	销售业绩
1	<10 000	不合格
2	[10 000，15 000)	合格
3	[15 000，30 000)	良好
4	≥30 000	优秀

（1）在“添加列”选项卡下的“常规”组中，点击“条件列”命令。

（2）弹出“添加条件列”对话框，输入新列名“销售业绩”，并根据表2-7添加判断条件，如图2-84所示，点击“确定”按钮。

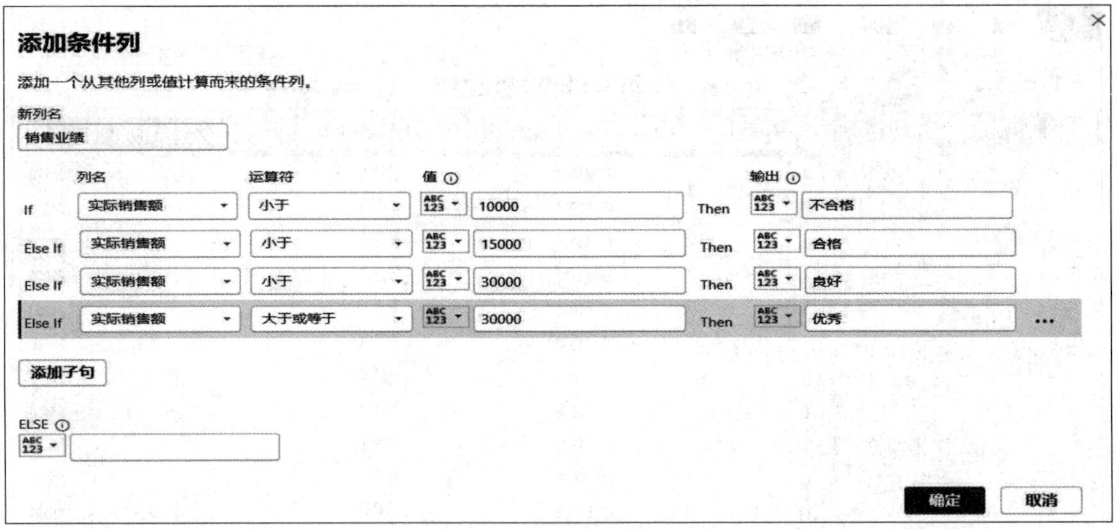

图2-84 判断条件

操作完成，自动生成新列“销售业绩”，如图2-85所示。

		1^2_3 计划销售额	1^2_3 实际销售额	销售业绩
1	101	10000	7520	不合格
2	101	10000	8540	不合格
3	101	10000	9120	不合格
4	101	10000	10450	合格
5	101	10000	7990	不合格
6	102	12000	11000	合格
7	102	12000	13870	合格
8	102	12000	11240	合格
9	102	12000	15750	良好
10	102	12000	12460	合格
11	103	20000	20140	良好
12	103	20000	23100	良好
13	103	20000	18750	良好
14	103	20000	19450	良好
15	103	20000	18000	良好
16	104	7000	7000	不合格
17	104	7000	8500	不合格

图2-85 条件列“销售业绩”

2. 自定义列

自定义列，是基于自定义公式创建新列，如根据单价列和数量列，通过自定义列公式，创建新列“销售金额”。

【活动2-14】以【活动2-3】二维码2-6中的“1月份A产品销售情况表”为例，创建自定义列“销售金额”，销售金额 = 单价 × 数量。

（1）使用“填充”命令，补全订单日期的缺失值。

（2）在“添加列”选项卡下的“常规”组中，点击“自定义列”命令。

（3）弹出“自定义列”对话框，输入新列名“销售金额”，如图2-86所示，点击“确定”按钮。

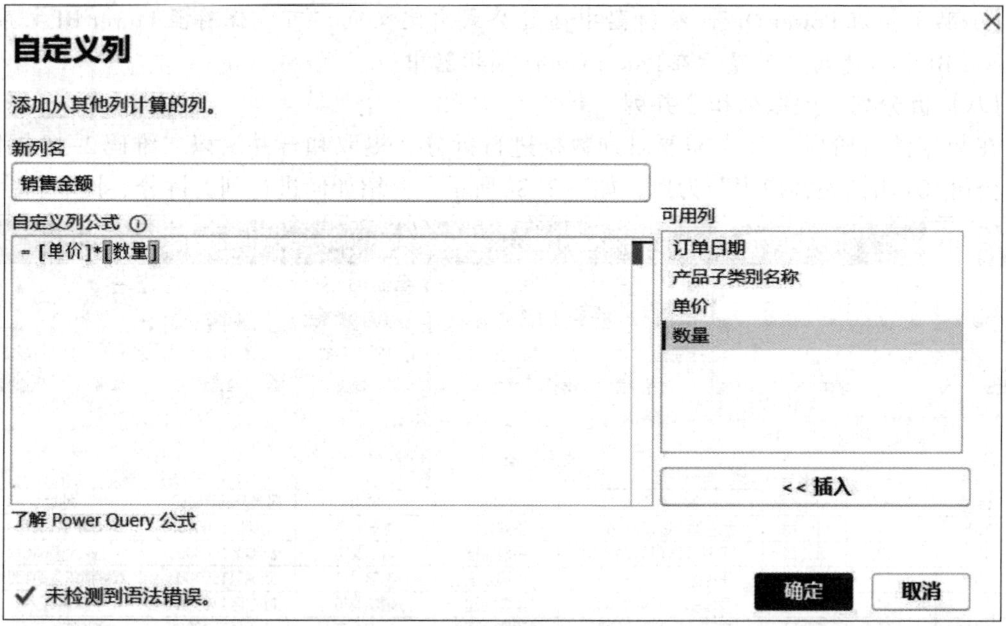

图2-86　自定义列

操作完成，自动生成新列“销售金额”，如图2-87所示。

		单价	数量	销售金额
1		50	30	1500
2		60	18	1080
3		75	20	1500
4		80	12	960
5		50	68	3400
6		60	4	240
7		80	12	960
8		90	28	2520
9		60	24	1440
10		75	28	2100
11		80	38	3040
12		90	6	540
13		50	14	700
14		60	66	3960
15		75	6	450
16		80	28	2240
17		90	8	720
18		50	24	1200
19		90	4	360
20		60	14	840
21		75	14	1050
22		60	18	1080

图2-87　自定义列“销售金额”

【小贴士】在Power Query编辑器中通过公式自定义列，可以保存至Power BI主界面；在Power BI中新建列，不显示在Power Query编辑器中。

（八）拆分列、提取列和合并列

在数据清洗阶段，经常需要对列数据进行拆分、提取和合并。以二维码2-19提供的“HQ公司101店铺大客户表”为例，如图2-88所示，介绍如何进行列的拆分、提取和合并。

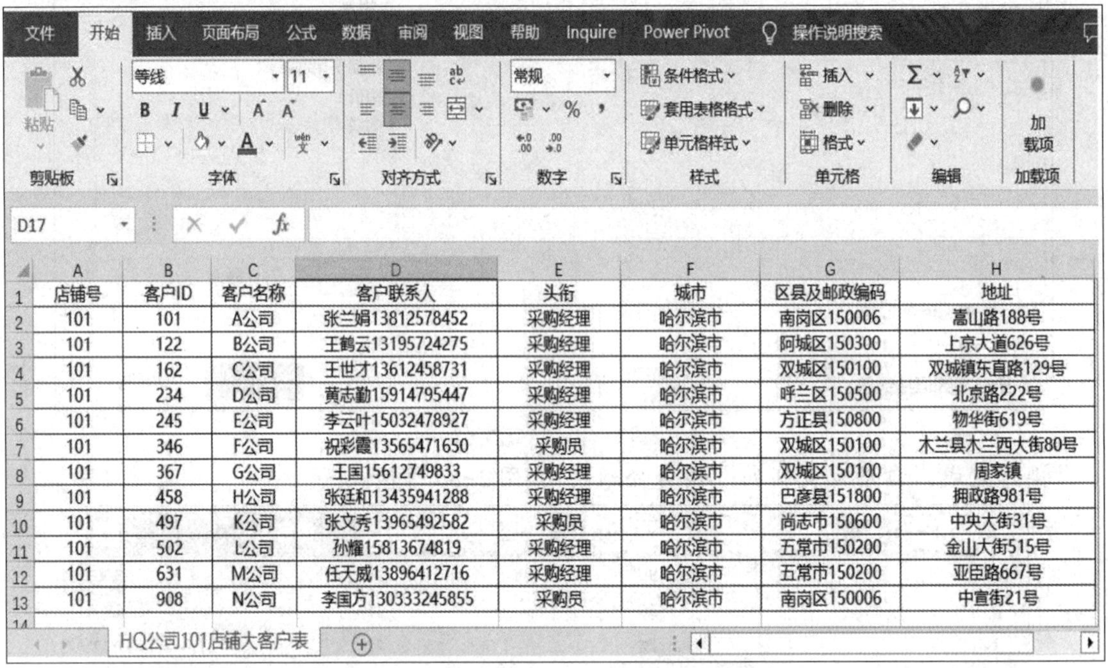

店铺号	客户ID	客户名称	客户联系人	头衔	城市	区县及邮政编码	地址
101	101	A公司	张兰娟13812578452	采购经理	哈尔滨市	南岗区150006	嵩山路188号
101	122	B公司	王鹤云13195724275	采购经理	哈尔滨市	阿城区150300	上京大道626号
101	162	C公司	王世才13612458731	采购经理	哈尔滨市	双城区150100	双城镇东直路129号
101	234	D公司	黄志勤15914795447	采购经理	哈尔滨市	呼兰区150500	北京路222号
101	245	E公司	李云叶15032478927	采购经理	哈尔滨市	方正县150800	物华街619号
101	346	F公司	祝彩霞13565471650	采购员	哈尔滨市	双城区150100	木兰县木兰西大街80号
101	367	G公司	王国15612749833	采购经理	哈尔滨市	双城区150100	周家镇
101	458	H公司	张廷和13435941288	采购经理	哈尔滨市	巴彦县151800	拥政路981号
101	497	K公司	张文秀13965492582	采购员	哈尔滨市	尚志市150600	中央大街31号
101	502	L公司	孙耀15813674819	采购经理	哈尔滨市	五常市150200	金山大街515号
101	631	M公司	任天威13896412716	采购经理	哈尔滨市	五常市150200	亚臣路667号
101	908	N公司	李国方130333245855	采购员	哈尔滨市	南岗区150006	中宣街21号

图2-88　HQ公司101店铺大客户表

2-19表格

HQ公司101店铺大客户表

2-20微课

拆分、提取和合并列

1.拆分列

拆分列，是指将一列的内容拆分到多列中。注意，不是所有的数据都可以拆分，拆分的依据是按照特定分隔符或字符数，适用于拆分具有一定排列规律的字符串，方便用户对数据进行二次分类，便于后续的数据分析使用。

【活动2-15】“HQ公司101店铺大客户表”的“客户联系人”列数据既包括联系人姓名，又包括联系人电话，将其拆分为“客户联系人姓名”和“联系人电话”两列。

（1）在“转换”选项卡的“文本列”组中，点击“拆分列”选项，包括“按分隔符”“按字符数”“按位置”“按照从小写到大写的转换”“按照从大写到小写的转换”“按照从数字到非数字的转换”“按照从非数字到数字的转换”等命令，联系人的姓名是非数字，联系人电话是数字，因此，选择命令“按照从非数字到数字的转换”。

（2）系统自动将列“客户联系人”分成2列，“客户联系人.1”“客户联系人.2”，分别将其重命名为“客户联系人姓名”“联系人电话”，如图2-89所示。

	客户联系人姓名	联系人电话	头衔	城市
1	张兰娟	13812578452	采购经理	哈尔滨市
2	王鹤云	13195724275	采购经理	哈尔滨市
3	王世才	13612458731	采购经理	哈尔滨市
4	黄志勤	15914795447	采购经理	哈尔滨市
5	李云叶	15032478927	采购经理	哈尔滨市
6	祝彩霞	13565471650	采购员	哈尔滨市
7	王国	15612749833	采购经理	哈尔滨市
8	张廷和	13435941288	采购经理	哈尔滨市
9	张文秀	13965492582	采购员	哈尔滨市
10	孙耀	15813674819	采购经理	哈尔滨市
11	任天威	13896412716	采购经理	哈尔滨市
12	李国方	13033324585	采购员	哈尔滨市

图2-89　拆分列“客户联系人”为2列

2. 提取列

提取列，是指从文本数据中提取某些需要的字符，可按照长度、首字符、结尾字符、范围等提取字符，具体含义见表2-8。注意：提取字符操作之前，要检查数据类型是否是文本型，日期型数据是无法提取的。

表2-8　提取字符的方法及其含义

序号	选择方法	具体含义
1	长度	提取字符串长度
2	首字符	从左开始提取
3	结尾字符	从右开始提取
4	范围	从中间开始提取
5	分隔符（之前/之后/之间）的文本	提取分隔符控制的文本位置

【活动2-16】“HQ公司101店铺大客户表”的“区县及邮政编码”列数据既包括客户所在的区县，又包括邮政编码，从中提取列“客户所在的区县”。

（1）在“转换”选项卡的“文本列”组中，点击“提取列”选项，拉出下拉菜单，点击“首字符”命令，即从左开始提取字符。

（2）弹出“提取首字符”对话框，输入要保留的起始字符数，客户所在区县都是3个字符，因此，在“计数”对话框输入“3”，点击“确定”命令。

（3）将列“区县及邮政编码”重命名为“客户所在的区县”，如图2-90所示。注意：提取完成后，只保留了提取的字符，未被提取的字符被删除。

		城市	客户所在的区县	地址
1		哈尔滨市	南岗区	嵩山路188号
2		哈尔滨市	阿城区	上京大道626号
3		哈尔滨市	双城区	双城镇东直路129号
4		哈尔滨市	呼兰区	北京路222号
5		哈尔滨市	方正县	物华街619号
6		哈尔滨市	双城区	木兰县木兰西大街80号
7		哈尔滨市	双城区	周家镇
8		哈尔滨市	巴彦县	拥政路981号
9		哈尔滨市	尚志市	中央大街31号
10		哈尔滨市	五常市	金山大街515号
11		哈尔滨市	五常市	亚臣路667号
12		哈尔滨市	南岗区	中宣街21号

图2-90 提取列“客户所在的区县”

3. 合并列

合并列，是将多列数据合并到一列中。在Power Query编辑器中，在“转换”选项卡和“添加列”选项卡下都有合并列命令，效果并不一样。如果选择“转换”选项卡中的“合并列”命令，原列将被删除；如果选择“添加列”选项卡中的“合并列”，原列将被保留。

【活动2-17】分别使用“转换”选项卡和“添加列”选项卡下的“合并列”命令，将“HQ公司101店铺大客户表”的列“城市”“客户所在的区县”“地址”合并为“客户地址”。

（1）选择要合并的3列，在“转换”选项卡的“文本列”组，点击“合并列”命令，弹出“合并列对话框”，不选择分隔符，将新列命名为“客户地址”，点击“确定”按钮，操作结果如图2-91所示。

	名	联系人电话	头衔	客户地址
1		13812578452	采购经理	哈尔滨市南岗区嵩山路188号
2		13195724275	采购经理	哈尔滨市阿城区上京大道62...
3		13612458731	采购经理	哈尔滨市双城区双城镇东直...
4		15914795447	采购经理	哈尔滨市呼兰区北京路222号
5		15032478927	采购经理	哈尔滨市方正县物华街619号
6		13565471650	采购员	哈尔滨市双城区木兰县木兰...
7		15612749833	采购经理	哈尔滨市双城区周家镇
8		13435941288	采购经理	哈尔滨市巴彦县拥政路981号
9		13965492582	采购员	哈尔滨市尚志市中央大街31...
10		15813674819	采购经理	哈尔滨市五常市金山大街51...
11		13896412716	采购经理	哈尔滨市五常市亚臣路667号
12		13033324585	采购员	哈尔滨市南岗区中宣街21号

图2-91 “转换”选项卡合并列

（2）选择要合并的3列，在“添加列”选项卡的“从文本”组，点击“合并列”命令，弹出“合并列”对话框，不选择分隔符，将新列命名为“客户地址”，点击“确定”按钮，操作结果如图2-92所示。

	城市	客户所在的区县	地址	客户地址
1	哈尔滨市	南岗区	嵩山路188号	哈尔滨市南岗区嵩山路188号
2	哈尔滨市	阿城区	上京大道626号	哈尔滨市阿城区上京大道62...
3	哈尔滨市	双城区	双城镇东直路129号	哈尔滨市双城区双城镇东直...
4	哈尔滨市	呼兰区	北京路222号	哈尔滨市呼兰区北京路222号
5	哈尔滨市	方正县	物华街619号	哈尔滨市方正县物华街619号
6	哈尔滨市	双城区	木兰县木兰西大街80号	哈尔滨市双城区木兰县木兰...
7	哈尔滨市	双城区	周家镇	哈尔滨市双城区周家镇
8	哈尔滨市	巴彦县	拥政路981号	哈尔滨市巴彦县拥政路981号
9	哈尔滨市	尚志市	中央大街31号	哈尔滨市尚志市中央大街31...
10	哈尔滨市	五常市	金山大街515号	哈尔滨市五常市金山大街51...
11	哈尔滨市	五常市	亚臣路667号	哈尔滨市五常市亚臣路667号
12	哈尔滨市	南岗区	中宣街21号	哈尔滨市南岗区中宣街21号

图2-92　“添加列”选项卡合并列

【任务实训2-4】

目的：练习数据清洗。

资料：见二维码2-21提供的数据。

要求：根据所学内容，自主练习数据清洗。

2-21表格

2007—2022年格力电器利润表数据

项目总结

本项目思维导图如图2-93所示。

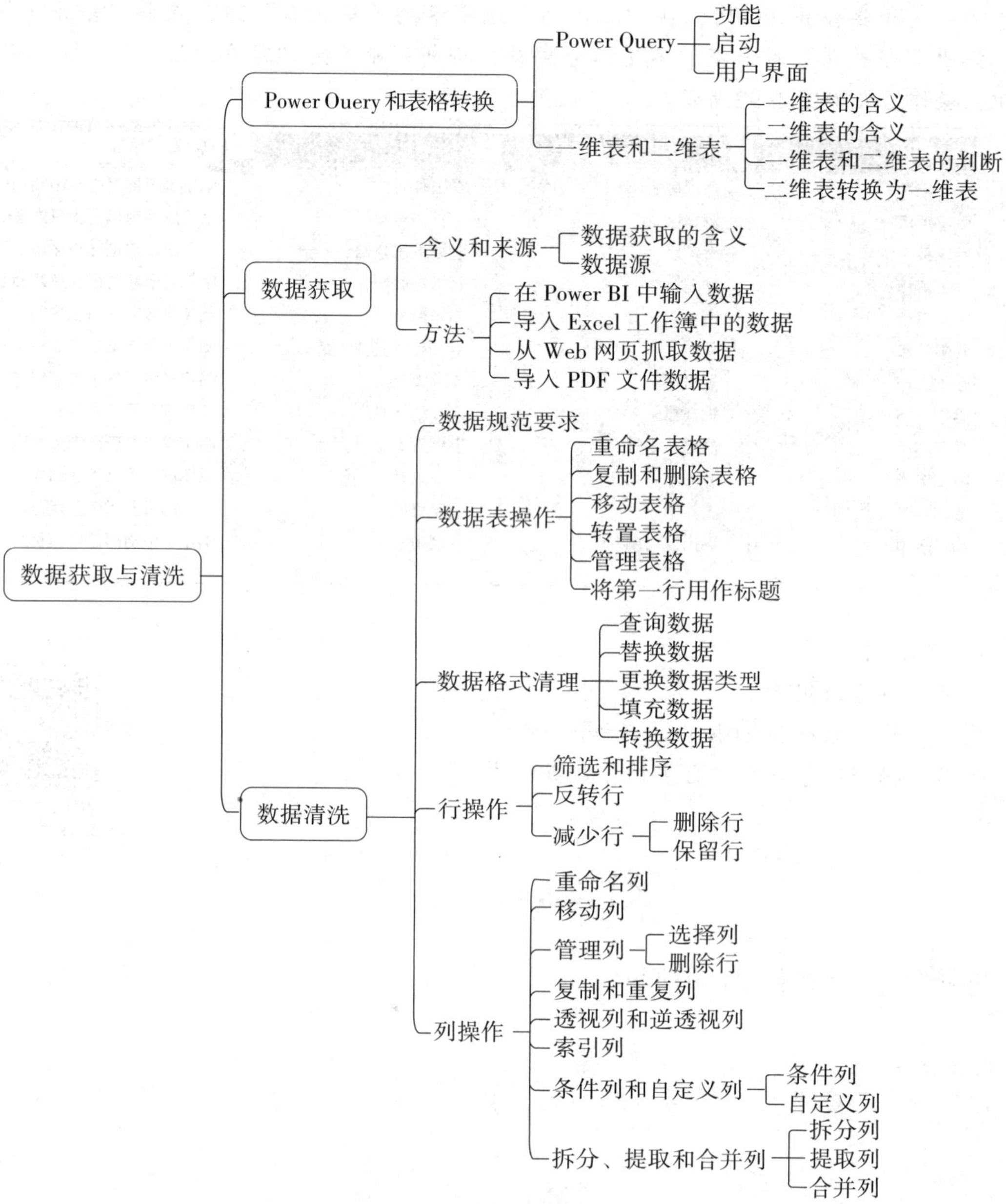

图2-93　项目思维导图

专创融合

收集资料，分析创业项目的基本情况，如用户痛点、行业痛点、独有优势、用户反馈等，如图2-94所示。

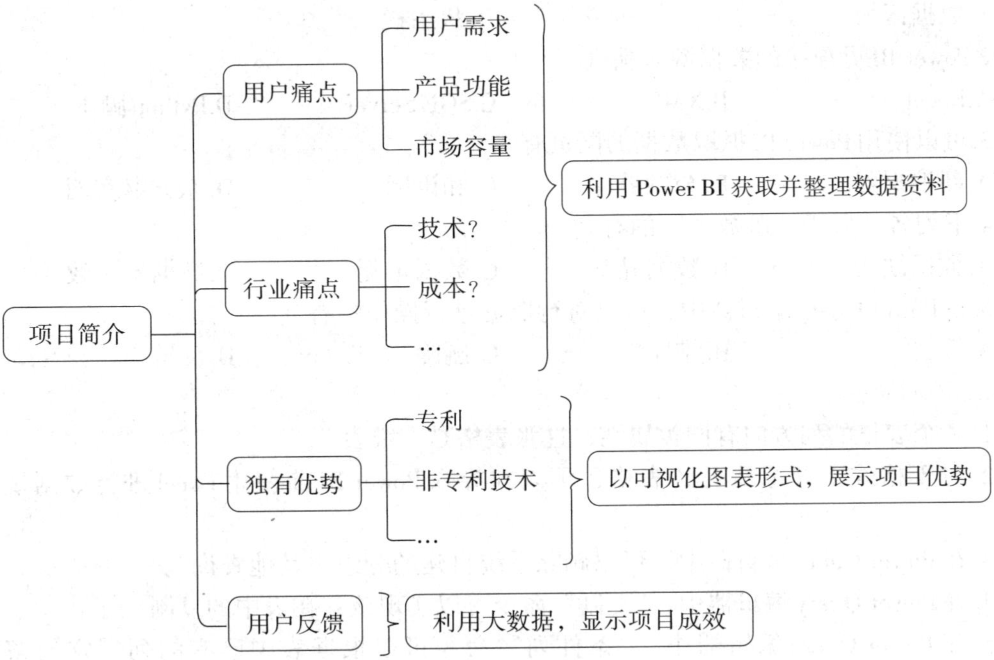

图2-94　项目简介

赛证融通

理论部分

一、单项选择题

1.下列各项是将相同属性的数据放在同一列，一个数据表可以有多个属性的是（　　）。

A.一维表　　B.二维表　　C.维度表　　D.事实表

2.下列各项是指根据数据分析的需求获取相关原始数据过程的是（　　）。

A.数据建模　　B.数据获取　　C.数据清洗　　D.数据可视化

3.下列各项中，把行数据颠倒转成列数据、把列数据颠倒转成行数据的被称为表格（　　）。

A.管理　　B.转置　　C.透视　　D.拆分

4.在 Power Query 编辑器中，不能创建新列的操作是（　　）。

A.索引列　　B.条件列　　C.自定义列　　D.移动列

5.下列各项是指从文本数据中提取某些需要字符的是（　　）。

A.条件列　　B.拆分列　　C.提取列　　D.合并列

二、多项选择题

1.Power Query 的用户界面包括（　　）。

A.“查询”窗格　　B.用查询设置”窗格

C.数据区域　　D.状态栏

2.Power BI可连接的数据源包括（　　）。

A.Excel　　B.XML　　C.SQL Server　　D.Python脚本

3.可以使用Power BI抓取数据的网页有（　　）。

A.新浪财经　　B.金融界　　C.和讯网　　D.东方财富网

4.下列各项属于“脏数据”的有（　　）。

A.数据缺失　　B.数据异常　　C.数据重复　　D.数据不一致

5.在Power Query编辑器中，可以对行数据进行操作的有（　　）。

A.筛选　　B.排序　　C.删除　　D.反转

三、判断题

1.一个表格的列方向有同类属性，这张表格是一维表。（　　）

2.对于格式不规范情况的表格，可以在导入Power BI前使用Excel进行数据规范化处理。（　　）

3.在Power Query编辑器中，可以删除系统自建的分组“其他查询”。（　　）

4.在Power Query编辑器中，“复制”命令可以实现该列在表中的复制。（　　）

5.在Power Query编辑器中，“条件列”命令可以根据表中已有的列设定的条件生成新列。（　　）

技能部分

2-22表格

2023年1月 HQ公司店铺销售额

实训1：使用二维码2-22提供的“2023年1月HQ公司店铺销售额”，完成以下操作：

（1）将第1列“店铺”分为“店铺编码”和“店铺名称”两列，“店铺编码”为第1列。

（2）筛选出华中地区的店铺。

（3）按销售额对店铺进行业绩降序排序。

实训2：使用二维码2-23提供的“2022年HQ公司A产品销售额”，完成以下操作：

2-23表格

2022年HQ公司A产品销售额

（1）数据格式清理（“销售额”保留小数到分位）。

（2）创建列“索引”（从1），并放在第1列位置。

（3）创建列“客户平均购买量”（=“销售量”/“购买客户数”，保留到整数位）

（4）创建列“是否销售业绩高的省份”，如果“销售额”≥2 500 000 000元，判定为“是”，否则为“否”。

素质部分

处理“脏数据”，我们应该秉持什么样的职业素养？

项目三

数据建模

知识目标

1. 掌握维度表和事实表
2. 熟悉常用的DAX运算符和函数
3. 了解新建列和新建度量值的区别

能力目标

具备数据建模的能力

素养目标

1. 培养勤于思考、刻苦钻研、勇于探索的精神
2. 培养奋进新时代、筑梦新征程的使命和担当
3. 培养大学生创新思维和创造能力

任务一　创建关系

情景导入

在日常分析中，我们经常会遇到数据来自多个不同表的情况。将这些不同表中的数据整合到一起，不仅要花费大量时间，而且在加工完成后，如果分析需求有变化，可能还需要再重来一遍。这时候，我们就感慨，能不能在多个表之间建立合适的关系，使之可以像一个表一样灵活使用呢？

【请思考】如何在表与表之间建立协调配合关系？

知识学习

一、数据建模、维度表和事实表

（一）数据建模的含义

在Power BI中，要处理的表往往是多个的。Power BI的优势就是打通来自不同数据源中的各种数据表，根据不同的维度、不同的逻辑来聚合分析数据，从而进行数据分类汇总和可视化呈现。这一前提是各个表之间需要建立某种关系，建立关系的过程就是数据建模。此外，根据分析的需要，还可以通过新建列、新建表、新建度量值等方法建立各类分析数据，也叫数据建模。我们还可以在数据建模过程中，引入参数进行动态分析。

在Power BI中，为了便于数据建模和数据分析，将表分为维度表和事实表两类。

（二）维度表的含义

维度表（Dimension Table），是同类型属性信息的集合，用于描述事实的业务属性或分类信息。维度表中的每一行代表一条唯一的维度记录，如时间维度、产品维度、地理位置维度等。

常见的维度表有日期表（包含日期信息）、人员信息表（包含工号、身份证等信息）、产品表（包含产品ID、产品名称等产品相关信息）、客户信息表（包含客户ID、名字、类型等信息）和门店表（包含不同地点的门店信息）。这些表的一个特点是，有一些属性是唯一的、不重复的，如日期、身份证、产品ID、客户ID、门店名称等。如图3-1所示，在产品表中，列“产品子类别名称”具有唯一性。

维度表的出现，能够去除信息冗余，不必在几百万上千万的数据中再去添加年、月、季度等字段，否则数据量过大的话，整个数据量级会增大很多甚至翻倍。维度表可以将多个事实表串联起来，方便调用。对分析而言，如果有三张以上事实表，抽离出来一个维度表就会比多表添加方便很多，而且也便于后期维护。

产品大类ID	产品类别名称	产品子类别ID	产品子类别名称	单价
11	A产品	1101	A1产品	50
11	A产品	1102	A2产品	60
11	A产品	1103	A3产品	75
11	A产品	1104	A4产品	80
11	A产品	1105	A5产品	90
12	B产品	1201	B1产品	120
12	B产品	1202	B2产品	160
12	B产品	1203	B3产品	210
12	B产品	1204	B4产品	220
12	B产品	1205	B5产品	240
13	C产品	1301	C1产品	150
13	C产品	1302	C2产品	180
13	C产品	1303	C3产品	200
13	C产品	1304	C4产品	240
13	C产品	1305	C5产品	270
14	D产品	1401	D1产品	300
14	D产品	1402	D2产品	320
14	D产品	1403	D3产品	400
14	D产品	1404	D4产品	450
14	D产品	1405	D5产品	600
15	E产品	1501	E1产品	400
15	E产品	1502	E2产品	450
15	E产品	1503	E3产品	500
15	E产品	1504	E4产品	560
15	E产品	1505	E5产品	700

图3-1　维度表

（三）事实表的含义

事实表（Fact Table），是指存储有事实记录的表，表示业务中发生的事实或事件，如系统日志、销售记录等。事实表可以由数百万（或数十亿甚至数万亿）行数据组成。事实表通常包含多个列，用于存储度量值数据，如图3-2所示。“1月份产品订单表”的“产品子类别名称”并不具有唯一性，而是相同数据多次重复出现，每一行数据反映的是订单数据记录。

订单号	订单日期	产品类别名称	产品子类别名称	产品ID	门店ID	客户ID	单价	数量	销售额
N2023001	2023/1/1	A产品	A2产品	1102	106	1062	60	6	360.00
N2023002	2023/1/1	A产品	A4产品	1104	106	1124	80	4	320.00
N2023003	2023/1/1	B产品	B1产品	1201	103	1175	120	10	1,200.00
N2023004	2023/1/1	A产品	A1产品	1101	106	1002	50	16	800.00
N2023005	2023/1/1	C产品	C1产品	1301	107	1277	150	12	1,800.00
N2023006	2023/1/1	A产品	A3产品	1103	110	1102	75	10	750.00
N2023007	2023/1/1	D产品	D1产品	1401	106	1350	300	10	3,000.00
N2023008	2023/1/1	C产品	C4产品	1304	107	1325	240	22	5,280.00
N2023009	2023/1/1	B产品	B2产品	1202	108	1198	160	6	960.00
N2023010	2023/1/1	D产品	D3产品	1403	113	1383	400	22	8,800.00
N2023011	2023/1/1	A产品	A2产品	1102	106	1064	60	12	720.00
N2023012	2023/1/1	B产品	B3产品	1203	105	1216	210	10	2,100.00
N2023013	2023/1/1	E产品	E2产品	1502	108	1450	450	20	9,000.00
N2023014	2023/1/1	A产品	A4产品	1104	110	1125	80	8	640.00
N2023015	2023/1/1	E产品	E1产品	1501	103	1430	400	14	5,600.00
N2023016	2023/1/1	C产品	C1产品	1301	109	1280	150	18	2,700.00
N2023017	2023/1/1	A产品	A1产品	1101	114	1006	50	4	200.00
N2023018	2023/1/1	E产品	E4产品	1504	109	1474	560	16	8,960.00
N2023019	2023/1/1	B产品	B5产品	1205	104	1258	240	22	5,280.00

图3-2　事实表

事实表对其中记载的事项发生频率和存储频率没有限制。如一家卖汉堡和薯条的快餐连锁店，每天可能有数百笔几乎完全相同的交易，因为同一类型的汉堡在任何一天都可以卖很多次。在这种情况下，对每笔交易的区分通常使用交易时间（时间戳），也可能是具有唯一性的发票号或者收据号。

（四）数据建模、维度表和事实表的关系

Power BI数据建模的本质就是构建维度表和事实表之间的关系。

事实表中的数据来源于业务系统，维度表中的数据是根据数据分析需要而另行创建的。维度表的主要特点是包含类别属性信息，数据量较小。事实表的主要特点是含有多列数值型数据，能够提取度量值信息，数据量较大。维度表和事实表的关系是，通过维度表中的不同维度来分析事实表中的各类数值型数据。事实表与维度表的区别见表3-1。

表3-1　　维度表与事实表的区别

项目	维度表	事实表
数据量	一般行数少于事实表	数据量较大
举例	日期、地域、客户信息、产品信息	销售数据、网页访问数据、订单数据
用途	一般用于行、列、筛选器和切片器	用于搭建度量值
数据建模	"1”的一端	“*”的一端，箭头指向的一端

【活动3-1】判断图3-3和图3-4两张表格的类型。

	A	B	C
1	客户编号	客户名称	客户地址
2	1001	甲公司	山东省淄博市张店区华光路西首
3	1023	乙公司	天津市滨海新区1102号
4	1079	丙公司	黑龙江省哈尔滨市南岗区

图3-3　客户信息表

	A	B	C
1	日期	客户	购买金额
2	2023/1/12	甲公司	46165.00
3	2023/1/12	丙公司	21425.00
4	2023/1/24	乙公司	12131.00
5	2023/2/13	丙公司	42325.00
6	2023/3/12	甲公司	56342.00
7	2023/3/12	乙公司	38457.00
8	2023/3/31	乙公司	36786.00
9	2023/4/9	丙公司	64542.00
10	2023/5/8	甲公司	15723.00
11	2023/5/29	乙公司	68492.00
12	2023/5/29	丙公司	45841.00
13	2023/6/7	乙公司	31353.00
14	2023/6/13	丙公司	21415.00
15	2023/6/30	甲公司	66311.00
16	……	……	……

图3-4　销售记录表

客户信息表为维度表，“客户编号”“客户名称”“客户地址”三个属性都是唯一的；销售记录表为事实表，记录了甲、乙、丙三家公司在2023年上半年的购买数据。

【学思课堂】党的二十大报告指出：“中国始终坚持维护世界和平、促进共同发展的外交政策宗旨，致力于推动构建人类命运共同体。”大道之行，天下为公。党的二十大报告正式将“推动构建人类命运共同体”列为中国式现代化的本质要求之一。党的十八大以来，习近平总书记深刻洞察“世界之变”，科学回答“世界之问”，创造性地提出并不断丰

富发展构建人类命运共同体的重要思想，为人类社会实现共同发展、长治久安、持续繁荣指明了方向。

二、数据块和关系线

借助Power BI中的“模型视图”，可以直观地设置表或列之间的关系。如果有关系，两个或多个表会链接在一起，因为它们包含相关的数据。这样，我们就能跨多个表运行，对相关数据进行查询。

（一）活动关系和非活动关系

在“模型视图”中，数据块表示“表”，它们之间的线表示“关系”，即两个表之间的联系称为关系。关系线有“实线”和“虚线”两种。因为两个表之间不能创建多个关系，只能有一条活动的筛选条件传播路径，其他关系路径会被设置为“非活动状态”，活动关系用“实线”表示，非活动关系用“虚线”表示，如图3-5所示。此外，在“模型视图”下，除了数据块和关系线，还有两个常用的窗格——“属性”和“数据”。“属性”窗格展示了表关系，“数据”窗格展示了表名和列名称。

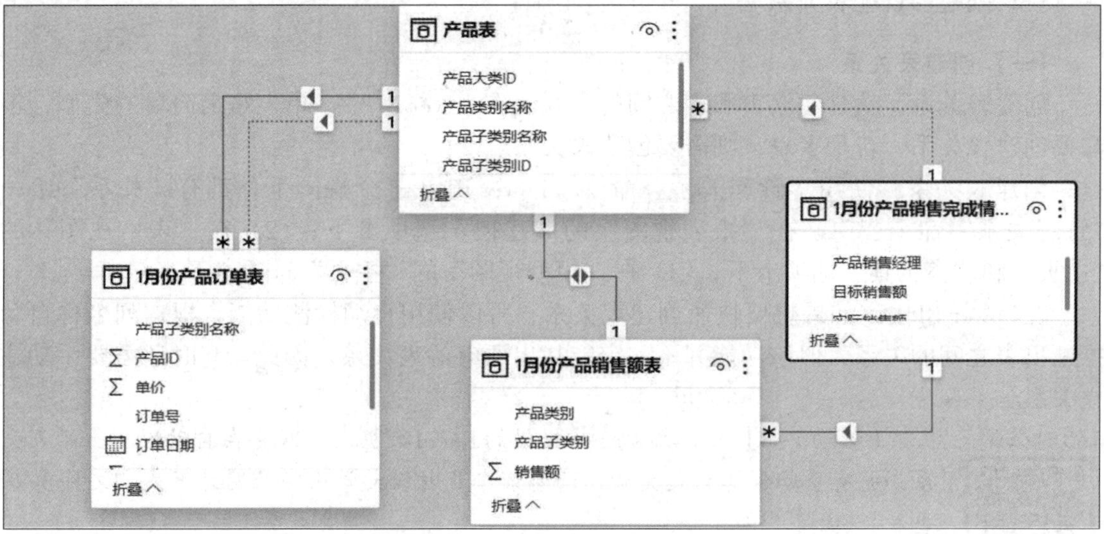

图3-5　数据块和关系线

（二）基数选项和交叉筛选方向

1.基数选项

基数，是两个连接列的对应关系，包括多对一（*：1）、一对一（1：1）、一对多（1：*）、多对多（*：*）四个选项，其中常见选项有2个，即多对一（*：1）和一对一（1：1）。

（1）多对一（*：1）

多对一（*：1）是最常见的类型，代表一个表（事实表）中的关系列有重复值，而在另一个表（维度表）中是唯一值，如“1月份产品销售额表”的列“产品类别”与“1月份产品销售完成情况表”的列“产品名称”为关系列，是多对一（*：1）的关系；“1月份产品订单表”和“产品表”，关系列“产品子类别名称”为活动关系等。

（2）一对一（1：1）

两个表（维度表）是一对一的关系，列中的每个值在两个表中都是唯一的，如“产品表”的列“产品子类别名称”与“1月份产品销售额表”的列“产品子类别”为一对一（1∶1）关系。

【小贴士】在不同表中，关系列的名称可以一样，也可以不一样。在关系列名称一样的情况下，可以自动检测出关系；在关系列名称不一样的情况下，更多地需要使用手动创建关系。

2.交叉筛选方向选项

交叉筛选方向，表示数据筛选的流向，有两种类型：双向和单向。

（1）双向

出于筛选目的，两个表被视为同一个表，两个表可以互相筛选。需要强调的是，一般情况下，建议尽量减少使用双向关系。它们可能会对模型查询性能产生负面影响。

（2）单向

单向是指一个表只能对另一个表筛选，而不能反向。这是最常用的默认方向，连接表中的筛选选项适用于将求值总和的表。

三、创建与管理表关系

（一）创建表关系

创建表关系，就是建立表和表之间的关联。在Power BI中，单表是最简单的模型，不需要创建表关系。若是多表，则需要创建表关系。

创建表关系，使用“管理关系”命令。Power BI在三个视图下，都有“关系”组→“管理关系”命令：（1）在“报表视图”的“建模”选项卡下；（2）在“表格视图”的“主页”和“表工具”选项卡下；（3）在“模型视图”的“主页”选项卡下。

在Power BI中，如果想要快速创建表关系，可以使用自动检测功能，根据列名称自动推断出表之间的关系，但该功能并不一定能找出所有的表关系，因此，有时还需要手动建立关系。

3-1微课

创建和管理表关系

【活动2-3】中二维码2-6提供的Excel数据表，既存在自动检测出的表关系，也有手动创建的表关系。请登录东北财经大学出版社网站下载“文件3-1”查看。

1.在加载期间自动检测表关系

如果将两个或多个表导入Power BI，在加载数据时，Power BI将尝试查找并创建关系。关系选项“基数”“交叉筛选方向”“激活此关系”会自动设置 。Power BI查看表中是否存在任何潜在关系列。若存在，则将自动创建这些关系。如果Power BI无法以高置信度确定存在匹配项，则不会创建关系。

可以通过以下步骤查看系统是否默认选择“在加载期间自动检测表关系”：

（1）点击“文件”选项卡→“选项和设置”组→“选项”命令。

（2）弹出“选项”对话框，在“当前文件”选项→“数据加载”组→“关系”命令中，系统默认勾选“在第一次加载时从数据源导入关系”和“加载数据后自动检测新关系”两个框，如图3-6所示。

图3-6　在加载期间自动检测表关系

【小贴士】要使“在加载期间自动检测表关系”功能起到自动识别关系的作用，需要让不同表中的列名称同时满足以下两个条件：①建立关系的列名称一致；②关系列的数据类型相同。

2. 使用自动检测功能创建关系

在“管理关系”对话框，自动检测并添加表关系。

（1）点击“管理关系”命令，弹出“管理关系”对话框，如图3-7所示。有“新建…”“自动检测…”“编辑…”“删除”等4个按钮，可以完成手动创建表关系、自动检测表关系、编辑和删除表关系等操作。

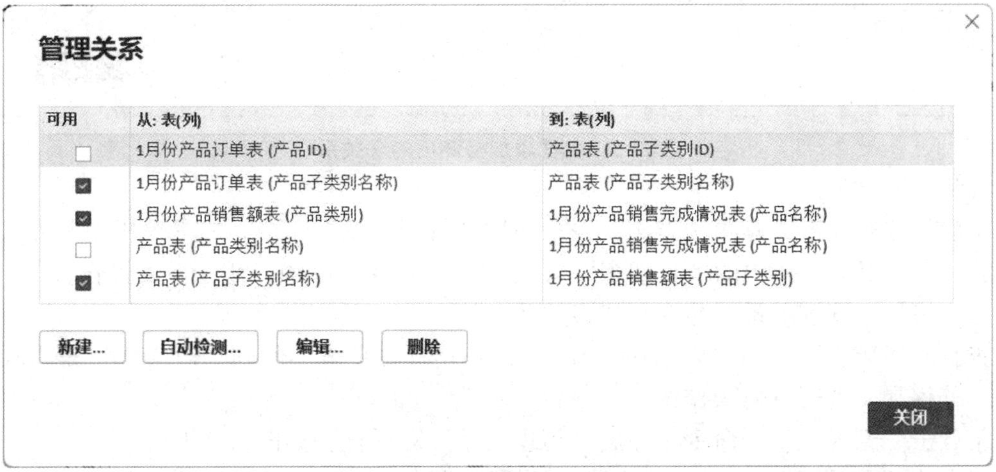

图3-7　“管理关系”对话框

（2）点击“自动检测…”按钮，如果还存在未检测的表关系，弹出“自动检测”对话框，提示“找到1个新关系”，如图3-8所示。

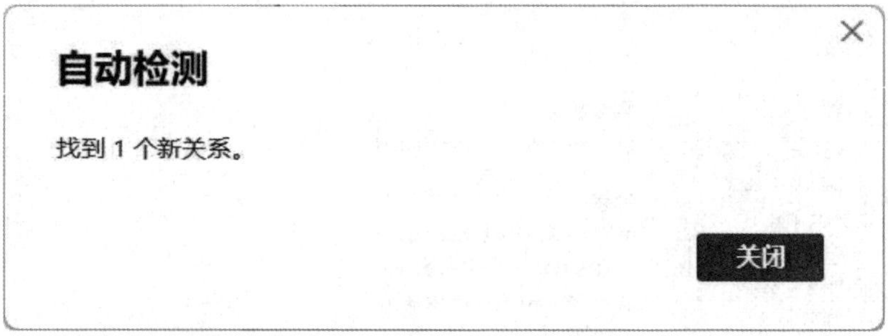

图3-8 “自动检测”对话框

（3）点击“关闭”按钮，返回“管理关系”对话框，检测出的列关系自动增加到可用列表中，如图3-9所示。

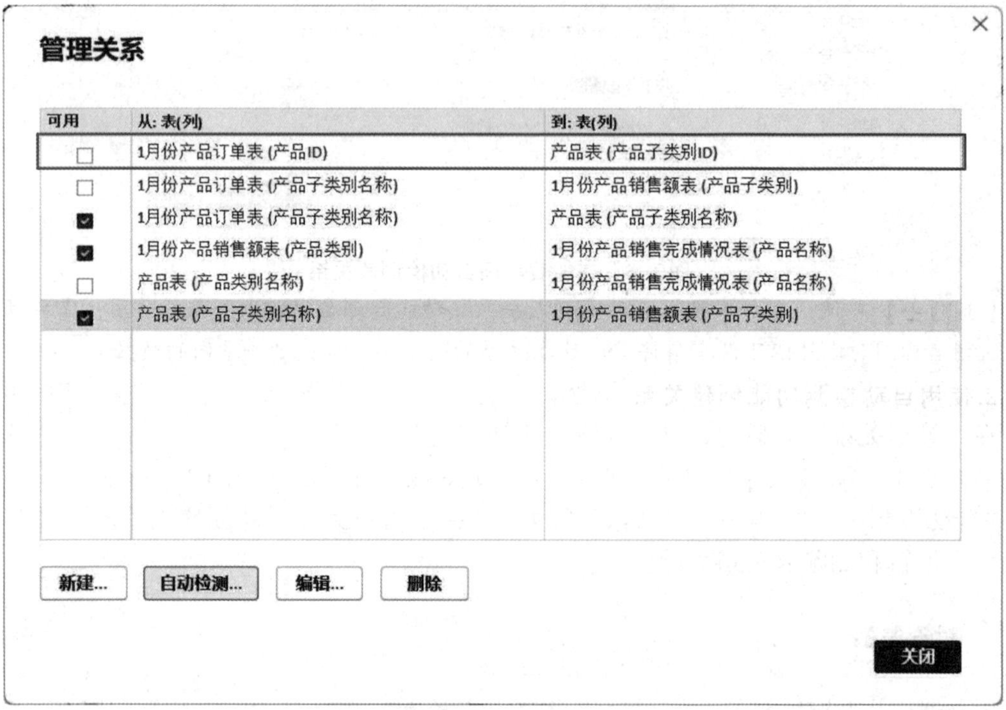

图3-9 自动添加检测出的表关系

3.手动创建表关系

手动创建表关系，有两种方法：一是使用“管理关系”命令；二是采用拖放方式。将【活动2-3】二维码2-6中的“日期表”“门店表”导入Power BI，用于下列操作：

（1）使用“管理关系”命令创建表关系

查看“门店表”的列“店铺ID”和“1月份产品订单表”的列“门店ID”是否存在列关系，若存在，进行下列操作：

①点击“管理关系”命令，弹出“管理关系”对话框，如图3-7所示。

②点击“新建”按钮，弹出“创建关系”对话框，选择相互关联的表和列，如选择“门店表”的列“店铺ID”和“1月份产品订单表”的列“门店ID”，系统自动匹配基数选项和交叉筛选方向选项，确定“使此关系可用”，点击“确定”按钮，如图3-10所示。

图3-10　新建表关系

③点击“确定”按钮，返回“管理关系”对话框，自动增加新建列关系到可用列表中，如图3-11所示，点击“关闭”按钮。

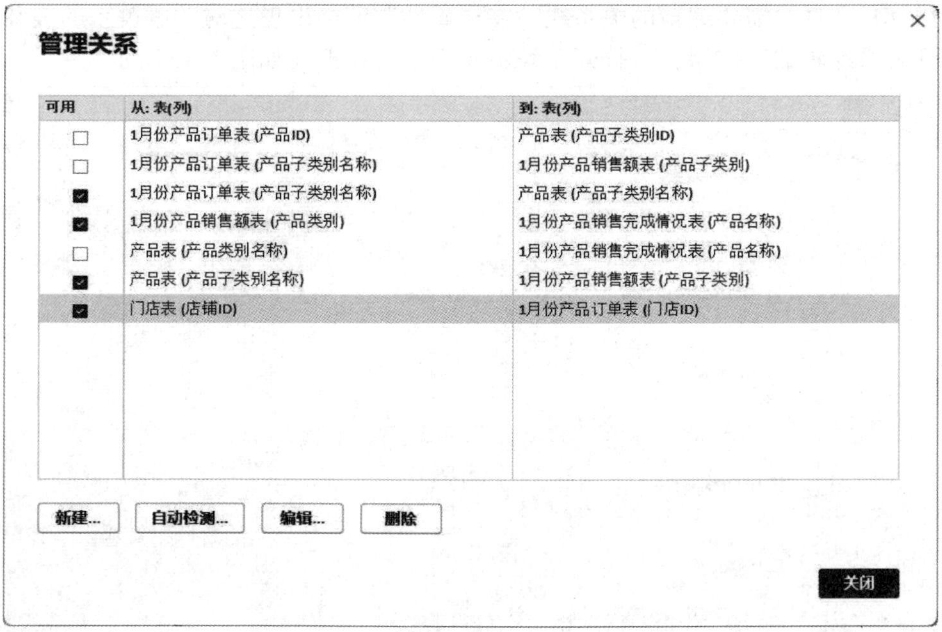

图3-11　自动添加新建表关系

（2）使用拖放方式创建表关系

在“模型视图”中，还可以用拖放的形式，建立表和列的关联关系。查看“日期表”的列“日期”和“1月份产品订单表”的列“订单日期”是否存在列关系，若存在，进行下列操作：

① 在数据块“日期表”中，选中列“日期”。

② 按住鼠标左键不放，拖放到数据块“1月份产品订单表”的列“订单日期”，自动生成关联表关系，如图3-12所示。

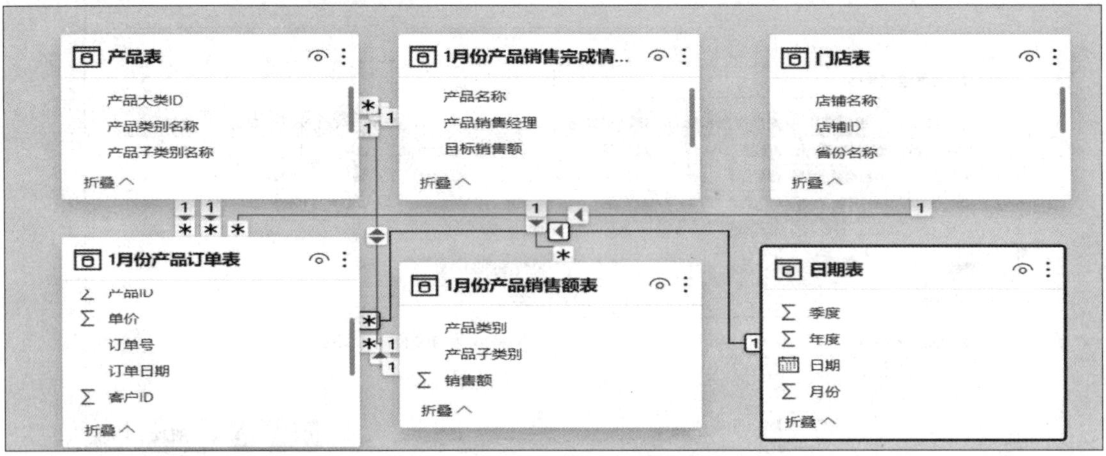

图3-12 手动拖放创建表关系

（二）管理表关系

1.编辑关系

在“模型视图”中，可通过以下3种方法在Power BI中编辑关系：

方法（1）：选中需要编辑的关系线，在“属性”窗格出现这对关联关系的表和列，点击“打开关系编辑器”按钮，可打开“编辑关系”对话框，如图3-13所示。

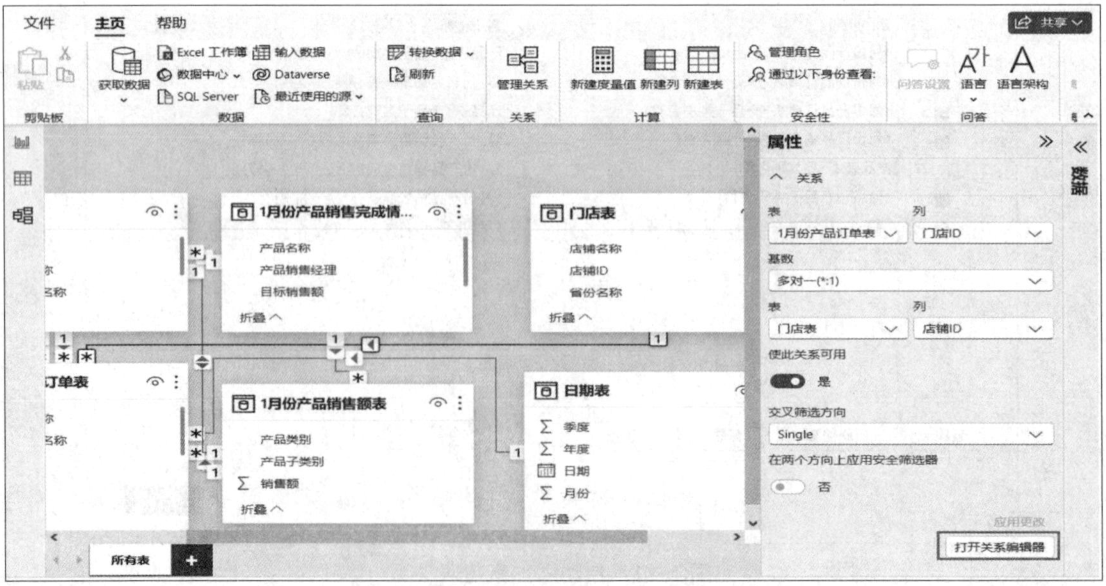

图3-13 在“模型视图”编辑表关系

方法（2）：选中需要编辑的关系线，右击鼠标，在弹出的快捷菜单中，点击“属性”命令，打开“编辑关系”对话框。

方法（3）：点击“管理关系”命令，在打开的“管理关系”对话框中，点击“编辑”命令，打开“编辑关系”对话框。注意，这种方法适用于任一视图。

【小贴士】使用“编辑关系”对话框可以在每个表中查看数据预览。当选择不同列时，窗口会自动验证关系并提供适当的基数选项和交叉筛选方向选项。

在“属性”窗格中编辑关系是在Power BI中编辑关系的简化方法，只会看到可从中选择的表名和列，而不显示数据预览。

2.删除关系

删除表关系有以下两种方法：

方法（1）：使用“管理关系”命令删除表关系。

① 在任意一个视图下，点击“管理关系”命令。

② 在打开的“管理关系”对话框中，选中需要删除表关系的一行，点击“删除”命令。

③ 弹出“删除关系”对话框，请求确认是否要删除此表关系，若确定，点击“删除”按钮。

方法（2）：使用鼠标右键删除表关系。

① 在“模型视图”下，选中需要删除的表关系。

② 右击鼠标，在弹出的快捷菜单中，点击“删除”命令。

③ 弹出“删除关系”对话框，请求确认是否要删除此表关系，若确定，点击“删除”按钮。

【任务实训3-1】

目的：练习创建与管理表关系。

资料：【活动2-3】二维码2-6中的“日期表”“门店表”“产品表”“销售人员表”“员工信息表”。

要求：自主练习创建和管理表关系。

任务二　创建计算

情景导入

Power BI数据建模使用的语言为DAX函数。Power BI的数据建模是利用Excel的Power Pivot插件，已经内嵌到Power BI中，两者的功能基本相同。如果设计的数据量比较大、数据维度很多，Excel就不能满足需求，而Power BI可以从多个表格、多种来源的数据中根据不同的数据维度，不同的逻辑来整合、聚合数据。

【请思考】使用Power BI建模具有哪些优越性？

知识学习

一、数据分析表达式（DAX）

（一）表格视图

Power BI创建计算主要是在“表格视图”中完成的。“表格视图”主要包括4个部分，如图3-14所示。

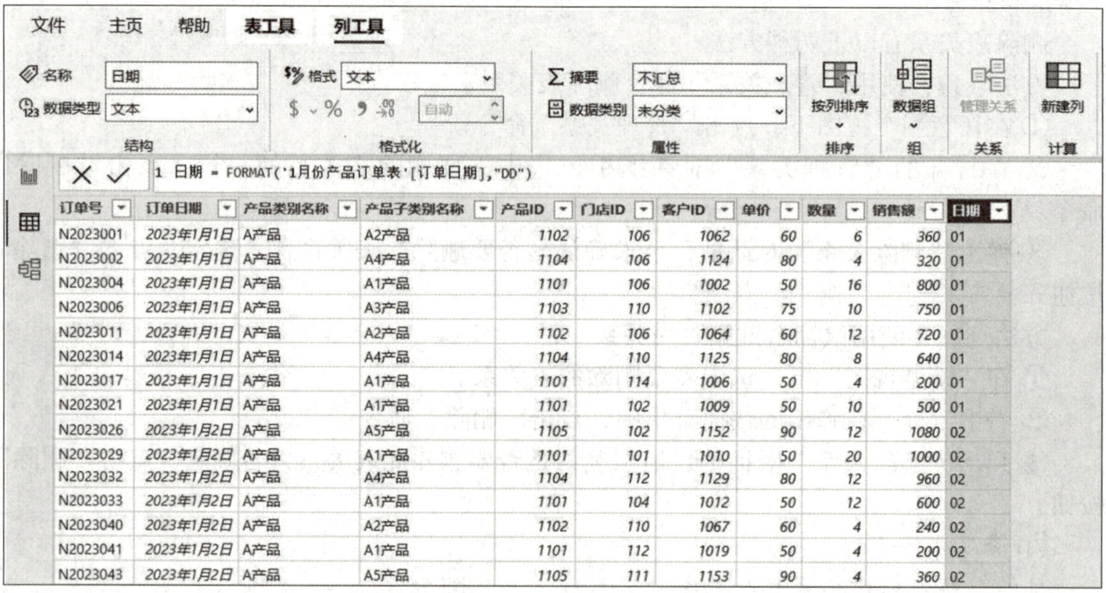

图3-14　表格视图

1. 建模功能区：用于管理关系、新建度量值、新建列和新建表等，并对列的格式进行设置。
2. 公式栏：用于输入度量值、新建列和新建表的DAX公式。
3. 数据区域：用于显示选中的表以及其中的所有列和行。
4. “数据”窗格：用于选择要在数据区域中查看的表或列，还可以搜索表或列名称。

（二）DAX公式

DAX（Data Analysis Expression），是“数据分析表达式”的英文缩写，是在Analysis Services、Power BI和Excel中的Power Pivot使用的公式表达式语言。DAX公式包括函数、运算符和值，用于对表格数据模型中相关表和列中的数据执行高级计算和查询。如果说度量值是Power BI数据建模的灵魂，那么DAX就是度量值的灵魂。

从图3-14中可以看出，DAX公式包括的元素及含义见表3-2。

表3-2　DAX公式的含义

元素	含义
日期	为新建列名称。也可以是新建度量值或新建表的名称
=	每个公式必须以等号开头

续表

元素	含义
FORMAT	格式化函数。可以键入或选择一个函数名称，也可以键入一个表达式。开始键入所需函数或名称的前几个字母，自动完成功能将显示可用函数、表和列的列表，按Tab键将自动完成列表中的项添加到公式中。通过从可能的表和列下拉列表中选择参数，或者通过键入值，为函数提供参数
()	括住包含一个或多个参数的表达式；所有函数都至少需要一个参数，每个参数都会传递一个值给函数
‘1月份产品订单表’	引用的表名，引用表用英文状态下的单引号‘’
[订单日期]	引用的列名称。在DAX中，度量值和本表中的列名称可以直接引用，而其他表中的列名称必须通过'表名'[列名]引用
“DD”	新建列名称，使用英文状态下的双引号“”
“Enter”键	接受输入的DAX公式

1.DAX运算符

DAX公式使用运算符来创建比较值、执行算术计算或处理字符串的表达式，有4种不同类型的运算符：算术运算符、比较运算符、文本串联运算符和逻辑运算符，见表3-3。使用二维码3-2提供的表格演示DAX运算符的应用。

3-2表格

2023年1月份HQ公司101店铺大客户订单表

表3-3　　DAX运算符

类型	运算符	含义	示例
算术运算符	+	加法	5+6
	–	减法或负号	6–5
	*	乘法	5*6
	/	除法	6/5
	^	求幂	6^5
比较运算符	=	等于	[区县]="南岗区"
	==	严格等于	[区县]=="南岗区"
	<>	不等于	[区县]<>"南岗区"
	>	大于	[订单金额]>3 500 000
	<	小于	[订单金额]<3 500 000
	>=	大于或等于	[订单金额]>=3 500 000
	<=	小于或等于	[订单金额]<=3 500 000
文本串联运算符	&	连接或串联两个值以生成一个连续文本值	[城市]&", "&[区县]&", "&[地址]
逻辑运算符	&&	和，同时满足几个条件	[城市]="哈尔滨市"&&[区县]="南岗区"
	||	或，满足几个条件中的一个	[城市]="哈尔滨市"||[店铺号]="101"（注意，101为文本型数据）

（1）算术运算符

执行基本的数学运算（如加法、减法或乘法）、组合数字和生成数值结果。

（2）比较运算符

将两个值进行比较，结果为逻辑值（TRUE或FALSE）。

（3）文本串联运算符

使用与符号（&）连接或串联两个或多个文本字符串以生成单个文本段。

（4）逻辑运算符

使用逻辑运算符（&&）和（||）组合表达式以生成单个结果。

2.DAX函数

DAX拥有许多可用于组织或分析数据的函数，包括聚合函数、日期和时间函数、筛选器函数、财务函数、信息函数、逻辑函数、数学和三角函数、关系函数、统计函数、文本函数、时间智能函数等，见表3-4。

表3-4　DAX函数

类型	名称	说明	语法
聚合函数	SUM	对列求和	SUM（<column>）
	SUMX	分行求和	SUMX（<table>，<expression>）
	AVERAGE	求平均值	AVERAGE（<column>）
	MAX	求最大值	MAX（<column>）；MAX（<expression1>，<expression2>）
	MIN	求最小值	MIN（<column>）；MIN（<expression1>，<expression2>）
	PRODUCT	求数的乘积	PRODUCT（<column>）
	COUNT	数值格式的计数	COUNT（<column>）
	COUNTA	所有格式的计数	COUNTA（<column>）
	COUNTBLANK	空单元格的计数	COUNTBLANK（<column>）
	COUNTROWS	表格中的行数	COUNTROWS（［<table>］）
	DISTINCTCOUNT	不重复计数	DISTINCTCOUNT（<column>）
日期和时间函数	YEAR	返回日期的年份，1900到9999之间的四位整数	YEAR（<date>）
	MONTH	返回月份值，1到12之间的数字	MONTH（<datetime>）
	DAY	返回一月中的日期，1到31之间的数字	DAY（<date>）
	HOUR	返回小时值，0到23之间的数字	HOUR（<datetime>）
	MINUTE	返回分钟值，0到59之间的数字	MINUTE（<datetime>）
	SECOND	返回时间值的秒数，0到59之间的数字	SECOND（<time>）
	TODAY	返回当前日期	TODAY（）

续表

类型	名称	说明	语法
日期和时间函数	NOW	返回当前日期和时间	NOW（）
	DATE	返回指定的日期	DATE（<year>，<month>，<day>）
	TIME	转换为时间	TIME（hour，minute，second）
	DATEVALUE	将文本格式的日期转换为日期/时间格式的日期	DATEVALUE（date_text）
	TIMEVALUE	将文本格式的时间转换为日期/时间格式的时间	TIMEVALUE（time_text）
	WEEKDAY	返回星期几的数字，返回参数建议为2	WEEKDAY（<date>，<return_type>）
	WEEKNUM	返回给定日期的周数，默认值为1	WEEKNUM（<date>［，<return_type>］）
筛选器函数	CALCULATE	在已修改的筛选器上下文中计算表达式	CALCULATE（<expression>［，<filter1>［，<filter2>［，…］］］）
	CALCULATETABLE	在已修改的筛选器上下文中计算表达式	CALCULATETABLE（<expression>［，<filter1>［，<filter2>［，…］］］）
	FILTER	返回一个表，用于表示另一个表或表达式的子集	FILTER（<table>，<filter>）
	ALL	返回表中的所有行或列中的所有值	ALL（［<table> | <column>［，<column>［，<column>［，…］］］］）
	ALLEXCEPT	删除表中所有上下文筛选器，已应用于指定列的筛选器除外	ALLEXCEPT（<table>，<column>［，<column>［，…］］）
	ALLNOBLANKROW	返回非空白的数据	ALLNOBLANKROW（{<table> | <column>［，<column>［，<column>［，…］］］}）
财务函数	FV	计算投资的未来价值	FV（<rate>，<nper>，<pmt>［，<pv>［，<type>］］）
	PV	计算贷款或投资的现值	PV（<rate>，<nper>，<pmt>［，<fv>［，<type>］］）
	XIRR	计算内部收益率	XIRR（<table>，<values>，<dates>，［，<guess>［，<alternateResult>］］）
	XNPV	计算现值	XNPV（<table>，<values>，<dates>，<rate>）
	NOMINAL	计算名义年利率	NOMINAL（<effect_rate>，<npery>）
信息函数	ISBLANK	检查值是否为空白	ISBLANK（<value>）
	ISNUMBER	检查值是否为数值	ISNUMBER（<value>）
	ISTEXT	检查值是否为文本	ISTEXT（<value>）
	ISNONTEXT	检查值是否为非文本（空单元格为非文本）	ISNONTEXT（<value>）
	ISERROR	检查值是否错误	ISERROR（<value>）

续表

类型	名称	说明	语法
逻辑函数	IF	检查条件，如果为TRUE，则返回第一个值，否则返回第二个值	IF（<logical_test>，<value_if_true>［，<value_if_false>］）
	IFERROR	如果计算出错，返回指定数值	IFERROR（value，value_if_error）
	AND	且	AND（<logical1>，<logical2>）
	OR	或	OR（<logical1>，<logical2>）
	NOT	将 FALSE 更改为 TRUE，或者将 TRUE 更改为 FALSE	NOT（<logical>）
	SWITCH	针对值列表计算表达式，并返回多个可能的结果表达式之一	SWITCH（<expression>，<value>，<result>［，<value>，<result>］…［<else>］）
数学和三角函数	ABS	求绝对值	ABS（<number>）
	ROUND	四舍五入	ROUND（<number>，<num_digits>）
	ROUNDUP	向上舍入	ROUNDUP（<number>，<num_digits>）
	ROUNDDOWN	向下舍入	ROUNDDOWN（<number>，<num_digits>）
	INT	向下舍入到整数	INT（<number>）
关系函数	RELATED	从关系的*端获取1端的值	RELATED（<column>）
	RELATEDTABLE	从关系的1端获取关系*端所有符合要求的值	RELATEDTABLE（<tableName>）
	USERELATIONSHIP	指定要在特定计算中使用的关系	USERELATIONSHIP（<columnName1>，<columnName2>）
	CROSSFILTER	指定要用于计算两列之间存在的关系的交叉筛选方向	CROSSFILTER（<columnName1>，<columnName2>，<direction>）
统计函数	VAR.P	求总体方差	VAR.P（<columnName>）
	STDEV.P	求总体标准差	STDEV.P（<columnName>）
	MEDIAN	求中值	MEDIAN（<column>）
	MEDIANX	求分行中值	MEDIANX（<table>，<expression>）
文本函数	FORMAT	将值转换为文本	FORMAT（<value>，<format_string>［，<locale_name>］）
	LEFT	从左向右取字符	LEFT（<text>，<num_chars>）
	RIGHT	从右向左取字符	RIGHT（<text>，<num_chars>）
	MID	从中间开始取字符	MID（<text>，<start_num>，<num_chars>）
	LEN	返回指定字符串的长度	LEN（<text>）

续表

类型	名称	说明	语法
文本函数	FIND	精确查找	FIND（<find_text>，<within_text>［，［<start_num>］［，<NotFoundValue>］］）
	SEARCH	模糊查找	SEARCH（<find_text>，<within_text>［，［<start_num>］［，<NotFoundValue>］］）
	REPLACE	根据指定的字符数替换	REPLACE（<old_text>，<start_num>，<num_chars>，<new_text>）
	SUBSTITUTE	匹配字符串替换	SUBSTITUTE（<text>，<old_text>，<new_text>，<instance_num>）
	VALUE	转换成数值	VALUE（<text>）
	CONCATENATE	串联成一个文本字符串	CONCATENATE（<text1>，<text2>）
	LOWER	将字母转换为小写	LOWER（<text>）
	UPPER	将字母转换为大写	UPPER（<text>）
	TRIM	删除文本中除单词之间的单个空格外的所有空格	TRIM（<text>）
	REPT	重复字符串	REPT（<text>，<num_times>）
时间智能函数	PREVIOUSYEAR	上一年	PREVIOUSYEAR（<dates>［，<year_end_date>］）
	NEXTYEAR	下一年	NEXTYEAR（<dates>［，<year_end_date>］）
	TOTALYTD	年初至今	TOTALYTD（<expression>，<dates>［，<filter>］［，<year_end_date>］）
	SAMEPERIODLASTYEAR	上年同期	SAMEPERIODLASTYEAR（<dates>）
	PARALLELPERIOD	上期	PARALLELPERIOD（<dates>，<number_of_intervals>，<interval>）
	DATESINPERIOD	指定期间的日期	DATESINPERIOD（<dates>，<start_date>，<number_of_intervals>，<interval>）
	DATEADD	日期推移	DATEADD（<dates>，<number_of_intervals>，<interval>）

（1）聚合函数

聚合函数计算由表达式定义的列或表中所有行的（标量）值。例如，计数、求和、平均值、最小值或最大值。

（2）日期和时间函数

日期和时间函数类似于Excel中的日期和时间函数。但是，DAX函数基于SQL Server使用的日期/时间数据类型。

（3）筛选器函数

筛选器函数可帮助用户返回特定的数据类型、在相关表中查找值，以及按相关值进行筛选。查找函数是通过使用表及其之间的关系来工作的。筛选器函数允许用户操作数据上下文来创建动态计算。

（4）财务函数

财务函数用于执行财务计算的公式，如净现值和回报率。

（5）信息函数

信息函数查看作为另一个函数的参数提供的表或列，并反馈此值是否与预期类型匹配。如引用的值包含错误，则ISERROR函数返回TRUE。

（6）逻辑函数

逻辑函数返回有关表达式中的值的信息。如TRUE函数可以让用户了解正在计算的表达式是否返回TRUE值。

（7）数学和三角函数

DAX中的数学函数类似于Excel中的数学和三角函数。但是，DAX函数使用的数值数据类型有所不同。

（8）关系函数

关系函数用于管理和利用表之间的关系。例如，可以指定要在计算中使用的特定关系。

（9）统计函数

统计函数计算与统计分布和概率相关的值，如标准偏差和排列数。

（10）文本函数

使用文本函数，可以返回字符串的一部分、搜索字符串中的文本或连接字符串值。其他函数用于控制日期、时间和数字的格式。

（11）时间智能函数

时间智能函数帮助用户创建会使用日历和日期的相关内置信息的计算。通过将时间和日期范围与聚合或计算结合使用，用户可以跨可比时间段为销售、库存等生成有意义的比较。

【小贴士】关于DAX函数更多、更详细的内容，可以登录以下网址查看：https：//learn.microsoft.com/zh-cn/dax/。

二、创建计算列

（一）计算列

有时，当前分析的数据不包含获取期望结果所需的特定列数据。计算列对于这种情况很有用。计算列是直接在现有的表上添加一个新列。计算列不是通过加载数据得到的，而是通过DAX公式创建的。

计算列公式必须返回标量值或单个值。新建的计算列，和表中之前已经存在的列一样，可以作为表格的行、列，图表的轴以及切片器的字段等，也可以使用计算列与其他表建立关系。计算列是用于快速创建模型和可视化效果的有用工具。

计算列的生成值存储在数据模型中，占用内存，如果在很大的表中添加列可能会对数据模型的内存大小产生显著影响，所以非必需的情况下，一般不建议使用计算列。计算列不涉及用户交互。

3-3微课

创建计算列

在Power BI中，创建计算列，使用“新建列”命令。

（二）示例

1.在单表中创建计算列

在单表中，缺少某一列数据，可以使用DAX公式创建新列满足计算需求。

3-4表格

1月份A产品订单表

【活动3-2】使用二维码3-4提供的表“1月份A产品订单表”，创建计算列“销售额”。

（1）在“表格视图”中，选中表“1月份A产品订单表”。

（2）在“表工具”选项卡下，点击“计算”组中的“新建列”命令。

（3）在“公式栏”中，输入DAX公式：销售额 = ［单价］*［数量］，如图3-15所示，单击“Enter”键，自动生成列“销售额”。

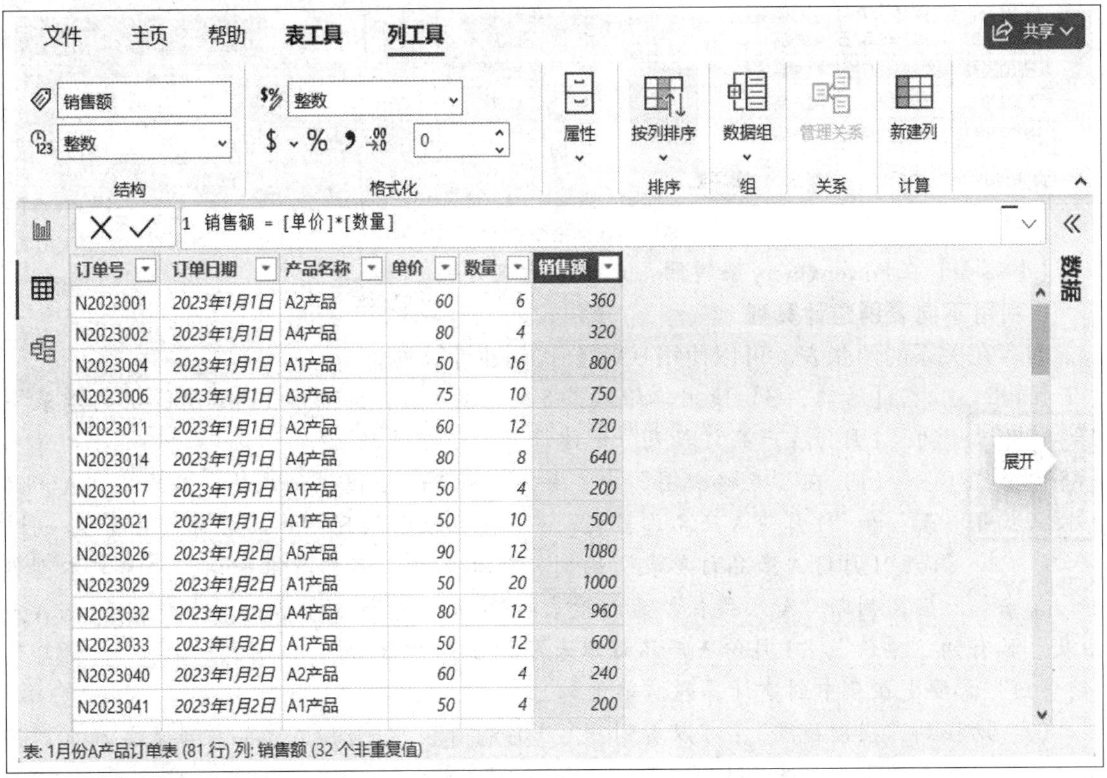

图3-15 DAX公式

（4）选中新建列“销售额”，在“列工具”选项卡下，可以对新建列进行重命名、更改数据类型等操作，如数据类型为“定点小数”、格式为“十进制数字”、小数位数为“2”，如图3-16所示。

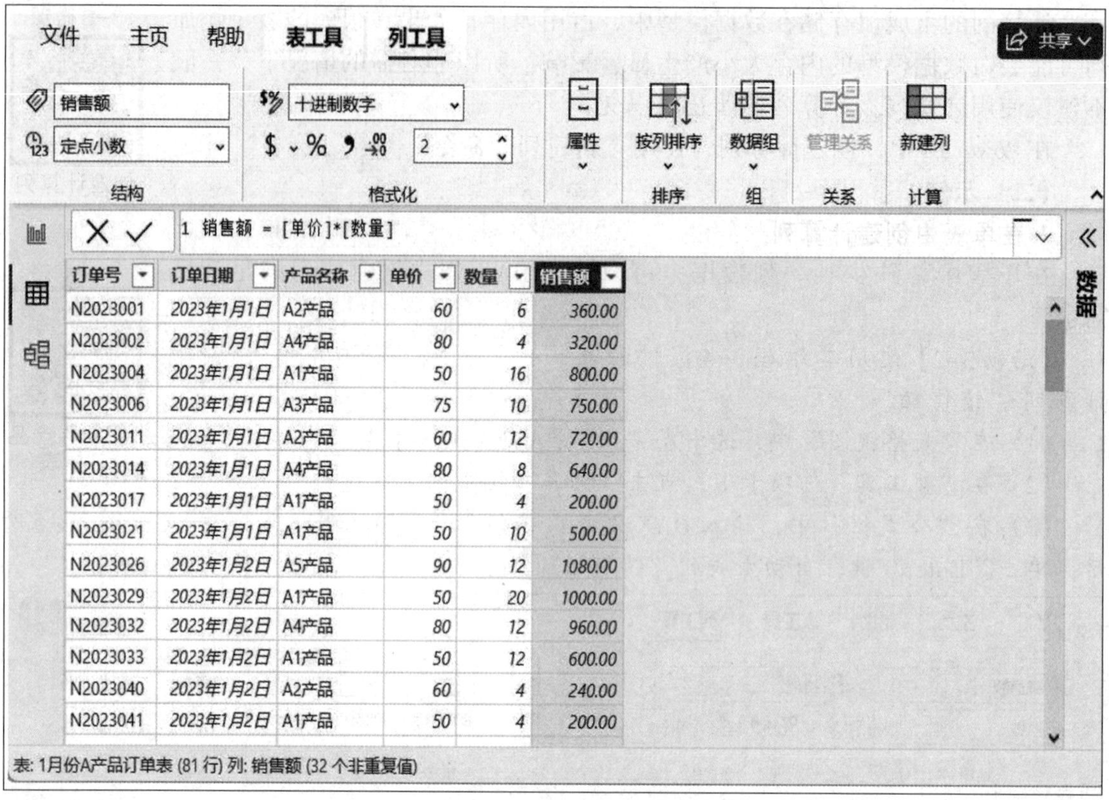

订单号	订单日期	产品名称	单价	数量	销售额
N2023001	2023年1月1日	A2产品	60	6	360.00
N2023002	2023年1月1日	A4产品	80	4	320.00
N2023004	2023年1月1日	A1产品	50	16	800.00
N2023006	2023年1月1日	A3产品	75	10	750.00
N2023011	2023年1月1日	A2产品	60	12	720.00
N2023014	2023年1月1日	A4产品	80	8	640.00
N2023017	2023年1月1日	A1产品	50	4	200.00
N2023021	2023年1月1日	A1产品	50	10	500.00
N2023026	2023年1月2日	A5产品	90	12	1080.00
N2023029	2023年1月2日	A1产品	50	20	1000.00
N2023032	2023年1月2日	A4产品	80	12	960.00
N2023033	2023年1月2日	A1产品	50	12	600.00
N2023040	2023年1月2日	A2产品	60	4	240.00
N2023041	2023年1月2日	A1产品	50	4	200.00

图3-16 更改数据类型

【小贴士】在Power Query编辑器，无法查看新建列。

2.利用不同表创建计算列

对存在关系的两张表，可以使用DAX公式创建计算列。

3-5表格

A产品表和1月份A产品订单表

【活动3-3】使用二维码3-5提供的“A产品表和1月份A产品订单表”，为“1月份A产品订单表”创建计算列“销售额”。

（1）在“表格视图”中，导入二维码3-5提供的表格，查看表“A产品表”和“1月份A产品订单表”，“A产品表”的列“产品名称”具有唯一性，而“1月份A产品订单表”的列“产品名称”不具有唯一性，均为文本型数据，判断“A产品表”为维度表，“1月份A产品订单表”为事实表。“A产品表”具有列“单价”，“1月份A产品订单表”缺少列“单价”，仅有列“数量”，计算列“销售额”需要先在表中创建计算列“单价”。

（2）切换到“模型视图”，可以看到“A产品表”和“1月份A产品订单表”在加载期间自动检测到表关系，如图3-17所示。

（3）切换回“表格视图”，选中表“1月份A产品订单表”。

（4）在“表工具”选项卡下，点击“计算”组中的“新建列”命令。

（5）表“1月份A产品订单表”为事实表，是关系的*端，“A产品表”为维度表，是关系的1端，因此，在表“1月份A产品订单表”中，创建计算列“单价”，使用的关系函数为RELATED（）。在“公式栏”中，输入DAX公式：单价 = RELATED（'A产品表'[单价]），如图3-18所示，单击“Enter”键，自动生成列“单价”。

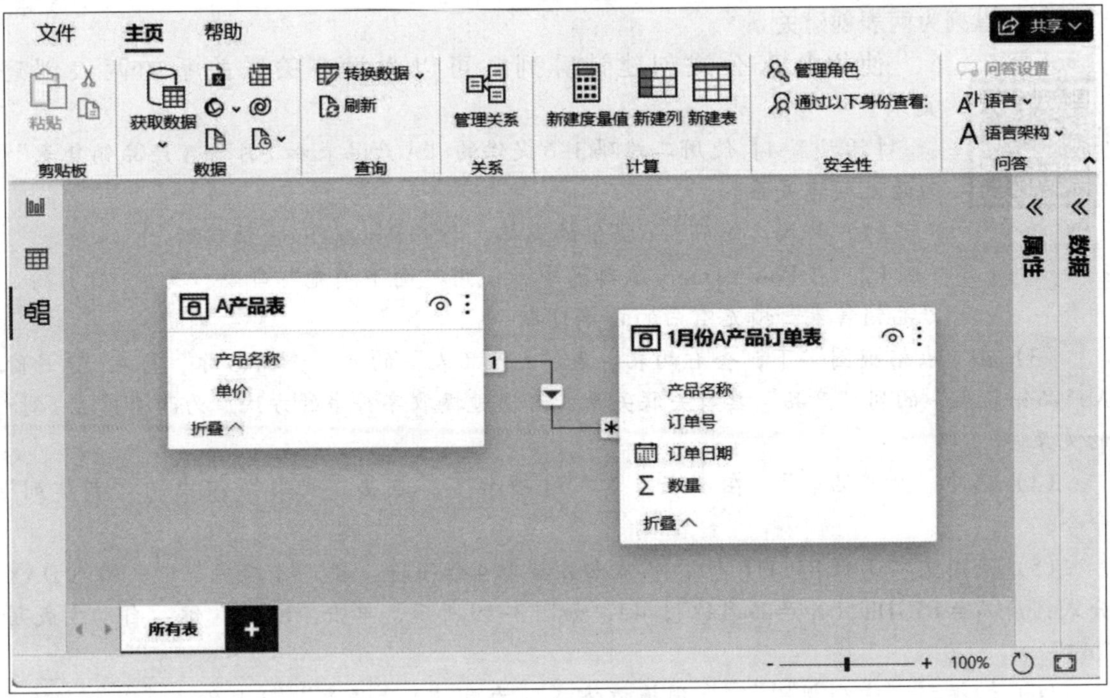

图3-17　创建关系

（6）在“表工具”选项卡下，点击“计算”组中的“新建列”命令，在“公式栏”中，输入DAX公式：销售额 = ［单价］*［数量］，单击“Enter”键，自动生成列“销售额”。

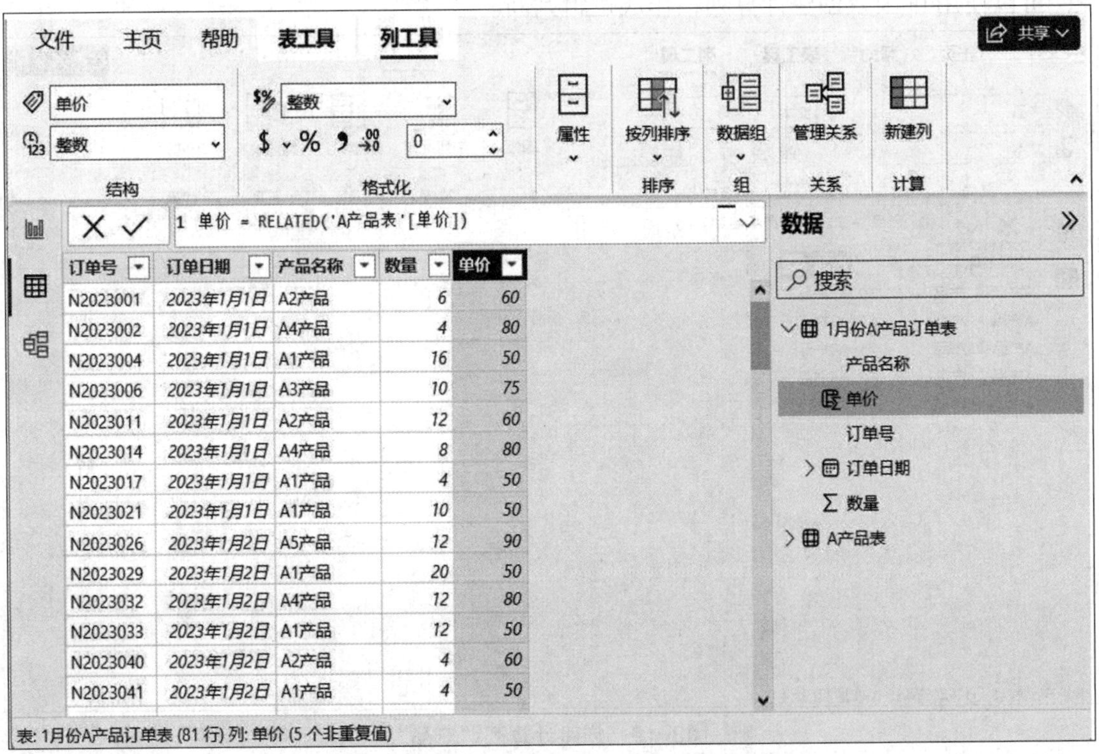

订单号	订单日期	产品名称	数量	单价
N2023001	2023年1月1日	A2产品	6	60
N2023002	2023年1月1日	A4产品	4	80
N2023004	2023年1月1日	A1产品	16	50
N2023006	2023年1月1日	A3产品	10	75
N2023011	2023年1月1日	A2产品	12	60
N2023014	2023年1月1日	A4产品	8	80
N2023017	2023年1月1日	A1产品	4	50
N2023021	2023年1月1日	A1产品	10	50
N2023026	2023年1月2日	A5产品	12	90
N2023029	2023年1月2日	A1产品	20	50
N2023032	2023年1月2日	A4产品	12	80
N2023033	2023年1月2日	A1产品	12	50
N2023040	2023年1月2日	A2产品	4	60
N2023041	2023年1月2日	A1产品	4	50

图3-18　创建计算列“单价”

3.新建列为两表创建关系

3-6表格

A产品表和1月份A产品销售表

使用DAX公式创建计算列，可以为没有关联关系的两表创建关系。

【活动3-4】使用二维码3-6提供的“A产品表和1月份A产品销售表”，为两表创建关系。

（1）导入二维码3-6提供的表格，打开Power Query编辑器。

（2）在Power Query编辑器中，使用“向下填充”命令，为表“1月份A产品销售表”填充空白的订单日期。

（3）在“表格视图”下，查看两表。表“A产品表”的列“产品名称”与表“1月份A产品销售表”的列“产品”具有关联关系，可通过提取字符串的方法，为两者建立1对*的关系。

（4）选中“A产品表”，在“表工具”选项卡下，点击“计算”组中的“新建列”命令。

（5）使用文本函数RIGHT（），从右向左提取4个字符。在“公式栏”中，输入DAX公式：产品＝RIGHT（［产品名称］，4），如图3-19所示，单击“Enter”键，自动生成列“产品”。

（6）切换到“模型视图”，采用拖放方式，为表“A产品表”“1月份A产品销售表”创建关系，可在“属性”窗格，查看创建的关系。

4.创建IF函数计算列

可以使用IF函数创建计算列，作成逻辑判断。

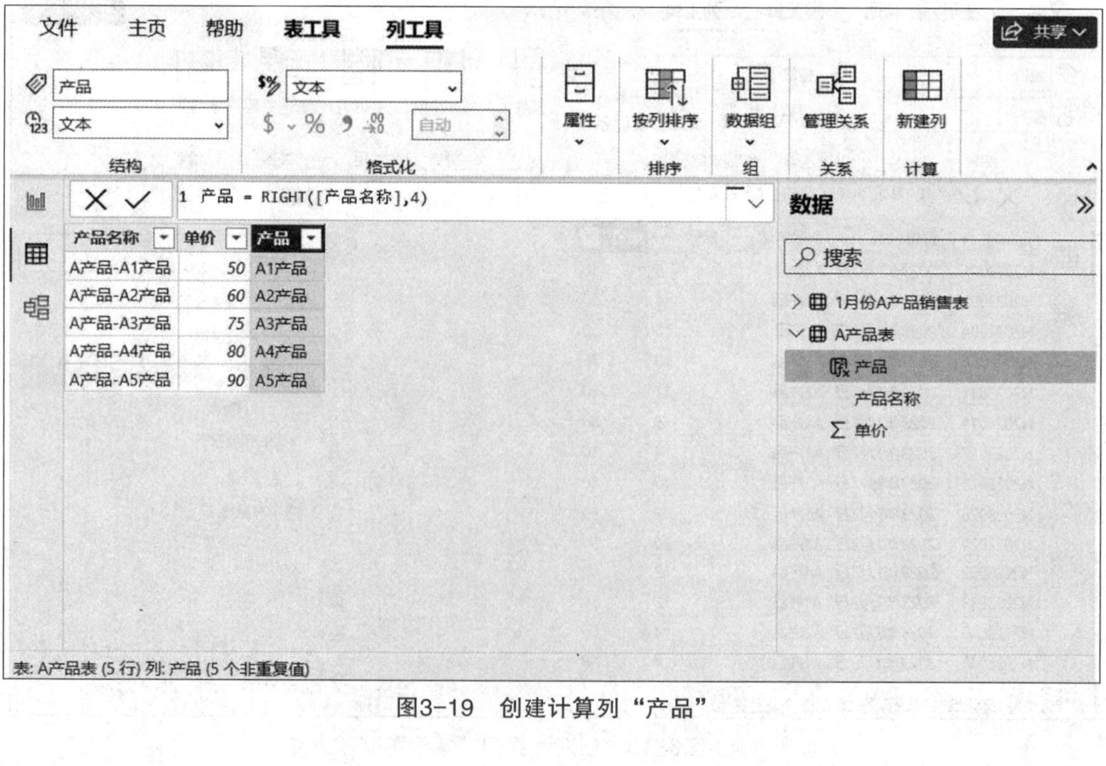

图3-19 创建计算列“产品”

【活动3-5】使用二维码3-7提供的“A产品销售达标表”，判断2023年每个月份是否达成销售目标。

3-7表格

A产品销售达标表

（1）导入二维码3-7提供的表格。在“表格视图”下，查看表“A产品销售达标表”，确定判断条件：如果实际销售额>计划销售额，判定实现销售目标，界定为“1”，否则为“0”。

（2）在“表工具”选项卡下，点击“计算”组中的“新建列”命令。

（3）使用逻辑函数IF（）。在“公式栏”中，输入DAX公式：是否达标 = IF（［实际销售额］>［计划销售额］，1，0），单击“Enter”键，自动生成列“是否达标”，如图3-20所示。可以看出，2023年有5个月份完成了计划销售额，实现了销售目标。

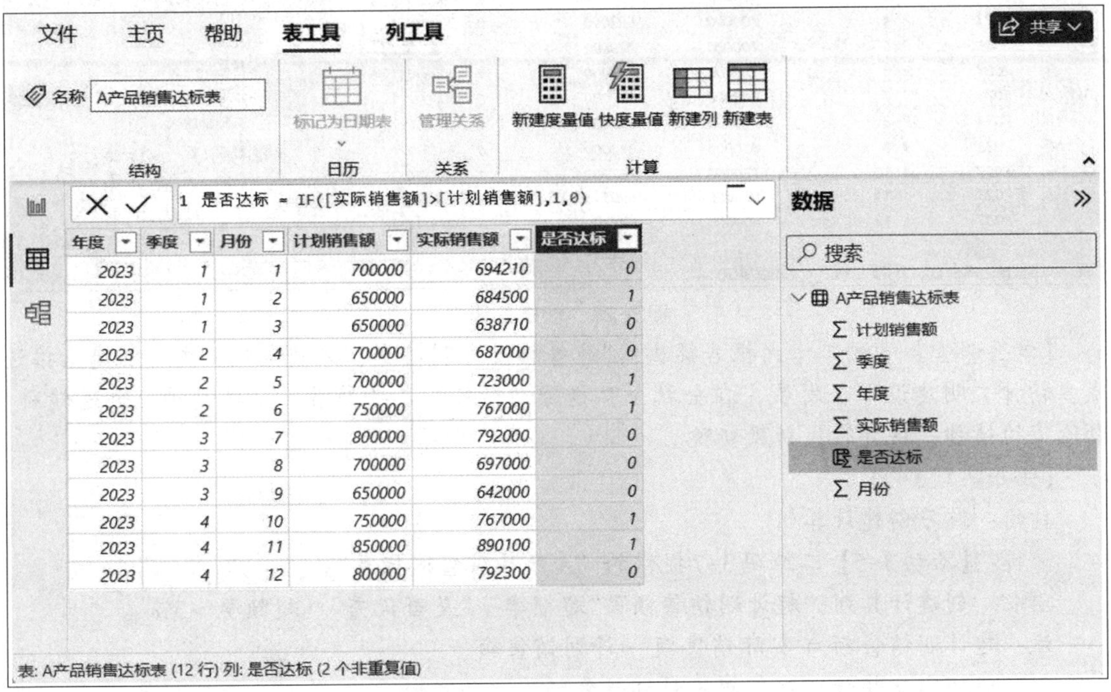

图3-20　创建计算列“是否达标”

5. 创建日期列

可以采用新建列方式为数据表添加日期列。

【活动3-6】使用【活动3-5】二维码3-7提供的“A产品销售达标表”，为表创建一个日期列。

（1）在“表格视图”下，查看表“A产品销售达标表”，目前表中只有“年度”“季度”“月份”三列，新建列“日期”。

（2）打开Power Query编辑器，选中列“月份”。

（3）在“转换”选项卡的“文本列”组中，点击“提取”选项中的“分隔符之前的文本”命令。

（4）在弹出的“分隔符之前的文本”对话框，在“分隔符”框，输入一个空格，点击“确定”按钮。

（5）点击“文件”选项卡下的“关闭并应用”命令，返回“表格视图”。

（6）在“表工具”选项卡下，点击“计算”组中的“新建列”命令。

（7）使用日期和时间函数DATE（）和文本函数LEFT（）创建日期列。在“公式栏”中，输入DAX公式：日期=DATE（LEFT（［年度］，4），［月份］，1），单击“Enter”键，自动生成列“日期”。在“列工具”选项卡下，修改格式为“yyyy/mm/dd”型，如图3-21所示。

图3-21 创建日期列

【学思课堂】党的二十大报告提出：“统筹推动文明培育、文明实践、文明创建，推进城乡精神文明建设融合发展，在全社会弘扬劳动精神、奋斗精神、奉献精神、创造精神、勤俭节约精神，培育时代新风新貌。”

【任务实训3-2】

目的：练习创建计算列。

资料：【活动3-5】二维码3-7提供的“A产品销售达标表”。

要求：创建计算列“超计划销售额”“超额率”“是否优秀”（超额率>3%）。

注：超计划销售额 = 实际销售额 − 计划销售额

超额率 = 超计划销售额 ÷ 计划销售额

是否优秀 = 超额率 > 3%。

三、创建度量值

（一）度量值和快度量值

度量值，是用DAX公式创建一个虚拟字段的数据值，它不改变源数据，也不改变数据模型。如果不在报表上使用它，甚至不知道它是什么样子的，而一旦被拖拽到报表上，便会随着各种筛选和维度展现不同的数据，所以度量值一般在报表交互时使用。

如果用户觉得编写度量值的难度有点大，可以使用“快度量值”。顾名思义，快度量值，就是快速建立度量值，不需要用户编写，只需要拖拽字段即可实现。

目前，快速度量计算类型有6组，即聚合、筛选器、时间智能、总计、数据运算、文本等，每组均包含一系列计算。

度量值的最终计算结果必须为标量值。给度量值定义好后不会立即计算，也不占用内存，度量值只有放入计算列或视觉对象中才会开始计算，计算过程消耗CPU资源。度量值比较在意上下文，相对于计算来说，无疑它的计算是烦琐的。

度量值和计算列的区别见表3-5。

表3-5　　度量值和计算列的区别

项目	说明	特点
度量值	一个DAX创建的计算值	不占内存，不影响原始数据，根据上下文展现不同数据
计算列	数据中新增的一列	占内存，影响原始数据，它的上下文是原始表的每一行

（二）示例

3-8微课

创建度量值

1. 快度量值

【活动3-7】使用【活动3-2】二维码3-4提供的“1月份A产品订单表”，创建快度量值，计算本年迄今总计的数量，并以卡片图的形式展示计算结果。

（1）在“表格视图”中，选中“1月份A产品订单表”。

（2）在“表工具”选项卡下，点击“计算”组中的“快度量值”命令。

（3）在右侧弹出“快度量值”窗格，在“计算”选项下，选择计算命令“本年迄今总计”。

（4）从“数据”窗格，挑选拖入“基值”和“日期”的列数据。“基值”是需要其总计的值，在这里为列数据“数量”；日期为要对其计算总计的日期字段，这里为列数据“订单日期”。

（5）选择完成后，点击“添加”按钮。在“公式栏”，自动输入DAX公式，如图3-22所示。在“数据”窗格，增添了度量值“数量YTD”。

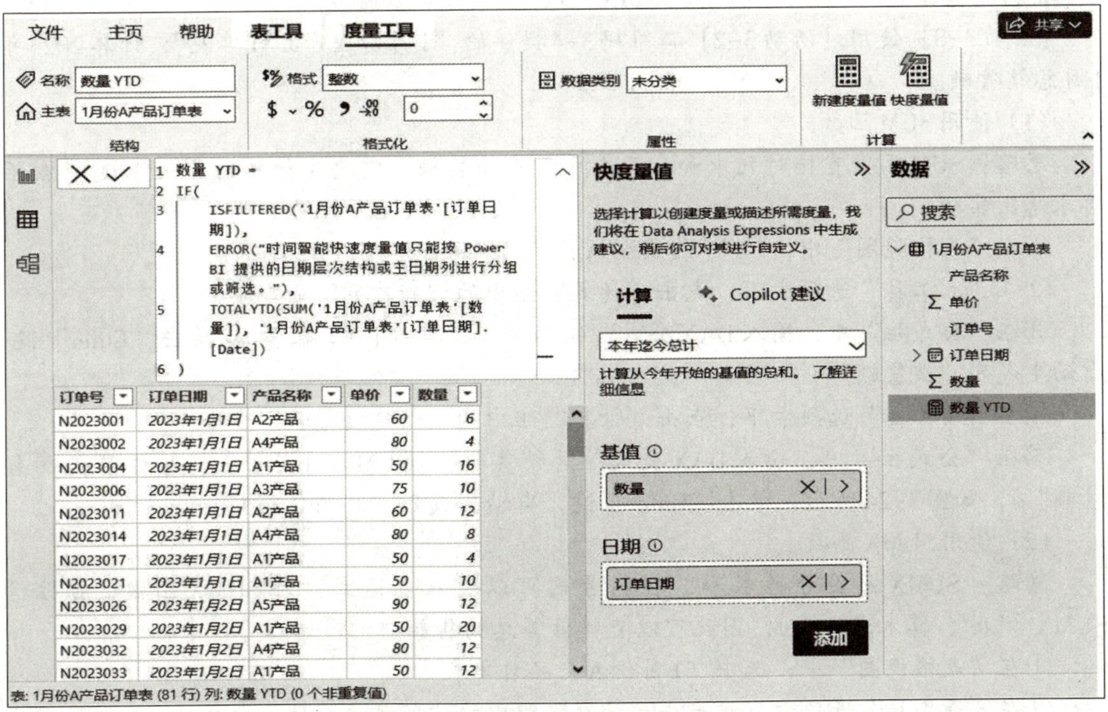

图3-22　快度量值“数量YTD”

（6）切换到“报表视图”，在“可视化”窗格的“生成视觉对象”选项下，点击图标，创建卡片图。从“数据”窗格中，选择列数据“数量YTD”拖到卡片图的“字段”选项框，如图3-23所示。可以看出，截至统计日期，A产品本年总共售出990件。

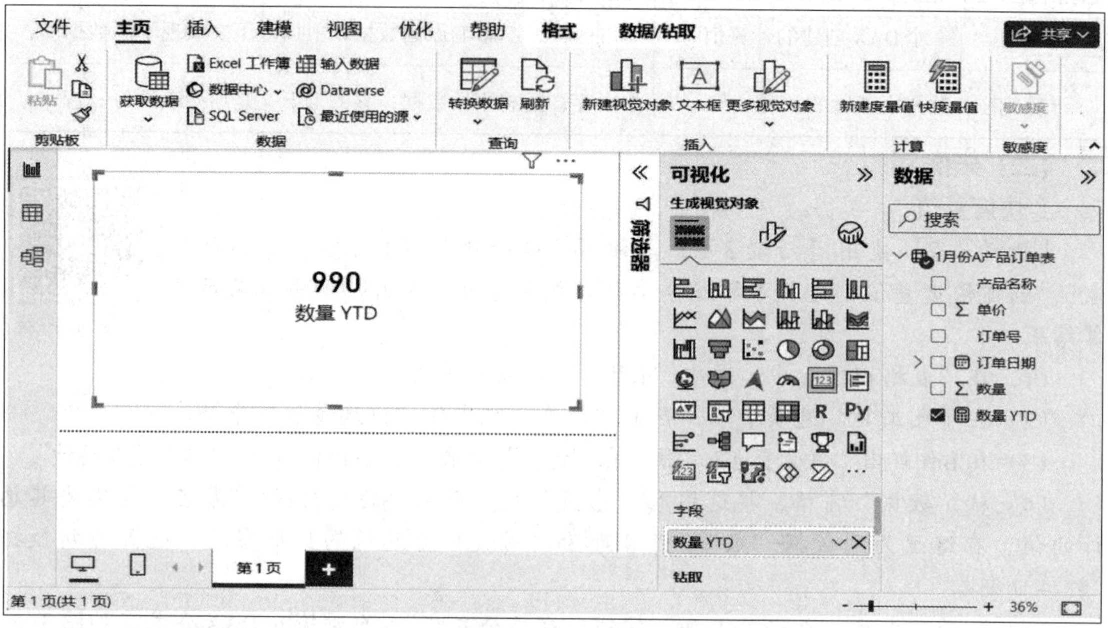

图3-23 卡片图

2.新建度量值——SUM（）和SUMX（）

【活动3-8】使用【活动3-2】二维码3-4提供的“1月份A产品订单表”，计算2023年1月总销售额。

（1）使用SUM函数

思路：SUM函数直接对列求和，而表中没有销售额，需要先计算列“销售额”，然后再求总销售额。

①在“表格视图”中，选中“1月份A产品订单表”。

②在“表工具”选项卡下，点击“计算”组中的“新建列”命令。

③在“公式栏”中，输入DAX公式：销售额 = [单价] * [数量]，单击“Enter”键，自动生成列“销售额”。

④在“表工具”选项卡下，点击“计算”组中的“新建度量值”命令。

⑤在“公式栏”中，输入DAX公式：总销售额1 = SUM（'1月份A产品订单表'[销售额]），如图3-24所示，单击“Enter”键，自动生成列“总销售额1”。

（2）使用SUMX函数

思路：SUMX函数分行求和，在括号内可以输入表达式，即SUMX函数的语法为SUMX（'表'，算术表达式），因此可以直接计算总销售额。

①在“表格视图”中，选中“1月份A产品订单表”。

②在“表工具”选项卡下，点击“计算”组中的“新建度量值”命令。

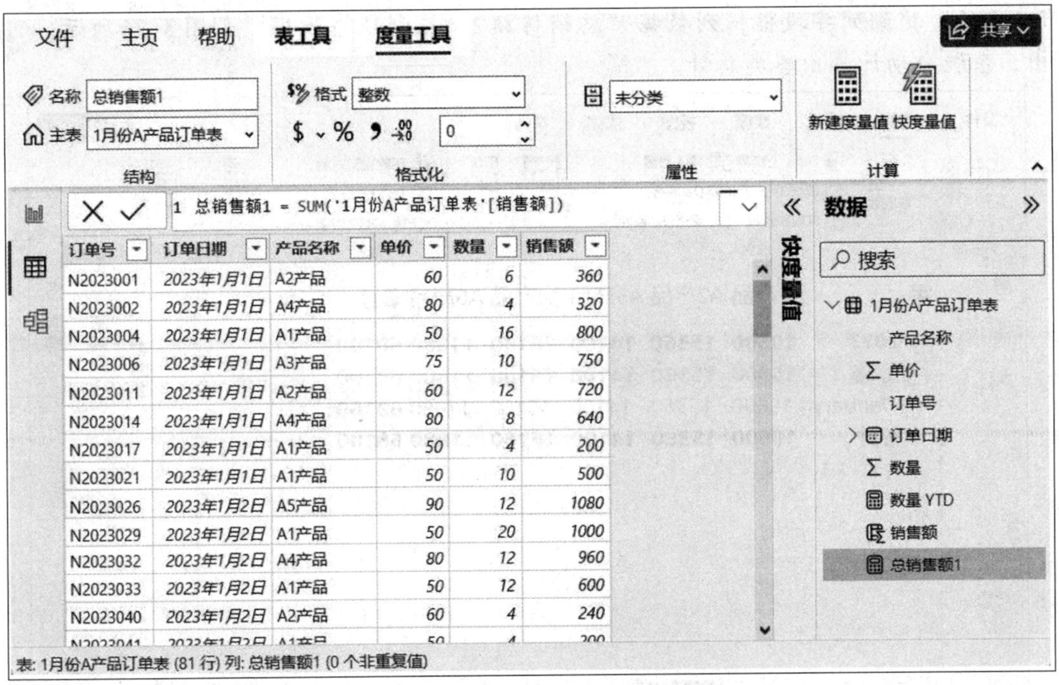

图3-24　使用SUM函数求总销售额

③在“公式栏”中，输入DAX公式：总销售额2 = SUMX（'1月份A产品订单表'，[单价] * [数量]），如图3-25所示，单击“Enter”键，自动生成列“总销售额2”。

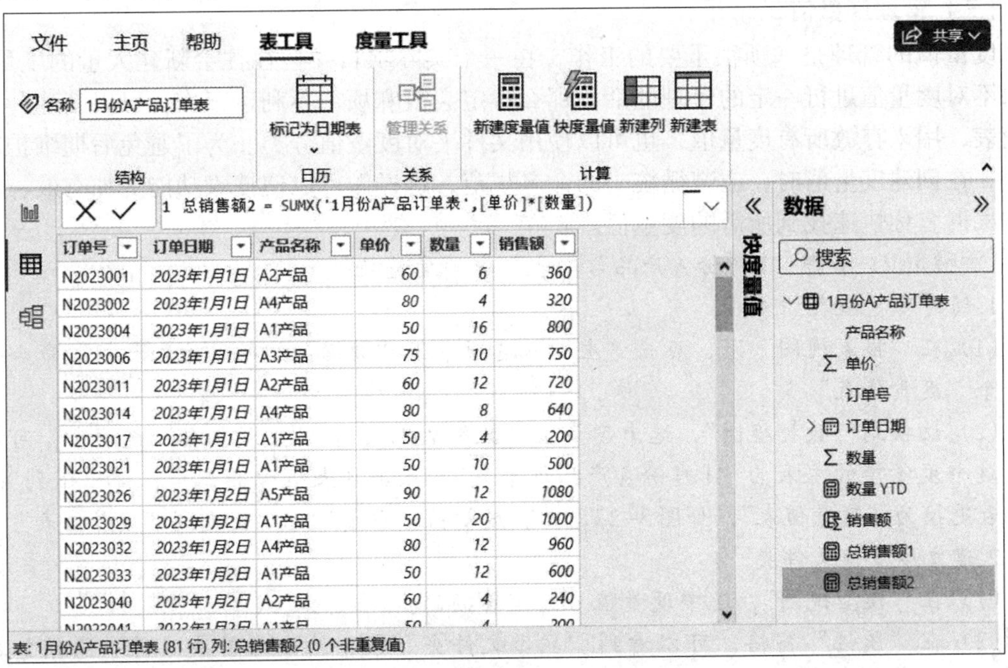

图3-25　使用SUMX函数求总销售额

④切换到“报表视图”，在“可视化”窗格的“生成视觉对象”选项下，点击图标，创建矩阵图。从“数据”窗格中，选择列数据“订单日期”拖到行字段框，列数据

“产品名称”拖到列字段框，列数据“总销售额2”拖到值字段框，如图3-26所示。可以看出，系统自动计算出各类总计。

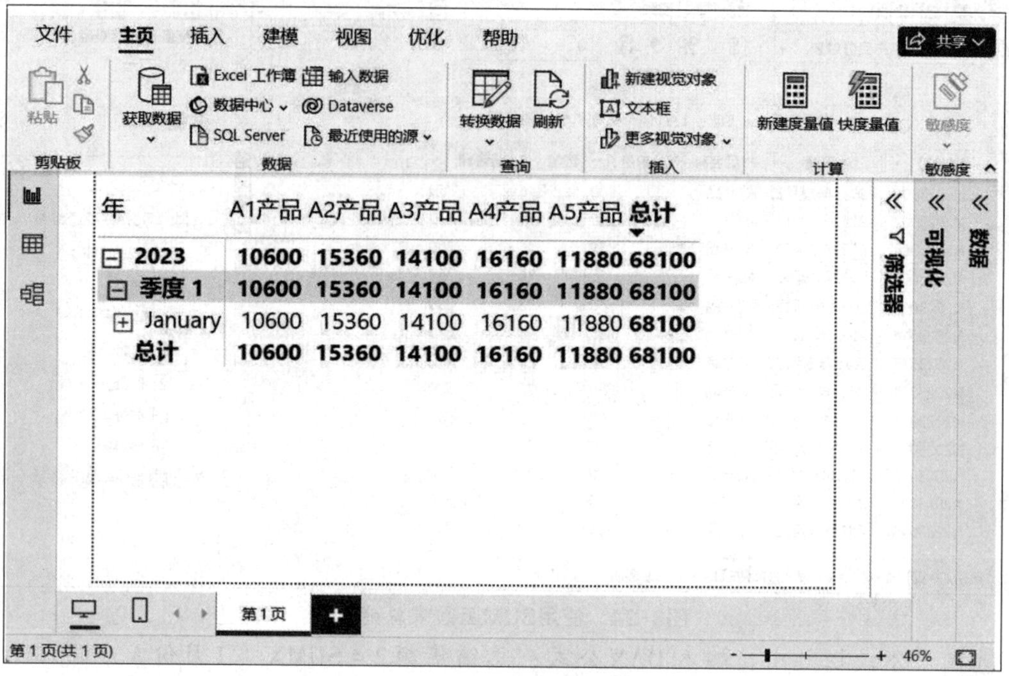

图3-26　矩阵图

（三）管理度量值

度量值的管理是一项很重要的工作，在一个实际项目中，往往会新建大量的度量值，如果不对度量值进行一定的管理的话，那么肯定会很麻烦，不利于工作。可以新建一个度量值表，用来存放所有度量值，也可以使用文件夹对度量值分类。为了避免后期维护时的麻烦，在创建度量值时，应遵循统一的命名规范，这样做可以使搜索功能更加有效，便于后期根据名称快速找到所需的度量值。

【活动3-9】管理“1月份A产品订单表”中的度量值。

1.创建度量值表

（1）在“报表视图”下，点击“主页”选项卡下“数据”组的“输入数据”命令，创建一个“度量值表”。

（2）切换到“数据视图”，选中度量值“数量YTD”，在“度量工具”选项卡，可以看到，这个度量值的主表为“1月份A产品订单表”，点击主表框旁的三角，弹出下列菜单，将主表更换为“度量值表”，如图3-27所示，度量值“数量YTD”变更到“度量值表”中。

2.建立度量值文件夹

（1）在“模型视图”，选中度量值“总销售额1”。

（2）在“属性”窗格，可以看到“显示文件夹”框，输入文件夹名称“总销售额”，点击任一位置，自动保存文件夹，此时，度量值“总销售额1”迁移到文件夹“总销售额”中，同样方法，把度量值“总销售额2”也放入该文件夹，如图3-28所示。

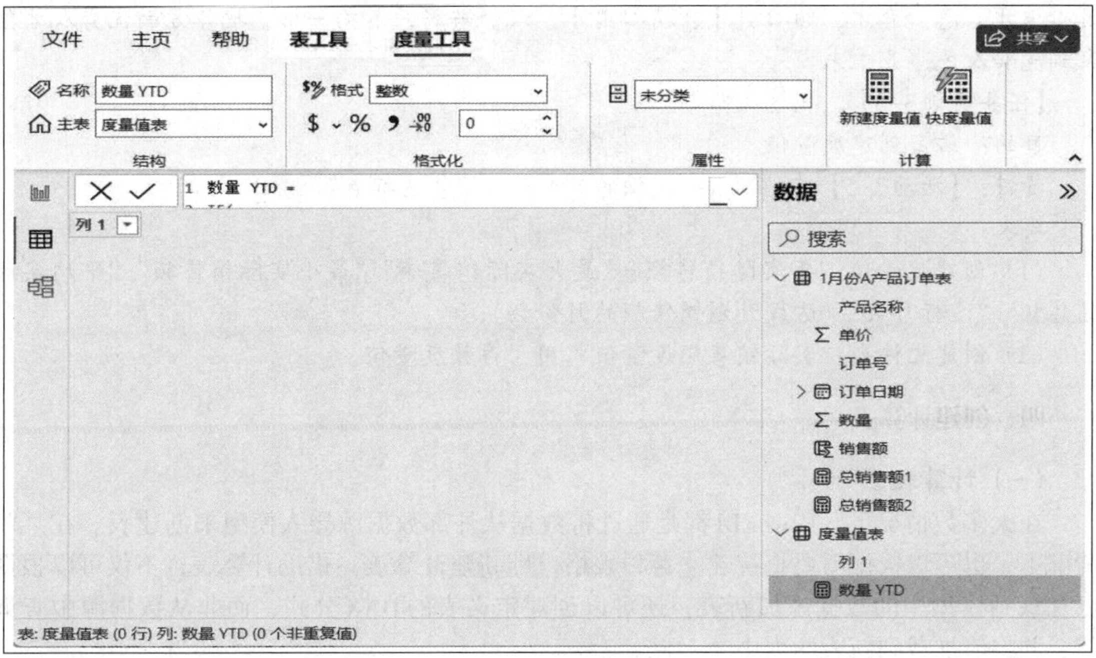

图3-27　变更主表

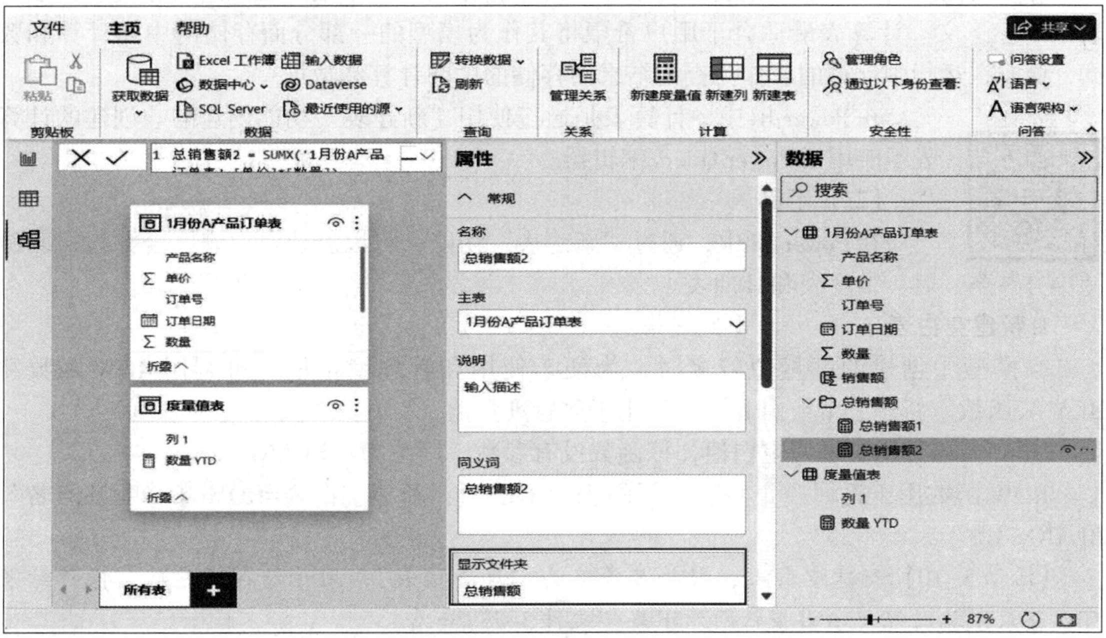

图3-28　度量值文件夹

【小贴士】可以设置度量值的二级文件夹，并在“显示文件夹”中使用“\”来分隔不同的文件夹层级。不过，建议不要超过三层文件夹，因为过多的层级可能会给查找带来不便。

【学思课堂】党的二十大报告提出：“加快建设国家战略人才力量，努力培养造就更多大师、战略科学家、一流科技领军人才和创新团队、青年科技人才、卓越工程师、大国工匠、高技能人才。加强人才国际交流，用好用活各类人才。深化人才发展体制机制改革，真心爱才、悉心育才、倾心引才、精心用才，求贤若渴，不拘一格，把各方面优秀人才集聚到党和人民事业中来。”

【任务实训3-3】

目的：练习创建度量值。

资料：【活动3-5】二维码3-7提供的“A产品销售达标表”。

要求：

（1）创建度量值“年实际销售额”“最大实际销售额”“最小实际销售额”“平均实际销售额”“达标月数”（达成计划销售额的月份数）；

（2）创建文件夹“实际销售额度量值”用于存放度量值。

四、创建计算表

（一）计算表

在大多数情况下，Power BI都是通过将数据从外部数据源导入模型来创建表。在某些情况下，也可以根据需要直接建立各种表格，即新建计算表。借助计算表，不仅可以根据已加载到模型中的数据添加新表，还可以创建定义表的DAX公式，而非从数据源中查询值，并将值加载到新表的列中。

计算表是新建的一个内存表，所以很占内存，相当于一个临时表，通过原表创建要提取指定上下文。计算表最适合于用户希望将其作为模型的一部分而存储的中间计算和数据，而非在运行中计算的或作为查询结果而存储的中间计算和数据。

3-9微课

创建计算表

在Power BI中，计算表是通过使用“新建表”功能创建的。创建的计算表不能用于Power Query编辑器。

（二）示例

在Power BI中，通过“新建表”功能，可以新建空白表、合并表、联结表、维度表和日期表。

1.新建空白表

当模型中创建的度量值较多时，为便于使用和管理度量值，可利用ROW函数和BLANK函数，新建一个空白表，专门用于放置度量值。

BLANK函数用于返回空白值，该函数没有参数，语法为：BLANK（）。

ROW函数用于返回一个只有一行的表，语法为：新建空白表=ROW（“度量值名”，BLANK（））。

【活动3-10】新建空白表，并将其命名为“度量值表”，用于储存度量值。操作结果可以登录东北财经大学出版社网站下载“文件3-2”查看。

（1）在“表格视图”中，可以看到文件夹“实际销售额度量值”中，存放着4个度量值，通过操作，要把它们放到一张名为“度量值表”的空白表。

（2）在“表工具”选项卡下，点击“计算”组中的“新建表”命令。

（3）在公式栏，输入DAX公式：度量值表 = ROW（"度量值名"，BLANK（）），如图3-29所示，单击“Enter”键，自动生成空白表“度量值表”。该表只有一列，列名称为“度量值名”。注意，创建列字段名，使用英文状态下的双引号。在这儿，新建的列没有什么作用，新建空白表的目的只是储存度量值。

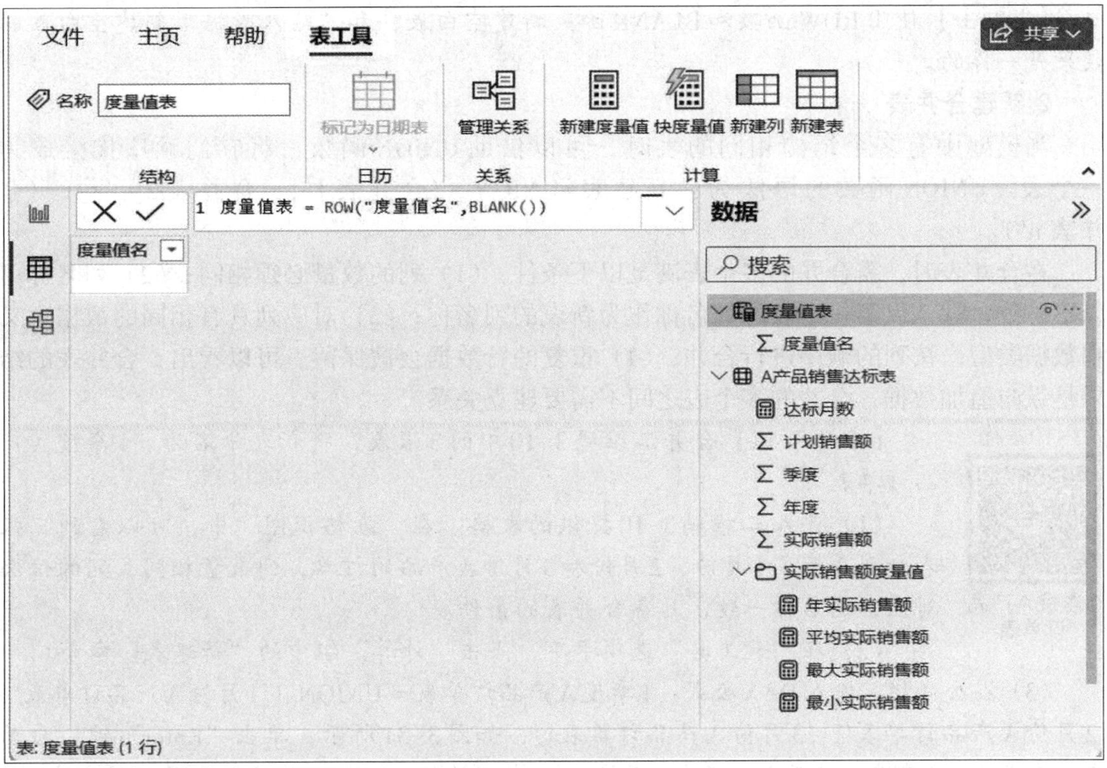

图3-29　新建空白表

（4）更换文件夹中的度量值的主表，变更到“度量值表”，如图3-30所示。

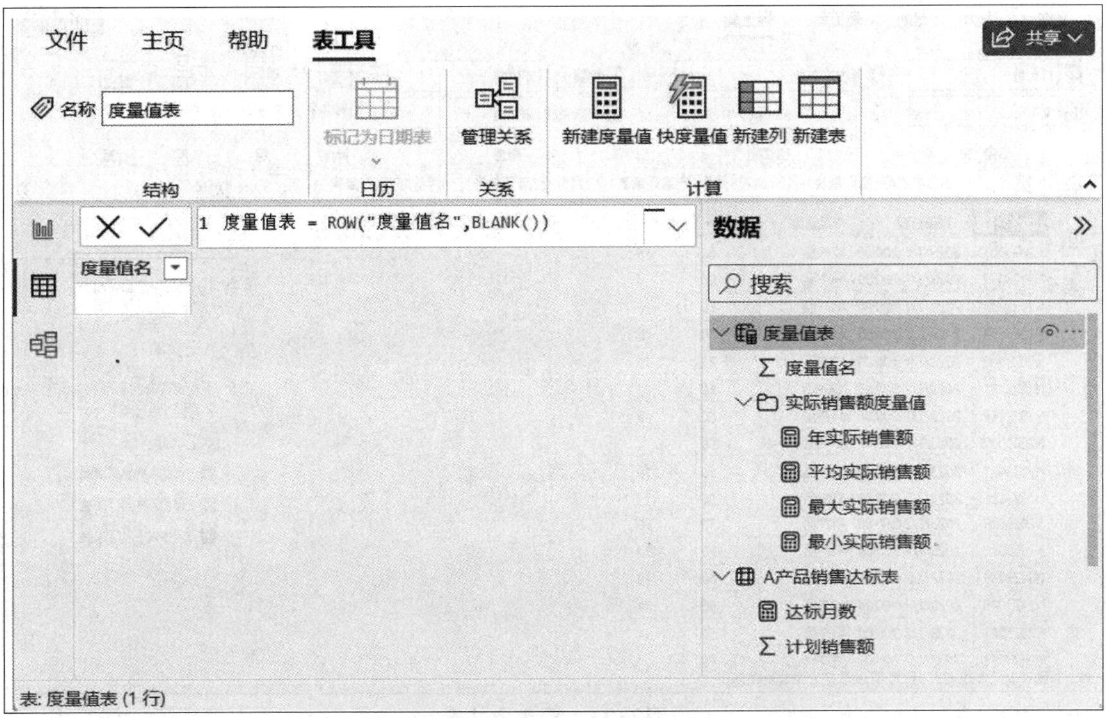

图3-30　变更度量值的主表

【小贴士】使用ROW函数和BLANK函数新建空白表，和“输入数据”创建空白表的效果是一样的。

2.新建合并表

当模型中有多个结构相同的表时，可以借助UNION函数，将它们顺序连接成为一个表。UNION函数的语法为：新建表=UNION（'合并表1'，'合并表2'，…，'合并表n'）。

在合并表时，需合并的多个表满足以下条件：（1）列的数量必须相同；（2）列名称可以不一致，默认以第一个表的列名称作为新表的列名称；（3）对应列具有相同的数据意义和数据类型，按列的顺序进行合并；（4）重复的行数据会被保留。可以看出，合并表的结果是纵向追加数据，合并的多个表之间不需要建立关系。

3-10表格

1季度A产品订单表

【活动3-11】合并二维码3-10中的3张表，将新表命名为“1季度A产品订单表”。

（1）导入二维码3-10提供的表格。在“表格视图”中，可以看到三张表分别展示了1月份、2月份和3月份A产品的订单，列数量相同，列的位次对应，列名称一致，具备合并表的条件。

（2）在“表工具”选项卡下，点击“计算”组中的“新建表”命令。

（3）在公式栏，输入DAX公式：1季度A产品订单表 = UNION（'1月份A产品订单表'，'2月份A产品订单表'，'3月份A产品订单表'），如图3-31所示，单击“Enter”键，自动生成合并表“1季度A产品订单表”。从图3-31底部的状态栏可以看出，合并后的表有237行，非重复值236个，即有一张订单被记录了2次。

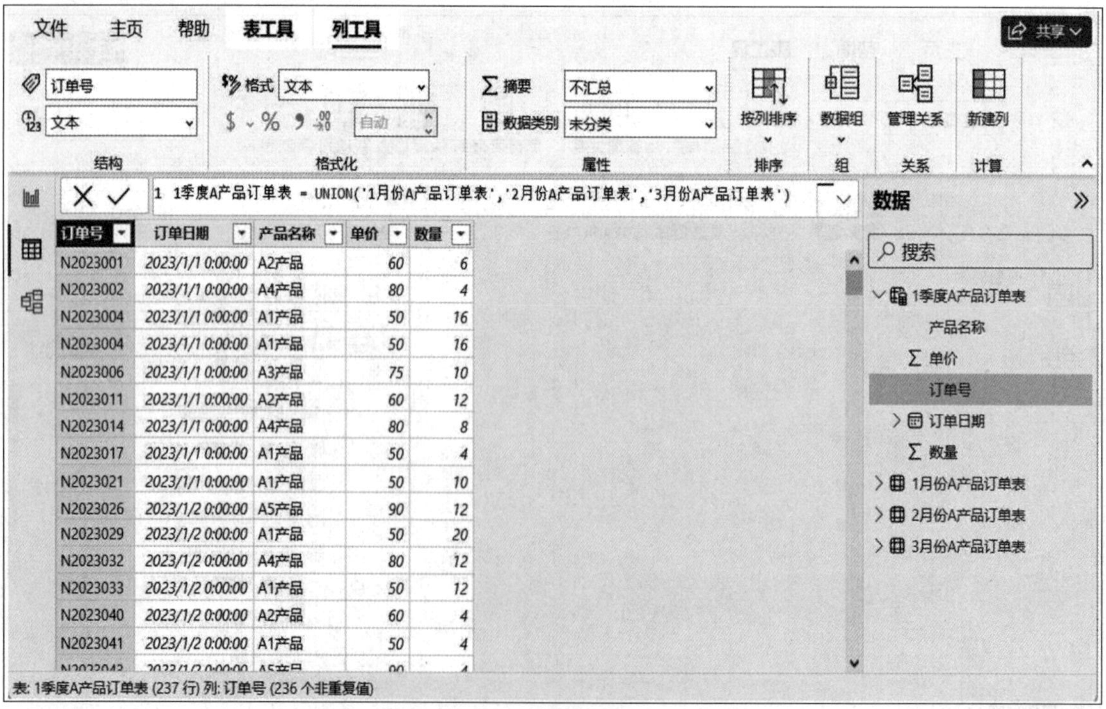

图3-31 新建合并表

3. 新建联结表

将模型中存在关系的两个表的相关记录进行合并时，可以使用计算表功能去新建联结表，这里需要使用的函数是 NATURALINNERJOIN（）。其语法为：新建联结表= NATURALINNERJOIN（'基础表'，'联结表'）。

在这里，基础表和联结表不必具有相同的结构，只需存在具有相同内容的公共列，但这个公共列的列名称不能相同。如果这两个表没有公共列，则会返回错误值。该函数的参数就是两个表的表名，不过有前后之分，第一个表是基础表（LEFTJOINTABLE），一般是维度表；第二个表是联结表（RIGHTJOINTABLE），一般是事实表。

【小贴士】“基础表”和“联结表”的所有列名称都不能相同。

【活动 3-12】使用二维码 3-11 提供的“产品表”“1 月份产品销售额表”，新建联结表“1 月份产品销售情况表”。

3-11 表格

1 月份产品销售情况表

（1）导入二维码 3-11 提供的表格。在“表格视图”中，可以看到，“产品表”的列“产品子类别名称”和“1 月份产品销售额表”的列“产品”具有关系，前表的列数据具有唯一性，为维度表，后表为事实表，为两者建立关联关系，如图 3-32 所示。

图3-32　创建关系

（2）切换回“表格视图”，在“表工具”选项卡下，点击“计算”组中的“新建表”命令。

（3）在公式栏，输入 DAX 公式：1 月份产品销售情况表 = NATURALINNERJOIN（'产品表'，'1月份产品销售额表')，如图3-33所示，单击“Enter”键，自动生成联结表“1月份产品销售情况表”。

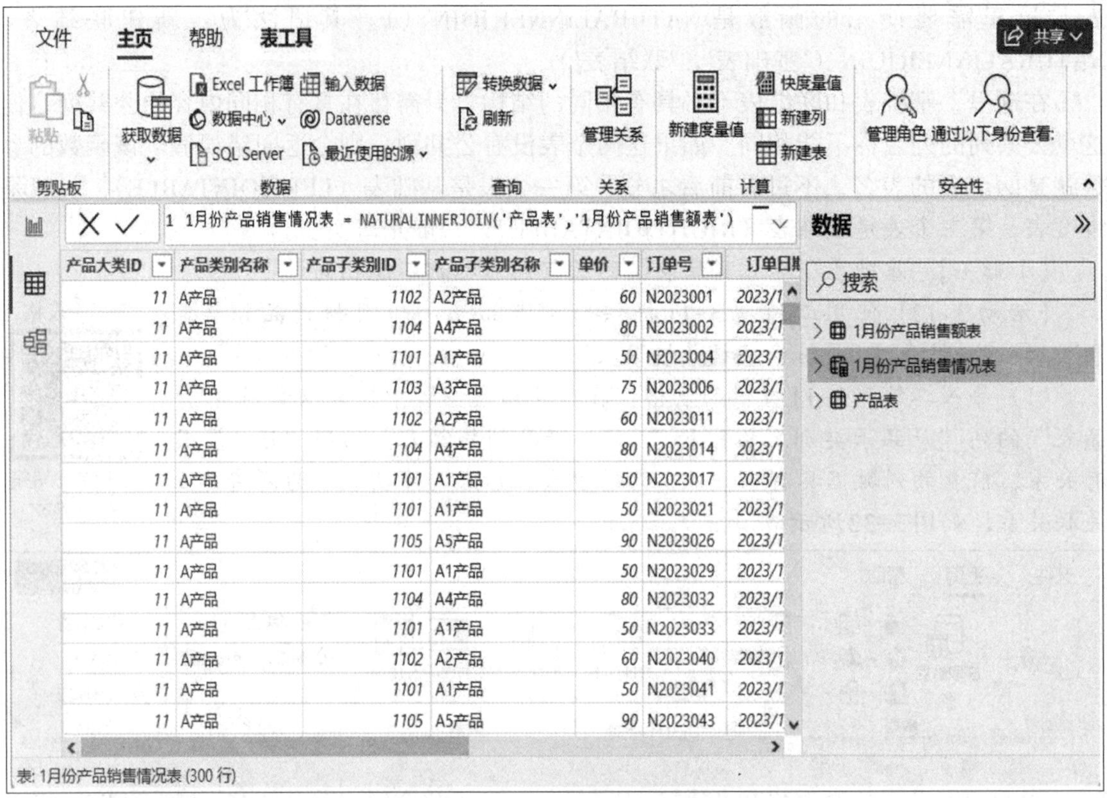

图3-33 新建联结表

4.新建维度表

将现有表的某列数据提取出来放在一个新表中，可使用DISTINCT函数实现。DISTINCT函数的语法为：新建维度表=DISTINCT（'表'［列］）。

DISTINCT函数可创建仅有一列的一个表，该列的内容提取自现有表中指定列的非重复值，即DISTINCT函数可以提取一列中不重复的值，不包括空值。

【活动3-13】使用二维码2-19提供的“HQ公司101店铺大客户表”，新建维度表“客户地址表”。

（1）导入二维码2-19提供的表格。在“表格视图”中，可以看到“HQ公司101店铺大客户表”的列“客户地址”不存在，但是可以通过创建计算列“区县”，合并“城市”“区县”“地址”三列而得到。

（2）创建计算列“区县”。在“表工具”选项卡下，点击“计算”组中的“新建列”命令，在“公式栏”中，输入DAX公式：区县 = LEFT（［区县及邮政编码］，3），如图3-34所示，单击“Enter”键，自动生成列“区县”。

（3）创建计算列“客户地址”。在“表工具”选项卡下，点击“计算”组中的“新建列”命令，在“公式栏”中，输入DAX公式：客户地址 = ［城市］&［区县］&［地址］，如图3-35所示，单击“Enter”键，自动生成列“客户地址”。

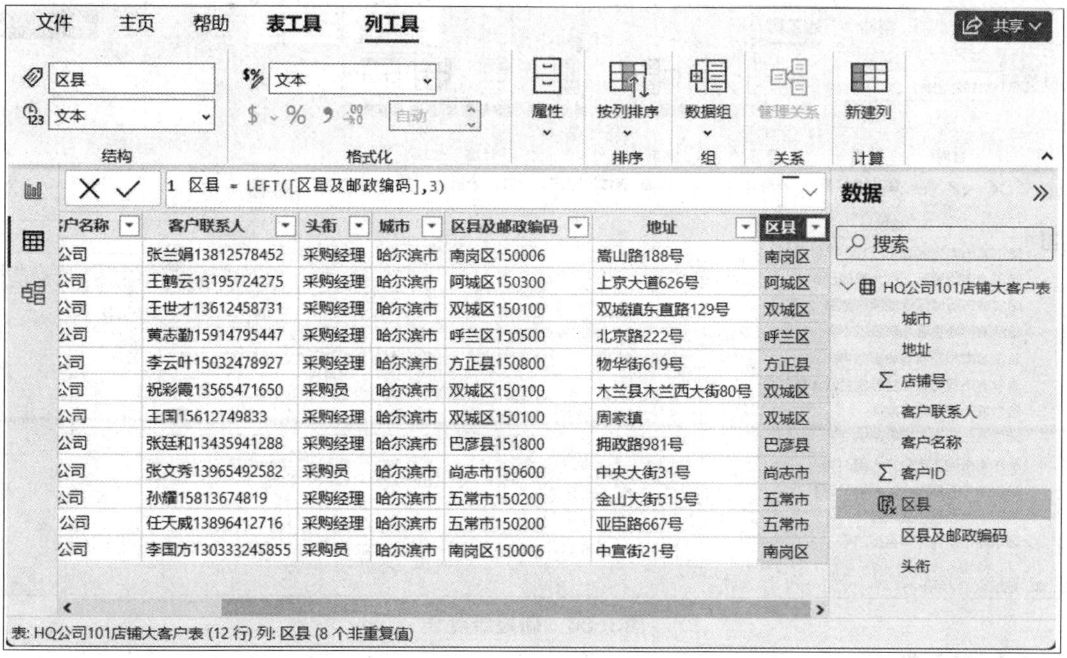

图3-34　新建列“区县”

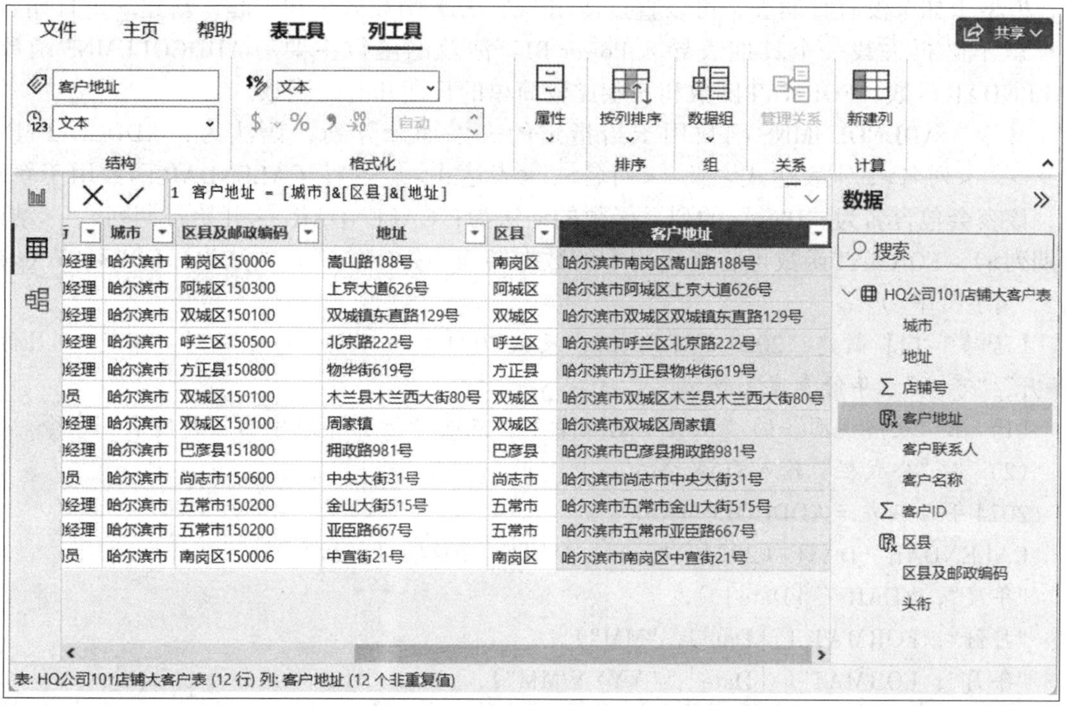

图3-35　创建计算列“客户地址”

（4）新建维度表“客户地址表”。在“表工具”选项卡下，点击“计算”组中的“新建表”命令，在公式栏，输入DAX公式：客户地址表 = DISTINCT（'HQ公司101店铺大客户表'［客户地址］），如图3-36所示，单击“Enter”键，自动生成空白表“客户地址表”。该表只有一列“客户地址”。

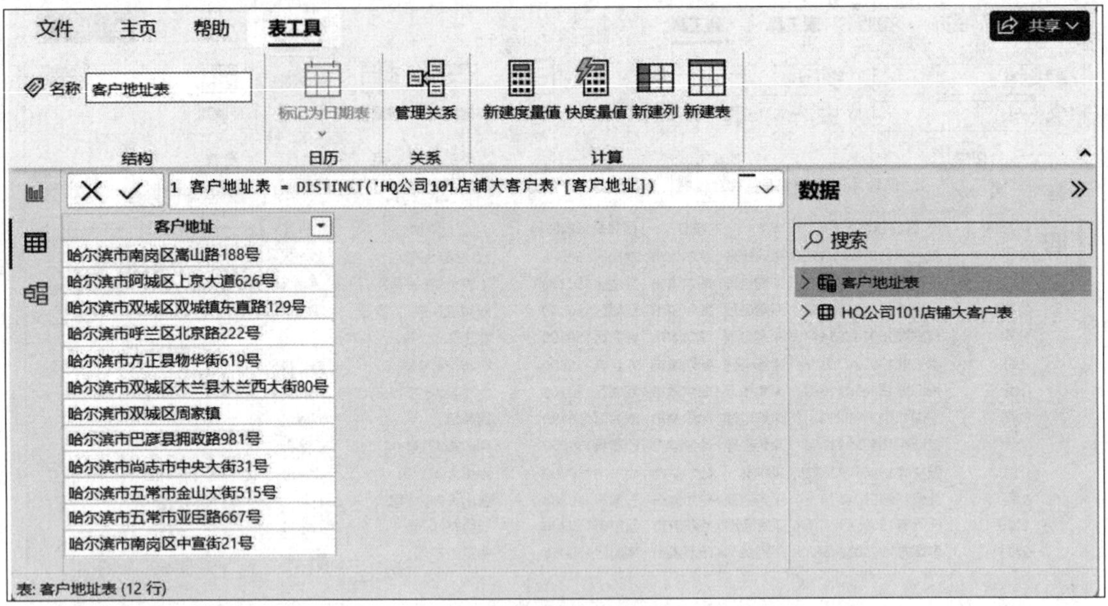

图3-36 新建维度表

5. 新建日期表

模型中如果没有日期表，可以直接使用多个DAX函数嵌套在一起，新建一个日期表，这样就不必再去找一个日期表导入Power BI。涉及的函数主要有ADDCOLUMNS函数、CALENDAR函数、FORMAT函数和一些比较简单的日期和时间函数。

其中，ADDCOLUMNS函数用于给指定的表添加计算列，语法为：ADDCOLUMNS（<表>，<列名>，<表达式>［，<列名>，<表达式>］…）；CALENDAR函数用于新建表，该表会包含名为“Date”的列，函数的语法为：CALENDAR（<开始日期列>，<结束日期列>）；FORMAT函数可将指定列中的数据转换为指定格式，语法为：FORMAT（<列名>，<字符串>）。

【活动3-14】新建“2024年日期表”，反映2024年的日期，并生成列“年度”“月份”“年月”“季度”“年份季度”等。

（1）在“表格视图”的“主页”选项卡下，点击“计算”组中的“新建表”命令。

（2）在“公式栏”输入DAX公式：

```
2024年日期表 = ADDCOLUMNS(
CALENDAR（DATE（2024，1，1），DATE（2024，1，31）），
"年度"，YEAR（［Date］），
"月份"，FORMAT（［Date］，"MM"），
"年月"，FORMAT（［Date］，"YYYY/MM"），
"季度"，"Q"&FORMAT（［Date］，"Q"），
"年份季度"，FORMAT（［Date］，"YYYY"）&"/Q"&FORMAT（［Date］，"Q"））。
```

由于公式很长，函数的嵌套层次也比较复杂，为便于理解，在输入公式时，可以使用“Alt”+“Enter”组合键在公式中添加换行，最后按“Enter”键，即可看到生成的标准日期表，如图3-37所示。

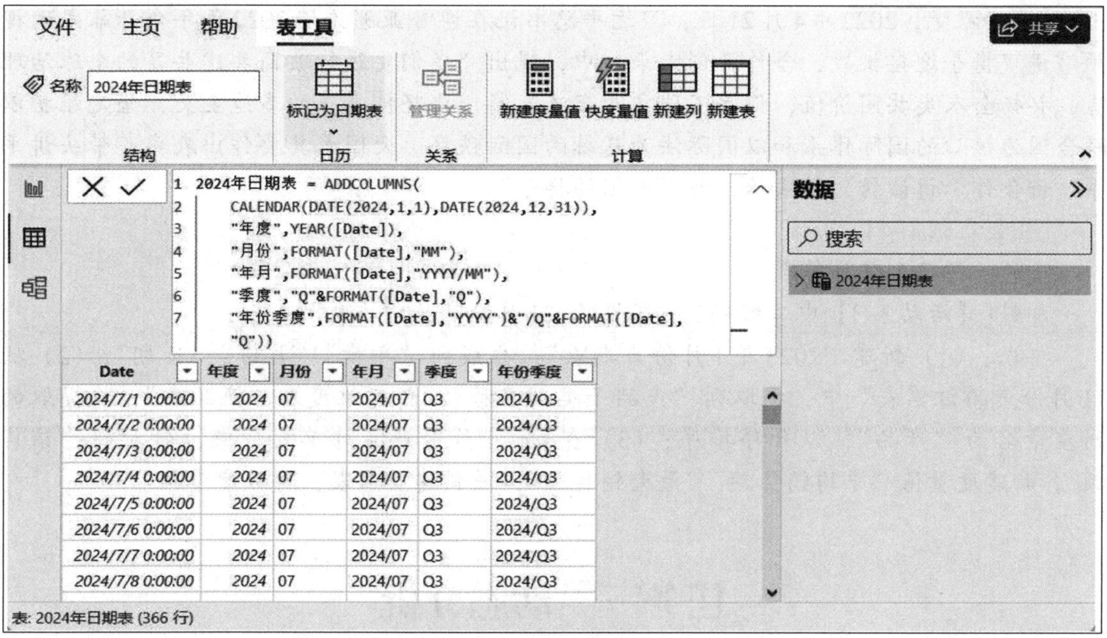

图3-37　新建日期表

新建日期表的DAX公式看着很长，其实并不难理解。第2行利用CALENDAR函数生成一个包含连续日期数据的表，作为ADDCOLUMNS函数的<表>参数，其中利用了DATE函数生成日期格式数据，作为开始日期和结束日期。第3—7行分别指定新列的列名和值的表达式。其中，第3行利用YEAR函数从日期数据中提取年份值，第4—7行利用FORMAT函数将日期数据转换为指定格式，从而得到所需的月份、年月、季度、年份季度等值。最终ADDCOLUMNS函数利用上述参数返回了一个日期表。

（3）新建日期表的数据未按照“Date”列做升序排列，点击列“Date”旁的倒三角，在弹出的快捷菜单中，选择“以升序排序”命令，操作结果如图3-38所示。

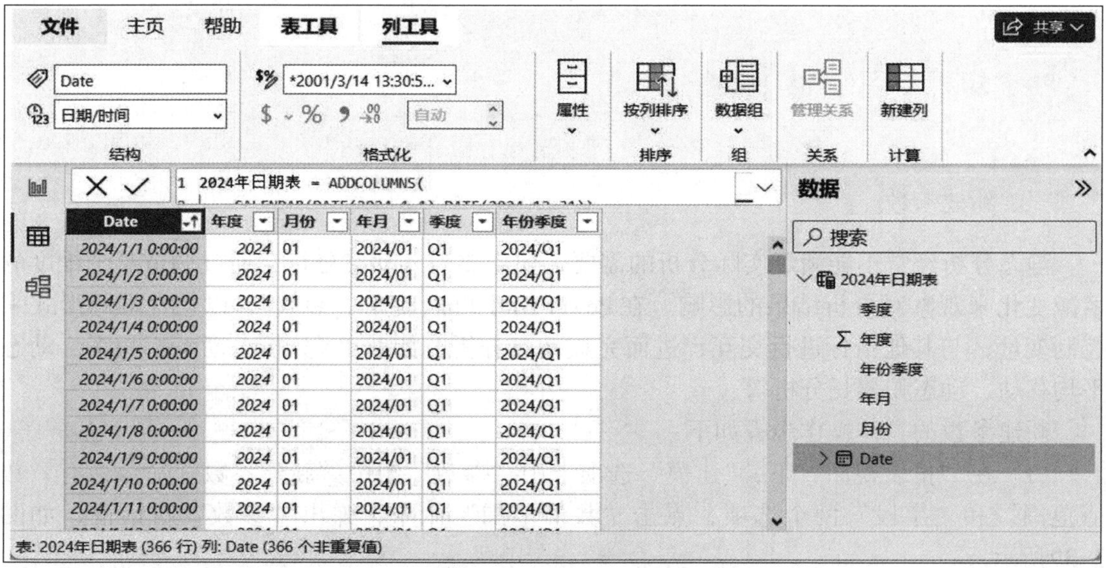

图3-38　以升序排序

【学思课堂】2022年4月21日，习近平总书记在博鳌亚洲论坛2022年年会开幕式的视频演讲《携手迎接挑战，合作开创未来》中，提出“我们要践行共商共建共享的全球治理观，弘扬全人类共同价值，倡导不同文明交流互鉴。要坚持真正的多边主义，坚定维护以联合国为核心的国际体系和以国际法为基础的国际秩序。大国尤其要作出表率，带头讲平等、讲合作、讲诚信、讲法治，展现大国的样子”。

【任务实训3-4】

目的：练习创建计算表。

资料：【活动2-3】中二维码2-6提供的“1月份产品订单表”。

要求：(1) 新建“2023年1月份日期表”，生成列“年度”“月份”“日期”；(2) 从“1月份产品订单表”中，提取列“产品子类别名称”，新建维度表“产品表”，将提取的列重命名为“产品”，以升序排序；(3) 在表“1月份产品订单表”中，针对列“销售额”，新建度量值“平均销售额”“最大销售额”，并新建空白表，存放度量值。

任务三　动态分析

情景导入

某天，小吴收到老板的邮件，让他对2023年所有客户的销售做排名展示，以了解公司头部客户2023年销售表现。小吴此时心中窃喜，这需求貌似在网上看到过现成解决方案。他打开百度，照葫芦画瓢，不到半个小时，就搞定了。老板收到邮件后，在全体人员会议上大大称赞了小吴。

【请思考】在哪些分析中，需要用到动态分析？

知识学习

一、新建参数

静态分析经常不能满足实际分析的需要，还需要引入动态分析，通过调节某个维度的增减变化来观察对分析结果的影响。在Power BI中可以使用“参数”，以切片器的形式来控制变量，与其他指标进行交互，进而完成动态分析，如TOPN分析、动态折扣率、动态平均移动、动态帕累托分析等。

新建参数的具体操作步骤如下：

(1) 在“报表视图”下，“建模”选项卡中“参数”组中“新建参数”命令，有“数值范围”和“字段”两个选项，点击“数值范围”命令，弹出“参数”对话框，如图3-39所示。

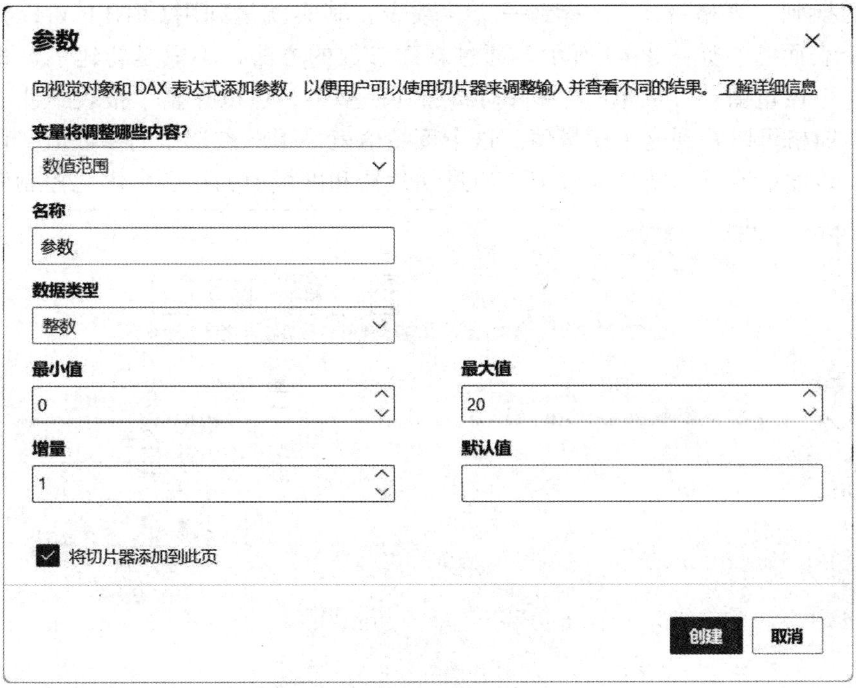

图3-39　“参数”对话框

（2）默认值建立的参数，是建立一个从0到20的整数序列，点击“创建”按钮，画布上将出现一个切片器，如图3-40所示，这是因为新建参数时，左下角有个默认选项“将切片器添加到此页”（如图3-39所示）。通过滑动切片器可以调整参数的值。

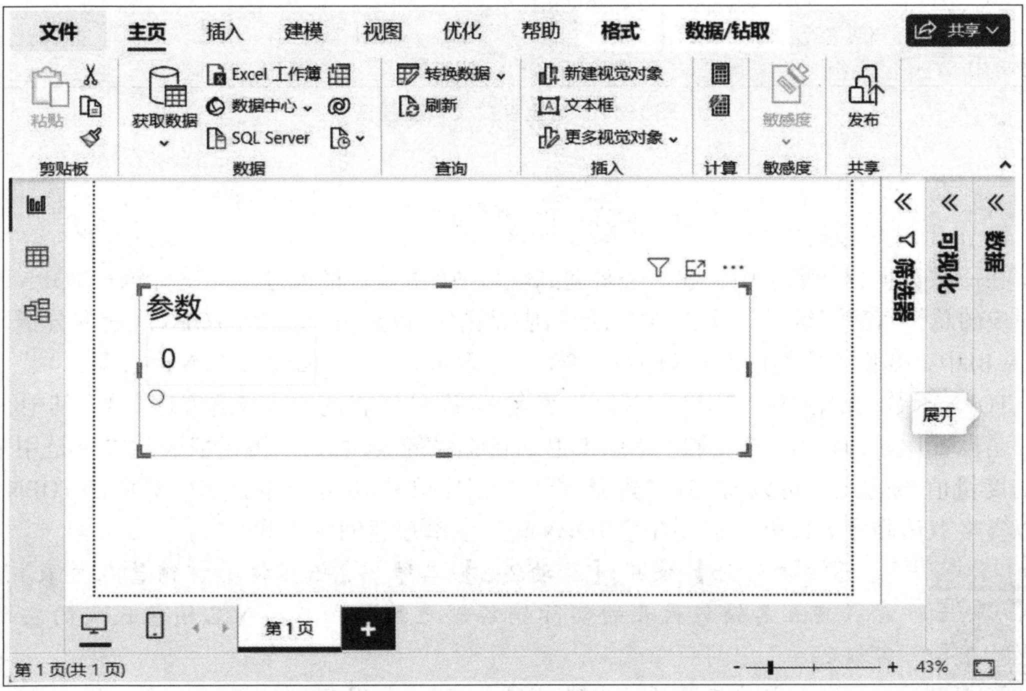

图3-40　参数切片器

（3）切换到“表格视图”，看到一个参数表，其实就是利用GENERATESERIES函数新建了一个表而已，如图3-41所示。通过新建参数的方法，不只是新建了这张表，同时也新建了一个度量值“参数值”，并自动添加到模型中，可以在整个报表中使用。在右侧的“数据”窗格可以看到这个度量值。这个度量值就是提取被选中的参数值，切片器滑到哪个数值，该度量值就返回什么数值，通过切片器和度量值的结合自由地控制变量。

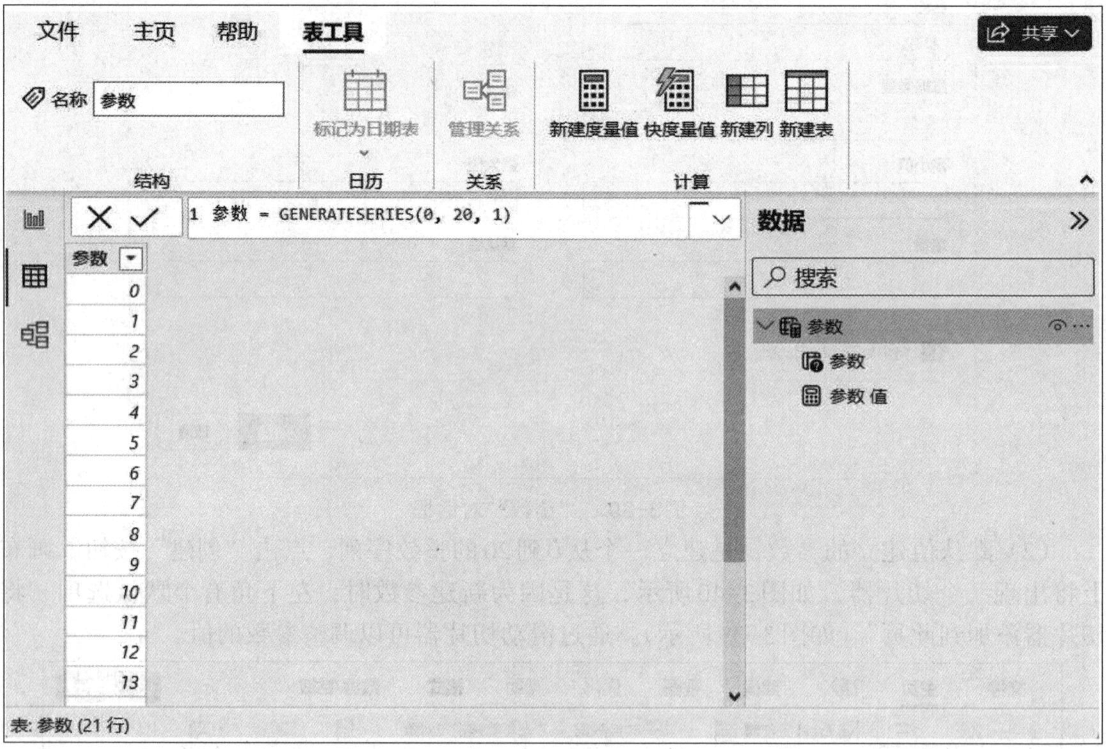

图3-41 新建参数表和度量值

二、示例

（一）TOPN分析

在一些数据分析场景中，我们经常遇到获取TOPN统计的问题，如统计销量TOPN的店铺对应的总销售额、统计订单量TOPN的门店总销售额等。针对这种TOPN问题的分析，在Power BI中，我们需要使用TOPN函数，TOPN函数可以返回指定表的前N行数据。

TOPN函数的语法为：TOPN（N值，表名，[度量值表达式]，[升降序]）。其中，“N值”是设置返回的行数；“表名”是用来返回行记录的表达式；“度量值表达式”是用来排序的度量值表达式，可以省略；“升降序”是指定升序还是降序后获取对应的TOPN值，可以省略默认降序。此外，需要注意TOPN函数会单独返回一个表。

3-12微课

TOPN分析

【活动3-15】使用【活动2-3】二维码2-6提供的“销售人员表”，查看“前五名销售代表的实际销售额之和”和“前N名销售代表的实际销售额之和”。

（1）新建度量值“实际销售总额”，如图3-42所示。

图3-42　度量值“实际销售总额”

（2）新建度量值“前五名销售代表实际销售额之和”，如图3-43所示。这里使用了TOPN函数，第1个参数就是要返回的行数5，第2个参数是被筛选的表；第3个参数是排序依据，还有第4个可选参数，默认为0，按降序排列，就是提取前N位的行数；如果为1，就是按升序排列，将返回最小的N行。

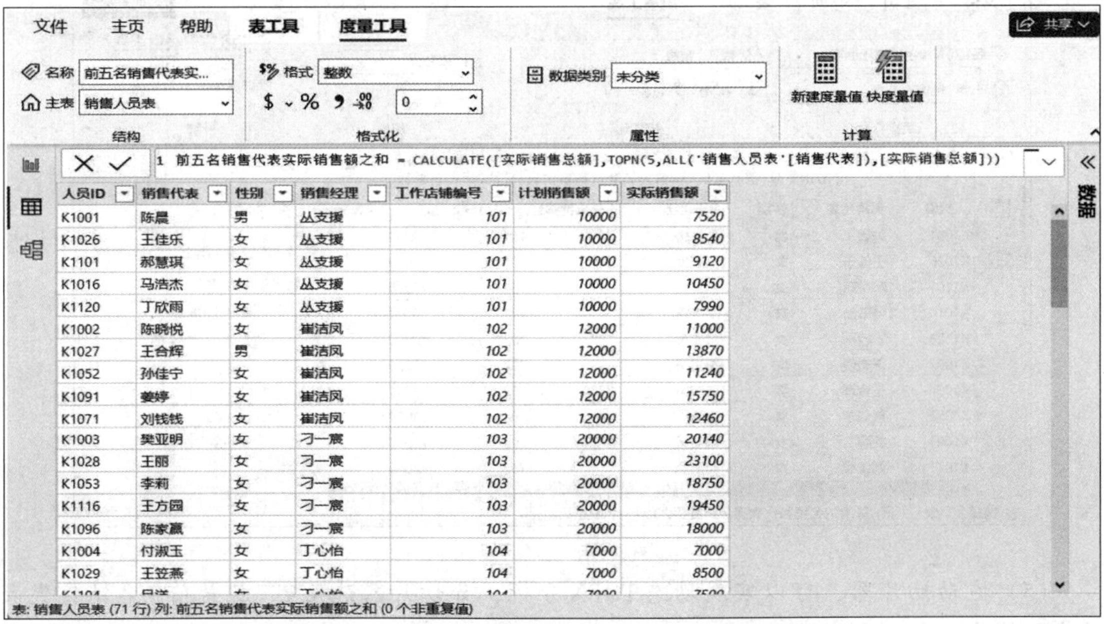

图3-43　度量值“前五名销售代表实际销售额之和”

（3）在“报表视图”建立卡片图，查看计算结果，如图3-44所示。

图3-44　卡片图

（4）如果想知道前10名销售代表实际销售额之和，把TOPN函数的第一个参数值改为10即可，但是在分析过程中，不能总是手动更改度量值，这时就可以利用参数来自动实现。新建一个从1到10的参数，即新建参数表“TOPN参数”，自动生成的度量值为“TOPN参数值”，然后用这个度量值来替换TOPN函数的第1个参数，就可以得到度量值“前N名销售代表实际销售额之和”，DAX公式如图3-45所示。

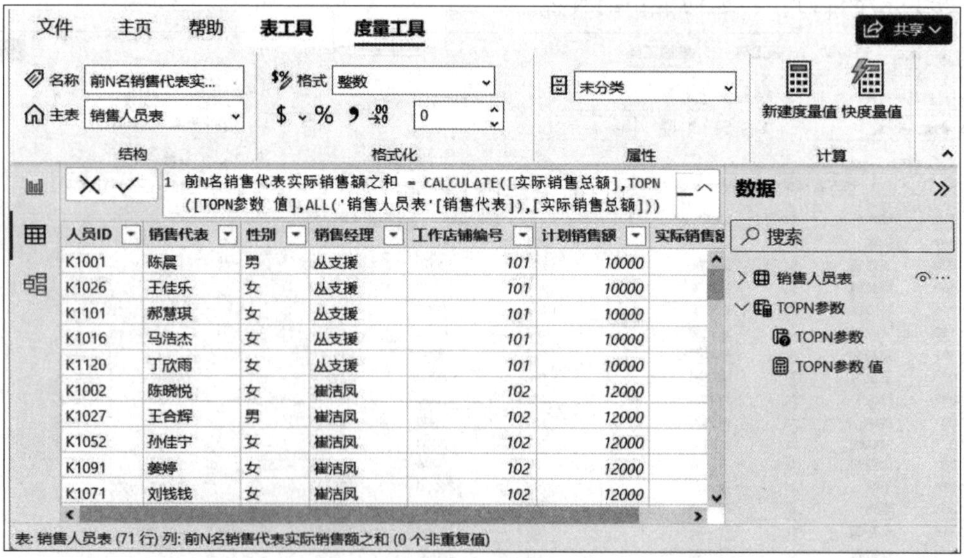

图3-45　DAX公式

（5）拖动切片器，可以实现动态TOPN分析，如切片器选至7，就是前7名销售代表的实际销售额之和。

（二）动态折扣率

3-13微课

动态折扣率

如果要测算对产品进行打折的情况下的销售额，假设最低打5折，可以新建一个动态折扣率参数GENERATESERIES（0.5，1，0.1），即设置最小值为0.5，最大值为1，增量为0.1。

【活动3-16】使用【活动2-3】二维码2-6提供的“1月份A产品销售表”，设置动态折扣率。

（1）导入表格数据，为订单日期填充空白值。

（2）使用“快度量值”命令，新建度量值“销售额”，如图3-46所示。

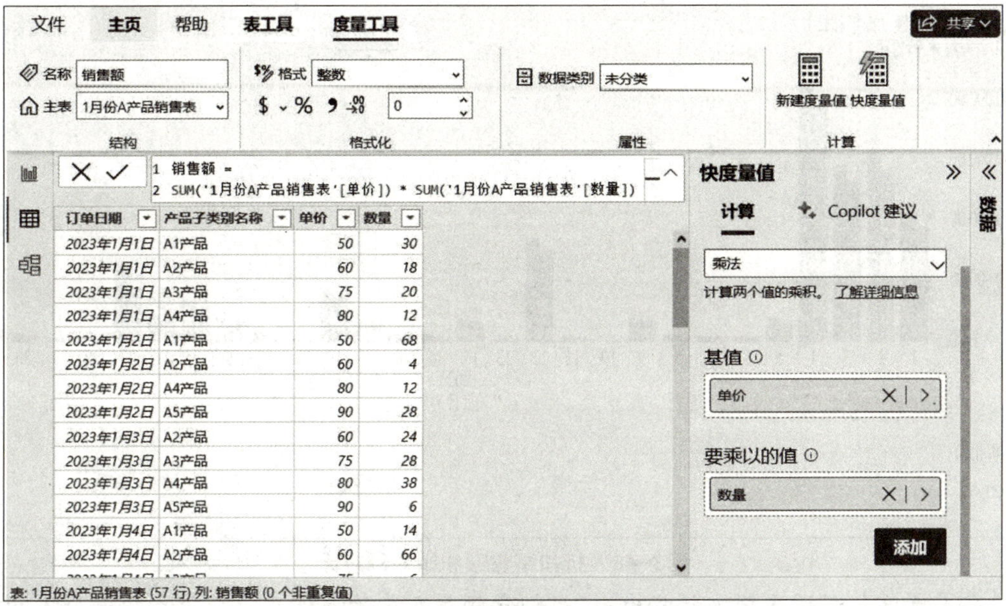

图3-46 快度量值“销售额”

（3）新建参数“动态折扣率”，设置最小值为0.5，增量为0.1，最大值为1，注意这里的数据类型选择“十进制数字”，如图3-47所示。

图3-47 参数“动态折扣率”

(4) 切换到“表格视图”，在“数据”窗格，新增了参数表“动态折扣率”，包含度量值“动态折扣率”，将度量值重命名为“折扣率参数”。

(5) 在“1月份产品销售表”中，新建度量值“折扣销售额”，DAX公式为：折扣销售额 = [销售额] * [折扣率参数]。

(6) 切换到“报表视图”，建立簇状柱形图，将度量值“折扣销售额”和“销售额”同时放入图中，通过切片器选择不同的折扣率参数就可以动态地展示打折后的销售情况。图3-48展示的是折扣率参数为0.9的折扣销售额和销售额。

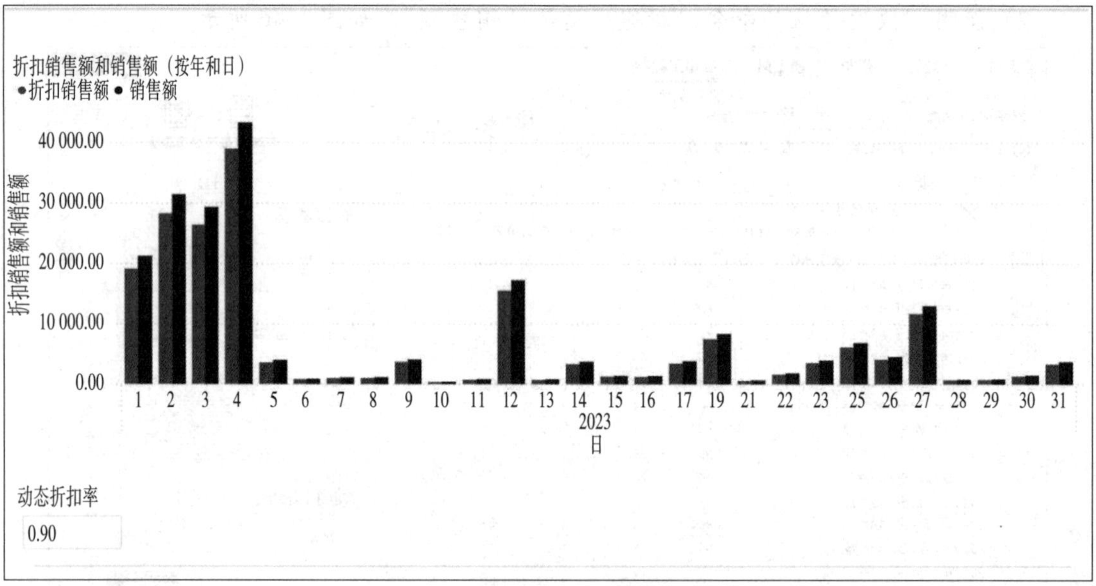

图3-48 折扣销售额和销售额对比

【学思课堂】习近平总书记指出：“我们党领导人民治国理政，很重要的一个方面就是要回答好实现什么样的发展、怎样实现发展这个重大问题。”发展是硬道理，是解决我国一切问题的基础和关键，是中国共产党在长期探索中得到的深刻启迪。

【任务实训3-5】

目的：练习新建参数。

资料：【活动2-3】二维码2-6提供的“门店表”。

要求：查看“前N名店铺的销售额之和”。

项目总结

本项目思维导图如图3-49所示。

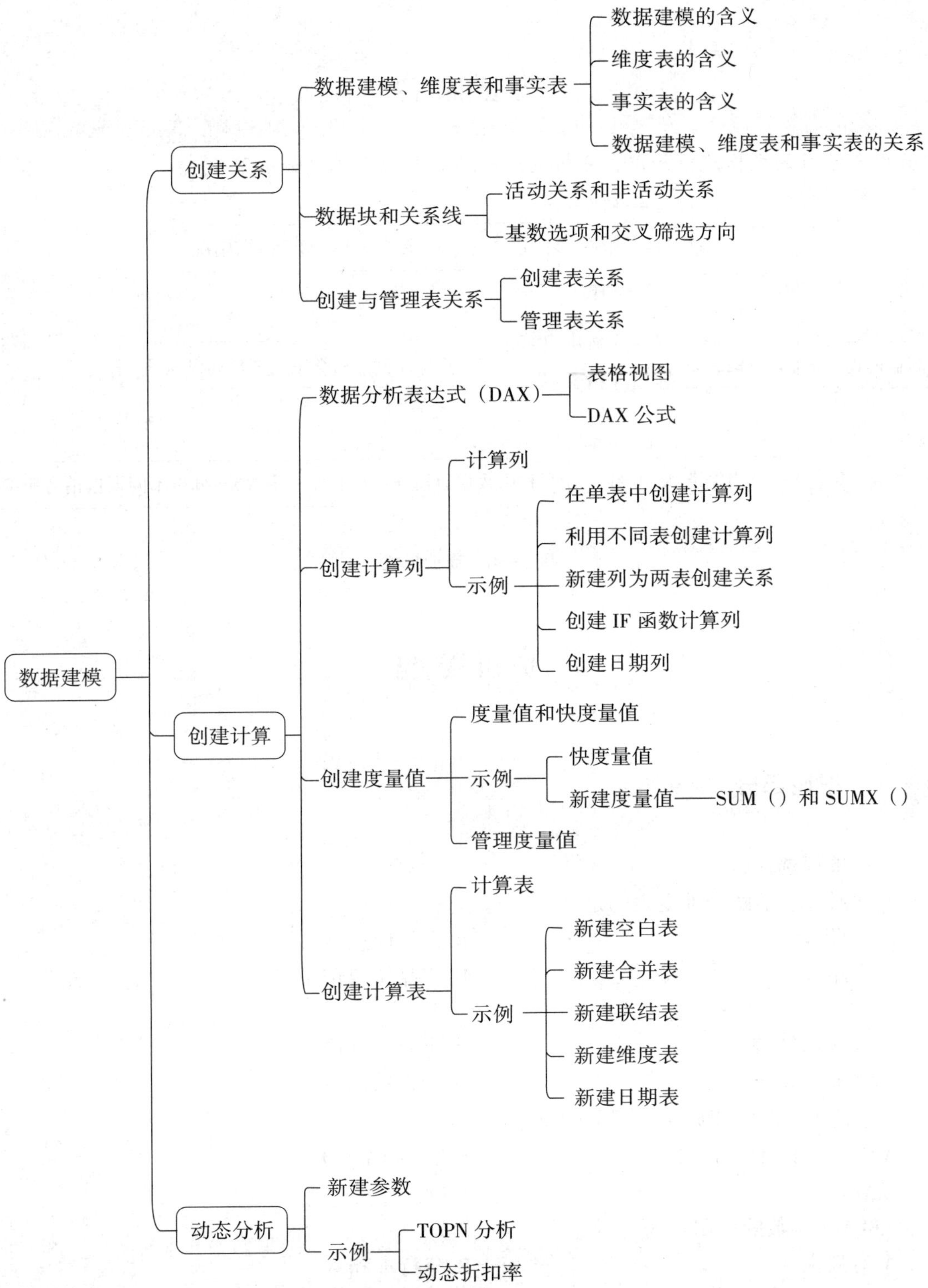

数据建模
创建关系
数据建模、维度表和事实表
数据建模的含义
维度表的含义
事实表的含义
数据建模、维度表和事实表的关系
数据块和关系线
活动关系和非活动关系
基数选项和交叉筛选方向
创建与管理表关系
创建表关系
管理表关系
创建计算
数据分析表达式（DAX）
表格视图
DAX 公式
创建计算列
计算列
示例
在单表中创建计算列
利用不同表创建计算列
新建列为两表创建关系
创建 IF 函数计算列
创建日期列
创建度量值
度量值和快度量值
示例
快度量值
新建度量值——SUM（）和 SUMX（）
管理度量值
创建计算表
计算表
示例
新建空白表
新建合并表
新建联结表
新建维度表
新建日期表
动态分析
新建参数
示例
TOPN 分析
动态折扣率

图3-49 项目思维导图

专创融合

结合学习的数据建模知识，分析创业项目的商业模式（如图3-50）。

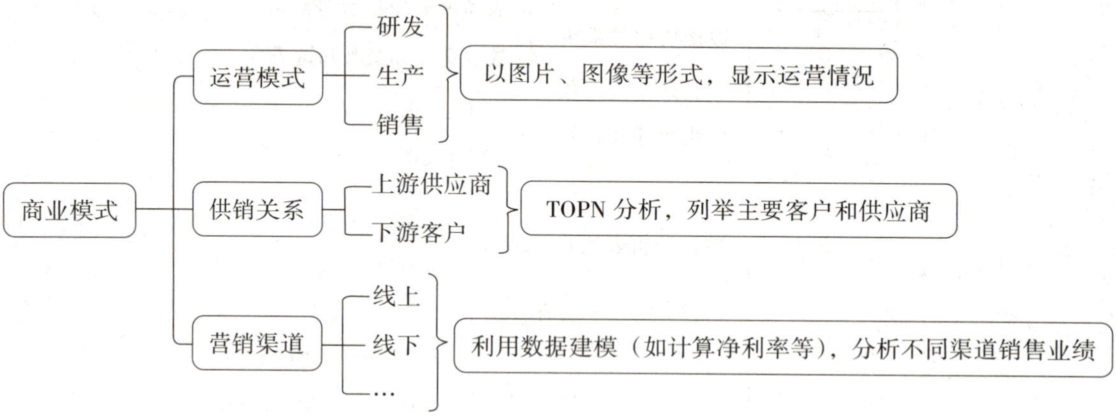

图3-50　商业模式

赛证融通

理论部分

一、单项选择题

1. 下列各项不属于维度表的是（　　）。

A. 日期表　　B. 人员信息表

C. 产品表　　D. 产品销售记录表

2.&&是（　　）。

A. 算术运算符　　B. 比较运算符

C. 文本串联运算符　　D. 逻辑运算符

3. 下列各项不属于筛选器函数的是（　　）。

A.CALCULATETABLE　　B.CALCULATE

C.ALL　　D.IF

4.SUMX 函数的作用是（　　）。

A. 对列求和　　B. 分行求和

C. 求最大值　　D. 求平均

5. 新建联结表使用的函数是（　　）。

A.NATURALINNERJOIN（）　　B.UNION（）

C.DISTINCT（）　　　　　　　　　　D.LEFT（）

二、多项选择题

1.数据建模的内容包括（　　）。

A.创建表关系　　B.新建列　　C.新建表　　D.新建度量值

2.为了便于数据建模和数据分析，将表分为（　　）。

A.维度表　　B.事实表　　C.一维表　　D.二维表

3.下列各项关于事实表的说法，正确的有（　　）。

A.事实表中的每一行代表一条唯一的维度记录

B.事实表可以由数百万（或数十亿甚至数万亿）行数据组成

C.事实表通常包含多个列，用于存储度量值数据

D.事实表是“*”的一端，箭头指向的一端

4.常见的基数选项有（　　）。

A.多对一（*：1）　　　　B.一对一（1：1）

C.一对多（1：*）　　　　D.多对多（*：*）

5.DAX公式包括（　　）。

A.函数　　B.运算符　　C.值　　D.常数

三、判断题

1. Power BI数据建模的本质就是构建维度表和事实表之间的关系。（　　）

2. 新建一个日期表，涉及的函数主要有ADDCOLUMNS函数、CALENDAR函数、FORMAT函数。（　　）

3. 新建列是在数据中新增的一列，不占内存，不影响原始数据，根据上下文展现不同数据。（　　）

4. NOMINAL函数是常见的财务函数。（　　）

5. 在Power BI中，可以使用“参数”，进行动态分析，如TOPN分析、动态折扣率、动态平均移动、动态帕累托分析等。（　　）

技能部分

实训：使用二维码3-14提供的表格，完成下列操作。

（1）创建表关系，指出哪些表是维度表。

（2）使用表“客户表”和“销售人员表”，新建联结表“销售表”。

（3）统计2023年12月产品销售量，计算“销售额”“销售总额”“前五名销售人员的销售额之和”“前N名销售人员的销售额之和”。

3-14表格

HP公司表格

素质部分

大学生为什么要学习新技术、新技能？

项目四

数据可视化

知识目标

1. 掌握视觉对象、图表、报表的基本含义与关系
2. 熟悉图形选择决策树
3. 了解图表布局

能力目标

1. 具备设计可视化报表的能力
2. 具备完成报表交互的能力

素养目标

1. 培养善于发现、运用、生产数据的职业素养，自觉维护数据安全
2. 培育爱岗敬业、淡泊名利、甘于奉献的劳模精神
3. 培养敢闯会创的创新创业思维

任务一 可视化报表设计

情景导入

错误的图表会让数据以错误的方式误导人的数据分析思维，虽然图表相比于文字和数据有着天然的亲切感，降低了大脑的认知成本，以更简洁的方式让使用者看到数据与数据之间的关联。但如果选择不当或者本末倒置，反而会加剧大脑的信息处理压力，起到适得其反的效果，而这种现象在职场中也渐渐成为通病。

【请思考】在设计可视化报表时，我们需要考虑哪些因素？

知识学习

一、报表和报表视图

（一）报表

在拥有数据模型后，可将字段拖动到报表画布上，以创建可视化对象。可视化对象，也称为视觉对象或图表，是模型中值数据的图形表示形式。在Power BI中可以选择不同类型的可视化对象，甚至可以从Power BI应用商店下载大量的免费内容。

简单地来说，视觉对象就是Power BI内嵌的一些数据图表模板，这部分模板仅需要拖入数据字段，即可生成一张“炫酷”的图表，并且可以简明直观地呈现和表达数据，是数据分析利器。

我们会将多个可视化对象应用到报表页面上，这些对象可显示Power BI中模型数据的各个方面。一个Power BI文件中的视觉对象集合称为“报表”。报表可以有一个或多个页面，就像Excel文件可以有一个或多个工作表，可以作出动态交互可视化数据分析图表。

（二）报表视图

以东北财经大学出版社网站下载的“文件4-1”提供的“1月份产品销售额表”为例，介绍Power BI的报表视图。

Power BI的“报表视图”由功能区、导航窗格、画布、桌面设备布局视图、页面选项卡、状态栏、“筛选器”窗格、“可视化”窗格、“数据”窗格等几个部分组成，如图4-1所示。

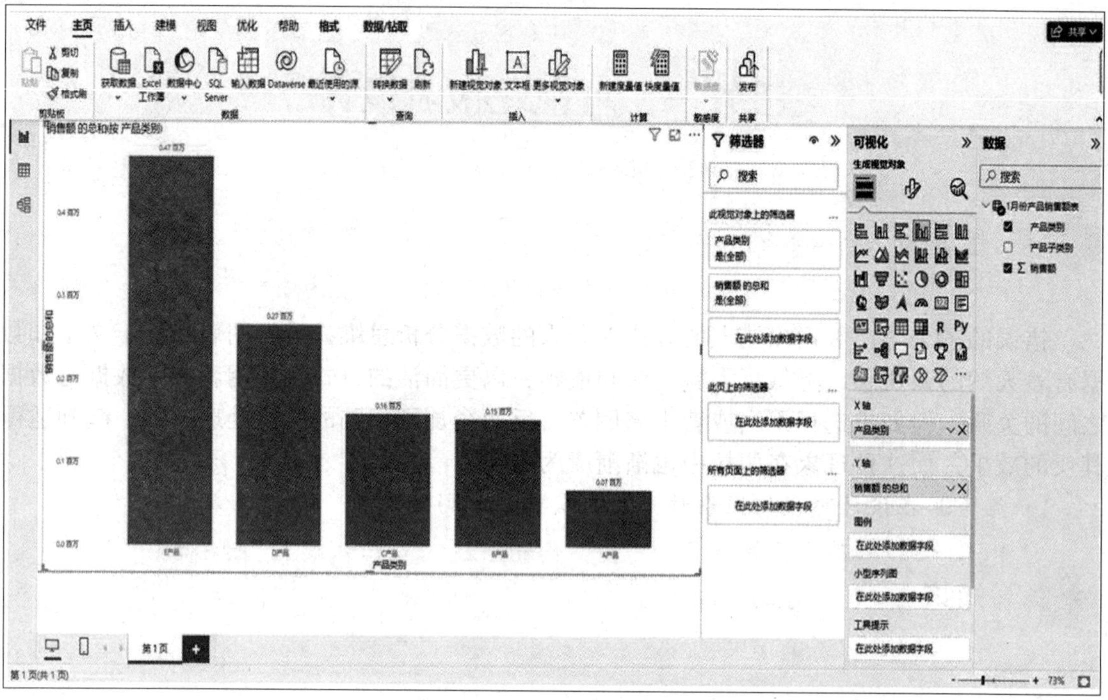

图4-1 报表视图

在“报表视图”中，用户可以创建任意数量的具有可视化图表的报表页，可视化内容可以移动，也可以进行复制、粘贴、合并等操作。每一个报表页的初始状态就是一张空白的画布，在画布上可以插入文本、图形、图片，以及条形图、柱形图、地图等各种可视化对象。

二、报表主题和布局

（一）报表主题

Power BI报表主题是整个报表中所有视觉对象格式的标准定义，包含了调色板、字体、字号及各种细节的格式定义。应用报表主题可以让Power BI报表所有的视觉对象立刻获得统一的格式设置，如果格式有需要改动的地方，只要在主题文件中改动再应用，就能即刻更新报表格式设置。Power BI报表主题可以让多份报表拥有视觉一致性，也可以跨部门甚至整个组织具有连贯一致的、严格标准化的风格。

Power BI预设了10余种基本主题，如图4-2所示。

在“报表视图”的“视图”选项卡下，点击“主题”右侧的下拉菜单，可以打开“主题”列表，既可以选择基本主题，也可以导入“主题库”的主题，甚至自定义主题。

（二）报表布局

多个图表如何更合适地放到一起，形成一个整体、有效的报表，这就涉及布局问题。切忌将大量的重要信息拥挤在一起，导致用户分不清主次，而没法关注更重要的信息，一页报表也不要放置太多的图表。一般情况下，同一个报表中放置3—5个图表最佳。图4-3中的报表包括了柱形图、气泡图、折线图和卡片图等。

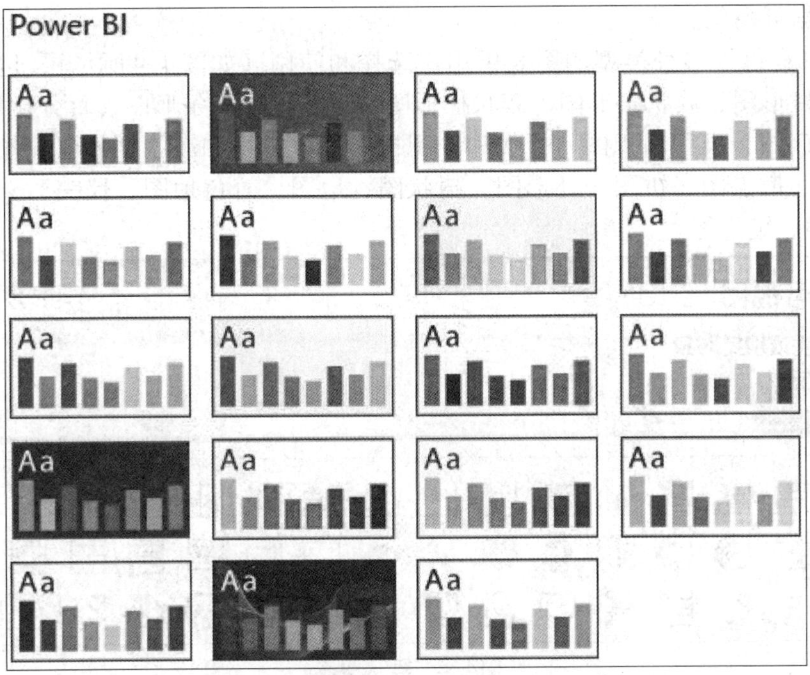

图4-2　报表主题

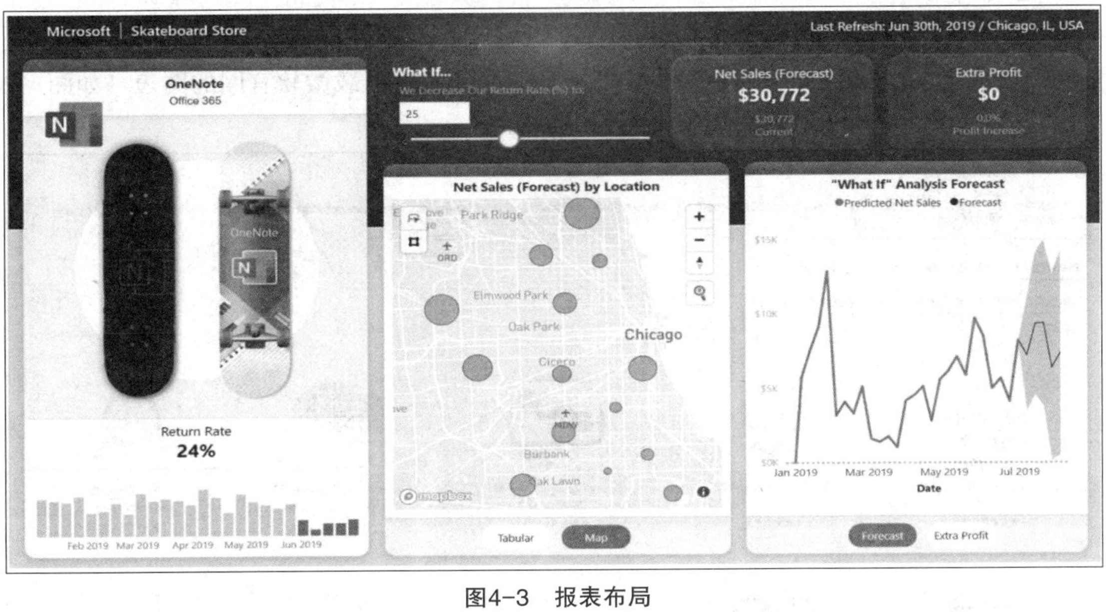

图4-3　报表布局

三、图表

（一）图表类型

1.默认图表

数据可视化的目的是化抽象为具体，将隐藏于数据中的规律直观地展现出来。图表是数据可视化最重要的工具，通过点的位置、曲线的走势、图形的面积等形式，直观地呈现研究对象间的数量关系。不同类型的图表展示数据的侧重点不同，选择合适的图表可以更好地进行数据可视化。

Power BI提供了多种类型的图表供用户选择和使用（如图4–4所示），包括：堆积条形图、堆积柱形图、簇状条形图、簇状柱形图、百分比堆积条形图、百分比堆积柱形图、折线图、分区图、堆积面积图、折线和堆积柱形图、折线和簇状柱形图、丝带图、瀑布图、漏斗图、散点图、饼图、环形图、树状图、地图、着色地图、仪表、卡片图、多行卡、KPI、表、矩阵等。

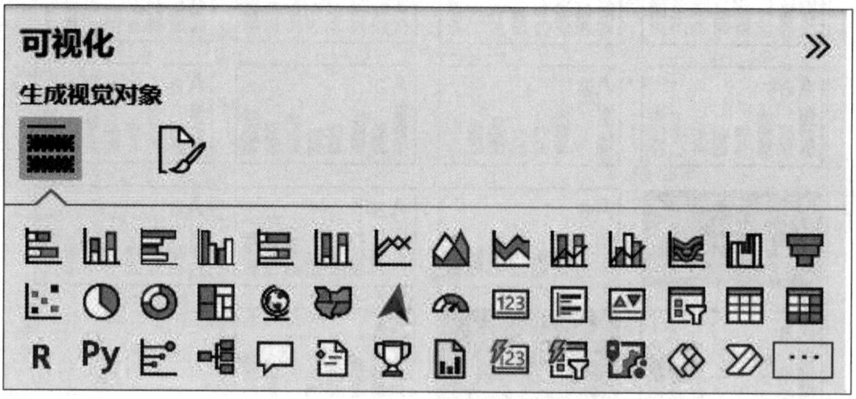

图4–4 默认图表

2. 自定义图表

当默认图表无法满足需求时，点击图4–4最后的“…”符号，在弹出的快捷菜单中，选择“获取更多视觉对象”命令，输入电子邮件地址，可下载微软官网的图表（如图4–5所示），将其导入Power BI就可以实现自定义设置。

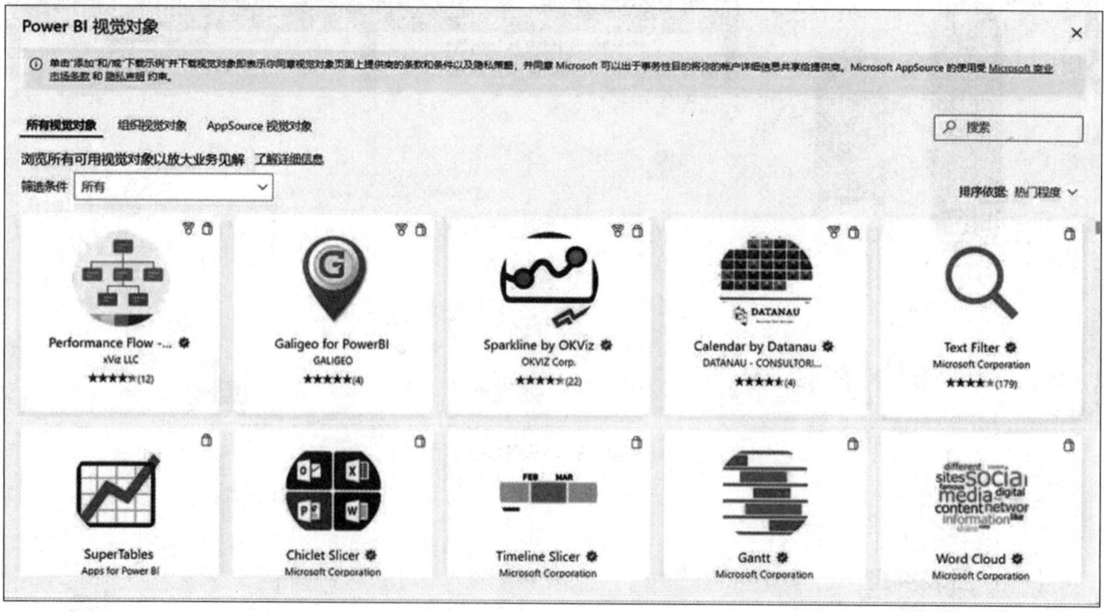

图4–5 Power BI视觉对象

（二）图形选择决策树

随着数据可视化发展以及基础图形的扩充，Smartbi专家团整理了一份“图形选择决策树”思维导图，如图4–6所示。

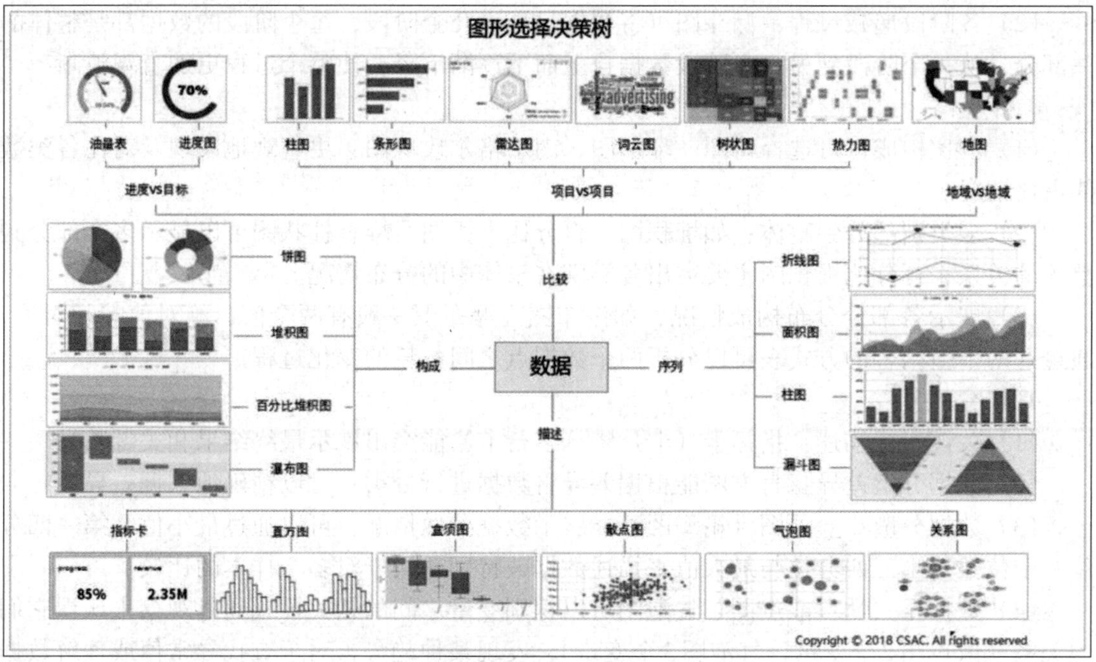

图4-6　图形选择决策树

“图形选择决策树”将数据的展示类型分成比较、序列、构成和描述四种。

1. 比较

（1）和目标的比较，体现进度完成情况：可以选择油量表、圆环百分比进度图，适合在量化的情况下显示单一的价值和衡量标准。

（2）项目与项目间的比较：

① 柱状图、条形图：适用于最基础的项目间比较，相对大小可进行精确比较，当各类数据大小大致相同时，此类图更容易发现细小的差别。

② 雷达图：显示类别（项目）有三个或更多维度的变量对比情况，以及不同类别（项目）多个维度的变量差异。

③ 词云图：用于显示文本数据，当大量文本数据显示时，使用类似云彩的图形来显示各种词汇，并根据显示数据的大小频率等设置最突出文字。能让人从大量的词语中一眼看到关键词。

④ 树状图：比较不同层级结构的值，以矩形显示层次结构级别中的比例，大小比较视觉呈现更直观。

⑤ 热力图（基于笛卡尔坐标系）：主要通过颜色表现数值的大小（两个维度），一般用于活跃程度的体现，可以直观清楚地看到数据密集情况。

（3）地域间数据比较：可以选择地图进行地域间的数据比较，数据表达方式更为明确和直观。

2. 序列

（1）连续、有序的数据波动：折线图、面积图、柱状图能很好地体现数据趋势，常用于显示随时间变化的数值。其中，折线图、面积图便于展示多个类别（项目）数据的趋势变化，不显得过于拥挤。

（2）各阶段递减过程：漏斗图可将数据呈现为几个阶段，每个阶段的数据都是整体的一部分，从一个阶段到另一个阶段数据自上而下逐渐下降，使整个过程更加直观清晰。

3.构成

（1）占比构成：可选择饼图、环形图、南丁格尔玫瑰图，更直观地展现及对比各类数值占比情况。

（2）多类别部分到整体：如堆积图、百分比堆积图，堆叠柱状图可以显示多个部分到整体的关系，百分比堆积图主要突出各类别在整体中的分布情况。

（3）展示各部分分布构成情况：如瀑布图。瀑布图一般有两个值，绝对值与相对值，通过这两个值结合的方式表可以分析两个数据点之间数量的变化过程。

4.描述

（1）关键指标描述：指标卡（卡片图、多行卡）能突出展示最终结果和关键数据。

（2）数据分组差异：直方图能根据差异将数据进行分类，可以精确地掌握差异。

（3）数据分散：盒须图（箱型图）能展示数据分散情况，可以通过最小值、第一四分位、中位数、第三四分位与最大值来描述数据，特别适用于对多个样本的比较。

（4）数据相关性：散点图、气泡图可以识别变量之间的相关性或通过观察来认识它们的关系（散点图2个变量、气泡图3个变量），发现某种趋势，对于查找异常值或理解数据分布也很有效。

（5）数据关系：关系图表示人物或事物之间的关系。

（三）图表布局

一个Power BI图表包含大量的图表元素以传递信息。图表布局，指的是图表的组成元素，如图表的坐标轴、图例、数据标签、网络线、标题等。不同的布局元素有不同的作用。许多粗糙图表的错误在于布局功能重复，或是布局元素太多，没有选择最有针对性的布局来表现图表主题。明白图表不同布局的作用，是图表制作专业化的必经之路。以东北财经大学出版社网站下载的“文件4-1”中“1月份产品销售额表”生成的簇状柱形图为例，介绍如何布局图表元素。

4-1 微课

图表布局

在Power BI的“可视化”窗格，包括“生成视觉对象”“设置视觉对象格式”“分析”等3个列表。因生成的图表不同，三个列表下包括的内容也不尽相同。

在“生成视觉对象”列表中，可以设置生成视觉对象的“X轴”“Y轴”“值”“图例”“大小”“播放器”“小型序列图”“工具提示”“钻取”等内容。

在“设置视觉对象格式”列表中，有“视觉对象”“常规”“…”三个选项。“视觉对象”选项可以设置坐标轴的范围、值、标题，图例的选项（位置）、文本、标题，数据标签的选项、标题、值、详细信息、背景、布局；“常规”选项可以设置属性、标题、效果、标头图标、工具提示、可选文字等；“…”选项为格式窗格设置，包括“将所有设置重置为默认设置”、“展开/折叠所有类别”和“更多选项”等命令。

在“分析”列表中，可以设置坐标轴横线、最大值线、最小值线、平均值线、中值线、百分位数线、对称底纹等。

1.坐标轴

坐标轴，指的是图表的X轴和Y轴。除条形图外，一般情况下，X轴展示类别，Y轴展示数值。

在“生成视觉对象”列表下，从“数据”窗格拖动列字段“产品类别”放入X轴框、列字段“销售额”放入Y轴框，如图4-7所示。即X轴展示了产品类别，Y轴展示了销售额的总和。

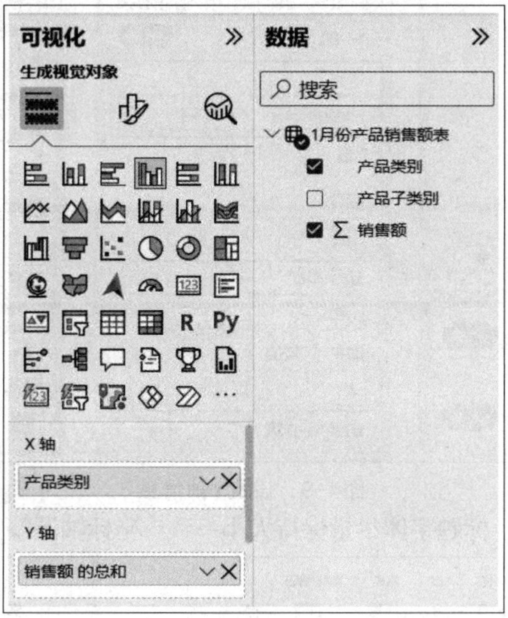

图4-7　选中列字段放入坐标轴框

切换到“设置视觉对象格式”列表的“视觉对象”选项，可以具体设置X轴和Y轴的信息。在设置时，可以根据用户喜好，自由选择。

对X轴，修改值字体为“14”，标题字体修改为“17”，布局不变，如图4-8所示。

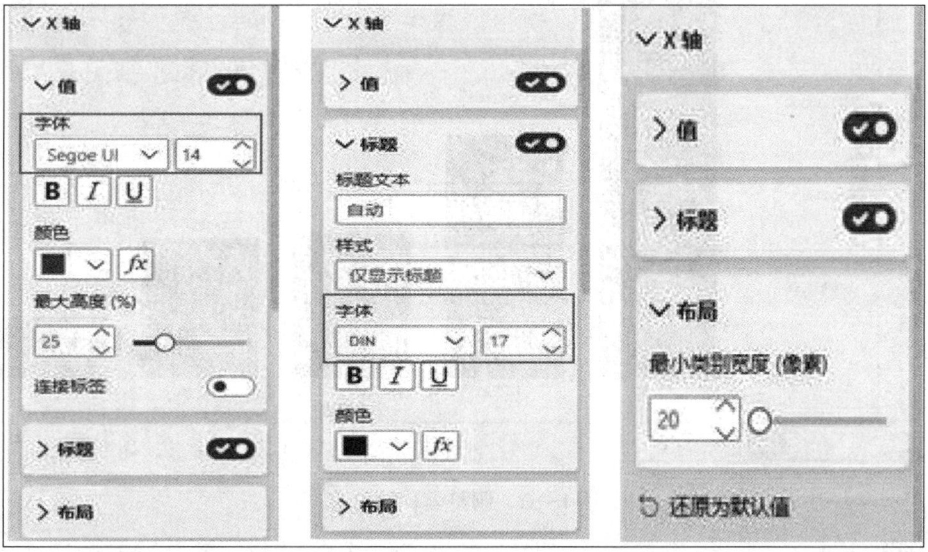

图4-8　设置X轴信息

对Y轴，范围不变，修改值字体为“14”、显示单位为“无”、值的小数位为“2”，标题字体修改为“17”。显示单位为“无”，表示以“元”为计量单位；值的小数位为“2”，说明保留到分位，如图4-9所示。

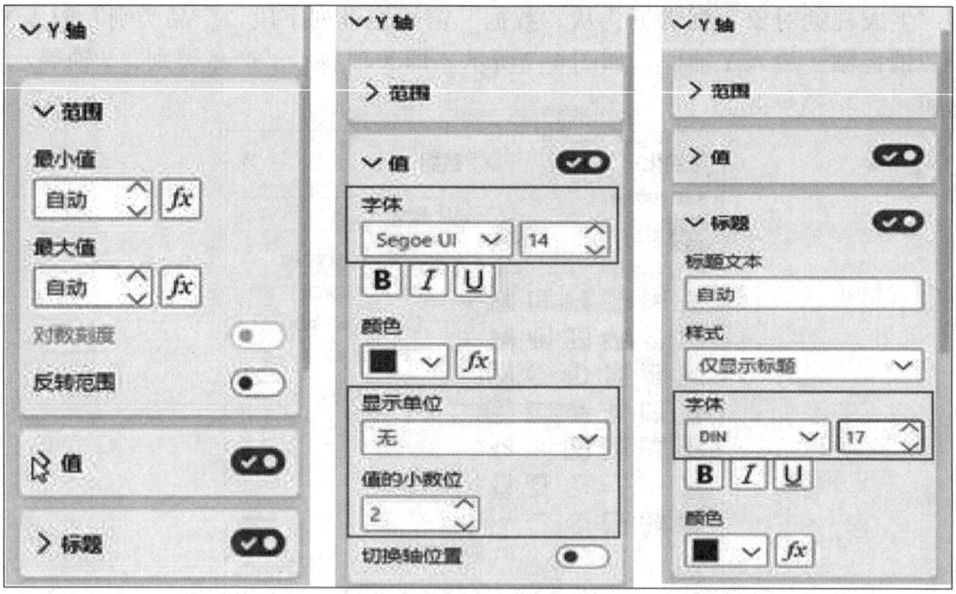

图4-9　设置Y轴信息

X轴和Y轴的值字体、标题字体尽量保持大小一致。坐标轴调整完成后，如图4-10所示。

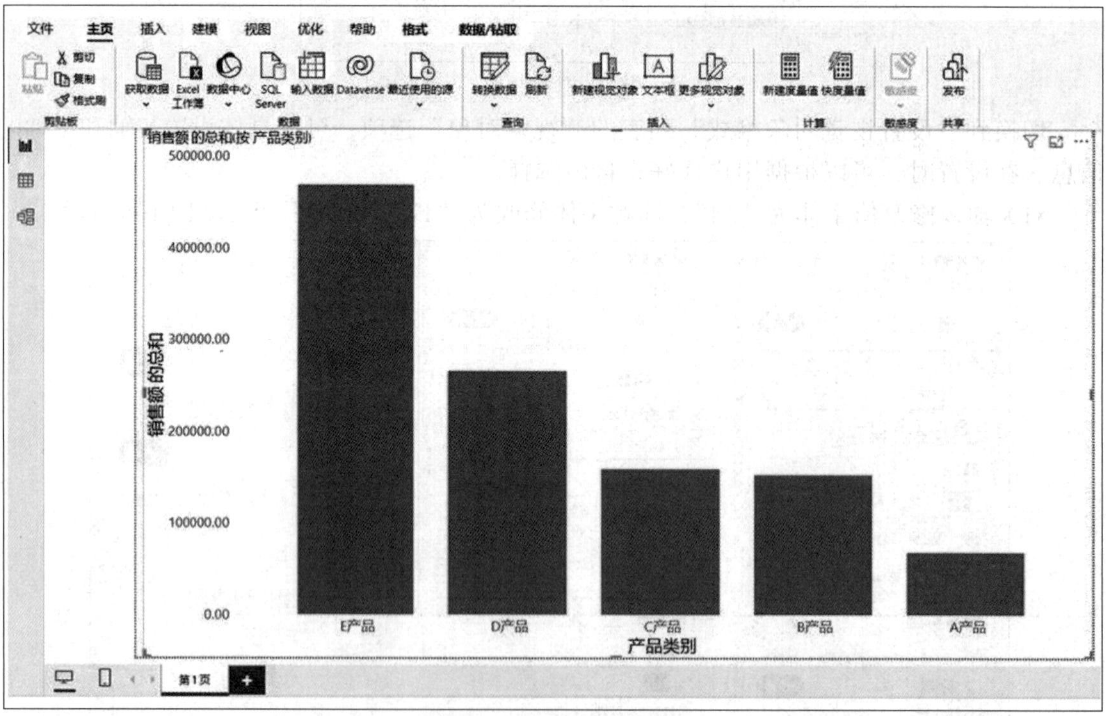

图4-10　调整坐标轴信息

2.图例

图例，是图表中一个带文字和图案的圆形，用于表示数据系列的颜色和图案，即图表中不同颜色、类型的数据系列分别代表了什么数据。说简单点，图例就是为数据命名。

在“生成视觉对象”列表下，从“数据”窗格拖动列字段“产品子类别”放入图例框；在“设置视觉对象格式”列表的“视觉对象”选项下，可以修改图例的选项（位置）、文本和标题，将文本字体修改为“14”，其他选项保持不变，如图4-11所示。

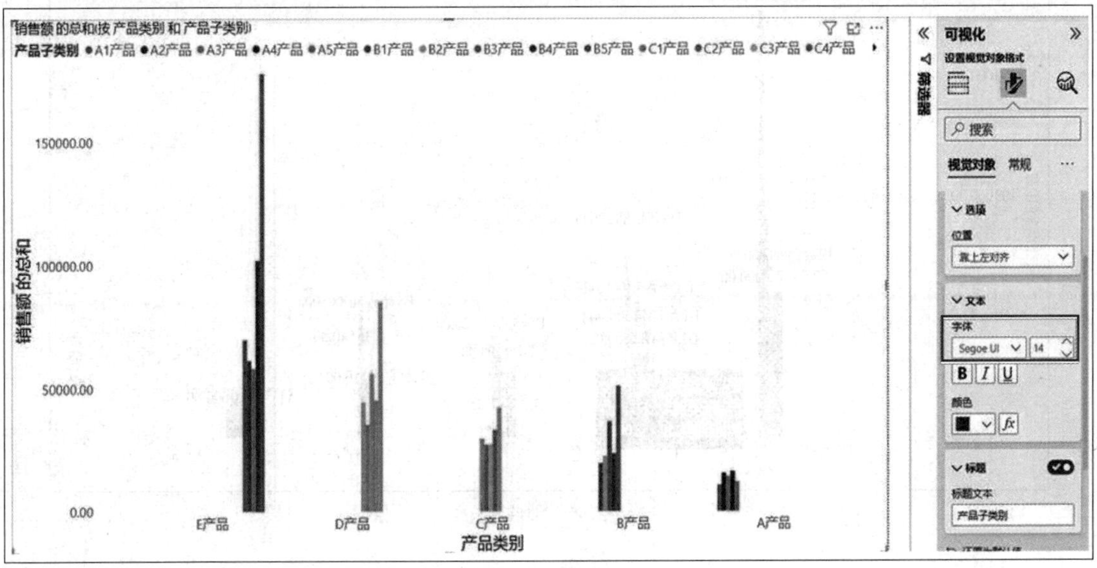

图4-11　设置图例

从图4-11中可以看出，每类产品都包含了5类子产品，图例用不同的颜色展示了各类子产品的销售额，在没有添加图例前，只是展示了各类产品的销售额。因为产品子类别较多，不能一一展示，可以点击右侧的 ▸ 按钮，可以展示隐藏的产品子类别。

【小贴士】如果图表数据系列使用了数据标签等方式清楚准确地说明了各数据项，则可以不用添加图例。此外，只有一种数据系列时也可以不用添加图例。

3. 数据标签

数据标签可以显示项目的具体数值和名称。添加数据标签，可以更好地区分数据项目、了解数据的具体数值。

在“设置视觉对象格式”列表的“视觉对象”选项下，将数据标签的状态设为“开”。

（1）将“设置应用于”选项的数据系列默认为“所有”，可以修改只为某些数据系列设置数据标签。

（2）“选项”选项设置数据标签的方向和位置，保持不变。

（3）“标题”选项设置标题的内容、字体、颜色、透明度等，将标题字体修改为“13”，其他选项保持不变。

（4）“值”选项设置字段、字体、颜色、透明度、显示单位、值的小数位等，值字体修改为“13”，显示单位修改为“无”，值的小数位修改为“2”，其他选项保持不变。

（5）“详细信息”选项可以新添数据，设置字体、颜色、透明度、显示单位、值的小数位等，默认不变。

（6）“背景”选项设置数据标签的背景和透明度，将背景的状态设为“开”。

（7）“布局”选项设置数据标签是单行还是多行，选择“单行”。

数据标签设置完成后，部分数据标签不能展示，还可以把鼠标放到想要了解的柱体旁，将会显示提示信息，如图4-12所示。

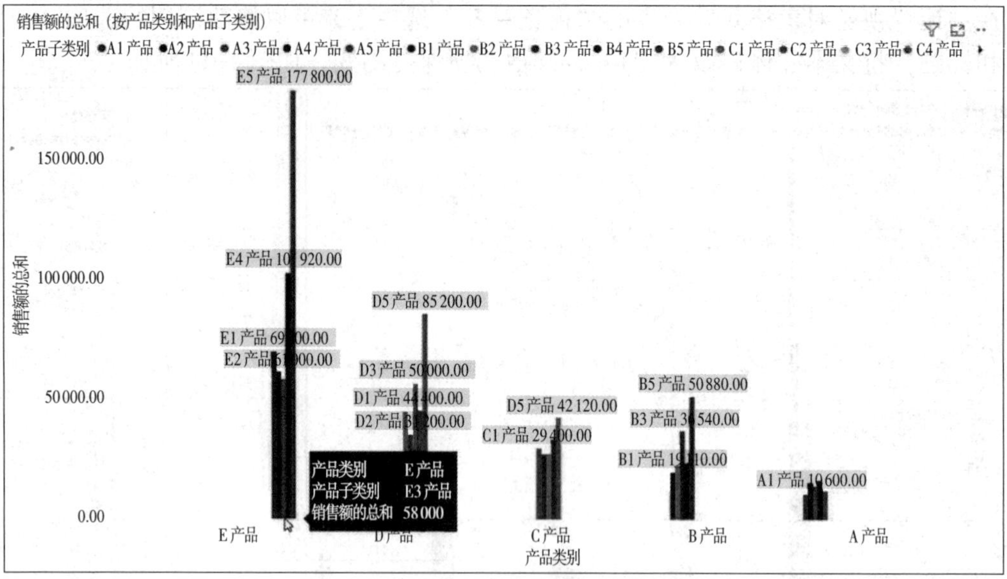

图4-12　数据标签

4. 网格线

网格线分为垂直网格线和水平网格线，其作用是引导观众视线，帮助观众找到数据项目对应的X轴和Y轴坐标，从而更准确地判断数据大小。图表是否需要添加网格线，添加什么网格线，取决于图表所表现的数据项目如果离开了网格线能否准确地引领观众视线的走向。

在“设置视觉对象格式”列表的“视觉对象”选项下，系统自动设定水平网格线，样式修改为“虚线”，颜色修改为“#E66C37”，其他选项保持不变，如图4-13所示。

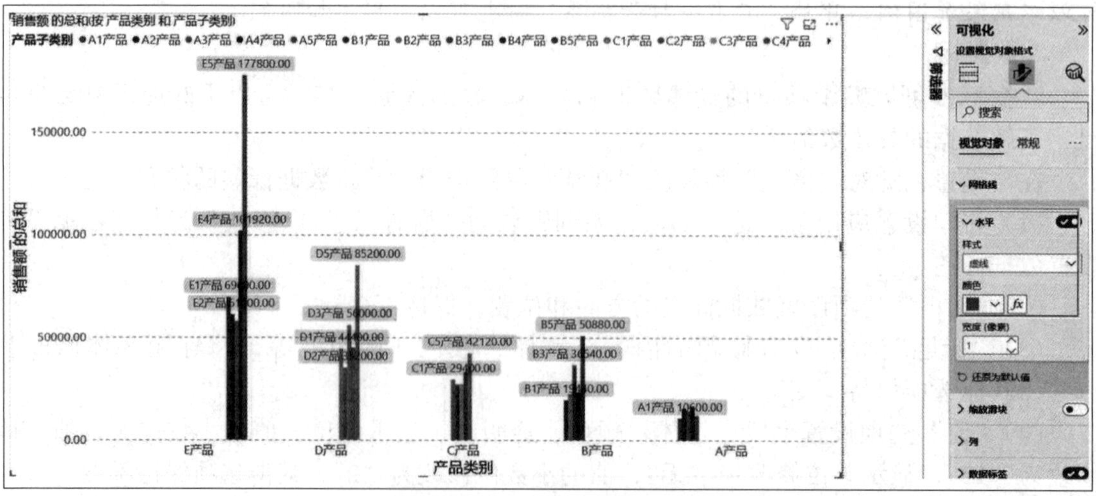

图4-13　设置网格线

5. 标题

图表标题说明这是一张关于什么数据的图表，标题一定不能少。当图表只是为展示数据状况时，可以拟定一个概括性标题，如“1月份产品销售额表”。但是，如果图表是为了展示一个结论、强调一个观点，标题也必须与之对应。

在“设置视觉对象格式”的“常规”选项下，设置标题信息，如图4-14所示。

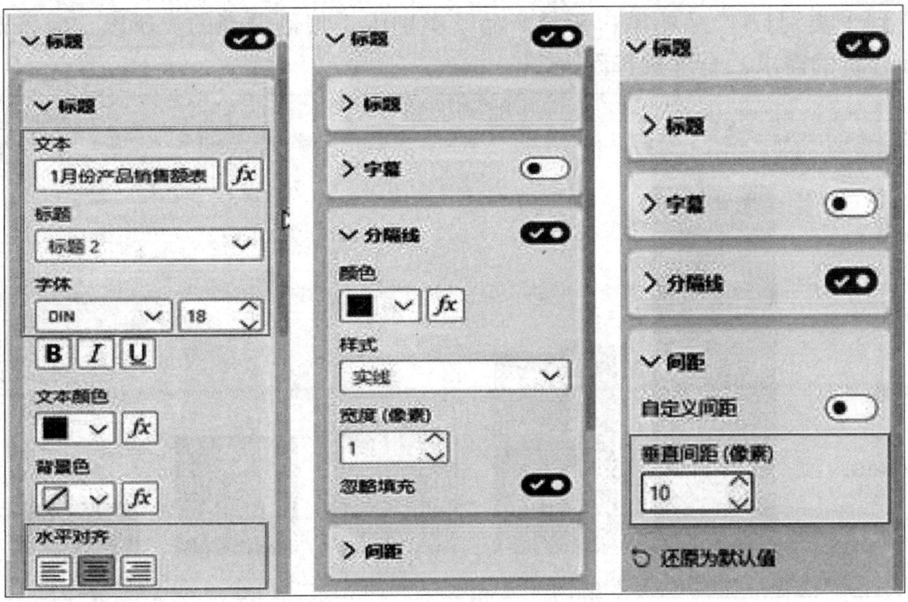

图4-14　设置标题信息

（1）在“标题”选项下，将文本修改为“1月份产品销售额表”，标题修改为“标题2”，字体修改为“18”，水平居中，其他选项保持不变。

（2）“字幕”选项保持不变。

（3）在“分隔线”选项下，将分隔线的状态设为“开”。

（4）在“间距”选项下，将垂直间距修改为“10”。

标题设置完成后，“1月份产品销售额表”在画布的效果如图4-15所示。簇状柱形图侧重于比较各个类别的值，从图4-15可以直观看出，子类别E5产品的销售额最高。但是，哪个类别产品的销售额最高，不能直观得出。

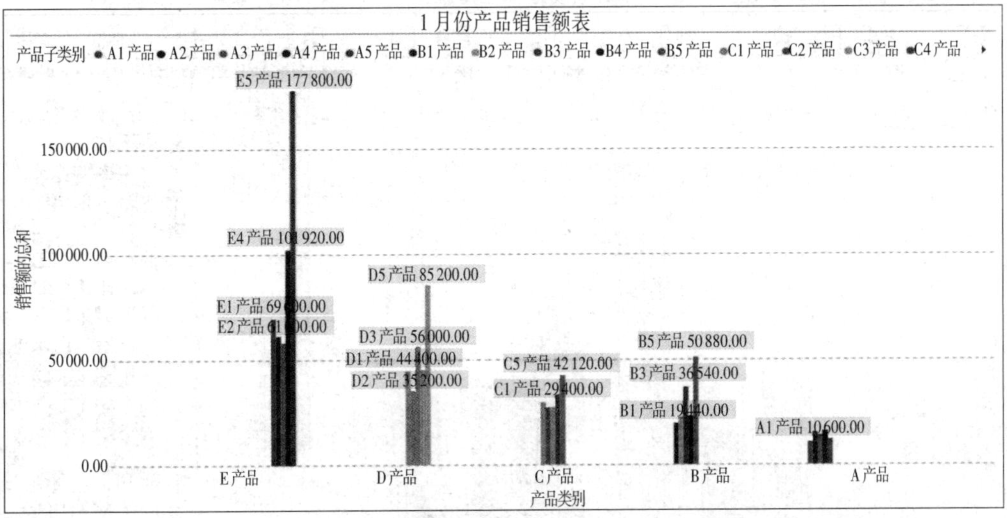

图4-15　簇状柱形图

选中这张图表，可以在“生成视觉对象”列表中，将图表切换为“堆积柱形图”，如

图4-16所示。相比于簇状柱形图，堆积柱形图不仅直观展示了E产品的销售额最高，而且能够看到子类别E5产品的销售额是产品子类别中销售额最高的。所以，应该根据数据的特点和分析的需求，合理选择图表。

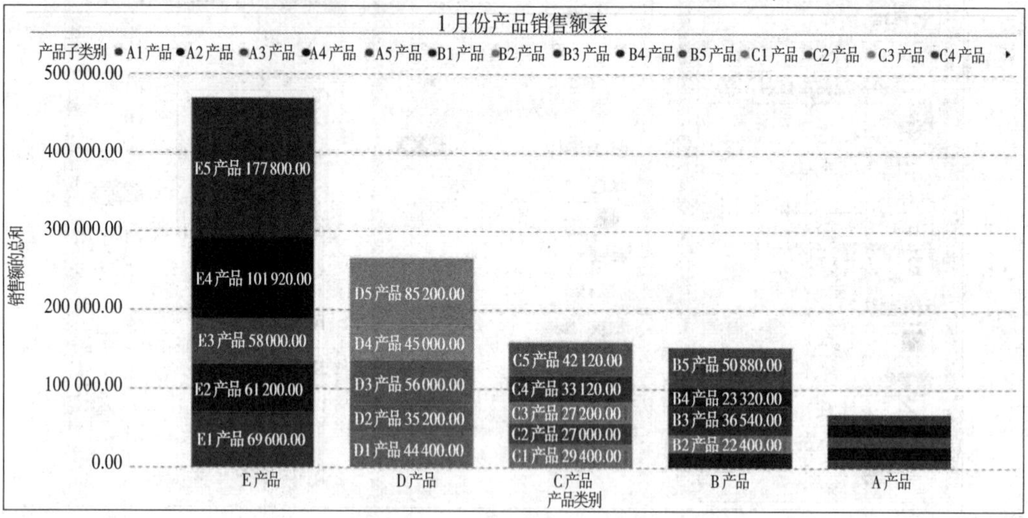

图4-16 堆积柱形图

（四）图表生成

生成的图表置于“报表视图”的画布中。可以轻松提取报表中的图表并将其粘贴。使用Ctrl+C键可复制报表上的图表，使用Ctrl+V键可粘贴图表。可以一次复制一个图表，也可以复制报表页面上的所有图表。

【活动4-1】使用东北财经大学出版社网站下载的“文件4-1”提供的表格，创建一个反映不同产品类别销售额的簇状柱形图。

（1）从“可视化”窗格的“生成视觉对象”列表中，选择“簇状柱形图”，如图4-17所示。

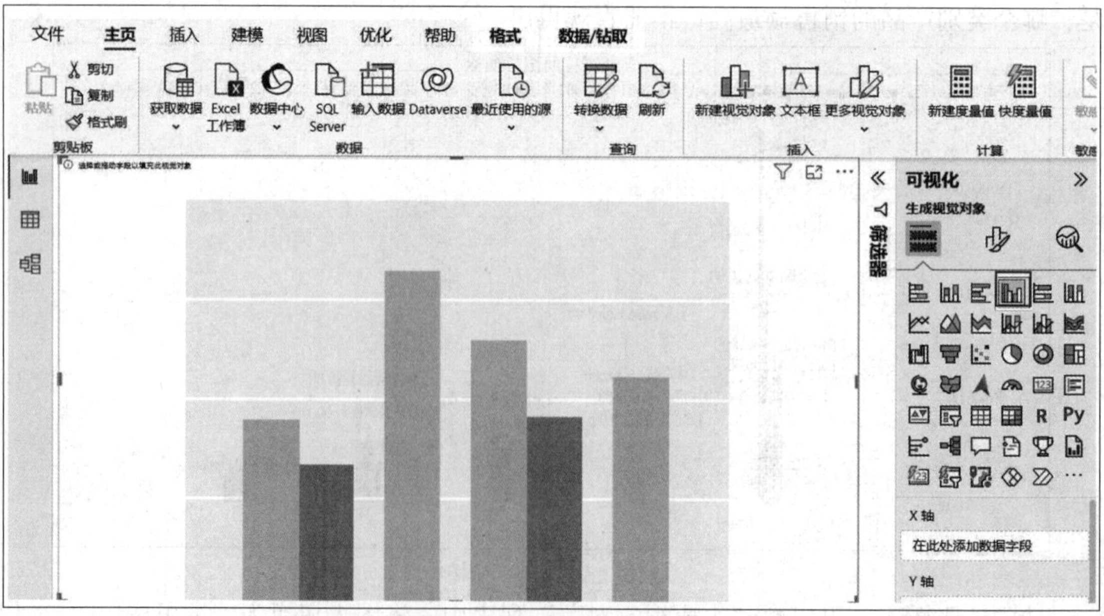

图4-17 选择簇状柱形图

（2）从“数据”窗格，拖动列数据，放于“可视化”窗格的“生成视觉对象”列表下的相应字段框中，如将列数据“产品类别”放于X轴框，列数据“销售额”放于Y轴框，如图4-18所示。

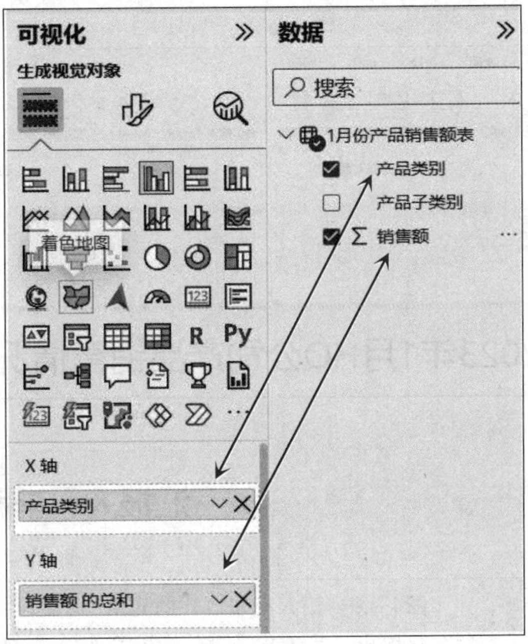

图4-18　生成视觉对象

（3）在“可视化”窗格的“设置视觉对象格式”列表中，对图表元素，如坐标轴、数据标签、网格线、标题等进行调整，调整完成后的图表，如图4-19所示。

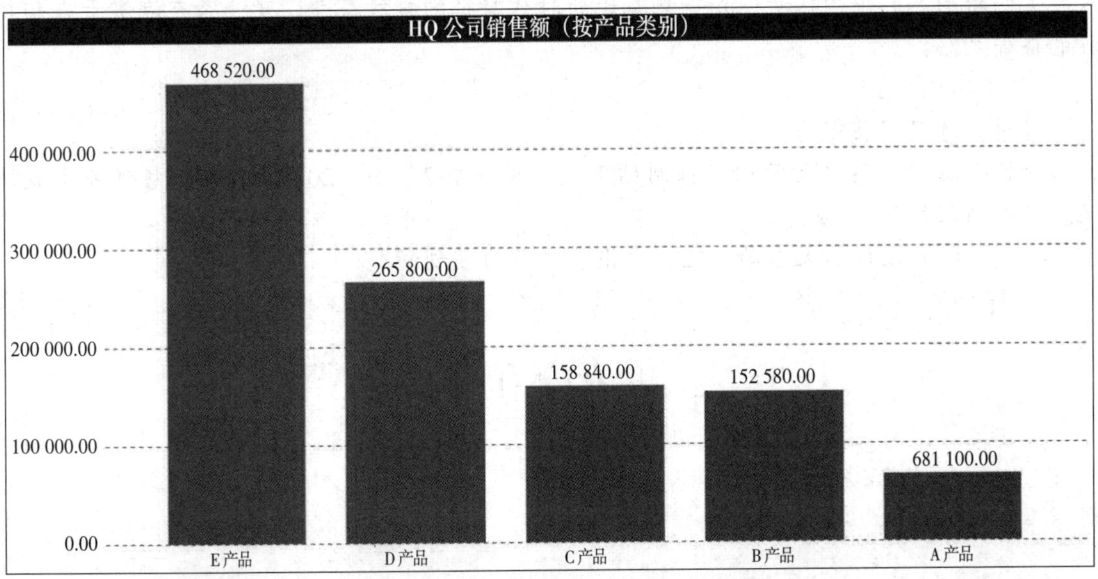

图4-19　HQ公司销售额（按产品类别）

（五）插入图表以外的元素

在报表中，除了添加可视化图表外，还有插入文本、按钮、形状和图像等。在“报表视图”的“插入”选项卡下，在“元素”组中，可插入这些元素，如图4-20所示。文字

“2023年1月HQ公司产品销售情况分析”和“汇报人：李德祥”是插入两个“文本框”，HQ图片是插入“图像”，直线是插入“形状”，形状里包括了一些常用图形，如圆形、矩形、三角形、心形等，右上角的箭头是插入“按钮”，包括向左键、右箭头、重置、上一步等。

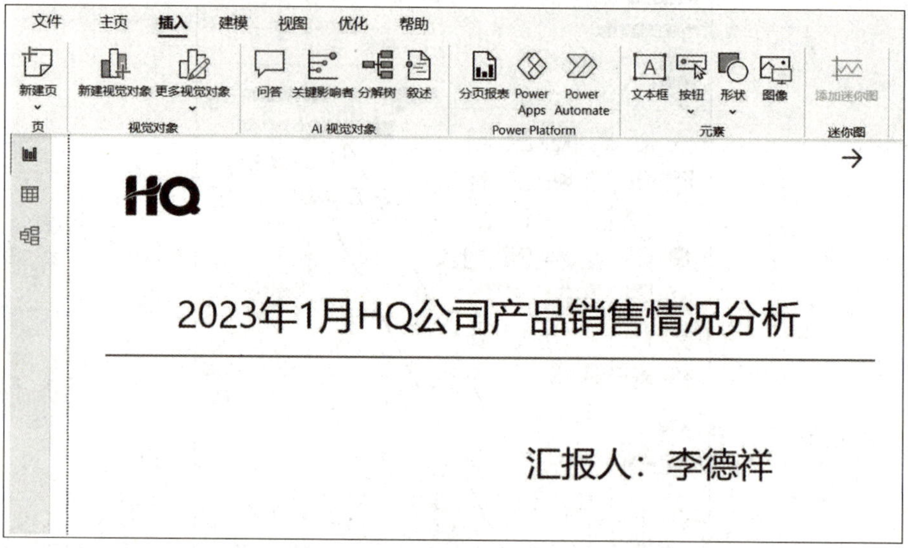

图4-20　插入图表以外的元素

【学思课堂】党的二十大报告指出：“从现在起，中国共产党的中心任务就是团结带领全国各族人民全面建成社会主义现代化强国、实现第二个百年奋斗目标，以中国式现代化全面推进中华民族伟大复兴。”以中国式现代化全面推进中华民族伟大复兴，是一次创造人类文明新形态的中国探索，是一场基于新时代特征的接续奋斗，是一条充满实干兴邦精神的奋进之路。

【任务实训4-1】

目的：练习图表布局。

资料：从东北财经大学出版社网站下载“文件4-2”→“2023年1月销售任务完成情况表（按销售经理）”。

要求：（1）设计图表布局；（2）设报表主题为“创新”。

任务二　报表交互与动态呈现

情景导入

Power BI可视化报表一个重要的特点是，图表之间直接支持互动筛选与钻取分析。利用这些特性，可以对业务数据的状况与问题进行多角度统计分析，为商业决策、业务发展提供重要的数据参考。

【请思考】如何根据报表需要设计交互功能和动态效果？

知识学习

在Power BI中，通过图表的筛选、编辑交互、钻取、工具提示和导航等功能，可以实现更多的动态效果，对数据进行更加深入的探索。

一、筛选和切片器

（一）筛选

筛选，是指从图表中挑选出满足条件的数据对象。在“报表视图”的“视图”选项卡下，点击“显示窗格”组中的“筛选器”命令，可以打开或关闭“筛选器”窗格。在“筛选器”窗格中可以创建三种标准类型的筛选器。以东北财经大学出版社网站下载的“文件4-3”提供的报表为例，介绍各类筛选器的使用。

1.视觉对象筛选器

可应用于报表页上的一个视觉对象（图表）。如果选择了报表画布上的视觉对象，则会看到视觉对象筛选器。即使无法编辑报表，也可以选择一个视觉对象并对其进行筛选。对特定的可视化对象进行筛选后，对其他可视化对象没有影响。选中图表“销售额的总和（按产品类别名称）”，对“销售额的总和”按照“大于或等于200000”的条件进行筛选，只有D产品和E产品满足筛选条件，如图4-21所示。

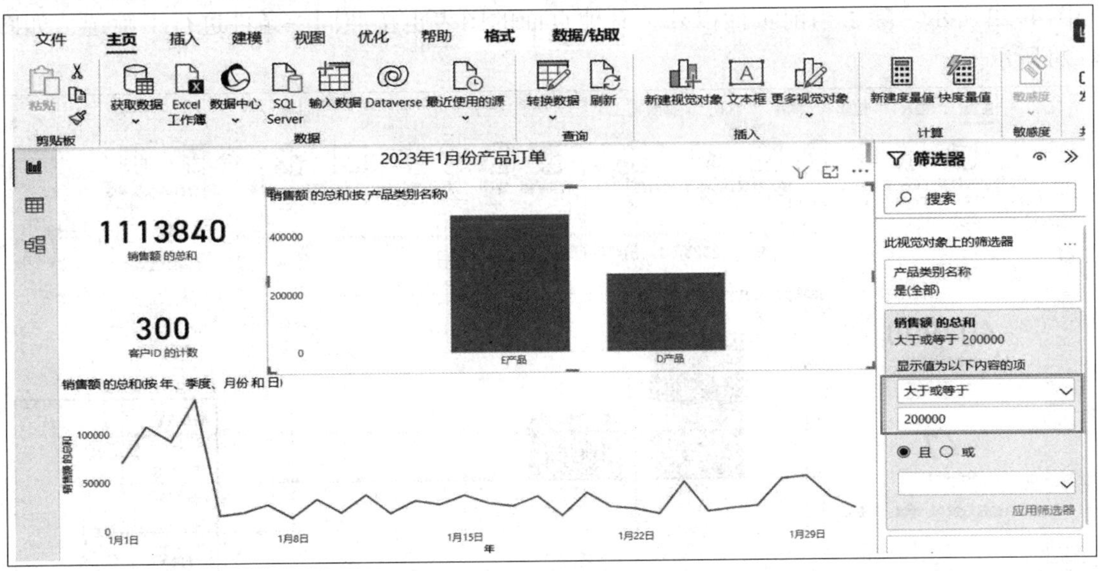

图4-21　视觉对象筛选器

2.页面筛选器

可应用于报表页面上的所有视觉对象。对特定的可视化对象进行筛选后，本报表页其他可视化对象也受到影响。对“销售额”按“大于5000”的条件进行筛选，页面上的所有图表都按照此条件进行了筛选，如图4-22所示。

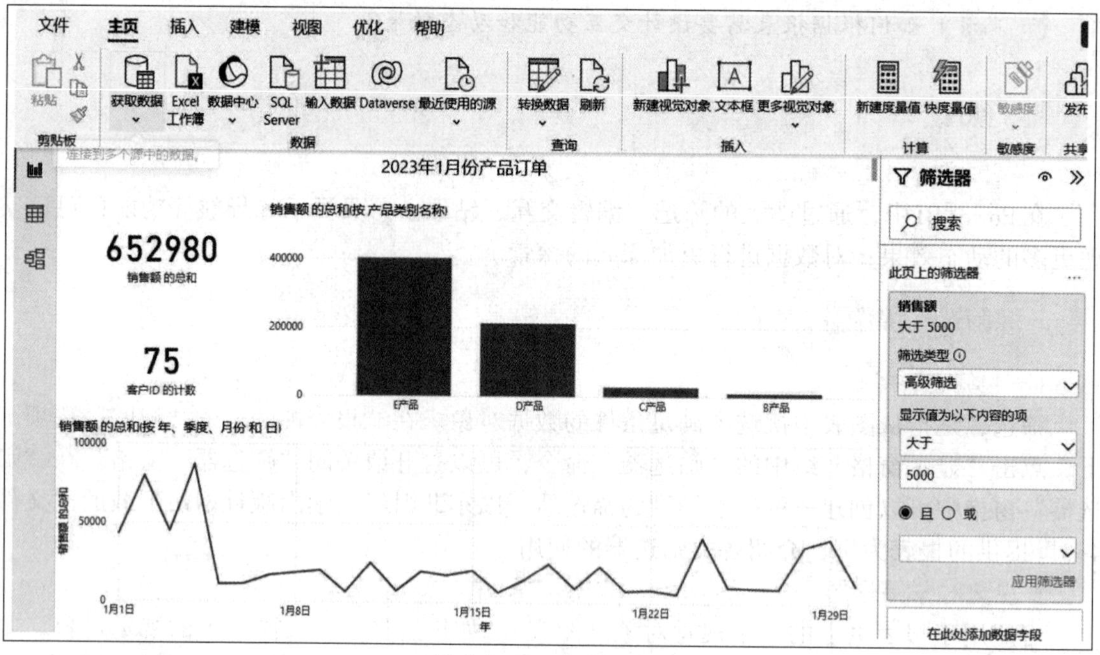

图4-22　页面筛选器

3.报表筛选器

可应用于报表中的所有页面。对特定的可视化对象进行筛选后，所有报表页的可视化对象均受到影响。对“订单日期”按照“不晚于2023/1/15上午12：00”的条件进行筛选，如图4-23所示。除了当前页面以外，其他页面的图表也按照同一条件进行了筛选，如图4-24所示。

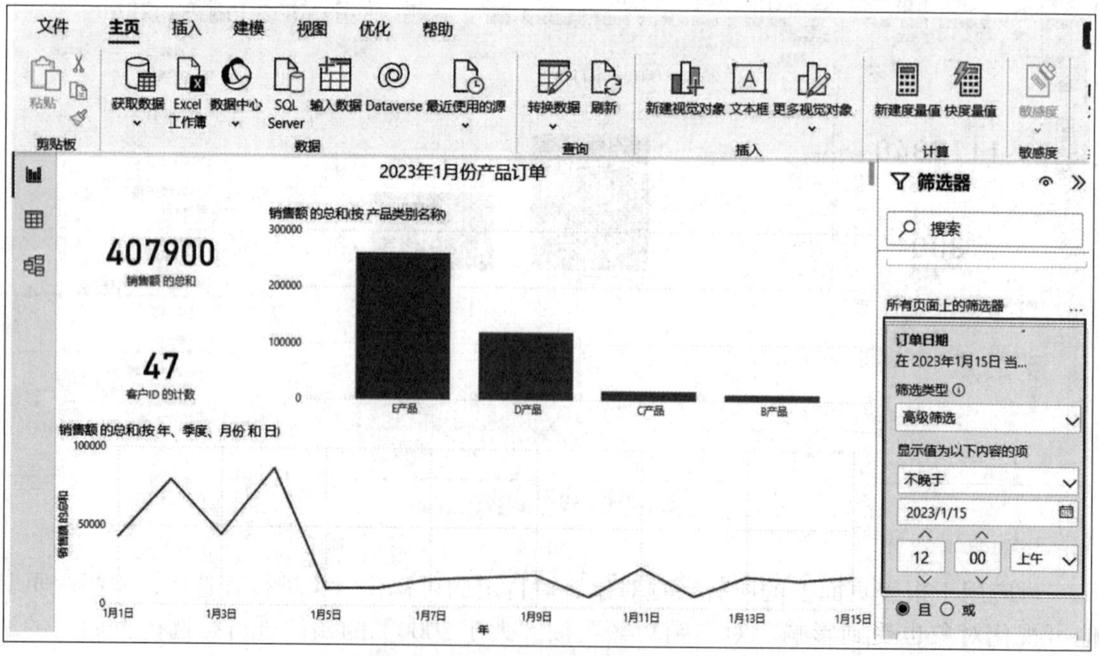

图4-23　报表筛选器（产品订单）

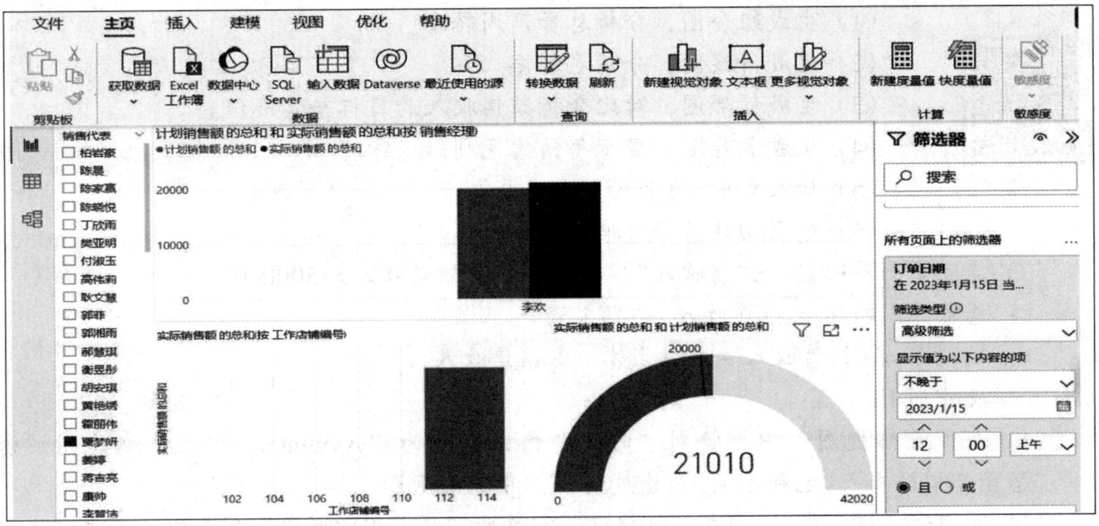

图4-24　报表筛选器（产品销售额）

【小贴士】筛选器可保留用户最关切的数据，而将其他所有数据删除。一般来说，突出显示不是筛选。在大多数图表中，突出显示不会删除不相关的数据，而是会突出显示相关数据，其余数据保持可见，但会暗显。

（二）切片器

切片器，是一种可直接在报表页中使用的简单类型筛选。切片器为如何在报表页上的视觉对象中筛选结果提供了线索。有多种不同类型的切片器：数字、类别和日期。通过切片器，可以一次性轻松筛选报表页上的所有视觉对象。

以东北财经大学出版社网站下载的“文件4-3”→“销售人员业绩”为例。以销售代表的姓名建立切片器，点击任何一个销售代表的名称，对应下方的卡片图就会发生变化，如选中销售代表“周若瑜”，她在当月的实际销售额为19 710元，超过计划销售额9.50%，她归属于销售经理“刘希恒”所管，如图4-25所示。

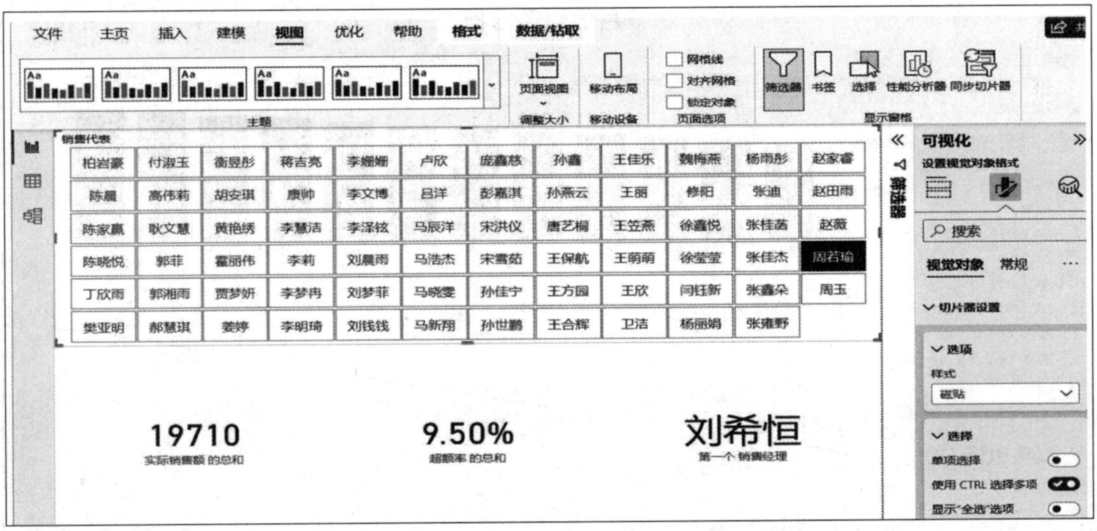

图4-25　切片器

【活动4-2】使用二维码4-2提供的“1—12月财务数据”，完成以下操作：

4-2表格

1—12月财务数据

（1）生成组合图，分析总资产周转率。

（2）生成折线图，分析毛利率。

（3）生成柱形图，对比分析销售收入的目标与实际值。

（4）生成卡片图，显示年销售毛利。

（5）插入文本“1月份财务分析”。

（6）建立切片器“订单日期”。

（7）建立页面筛选器“销售收入”，筛选条件“销售收入>1500000”。

注：总资产周转率＝销售收入 ÷ 期末资产

毛利率＝（销售收入－销售成本）÷销售收入

具体操作如下：

（1）在“表格视图”中，将列“时间”格式修改为“yyyy-mm”形式，新建列“资产”“总资产周转率”“毛利率”，新建度量值“年销售毛利”。

（2）切换到“报表视图”，在“可视化”窗格的“生成视觉对象”列表中，点击“折线和堆积柱形图”命令，将列数据“时间”放入X轴框，列数据“销售收入”“资产”放入列Y轴框，列数据“总资产周转率”放入行Y轴框，生成折线和堆积柱形图，调整图表元素。

（3）点击画布上的空白处，点击“折线图”命令，将列数据“时间”放入X轴框，列数据“毛利率”放入Y轴框，生成折线图，调整图表元素。

（4）点击画布上的空白处，点击“卡片图”命令，将度量值“年销售毛利”放入字段框，生成卡片图，调整图表元素。

（5）在“插入”选项卡下的“元素”组中，点击“文本框”命令，输入文本“1月份财务分析”，字号为“24”，居中。

（6）点击画布上的空白处，点击“可视化”窗格“生成视觉对象”列表下的“切片器”命令，将列数据“时间”放入字段框，生成切片器，采用“垂直列表样式”，调整图表元素。

（7）调整报表布局，操作完成后，如图4-26所示。

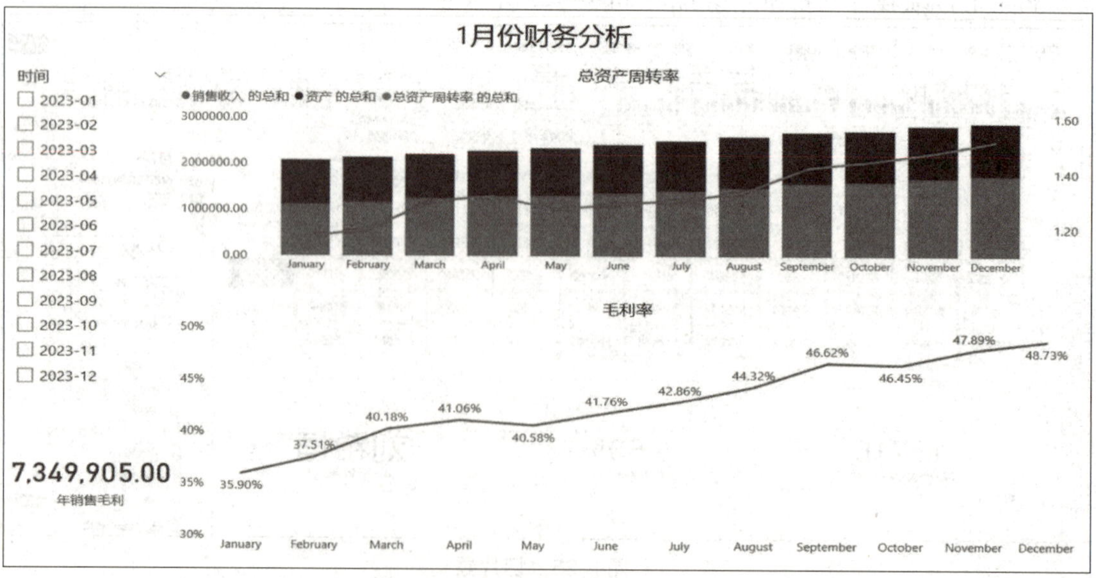

图4-26 “1月份财务分析”报表

（8）建立页面筛选器，筛选结果如图4–27所示。

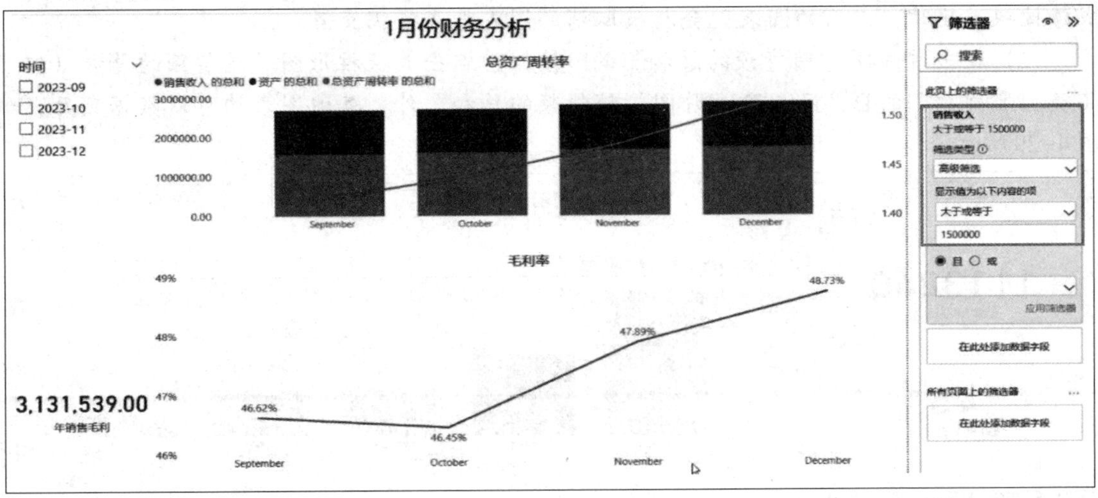

图4–27　页面筛选器

二、编辑交互

编辑交互，是在更改选择数据点时，图表之间的一种交互方式。在编辑模式下，选择源图表，然后通过显示的图标来选择具体的行为。通俗一点，就是用来编辑各个图表之间数据交互的一种方式。

【活动4–3】在东北财经大学出版社网站下载的“文件4–3”→“产品订单”中，为簇状柱形图“销售额的总和（按产品类别名称）”设置编辑交互。

（1）在“报表视图”中，选择簇状柱形图“销售额的总和（按产品类别名称）”，在“格式”选项卡下，点击“编辑交互”命令，如图4–28所示，每个图表上都会出现两个按钮。

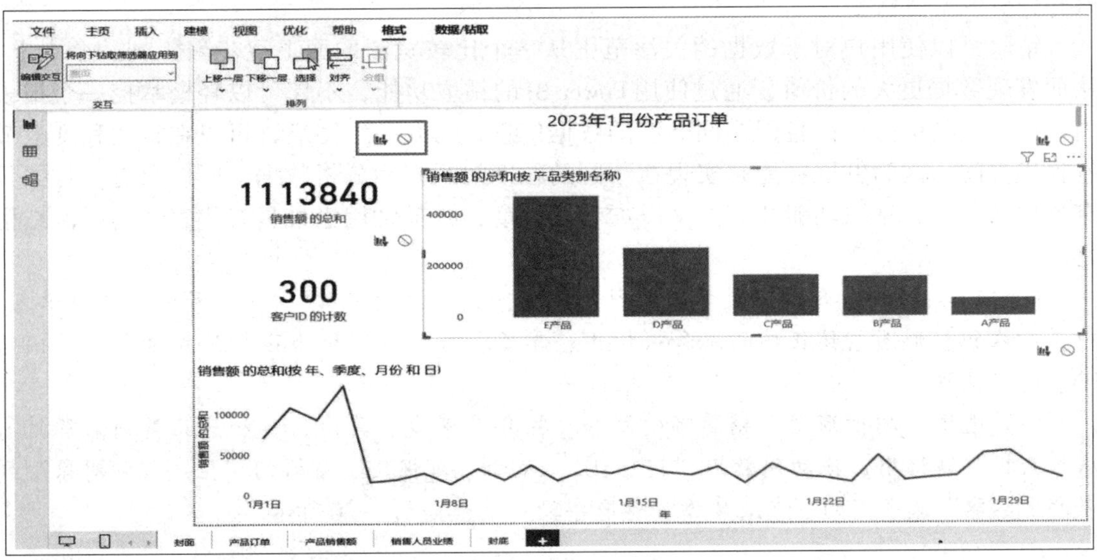

图4–28　设置编辑交互

其中，按钮是用来与其他报表产生数据交互关系的按钮，默认是被选中状态。按钮是用来取消与其他报表产生数据交互的按钮，默认是未被选中。点击⊘按钮后，就会变成🚫按钮，此时，当前的图表就会与被取消的图表失去数据交互。

（2）点击卡片图“销售额的总和”的⊘按钮，点击簇状柱形图“销售额的总和（按产品类别名称）”的D产品，除卡片图“销售额的总和”外，其他图表均可以数据交互，如图4-29所示。

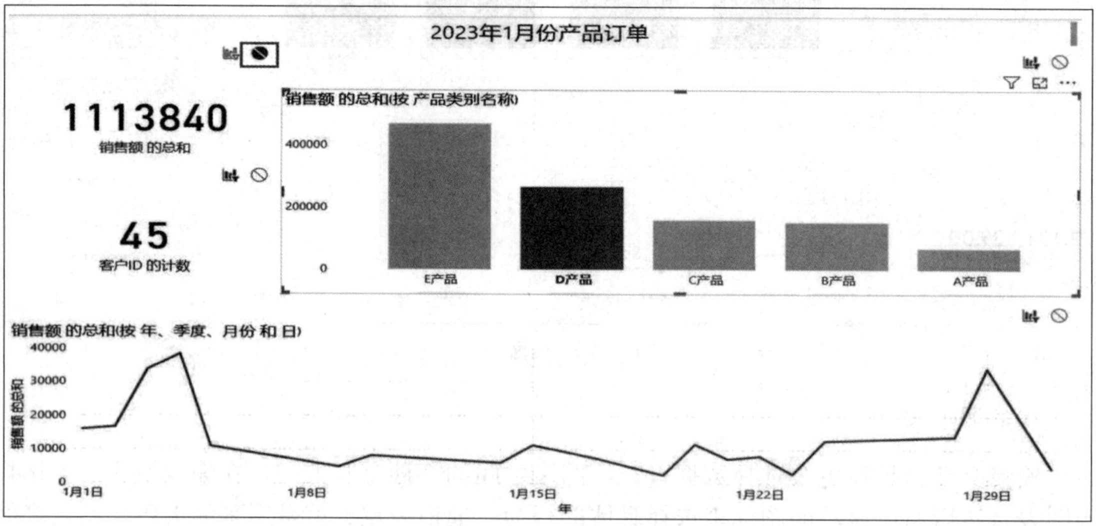

图4-29 取消数据交互

三、钻取

钻取，是指按照某个特定层次结构或条件对数据进行细分呈现。钻取分为上钻和下钻：上钻是通过减少维数，将低层次的细节数据概括到高层次的汇总数据，在更大的粒度上查看数据信息；下钻是增加新的维数，从汇总数据深入到细节数据，在更小的粒度上观察和分析数据信息。

钻取可以使用户对于数据的关注范围从一个比较宽泛的面上逐步聚焦到一个点上，从而发现数据更大的价值。通过使用Power BI的钻取功能，不仅可以轻松掌控一个报表内不同层次的信息，而且因为同类型的数据信息只需要一个图表，可以在很大程度上节省报表空间。因为钻取功能是实现在不同的粒度间观察和分析数据，所以只有当数据具有层次结构时，钻取功能才有意义。如日期维度，是最常用也最具有代表性的层次结构之一。

【活动4-4】在东北财经大学出版社网站下载的“文件4-4”→“1月份产品订单表”中，对堆积柱形图“销售额的总和（按年、季度、月份、日和产品类别名称）”按“门店ID”进行钻取。

（1）选中堆积柱形图“销售额的总和（按年、季度、月份、日和产品类别名称）”，从“数据”窗格中，拖动列数据“门店ID”，放于“可视化”窗格的“生成视觉对象”列表的“钻取”选项下的“在此处添加钻取字段”框，如图4-30所示。

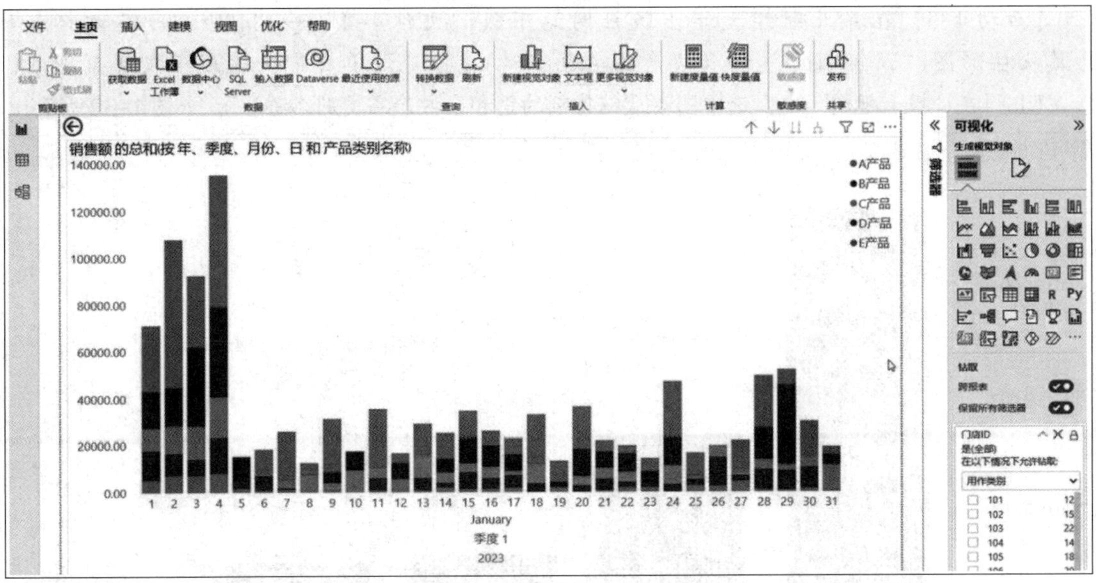

图4-30 按“门店ID”钻取

（2）勾选店铺“103”，图表按此条件筛选，如图4-31所示。

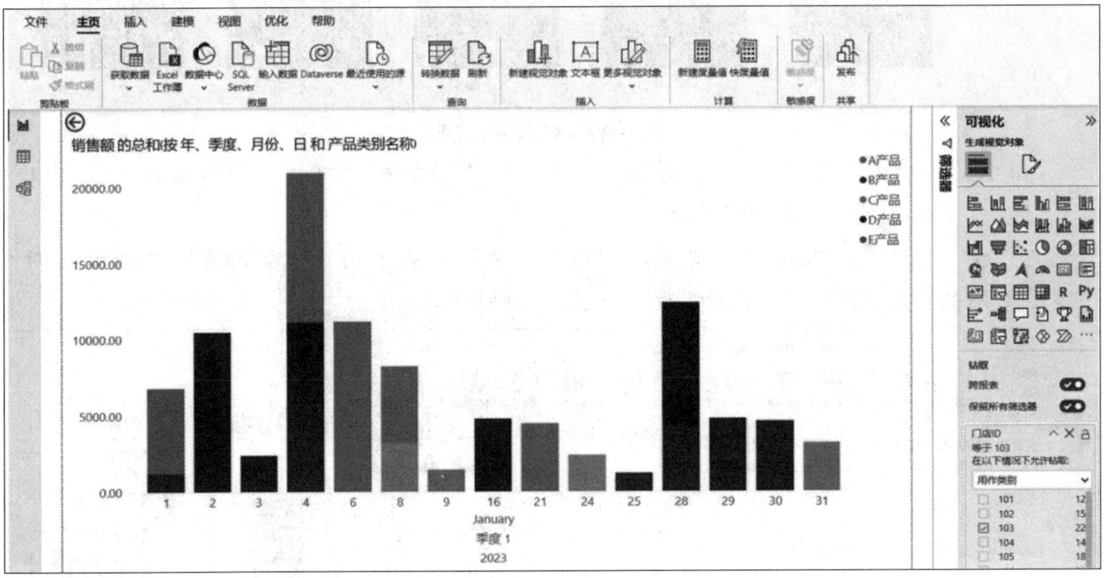

图4-31 按条件筛选

【小贴士】钻取的一部分功能，筛选是可以实现的，但这样做在报表中势必会出现多个筛选，会影响报表的直观性，当然也不是所有的数据都适合用钻取进行展示，钻取适用于需要展现相关数据时效果最好，比如任务的工期或者资源成本等信息。

四、小型序列图

小型序列图，经常应用于各种可视化报表，它是将一个图表按某个维度拆分为并列的多张小图表。可以在条形图、柱形图、折线图和面积图上创建小型序列图。你会看到轴是同步的。每行左边有一个Y轴，每列底部有一个X轴。

【活动4-5】在东北财经大学出版社网站下载“文件4-4”→“1月份产品订单表”，为簇状柱形图“销售额的总和（按产品类别名称）”按“订单日期”生成小型序列图。

（1）在“报表视图”中，选中图表“销售额的总和（按产品类别名称）”，如图4-32所示。

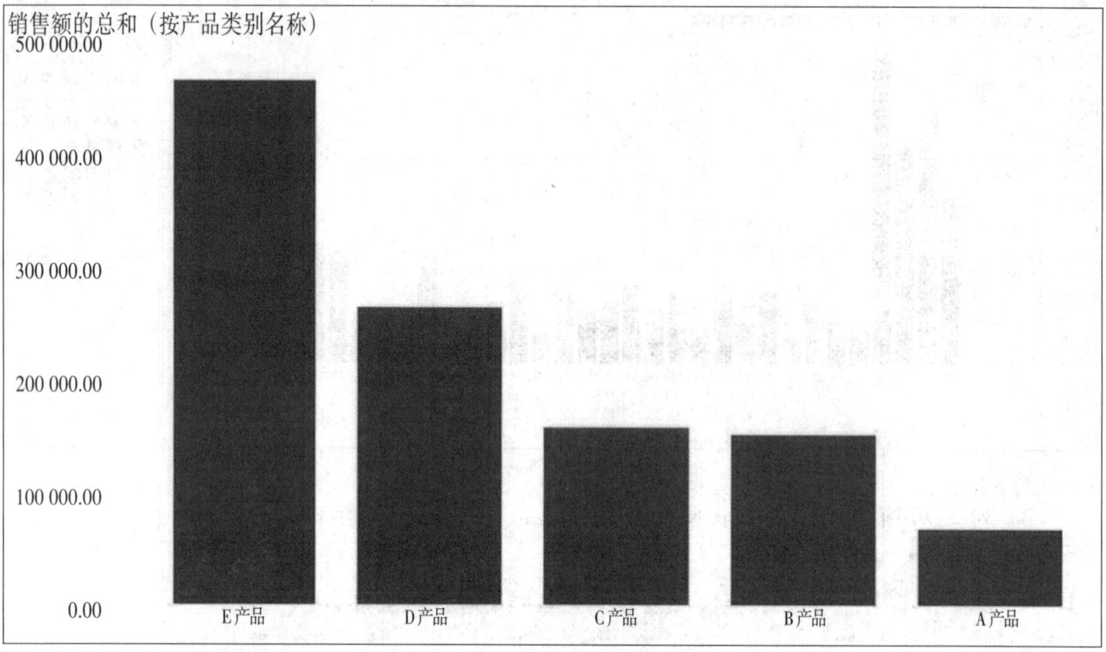

图4-32　簇状柱形图

（2）从“数据”窗格中，将列数据“订单日期”拖放到“可视化”窗格的“生成视觉对象”列表下的“小型序列图”框中。

（3）在“可视化”窗格的“设置视觉对象格式”列表下的“视觉对象”选项中，调整小型序列图的图表元素，操作完成后，如图4-33所示。

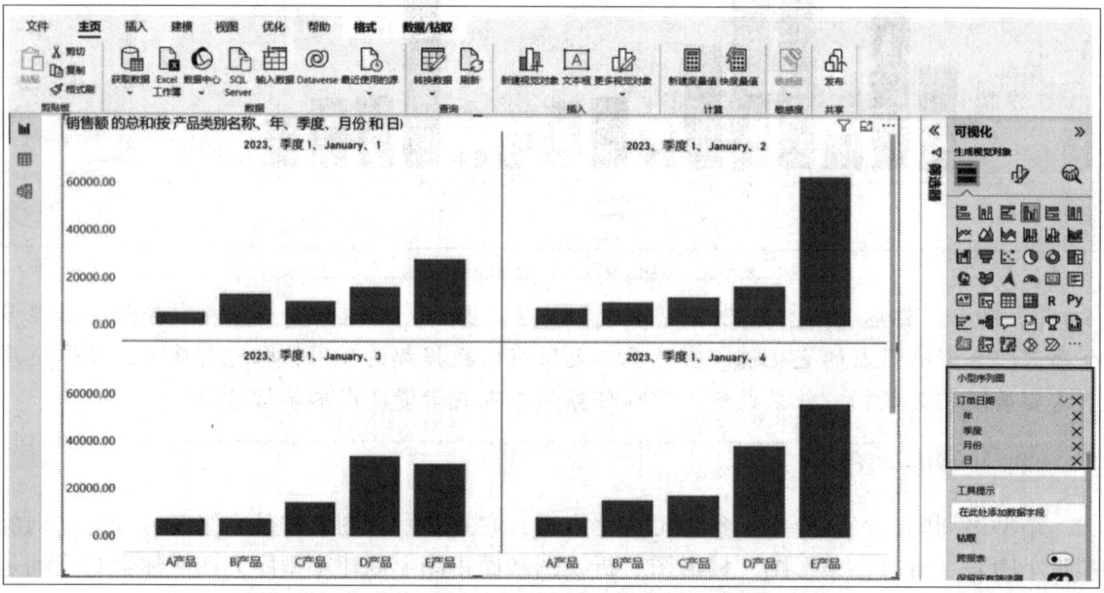

图4-33　小型序列图

五、工具提示

工具提示，是鼠标在图表上悬停时触发的可视化效果，用于显示与当前数据点相关的其他数据。它可以帮助我们更好地利用报表空间，展示更丰富的数据信息。

【活动4-6】在东北财经大学出版社网站下载“文件4-4”→“销售额的总和(按年、季度、月份、日和产品类别名称)”中，生成工具提示“门店ID的计数”。

（1）在“报表视图”中，选中图表“销售额的总和（按年、季度、月份、日和产品类别名称）”，把鼠标悬停于柱形图的柱体时，显示的内容只包括订单日期、产品类别名称和销售额的总和，如图4-34所示。

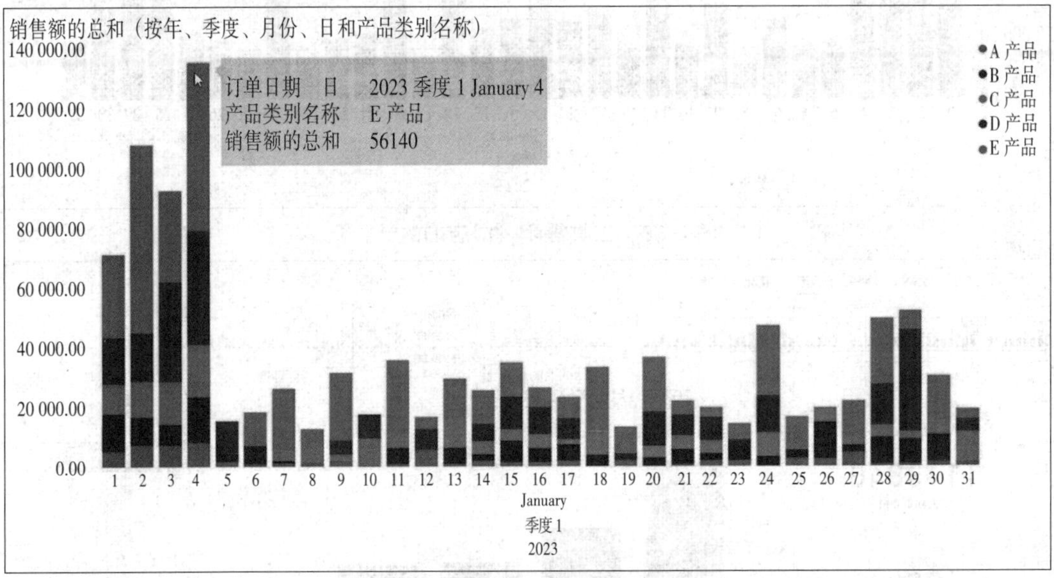

图4-34　工具提示

（2）打开“可视化”窗格的“设置视觉对象格式”列表的“常规”选项，调整“工具提示”状态为“开”，调整其选项、文本和背景的内容。

（3）切换到“可视化”窗格的“生成视觉对象”列表的“工具提示”选项，从“数据”窗格，拖动列数据“门店ID”放于工具提示框。

（4）把鼠标悬停于柱形图的柱体，此时显示的内容包括门店ID的计数，如图4-35所示。

六、导航

（一）书签

书签，用来记录某一状态下的报表，如图表的可见性、数据的筛选状态等。当点击书签时，即可返回书签记录的状态。以东北财经大学出版社网站下载的“文件4-3”提供的报表为例。

在“报表视图”的“视图”选项下，点击“书签”命令，在右侧弹出“书签”窗格，点击“添加”命令，就会为当前报表页生成一个书签，如图4-36所示。

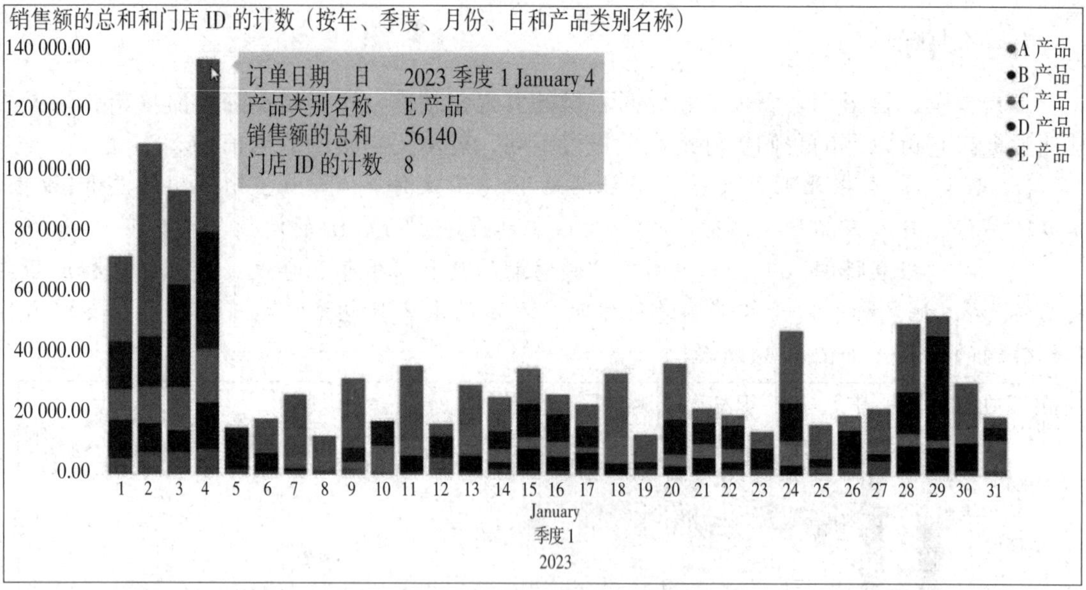

图4-35 工具提示（门店ID的计数）

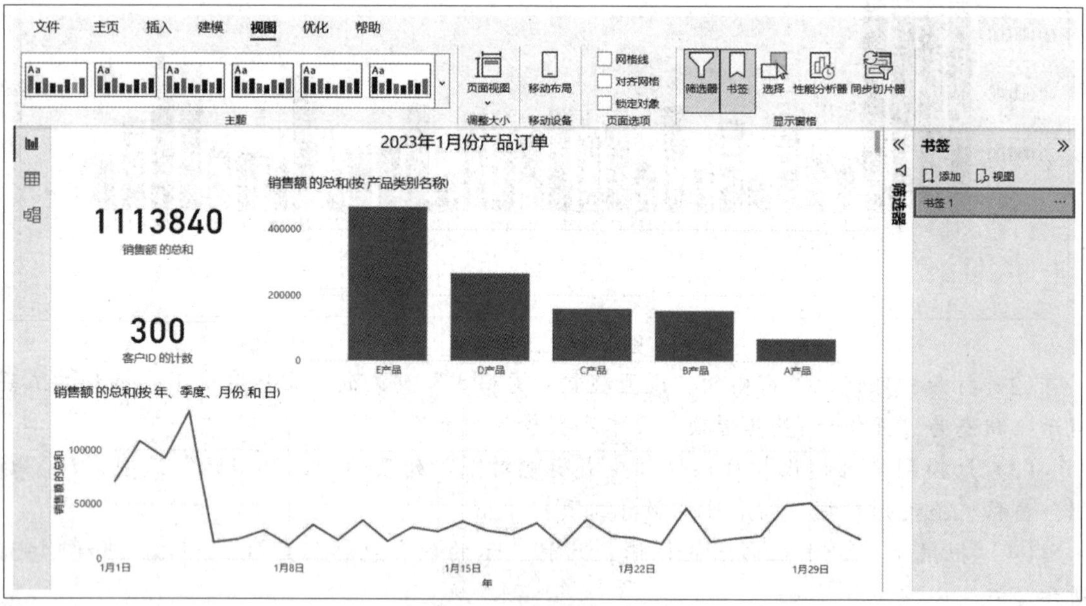

图4-36 添加书签

选中生成的书签，点击右侧的“…”符号，可以进行更新、重命名、删除，分组等操作，如图4-37所示。

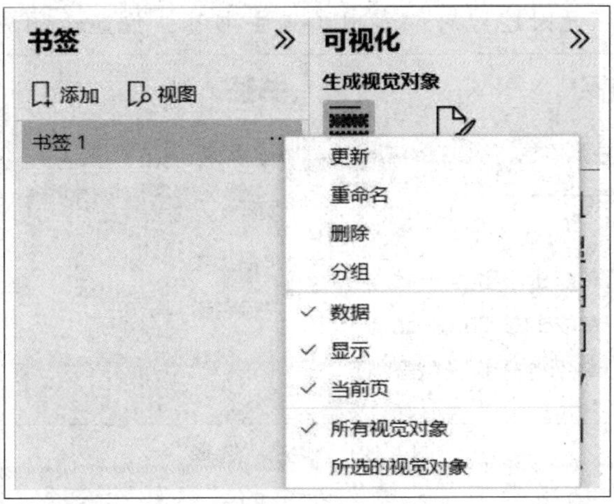

图4-37　书签选项

（二）书签导航器

书签导航器常用来在一个页面中，切换显示不同的数据。

【活动4-7】使用东北财经大学出版社网站下载的“文件4-5”提供的数据，按“型号”“产品大类”“产品名称”建立三张柱形图，并以此建立书签导航器。

（1）新建3个柱形图“订单数的总和（按型号）”“订单数的总和（按产品大类）”“订单数的总和（按产品名称）”，如图4-38所示。

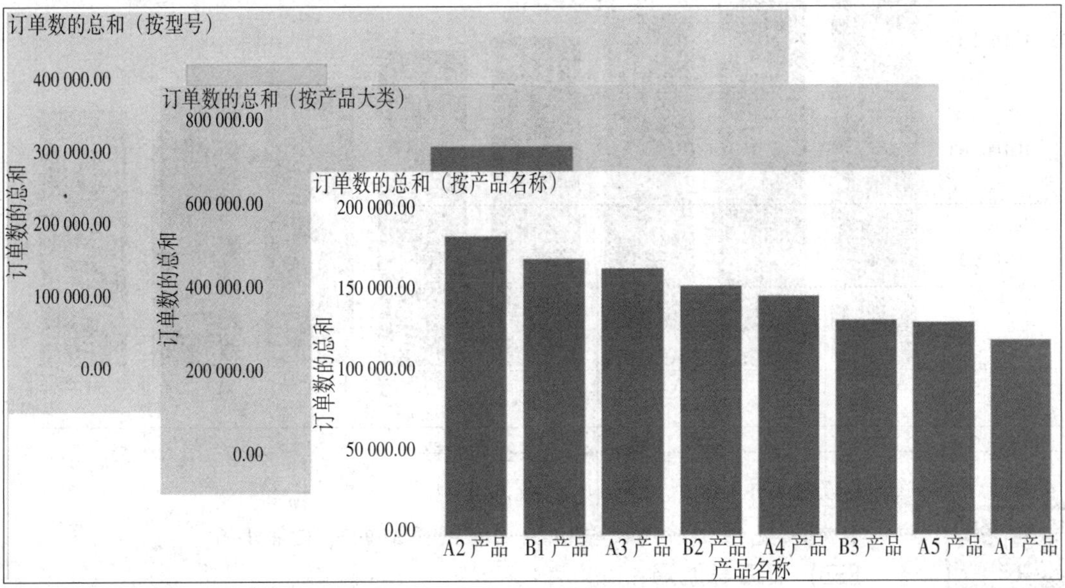

图4-38　新建柱形图

（2）为柱形图“订单数的总和（按型号）”建立书签“型号”，为柱形图“订单数的总和（按产品大类）”建立书签“产品大类”，为柱形图“订单数的总和（按产品名称）”建立书签“产品名称”。

（3）在“视图”选项卡的“显示窗格”组，点击“选择”命令，弹出“选择”窗格。

（4）在“书签”窗格，选中书签“型号”，在“选择”窗格，隐藏“产品大类”“产品名称”两个视觉对象，更新书签“型号”，如图4-39所示。同样方法，设置“产品大类”

“产品名称”两个书签。此时已经可以实现：点击书签，仅显示相应的视觉对象。

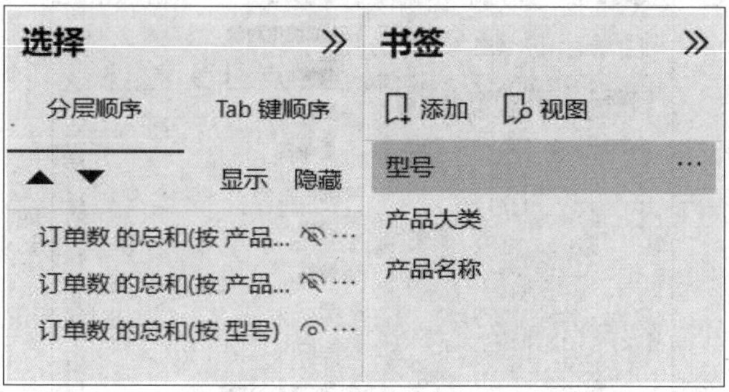

图4-39 设置“选择”

（5）点击“插入”选项卡下“元素”组中的“按钮”选项，在弹出的快捷菜单中，使用“导航器”选项下的“书签导航器”命令，自动将上面三个书签添加到导航器中。

（6）将“型号”“产品大类”“产品名称”三个图表位置重叠，按住Ctrl键，点击书签，即可实现切换效果，如图4-40所示。

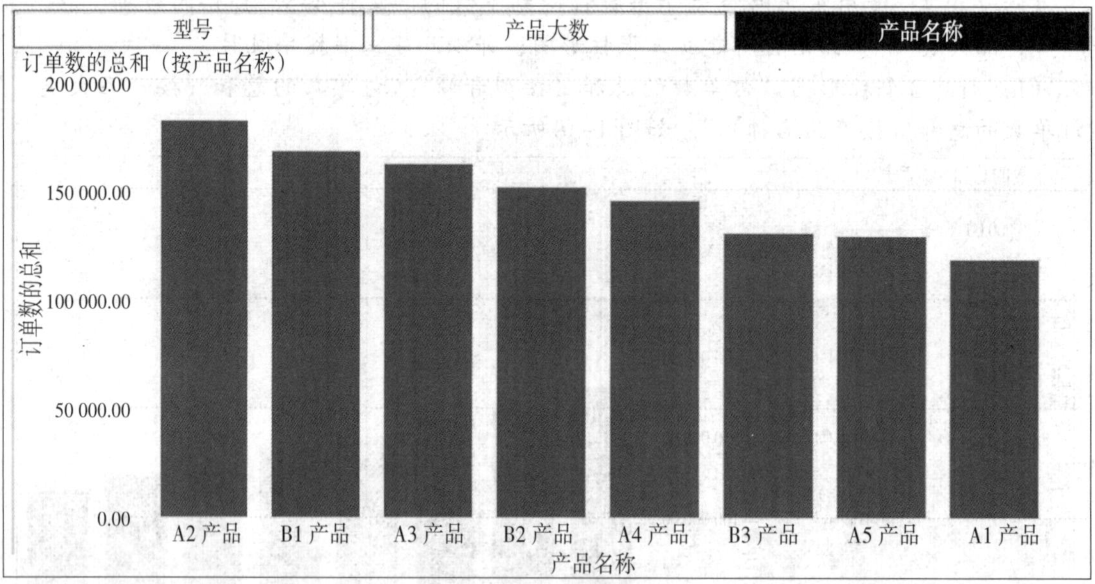

图4-40 书签导航器

4-3微课

设置书签导航器

【活动4-8】活动内容见二维码4-3。

作结果见东北财经大学出版社官网下载的“文件4-6”。

（三）页面导航器

页面导航器提供指定各个页面的一组按钮。其中，按钮的标题与页面显示名称一致；按钮的顺序与报表页的顺序一致；所选按钮是当前页面；在报表中添加或删除页面时，页面导航器会自动更新；重命名页面时，按钮的标题会自动更新。

以东北财经大学出版社网站下载的“文件4-3”提供的报表为例，包括“封面”“产品订单”“产品销售额”“销售人员业绩”“封底”5个报表页。在“报表视图”中，从

“插入”选项卡下的元素组中，点击“按钮”命令。在弹出的快捷菜单中，点击“导航页”选项下的“页面导航页”命令，自动为当前报表页生成一个页面导航器，如图4-41所示。按住Ctrl键，点击任一按钮，可以实现报表页面的切换。

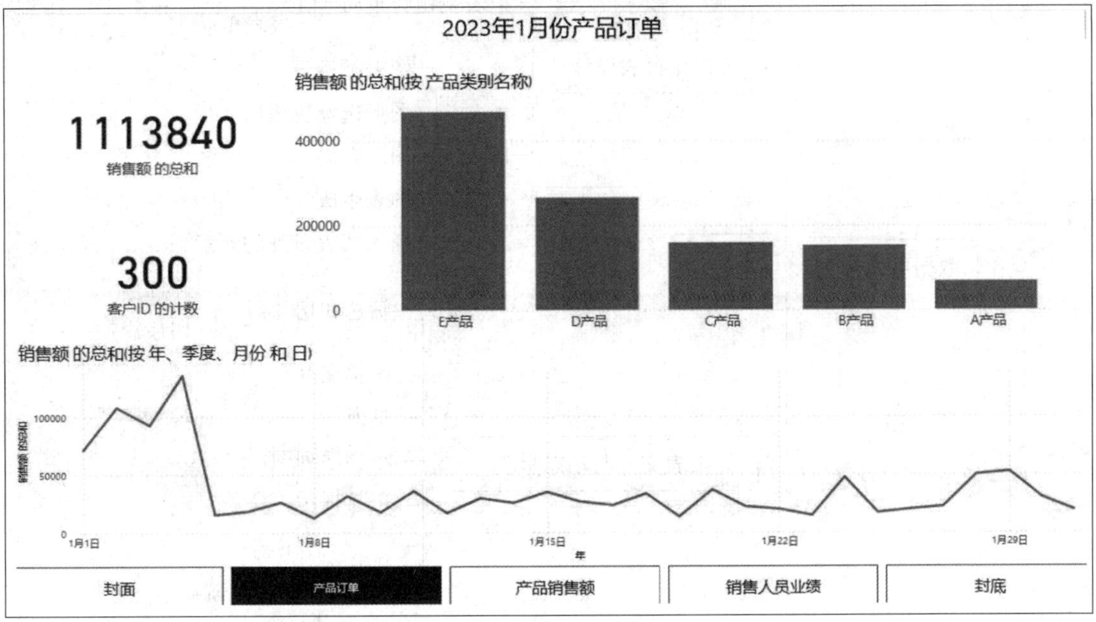

图4-41　页面导航器

【学思课堂】2018年1月，习近平总书记在新当选中央委员会的委员、候补委员和省部级主要领导干部学习贯彻习近平新时代中国特色社会主义思想和党的十九大精神研讨班上指出：“以钉钉子精神担当尽责，树立‘功成不必在我’的境界，一件事情接着一件事情办，一年接着一年干，脚踏实地把既定的行动纲领、战略目标、工作蓝图变为现实。”

【任务实训4-2】

目的：练习可视化报表设计及报表交互和动态呈现。

资料：HP公司2023年12月销售订单明细表见二维码4-4。

要求：(1) 设计封面封底；(2) 设计筛选；(3) 设计书签导航器和页面导航器。

4-4表格

HP公司2023年12月销售订单明细表

项目总结

本项目思维导图如图4-42所示。

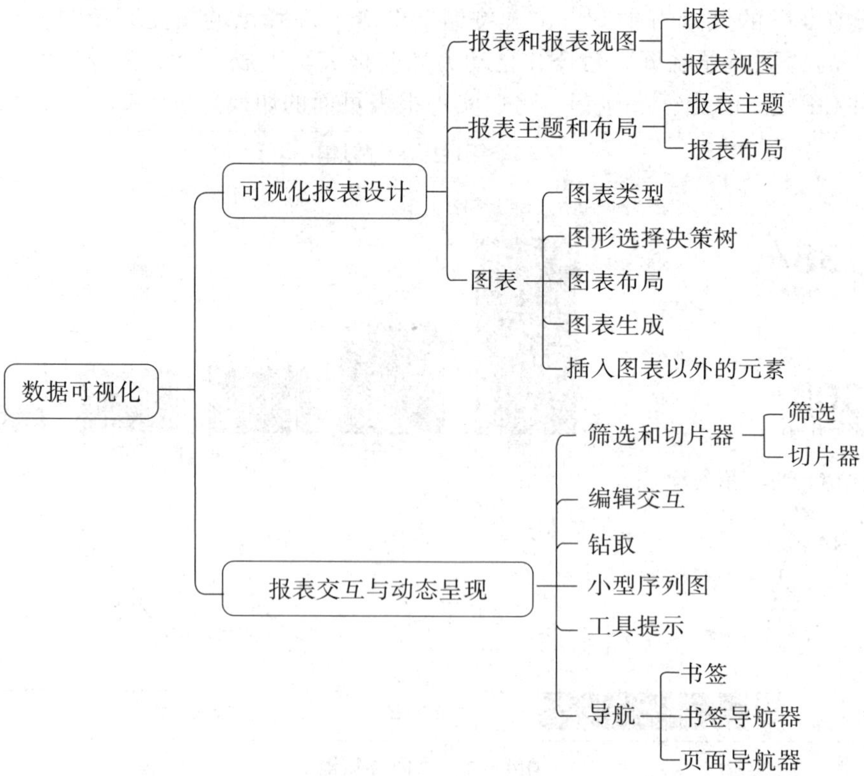

图4-42　项目思维导图

专创融合

结合学习的数据可视化知识，分析创业项目的财务管理（如图4-43所示）。

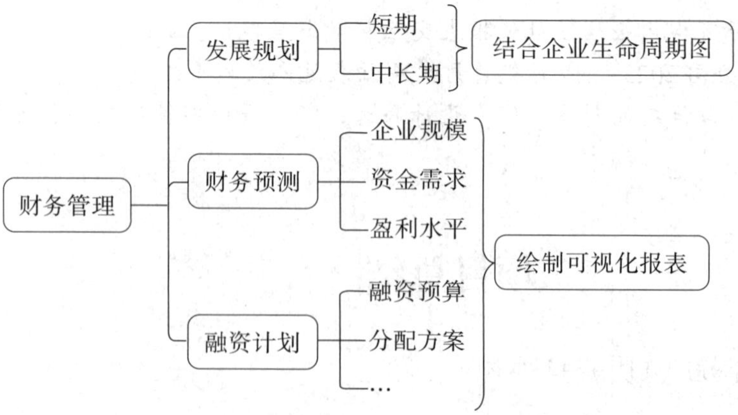

图4-43　财务管理

赛证融通

理论部分

一、单项选择题

1. 下列各项属于模型中值数据图形表示形式的是（　　）。

A. 图表　B. 报表　C. 报告　D. 模型

2. 下列各项展示数据分散情况，可以通过最小值、第一四分位、中位数、第三四分位与最大值来描述数据，特别适用于对多个样本比较的是（　　）。

A. 散点图　B. 盒须图　C.KPI 图　D. 矩阵

3. 下列各项属于可以显示项目具体数值和名称的是（　　）。

A. 坐标轴　B. 图例　C. 数据标签　D. 网络线

4. 下列各项可应用于报表页上一个图表的是（　　）。

A. 视觉对象筛选器　B. 页面筛选器　C. 报表筛选器　D. 钻取

5. 下列各项常用来在一个页面中，切换显示不同数据的是（　　）。

A. 书签　B. 书签导航器　C. 页面导航器　D. 导航

二、多项选择题

1. 比较分析常用的图形有（　　）。

A. 柱状图　B. 条形图　C. 雷达图　D. 词云图

2. 下列各项能很好地体现数据趋势，常用于显示随时间变化的数值有（　　）。

A. 散点图　B. 折线图　C. 面积图　D. 柱状图

3. 图表常用的组成元素包括（　　）。

A. 坐标轴　B. 图例　C. 数据标签　D. 网络线

4. 在报表中，除了添加可视化图表外，还可以插入（　　）。

A. 文本　B. 按钮　C. 形状　D. 图像

5. 切片器的类型有（　　）。

A. 数字　B. 类别　C. 日期　D. 数据

三、判断题

1. 一般情况下，同一个报表中放置3—5个图表最佳。（　　）

2. 一般情况下，条形图的X轴展示类别，Y轴展示数值。（　　）

3. 在Power BI中，既可以选择基本主题，还可以导入“主题库”的主题，甚至自定义主题。（　　）

4. 下钻是通过减少维数，将低层次的细节数据概括到高层次的汇总数据，在更大的粒度上查看数据信息。（　　）

5. 一个Power BI文件中的视觉对象集合称为“报表”。（　　）

技能部分

实训：使用东北财经大学出版社网站下载的“文件4-3”，完成下列操作。

（1）建立三张报表：第1页，分别从“产品名称”“客户”“订单日期”“订单ID”等角度分析销售金额，为该报表建立编辑交互和生成书签导航器；第2页，按产品分析销售额的构成；第3页，按订单日期分析客户的购买金额，按“产品名称”生成小型序列图。

（2）设计报表布局和图表元素。

（3）复制第1页报表，重命名为“第4页”，按“产品名称”新建切片器。

素质部分

大学生应如何践行工匠精神？

项目五

数据分析与可视化的应用

知识目标

1. 掌握基本的可视化图表
2. 熟悉常用的财务指标
3. 了解财务报表的结构

能力目标

具备使用Power BI进行企业财务分析的能力。

素养目标

1. 培养抽丝剥茧、发现问题的能力
2. 培养爱岗敬业、争创一流、艰苦奋斗、勇于创新、淡泊名利、甘于奉献的劳动精神
3. 培养大学生敢拼会创的创业精神

任务一　数据分析与可视化在内部表格中的应用

情景导入

企业除了按要求提供对外报表，如资产负债表、利润表、现金流量表等，还会编制一些内部表格，包括成本报表（如产品生产成本表、管理费用明细表、存货明细表）、管理报表（应收账款账龄表、财务预算）等。内部表格作为信息反馈过程中的载体，可以使企业更好地进行沟通、控制决策和业绩评价。

【请思考】如何进行内部表格的数据分析与可视化？

知识学习

一、收支明细表

收支明细表，可以清楚地显示一定时期内所有支出和收入的记录，并计算净收入和净支出。收支明细表可以展示出项目、收支金额和最终的结余，如图5-1所示。它可以在较短的时间内提供全面的收支报表，不仅可以提高企业的财务效率，还可以更好地衡量企业的经营状况，为企业正确决策提供参考。

日期	项目	收入	支出	结余	账户
2023/12/1	货款-A产品	50000		50000	微信
2023/12/1	材料款		44000	6000	现金
2023/12/1	货款-C产品	76000		82000	微信
2023/12/2	材料款		23000	59000	支付宝
2023/12/3	货款-A产品	120000		179000	微信
2023/12/3	材料款		66000	113000	支付宝
2023/12/3	货款-C产品	60000		173000	支付宝
2023/12/4	管理费		1000	172000	微信
2023/12/4	货款-A产品	40000		212000	支付宝
2023/12/5	罚款		500	211500	支付宝
2023/12/5	招待费		1000	210500	现金

图5-1　收支明细表

【活动5-1】2023年12月HD公司的收支明细表见二维码5-1。根据表中数据对象，进行数据分析与可视化。

5-1表格

内部表格

（1）绘制饼图或环形图，分析当月收入项目和支出项目的构成。

饼图，以扇区的形式显示每一个数值相对于总数值的大小。通过不同的扇面大小，表达了不同类别的比例，即一个数据组中不同数据项的数据大小占所有数据和的比例；通过带颜色的图例将扇面和数据项一一对应起来。当我们想要一组数据中每个数据类型所占的比例时，可以优先选择饼图。

以列数据“项目”为图例，以列数据“收入”为值，生成饼图，如图5-2所示。可以看出，2023年12月HD公司的收入主要来源于货款，三种产品的货款占收入的85%以上。

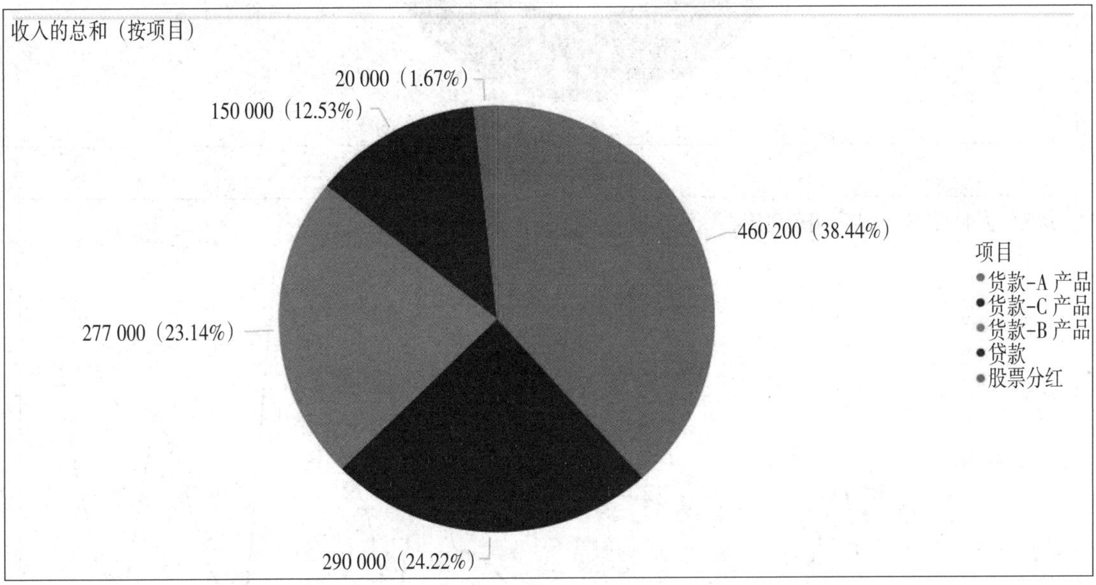

图5-2　饼图

环形图，是饼图的一种变形，通过去掉饼图的中心部分，使环形图在视觉上看上去更轻盈，避免由于饼图大面积色块带来的视觉压力，但它依然能够表达出和饼图相同的含义以及不同数据项之间的占比关系。环形图表示比例的大小不是依靠扇形的角度，而是依靠环形的长度。

以列数据“项目”为图例，以列数据“支出”为值，生成环形图，如图5-3所示。可以看出，2023年12月HD公司的支出主要是材料款，占支出的93.82%。

（2）绘制折线图，分析当月结余的变化趋势。

折线图，是一系列用点表示并用直线连接的数据点，用于反映随时间或有序类别而变化的趋势。折线图可能会有一条或多条折线。

以列数据“日期”为X轴，以列数据“结余”为Y轴，生成折线图，如图5-4所示。可以看出，2023年12月HD公司的结余不是稳步增长，而是处于波动状态。

（3）绘制柱形图，分析当月收入和支出的账户。

柱状图，是用竖直的柱子来展现数据，一般用于展现横向的数据变化及对比。在柱形图中，通常沿横轴组织类别，沿纵轴组织数值。Power BI自带的柱形图包括堆积柱形图、

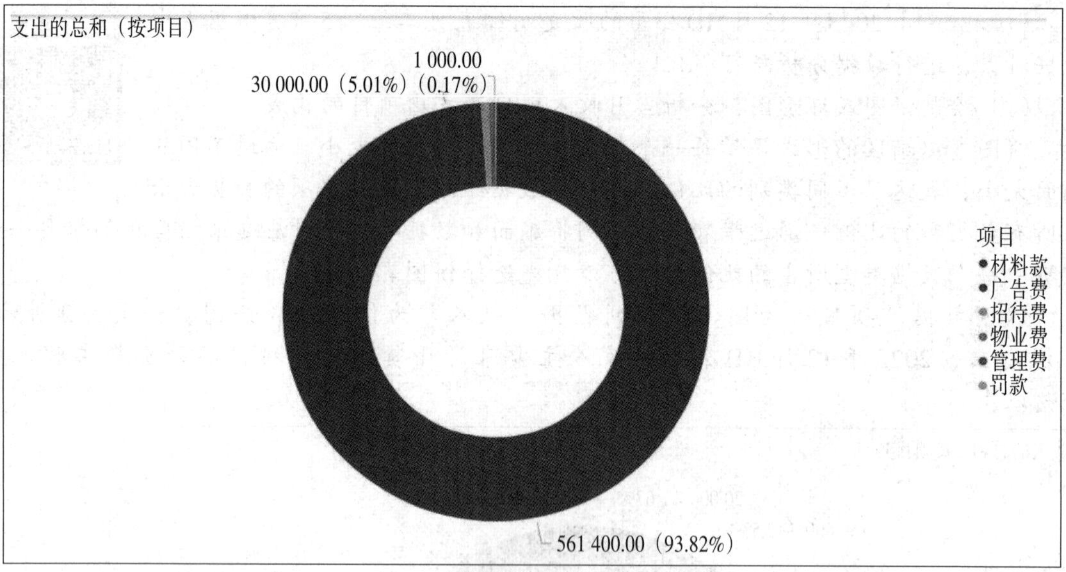

图5-3 环形图

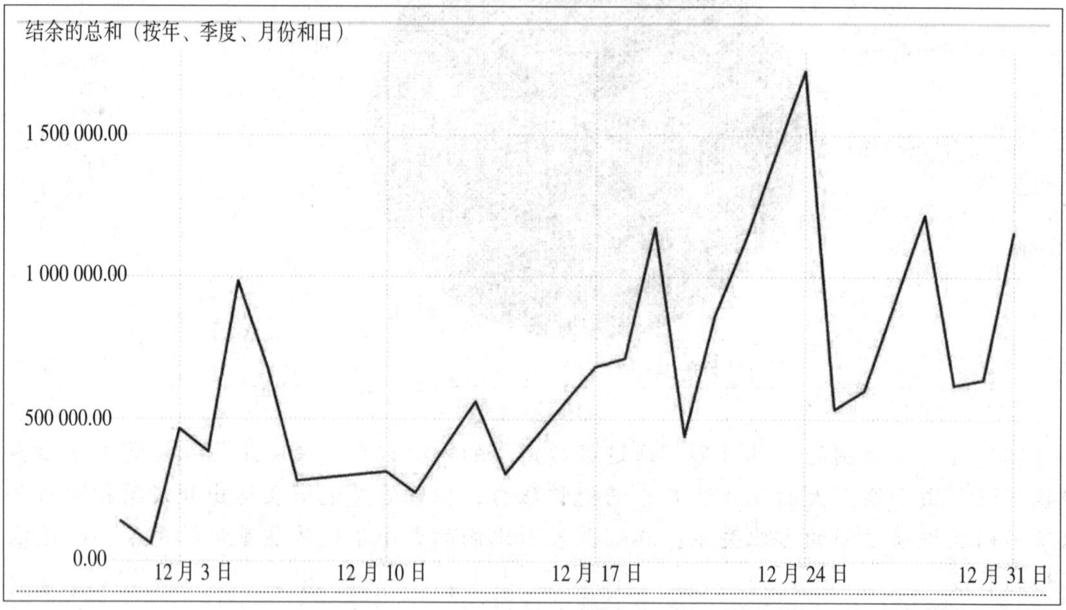

图5-4 折线图

簇状柱形图和百分比堆积柱形图。堆积柱形图用于显示单个项目与整体之间的关系；簇状柱形图适合分析对比组内各项数据；百分比堆积柱形图用于比较各个类别数占总类别数的百分比。

以列数据“账户”为X轴，以列数据“收入”和“支出”为Y轴，生成簇状柱形图，如图5-5所示。可以看出，2023年12月HD公司收支的方式主要是支付宝和微信。

（4）绘制卡片图，展示每日和当月收入、支出、结余情况。

卡片图是可视化图表中数据密度最小的一种图表，只能展示一个值，但卡片图的价值却不低，因为往往领导关注的结果值，就是一个单项数据。

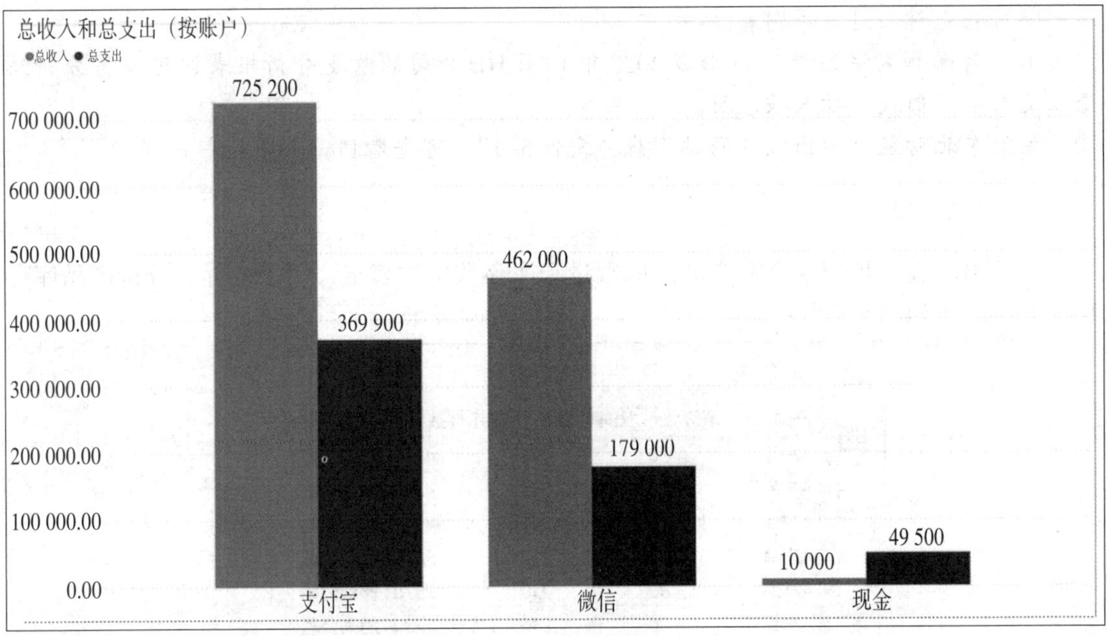

图5-5　簇状柱形图

①新建度量值“总收入”“总支出”；

②分别以“总收入”“总支出”“结余”为字段，生成3张卡片图；

③以“日期”为字段，新建切片器。

操作完成后，如图5-6所示，不选中任一日期时，展示当月总收入、总支出和结余，选中任一日期，展示当日的收入、支出和结余。

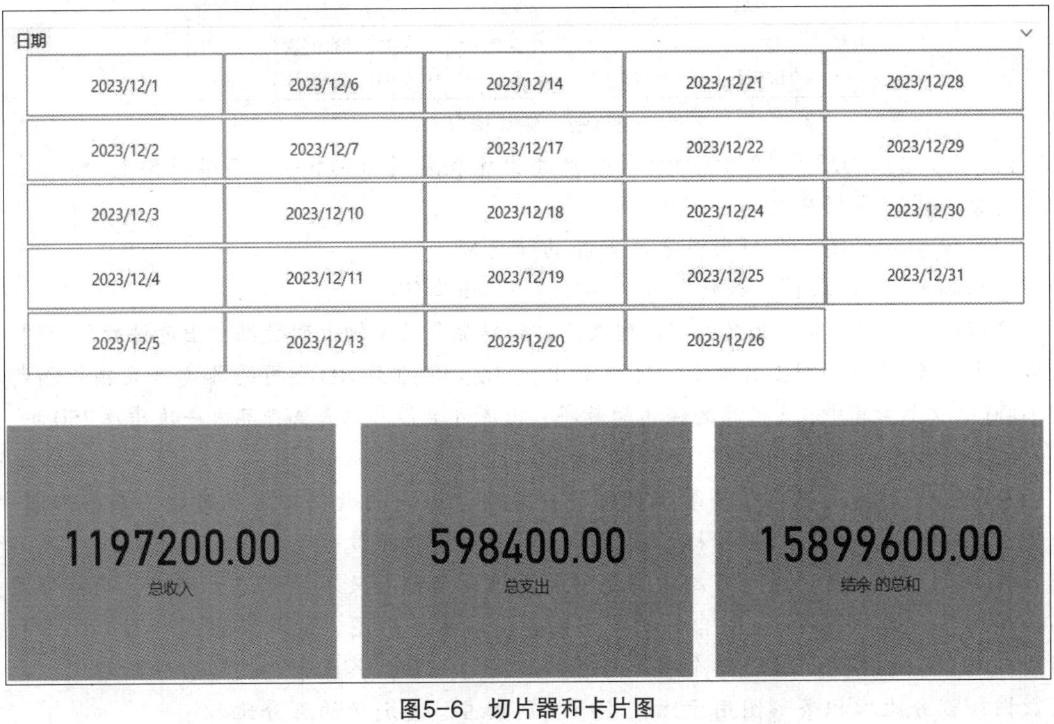

图5-6　切片器和卡片图

（5）补充封面封底等图表。

加上封面和封底，就可以形成2023年12月HD公司的收支分析报表，可以将分析结论以文本框的形式，插入报表页。

登录东北财经大学出版社网站下载“文件5-1”，可查看Power BI文件。

二、产品出库表

产品出库表，是记录企业产品出库数量和库存数量的表格，用于统计、分析产品库存和销售情况，如图5-7所示。

产品	单价	出库件数	剩余件数	货物去向
A产品	80	110	4890	浩方公司
A产品	80	500	4390	鼎洋公司
A产品	80	240	4150	华铁公司
A产品	80	350	3800	运名公司
A产品	80	230	3570	傲佳公司
A产品	80	240	3330	旭高公司
A产品	80	550	2780	佳铭公司
A产品	80	750	2030	宏康公司
A产品	80	220	1810	亿永公司
A产品	80	240	1570	正伟公司
A产品	80	240	1330	雅圆公司
A产品	80	520	810	丰克公司
A产品	80	540	270	派雅公司
A产品	80	250	20	皇胜公司
B产品	75	540	4460	晖思公司
B产品	75	520	3940	晶惠公司

图5-7 销售情况表

【活动5-2】2023年12月HD公司的产品出库表见【活动5-1】二维码5-1。根据表中数据对象，进行数据分析与可视化。

（1）绘制柱形图，分析当月各类产品的销售额。

①新建列“销售额”，销售额 = [单价] * [出库件数]

②以列数据“产品”为X轴，以列数据“销售额”为Y轴，列数据“出库件数”为图例，生成堆积柱形图，如图5-8所示。可以看出，2023年12月HD公司的各类产品销售额都在350 000元以上，其中，A产品的销售额最高，出库件数最多的是A产品，一次出库750件。

（2）绘制条形图，分析客户的购买数量。

条形图是用横向的柱子来展现数据，一般用于纵向的数据排名及对比。在条形图中，通常沿纵轴标记类别，沿横轴标记数值。条形图适用于维度分类较多，而且维度字段名称较长的情景。条形图的横向布局能够完整展示维度名称而又不显得过于拥挤，而柱形图往往会压缩字段名称。Power BI自带的条形图包括堆积条形图、簇状条形图和百分比堆积条形图。堆积条形图用于显示单个项目与整体之间的关系；簇状条形图适合分析对比组内各项数据；百分比堆积条形图用于比较各个类别数占总类别数的百分比。

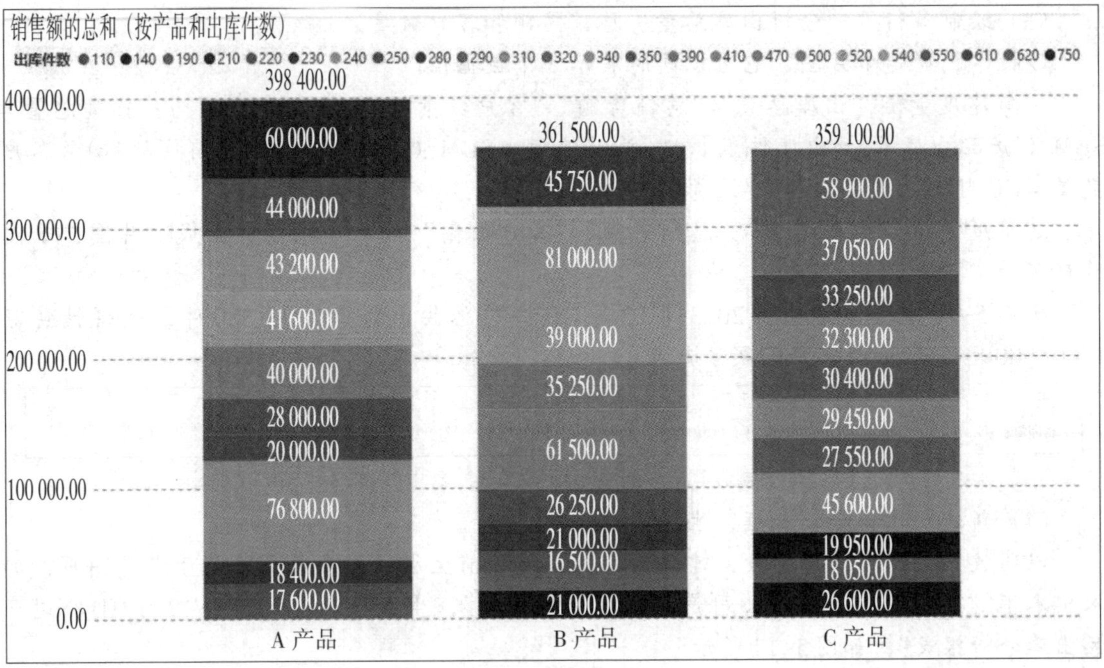

图5-8 产品销售额

以列数据“货物去向”为Y轴，以列数据“出库件数”为X轴，列数据“产品”为图例，生成堆积条形图，如图5-9所示。可以看出，2023年12月HD公司最大的客户是晶惠公司，购买B和C产品总计1 530件。

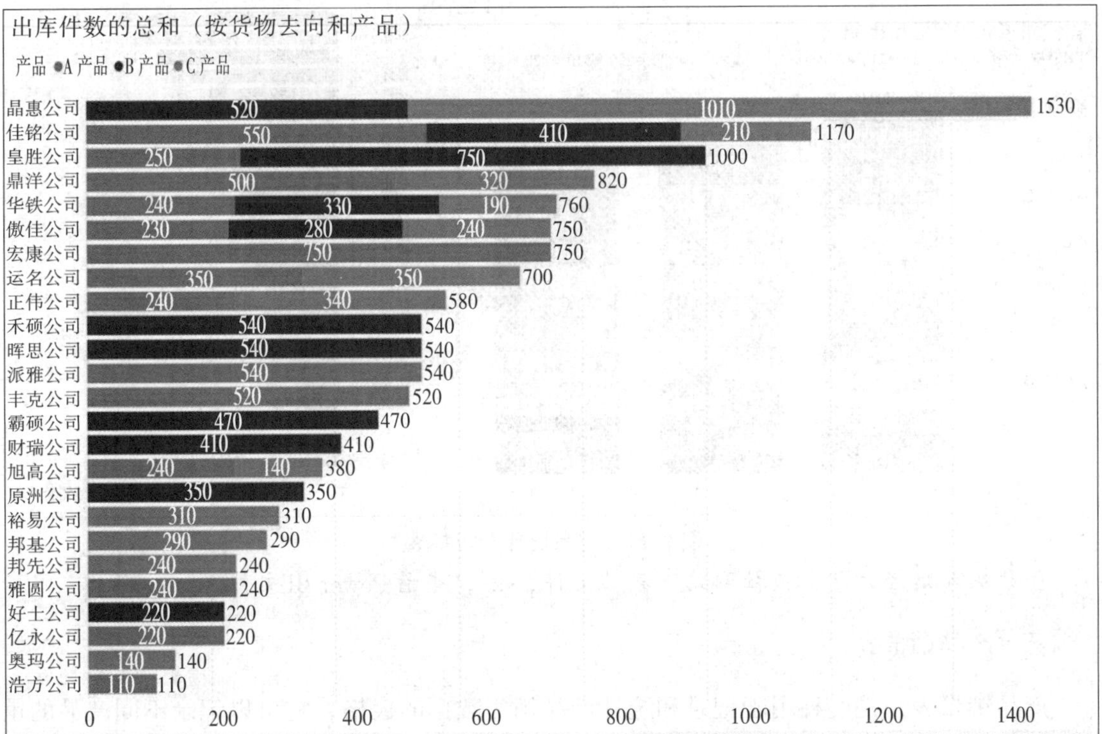

图5-9 客户购买量

(3) 绘制多行卡，分析出库总量、总销售额和客户数量。

多行卡，也是卡片图，它可以同时展示多个数据值。

①新建度量值“出库总量”“总销售额”“客户数量”，DAX公式分别为：出库总量 = SUM（'产品出库表'［出库件数］），总销售额 = SUM（'产品出库表'［销售额］），客户数量 = COUNT（'产品出库表'［货物去向］）

②将度量值“出库总量”“总销售额”“客户数量”放入字段框，生成卡片图，如图5-10所示。

从图5-10中可以看出，2023年12月HD公司总共出售产品13 580件，获得销售额1 119 000元，有40个客户购买了产品。

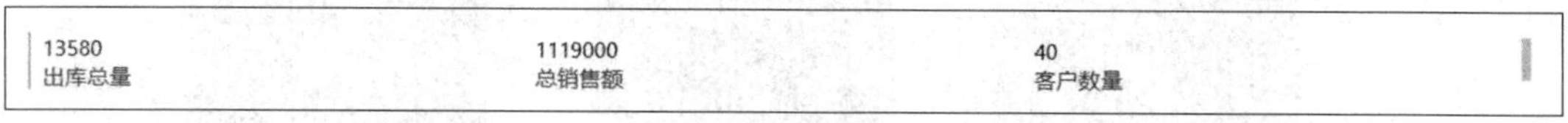

图5-10　卡片图

(4) 新建切片器和文本框，生成报表。

以列数据“产品”为字段，建立切片器，将之前生成的图表复制汇总于卡片图页，加入文本框“2023年12月HD公司产品出库分析报表”，生成报表“2023年12月HD公司产品出库分析报表”，如图5-11所示。

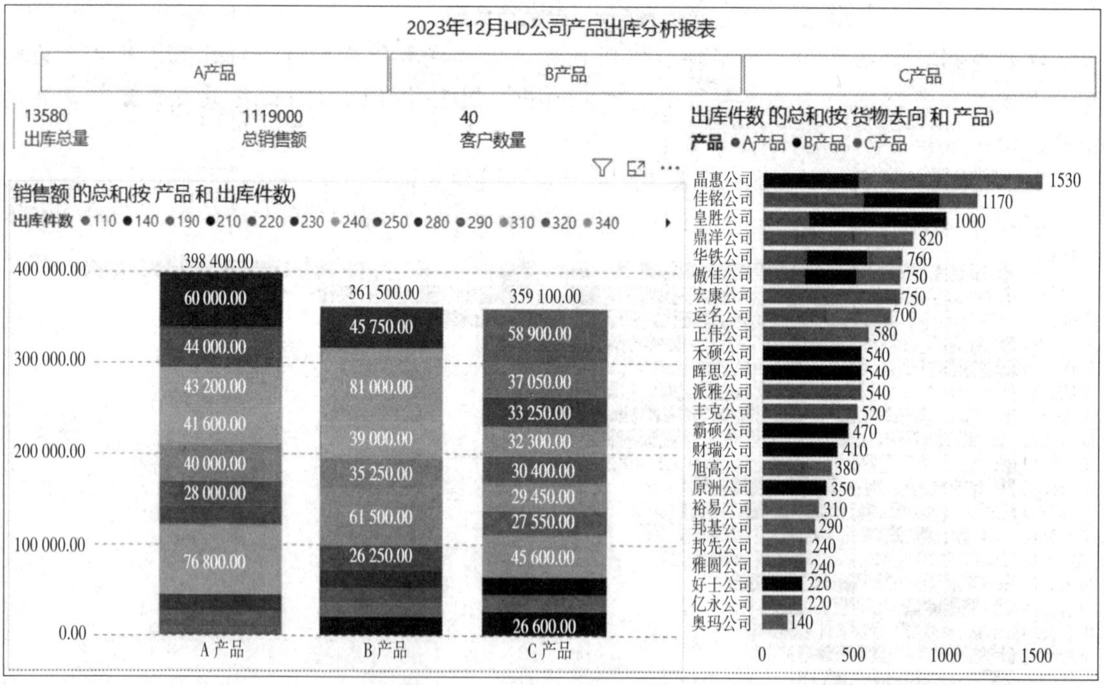

图5-11　产品出库分析报表

登录东北财经大学出版社网站下载“文件5-2”，查看Power BI文件。

三、产品销量表

产品销量表，是一种用于记录和统计产品销售数据的表格，它可以记录不同产品的销售量、销售金额等信息，如图5-12所示。

产品名称	型号	单价	销售量
A产品	H-20	75	1000
A产品	H-30	80	1200
A产品	H-40	85	1400
A产品	H-50	90	1300
B产品	H-20	80	1600
B产品	H-30	85	1400
B产品	H-40	90	1000
B产品	H-50	95	1300
C产品	H-20	90	1400
C产品	H 30	95	1100
C产品	H-40	100	1200
C产品	H-50	105	1500

图5-12　产品销量表

【活动5-3】2023年12月HD公司的产品销量表见【活动5-1】二维码5-1。根据表中数据对象，进行数据分析与可视化。

（1）绘制丝带图或树状图，分析当月各类产品的销售量。

丝带图可以直观生动地展现数据的来源和流动，显示的结果就像飘扬的丝带一样，能够高效地显示排名变化，并且会在每个时间段内始终将最高排名（值）显示在最顶部。

以列数据“产品名称”为X轴，以列数据“销售量”为Y轴，以列数据“型号”为图例，生成丝带图，如图5-13所示。可以看出，2023年12月在HD公司的三种产品中，B产品的销售量最大；在B产品中，型号H-20的产品销售量最大。

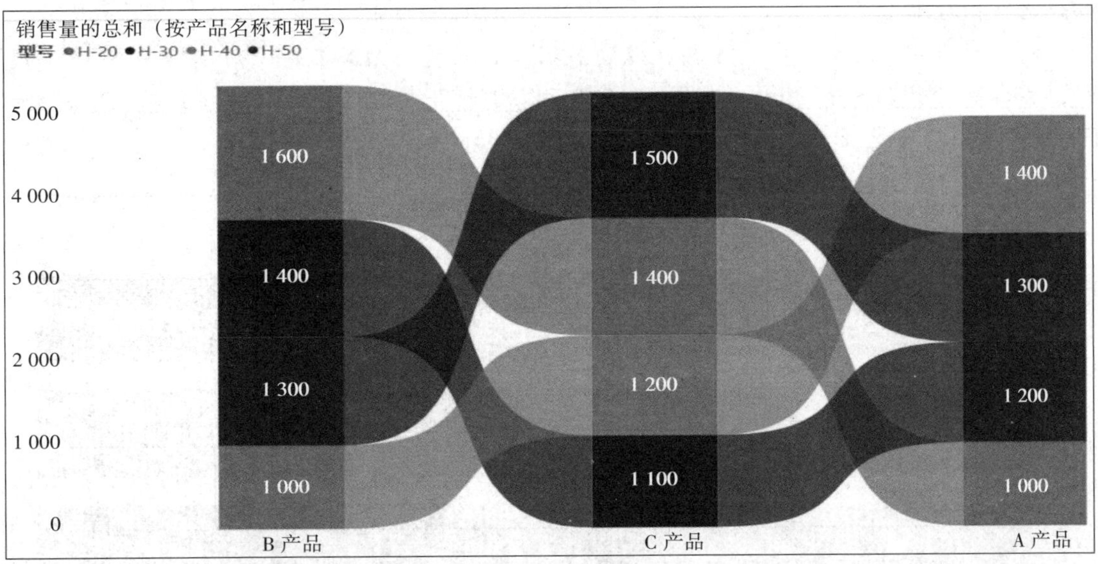

图5-13　丝带图

我们也可以使用树状图展示产品的销售量排名。

树状图，准确来说应该称为矩形树图。它把整体的数据想象成一棵树，而其中每一个数据就是一个枝叶，不过这个枝叶是放在一个矩形中，然后每一个数据矩形错落有致地排放在一个整体的大矩形中。树状图通过每个矩形的大小、位置和颜色来区分各个数据之间的权重关系，以及占总体的比例，使我们对整个数据集一目了然。尤其是当大量数据存在层级关系时，使用树状图可以轻松搞定。在树状图中，没有任何空白区域，每一处都用在了表现数据的关系上，从这方面来看，树状图是空间利用率最高的图表。

以列数据“产品名称”为类别，以列数据“型号”为详细信息，以列数据“销售量”为值，生成树状图，如图5-14所示。同样可以看出，2023年12月，在HD公司的三种产品中，B产品的销售量最大；在B产品中，型号H-20的产品销售量最大。

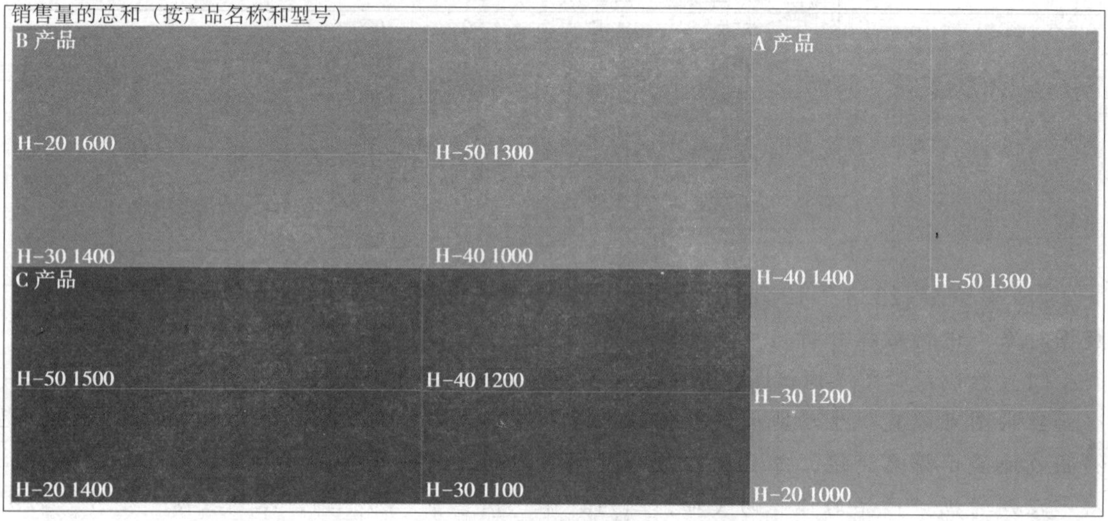

图5-14 树状图

如果想知道各类产品中，不同型号产品销售量的占比，可以使用百分比堆积条形图或百分比堆积柱形图。

以列数据“产品名称”为Y轴，以列数据“销售量”为X轴，以列数据“型号”为图例，生成百分比堆积条形图，如图5-15所示，B产品的销售量最大；在B产品中，型号H-20的产品销售量最大，占到30%。

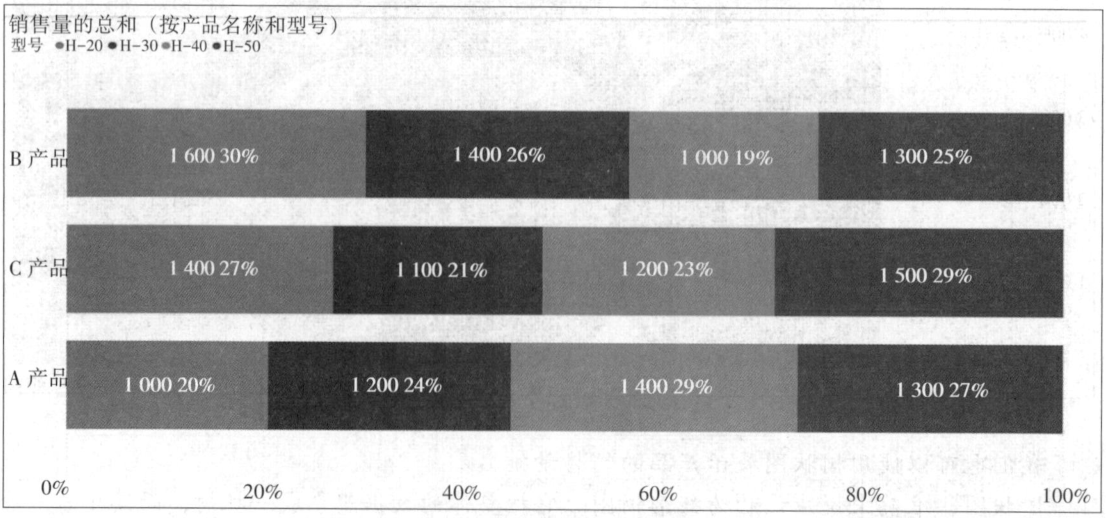

图5-15 百分比堆积条形图

【小贴士】对同一分析对象，我们可以选择多种不同的图表。

（2）绘制树形图，分析当月各类产品的销售额。

①新建快度量值“销售额”，DAX公式如图5-16所示。

```
1 销售额 =
2 SUM('产品销量表'[单价]) * SUM('产品销量表'[销售量])
```

图5-16　快度量值“销售额”

②以列数据“产品名称”为X轴，以列数据“销售额”为Y轴，生成簇状柱形图。

③以列数据“型号”为字段，建立切片器。

操作完成后，如图5-17所示。没选中任一型号时，反映全部产品的销售额，可以看出，2023年12月虽然B产品的销售量最大，但是C产品的销售额最高。点击型号“H-20”，销售额最高的是B产品中型号为H-20的产品，如图5-18所示。

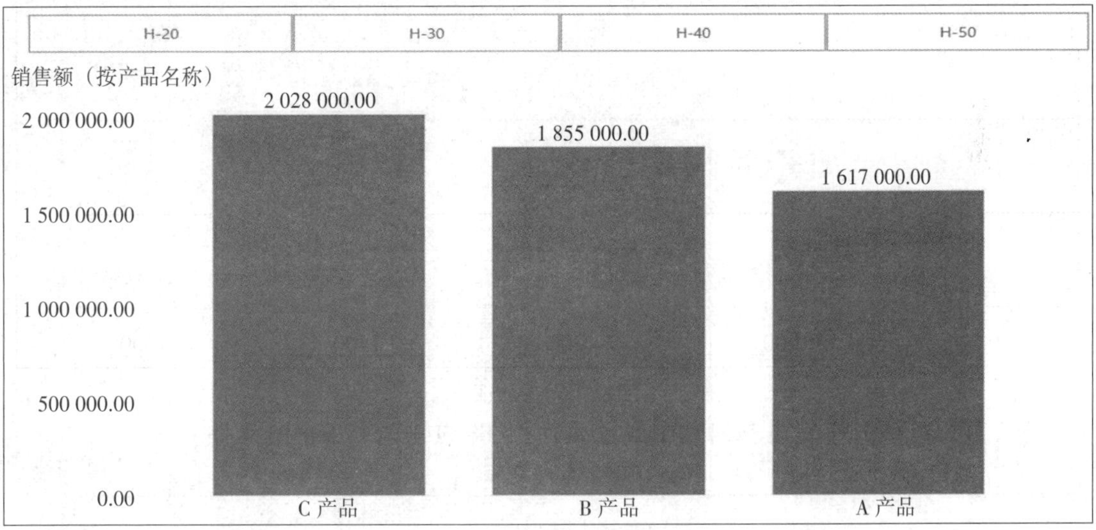

图5-17　柱形图

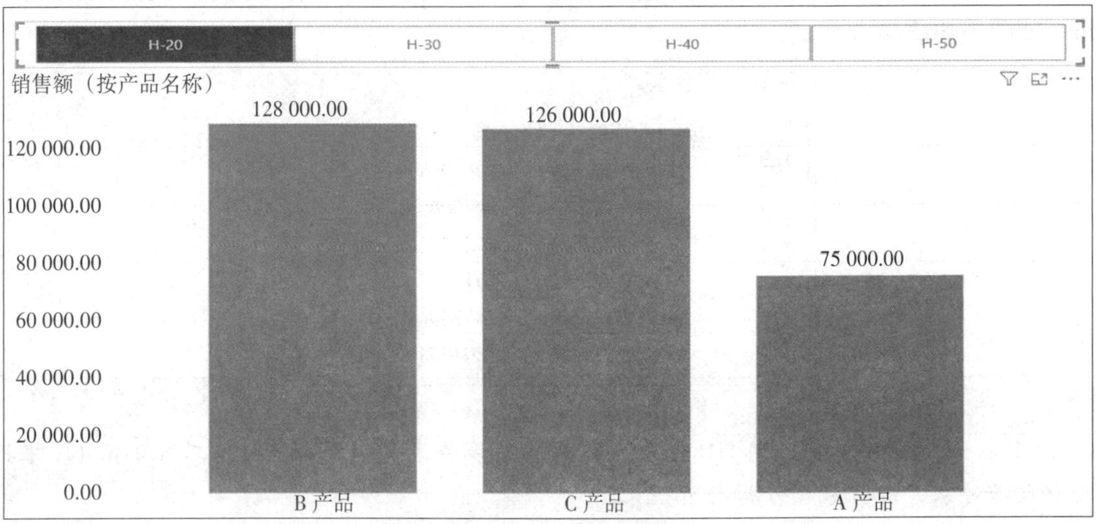

图5-18　柱形图（不同型号）

（3）绘制散点图，分析当月销售量与销售额的关系。

散点图，用于显示两个变量之间的关系。它通过在坐标系中绘制一系列离散的点来表示数据，其中每个点的位置由两个变量的值确定。

以列数据“销售量”为X轴，以列数据“销售额”为Y轴，以列数据“产品名称”为图例，生成散点图，如图5-19所示。当月销售量与销售额成正比例变化，随着销售量的增加，销售额增高。如果加入以“产品名称”为字段的切片器，可以查看每一种产品当月销售量与销售额的变化。

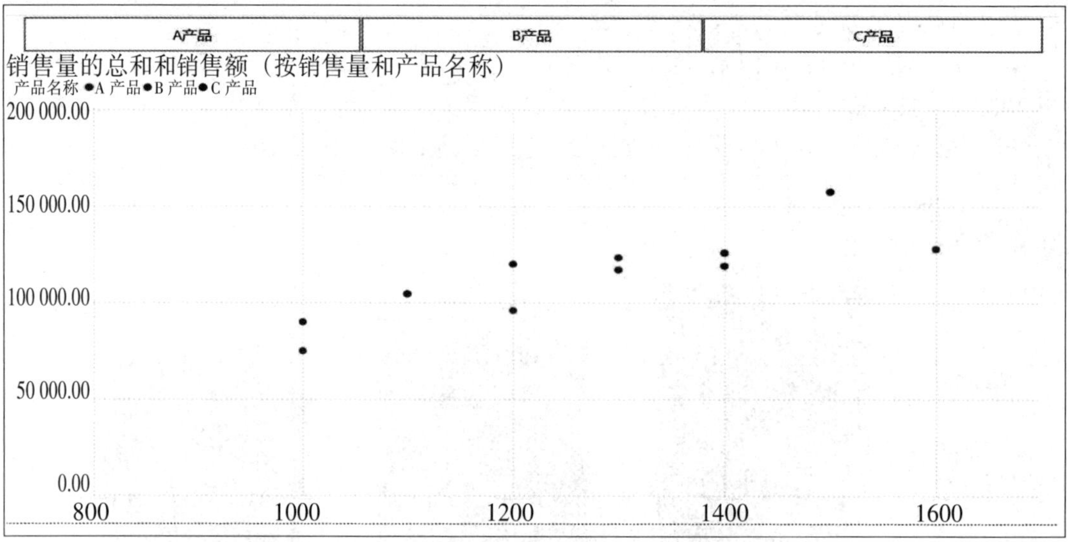

图5-19　散点图

登录东北财经大学出版社网站下载“文件5-3”可查看Power BI文件。

四、客户签约调查表

客户签约调查表，是用于统计企业从市场调查、寻找潜在客户到签约过程数据的表格，如图5-20所示。

序号	步骤	客户数
1	市场调查	300000
2	潜在客户	217500
3	客户跟踪	202300
4	客户邀约	181300
5	客户谈判	145300
6	签订合同	120100

图5-20　客户签约调查表

【活动5-4】2023年12月HD公司的客户签约调查表见【活动5-1】二维码5-1。根据表中数据对象，进行数据分析与可视化。

漏斗图是一种形如漏斗状图形，用以明晰地展示项目环节，整个图形呈现一种倒梯形的状态。图形由横行条状拼接而成，按照一定的顺序组成阶段层级，每一层都用于表示不同的阶段，呈现出这些阶段之间的数据递减的趋势。漏斗图适合于有顺序、多阶段的流程分析，通过各流程的数据变化，以及初始阶段和最终目标的两端漏斗差距，快速发现问题所在。

以列数据“步骤”为类别，以列数据“客户数”为值，生成漏斗图，数据标签选择“数据值，以前的百分比”，如图5-21所示，可以看出，公司市场调研了300 000人，最后签约的只有120 100人，约占40%。从市场调研到签约经历了6个步骤，其中，在“潜在客户”步骤，百分比最低，只有72.5%，远低于其他步骤。公司应该提高挖掘潜在客户的能力，或者说更精准地进行市场调研。

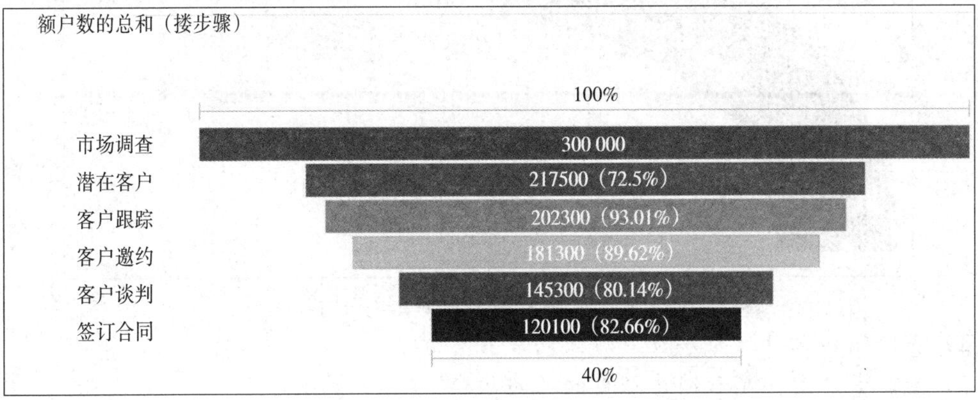

图5-21　漏斗图

登录东北财经大学出版社网站，下载“文件5-4”，可查看Power BI文件。

五、销售业绩表

销售业绩表，是用来评估销售人员在一段时间的工作表现和业绩的表格，如图5-22所示。

人员ID	销售人员	计划销售额	实际销售额	客户数	已购买客户数量
X1001	韩磊	10000	7520	150	123
X1026	杨金慧	10000	8540	142	114
X1101	张诗雅	10000	9120	135	120
X1016	赵俊雪	10000	10450	200	98
X1120	华梦	10000	7990	148	132
X1002	王慧贞	12000	11000	90	89
X1027	张爽	12000	13870	78	72
X1052	张元元	12000	11240	210	150
X1091	张玉如	12000	15750	75	60
X1071	李卿瑞	12000	12460	205	136
X1003	李瑞	20000	20140	230	158

图5-22　销售业绩表

【活动5-5】2023年12月HD公司销售人员的销售业绩表见【活动5-1】二维码5-1。根据表中数据对象，进行数据分析与可视化。

可以选择使用仪表或子弹图等图形反映企业销售人员的销售业绩。

(1) 绘制仪表，分析各个销售人员的销售业绩。

仪表，用于显示单个值相对于目标的进度。仪表为一个半圆弧。在Power BI中，实际数据总是显示在仪表盘的中间位置，而仪表盘的最小值为0，最大值为实际数据的2倍，目标值根据实际数据完成情况显示在实际数据左右。一般情况下，仪表与切片器结合使用。

以列数据“实际销售额”为值，列数据“计划销售额”为目标值，生成仪表，如图5–23所示。此时，显示的是所有销售人员的实际销售额与计划销售额的比较。2023年12月HD公司的销售人员共实现销售额1 113 840元，超过计划销售额（1 097 000元）。

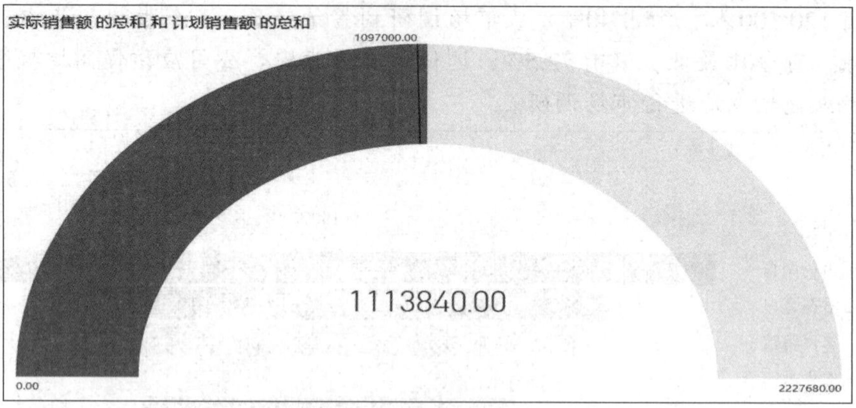

图5–23　仪表

（2）以“销售人员”为字段，建立切片器。

（3）绘制卡片图，显示销售人员的“超额率”“客户购买率”。

新建列“超额率”“客户购买率”，DAX公式分别为：超额率 =（［实际销售额］–［计划销售额］）/［计划销售额］，客户购买率 =［已购买客户数量］/［客户数］

（4）生成“销售业绩分析报表”。

插入文本框“销售业绩分析报表”，调整报表布局，生成“销售业绩分析报表”，如图5–24所示。选中销售人员“王誉轩”，可以看出其实际销售额低于计划销售额（–5.56%），客户购买率为81.63%。

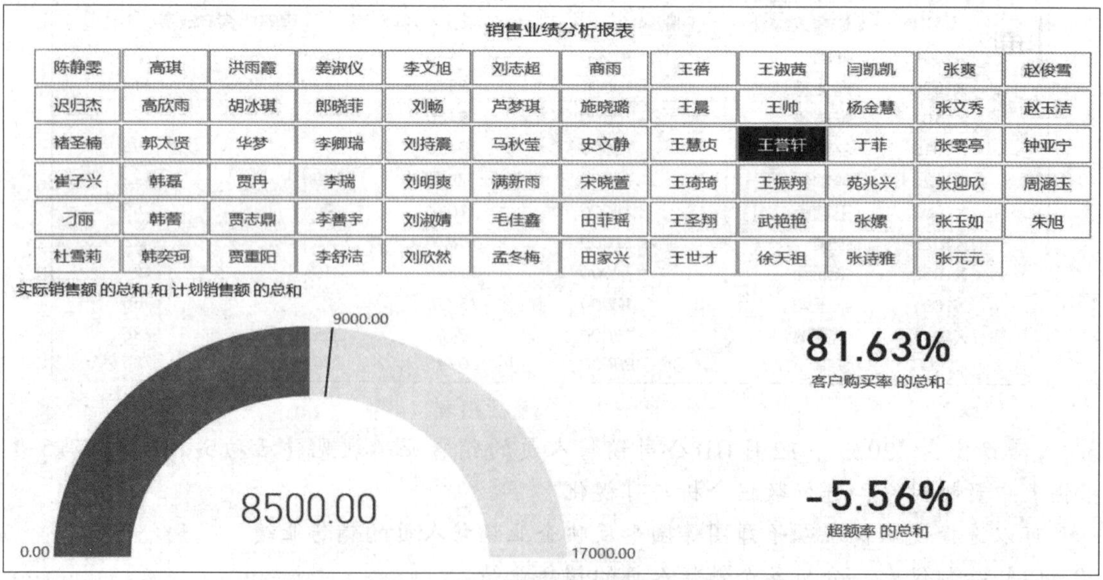

图5–24　销售业绩分析报表

登录东北财经大学出版社网站下载“文件5-1”可查看Power BI文件。

【学思课堂】张桂梅说：“大目标就像一座高山，需要长久地攀登。你还需要找到一条上山的‘路’，在每天的日常里完成一个个具体的小目标，一步步扎实地往上爬。爬着爬着，或许就走过了那一段黑暗的路，拨云见日。”

【任务实训5-1】

目的：练习数据分析与可视化在内部表格中的应用。

资料：【活动5-1】二维码5-1提供的“销售业绩表”。

要求：使用KPI图进行2023年12月销售人员的销售业绩分析。

任务二　数据分析与可视化在对外报表中的应用

情景导入

资产负债表、利润表和现金流量表是企业对外提供的主要财务报表，是进行财务分析的主要工具，反映了企业的财务状况、经营成果和现金流量。进行财务报表的项目分析，可以为决策提供支持，并为预测未来发展趋势提供重要信息。

【请思考】如何进行对外报表的数据分析与可视化？

知识学习

一、资产负债表

资产负债表，是指反映企业在某一特定日期的财务状况的会计报表。资产负债表主要提供有关企业财务状况方面的信息，即某一特定日期关于企业资产、负债、所有者权益及其相互关系的信息。

可以从以下三个方面理解资产负债表的定义：①资产负债表是静态报表，反映企业在某一特定日期的财务状况；②资产负债表反映的财务状况，是企业在某一特定日期关于企业资产、负债、所有者权益及其相互关系的信息；③资产、负债、所有者权益是资产负债表的三要素，存在“资产 = 负债 + 所有者权益”的恒等关系。其中，负债又称为债权人权益，所以，我们把负债和所有者权益之和称为权益。

5-2表格

HY公司和KC公司的财务报表

使用2018—2023年HY公司和KC公司的财务报表（见二维码5-2）进行数据分析与可视化。一般使用5年财务数据，在指标计算涉及上年（末）的情况下，使用6年财务数据。金额单位为亿元。

资产负债表数据分析与可视化基于资产分析和权益分析两个角度。

（一）资产分析

1. 资产结构及规模变化趋势分析

在分析时，可以本着“重要性”“从大到小”的原则。不是对构成资产总额的所有项目都进行分析，而是找到对资产总额有重大影响的项目进行分析。按照“资产总额→流动资产/非流动资产→构成流动资产/非流动资产的较大项目→某一财务报表项目”的逻辑进行分析，如图5-25所示。

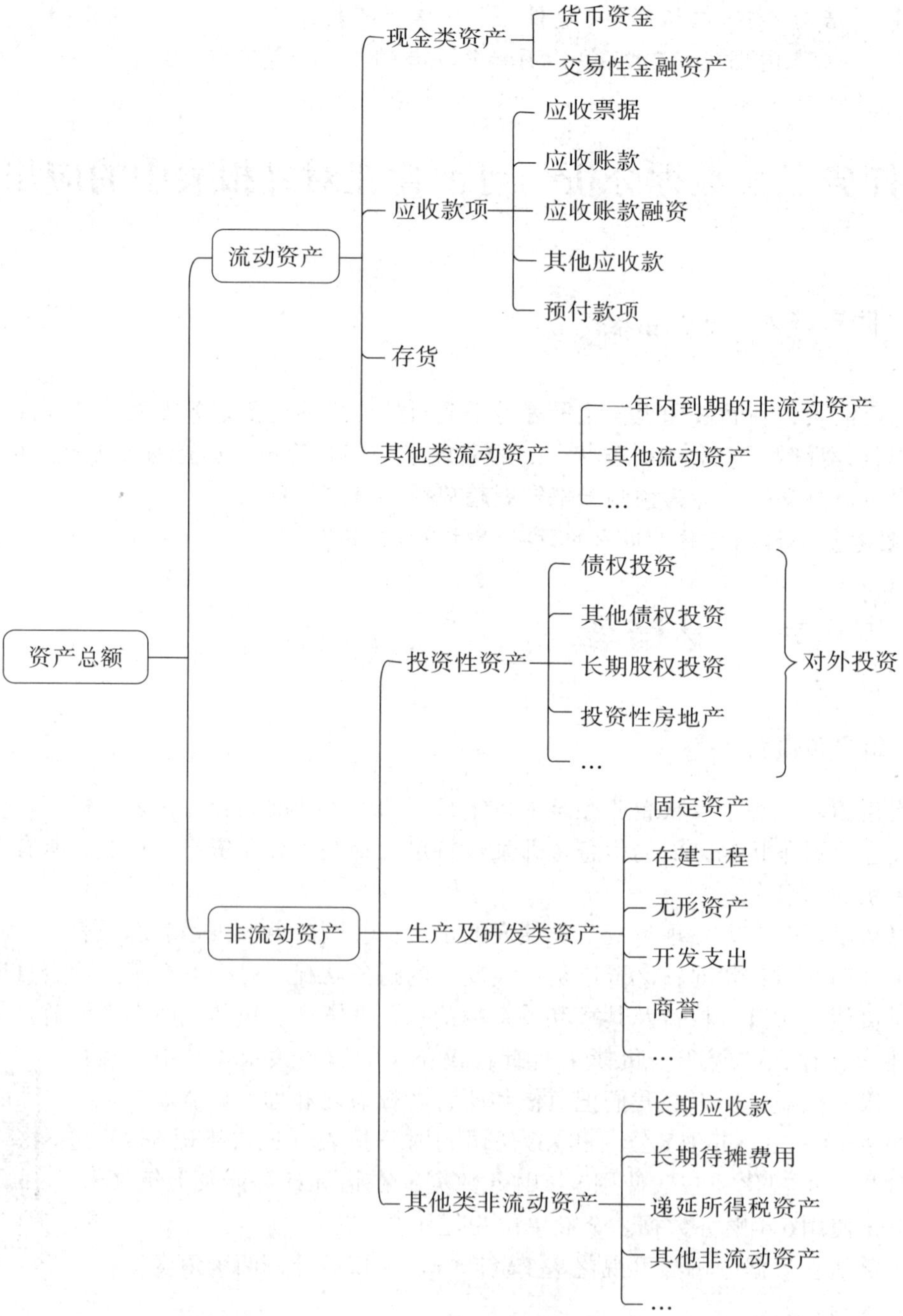

图5-25 分析思路

一般情况下，资产总额越大，企业资产规模越大。

资产总额受流动资产和非流动资产两部分影响，流动资产越多，企业资产的流动性越强，盈利性越差。衡量资产的流动性可以使用流动资产率，流动资产率 = 流动资产 ÷ 资产总额，如果指标值大于50%，则说明企业资产的流动性较强。

不是流动资产越多越好，而是要看流动资产的质量。现金类资产越多，流动资产的质量越高。其中，现金类资产是指货币资金和交易性金融资产。

非流动资产是企业长期使用、持有或经营的资产，其中，固定资产和无形资产占非流动资产的比率较大且变化不大，说明企业生产经营规模较大，资产结构较为稳定；固定资产逐年增加，说明企业扩大生产规模、拓展市场或增加业务领域；无形资产逐年增加，说明企业软实力得到提升、行业竞争力得到增强。

【活动5-6】2019—2023年年末，HY公司的资产负债表见二维码5-2。根据表中数据对象，进行资产数据分析与可视化。

（1）数据准备

将数据导入Power BI之前，先进行表格数据的准备，这一步我们在Excel中完成，相对来说，在Excel中进行数据准备更便捷。

从资产负债表中。只截取资产部分数据，将第一列名称改为“项目”，去掉空白行“流动资产：”和“非流动资产：”，将项目“资产总计”重命名为“资产总额”。分成3张表格“资产总额表”“流动资产表”“非流动资产表”。整理后的Excel见二维码5-3。

5-3表格

HY公司资产负债表（资产部分）

（2）数据获取和清洗

将数据导入Power BI，打开Power Query编辑器，完成以下操作：

①利用“复制”命令，将现有表格进行备份，分成“原始表”“备份表”两组，如图5-26所示。

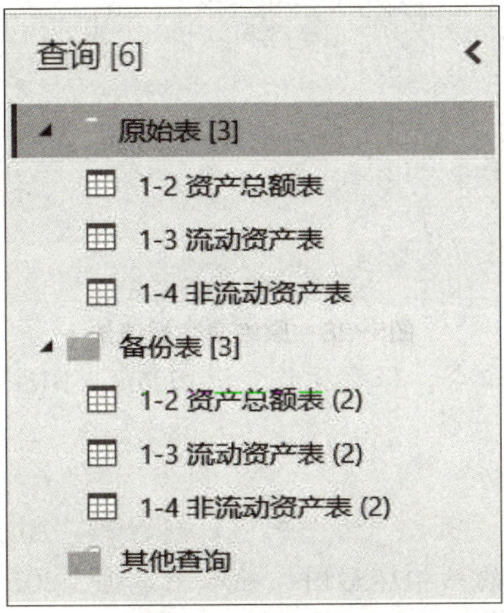

图5-26　表分组

②使用“将第一行用作标题”命令，将备份表的第一行用作标题，如图5-27所示。备份表用于单一年度的数据分析。

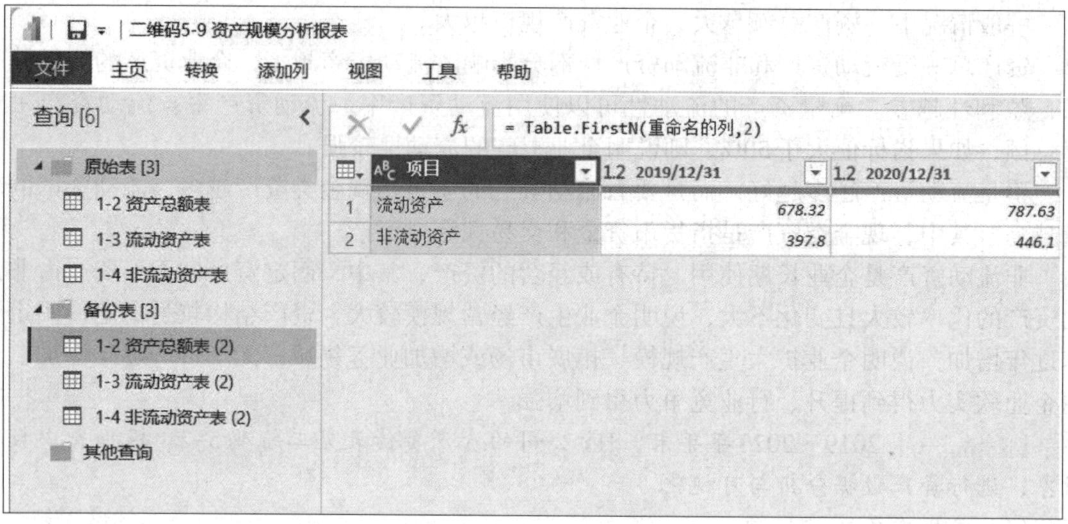

图5-27　备份表数据清洗

③分别使用“转置”“将第一行用作标题”两个命令，使原始表的报表时间成为列数据，对第一列重命名为“时间”，如图5-28所示。原始表用于连续年份的数据分析。

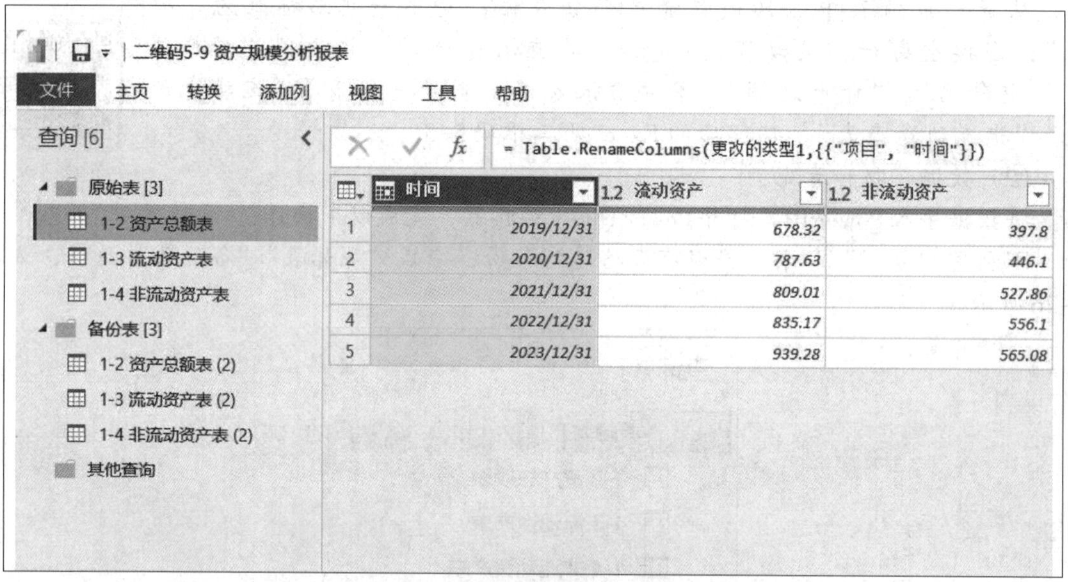

图5-28　原始表数据清洗

④使用“关闭并应用”命令，保存操作，返回Power BI主界面。

（3）数据分析与可视化

①单一年度资产结构分析

使用备份表，以列数据“项目”为图例，以列数据“2023/12/31”为值，分别建立资产、流动资产、非流动资产的结构环形图，插入文本框“2023年HY公司资产结构分析”，生成“2023年HY公司的资产结构分析报表”，如图5-29所示。2023年，HY公司的流动资产多于非流动资产，流动资产主要是货币资金、应收账款和存货，非流动资产主要是固定资产、长期股权投资等。

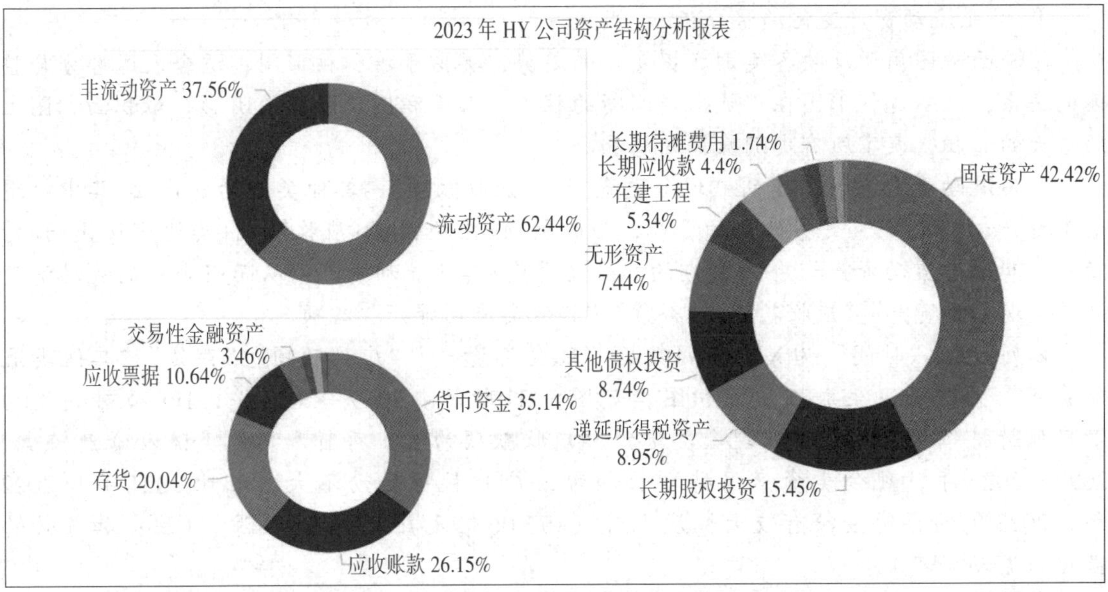

图5-29　2023年HY公司资产结构分析报表

②连续年度资产规模分析

Ⅰ.企业资产规模变化趋势分析

在 Power BI 中，组合图是将折线图和柱形图合并在一起的单个可视化效果。通过将两个图表合并为一个图表可以进行更快的数据比较。组合图可以具有一个或两个 Y 轴。默认的组合图有两种：折线和堆积柱形图，折线和簇状柱形图。

使用资产总额表，新建列“流动资产率”，以列数据“时间”为X轴，列数据“流动资产”“非流动资产”为列Y轴，列数据“流动资产率”为行Y轴，生成折线和堆积柱形图，如图5-30所示。2019—2023年，HY公司的资产规模处于持续上涨状态，流动资产率均高于60%，说明以流动资产为主，HY公司资产的流动性比较强。

图5-30　折线和堆积柱形图

Ⅱ.企业流动资产变化趋势分析

堆积面积图用于反映各类别数据变化的趋势，类似于堆积柱形图，适合表达部分与整体的关系，只不过柱形图在视觉上是间断的柱子，而面积图是连续的阴影。堆积面积图上的最大的面积代表了所有类别数据的总和。

使用流动资产表，新建列“现金类资产”“应收款项”“其他类流动资产”，其中：现金类资产=货币资金+交易性金融资产，应收款项=应收票据+应收账款+其他应收款+预付款项，其他类流动资产=1年内到期的非流动资产+其他流动资产，从而将企业的流动资产分为“现金类资产”“应收款项”“存货”“其他类流动资产”四项。

以列数据“时间”为X轴，列数据“现金类资产”“应收款项”“存货”“其他类流动资产”为Y轴，生成堆积面积图，如图5-31所示。2019—2023年，HY公司的流动资产保持持续增长趋势，以现金类资产和应收款项为主，存货和其他类流动资产较少。2021—2023年，现金类资产保持增长趋势，应收款项变动不大，相比2021年和2022年，2023年的存货金额有较大幅度上升（+77.06亿元），应引起关注。（注：加背景的数据为流动资产）

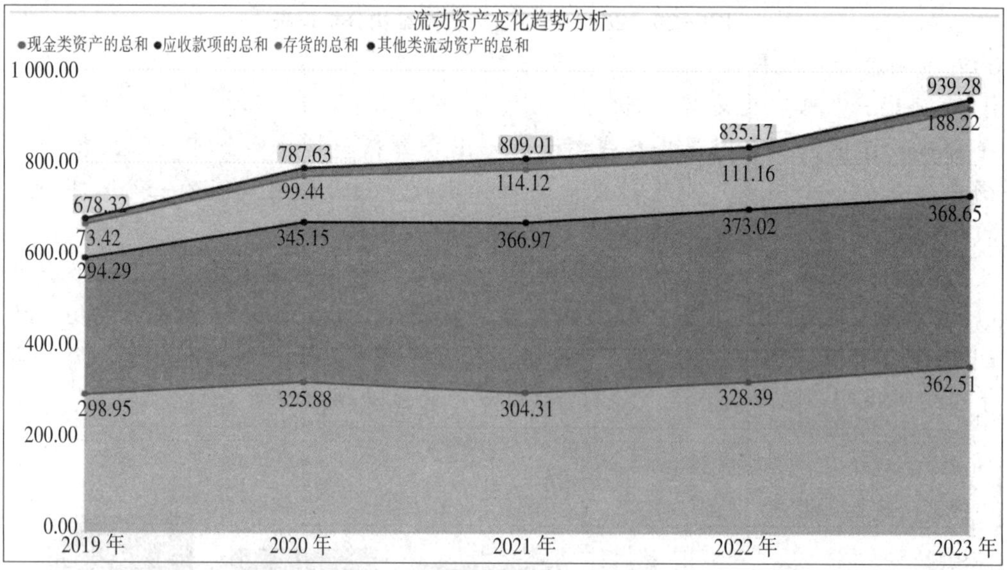

图5-31 堆积面积图（流动资产）

对“应收款项”进行进一步分析。以列数据“时间”为X轴，列数据“应收票据”“应收账款”“其他应收款”“预付款项”为Y轴，生成折线图，如图5-32所示。2019—2023年，应收款项以应收账款为主，维持在210亿元以上，相比于2022年，2023年应收账款增长了12.5亿元；应收票据持续上升；2021—2023年，其他应收款持续下降，预付款项持续上升。

Ⅲ.企业非流动资产变化趋势分析

将非流动资产分为三类：生产及研发类资产、投资性资产、其他类非流动资产，DAX公式为：其他类非流动资产 = [其他非流动资产] + [递延所得税资产] + [长期应收款] + [长期待摊费用]，生产及研发类资产 = [固定资产] + [在建工程] + [无形资产] + [开发支出] + [商誉]，投资性资产 = [其他债权投资] + [投资性房地产] + [债权投资］+［长期股权投资］。

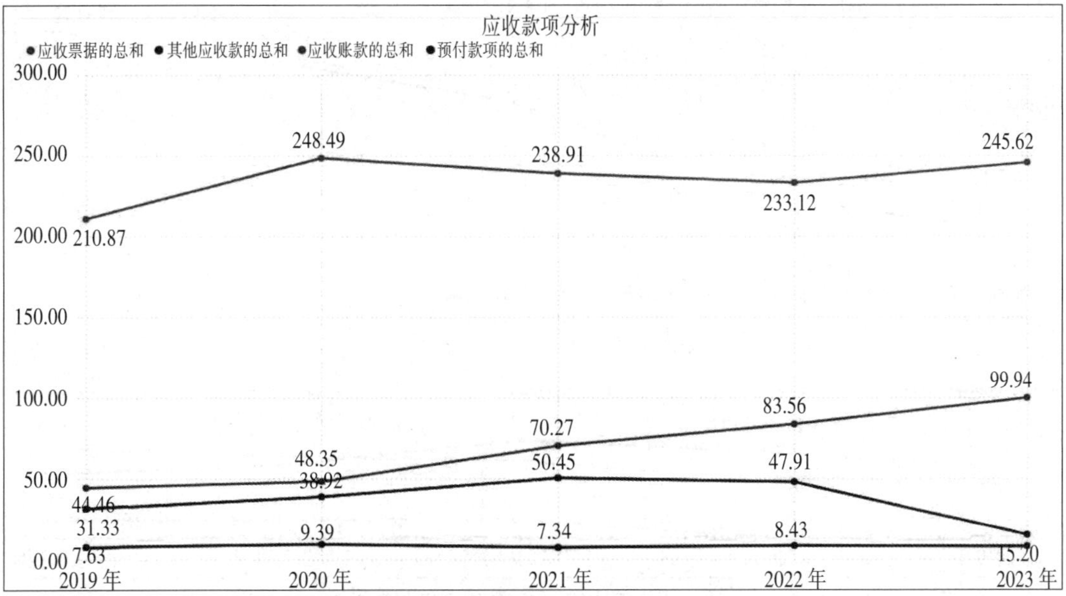

图5-32　折线图（应收款项）

以列数据“时间”为X轴，列数据“生产及研发类资产”“投资性资产”“其他类非流动资产”为Y轴，生成堆积面积图，如图5-33所示。2019—2023年，HY公司的非流动资产保持持续增长趋势，以生产及研发类资产为主，投资性资产基本保持稳定。（注：加背景的数据为非流动资产）

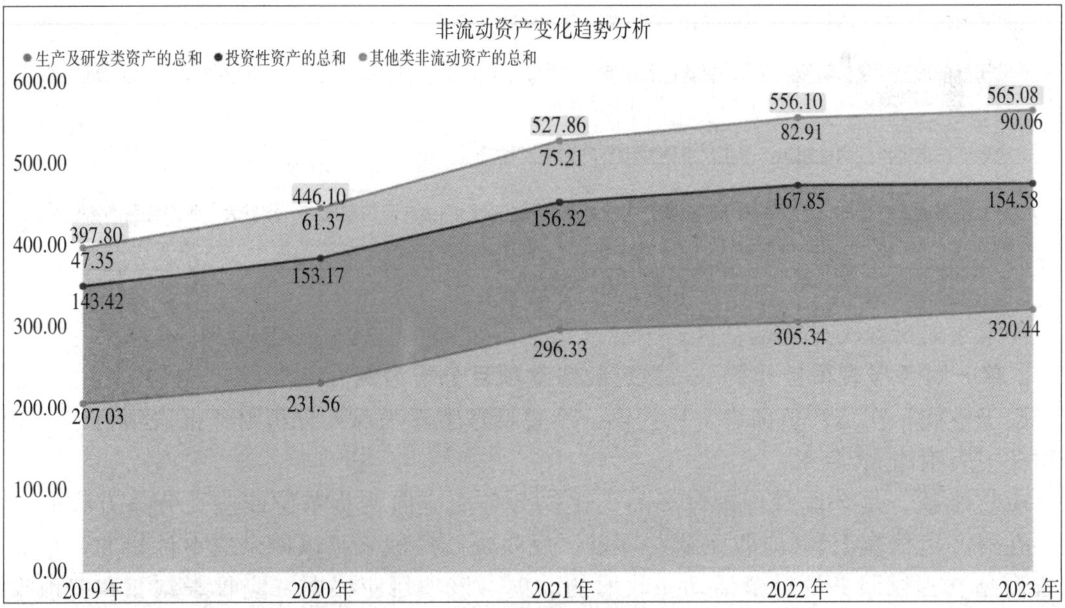

图5-33　堆积面积图（非流动资产）

进一步分析生产及研发类资产。以列数据“时间”为X轴，列数据“固定资产”“在建工程”“无形资产”“开发支出”“商誉”为Y轴，生成折线图，如图5-34所示。2019—2023年，HY公司的生产及研发类资产增加，主要是由于固定资产持续增长。

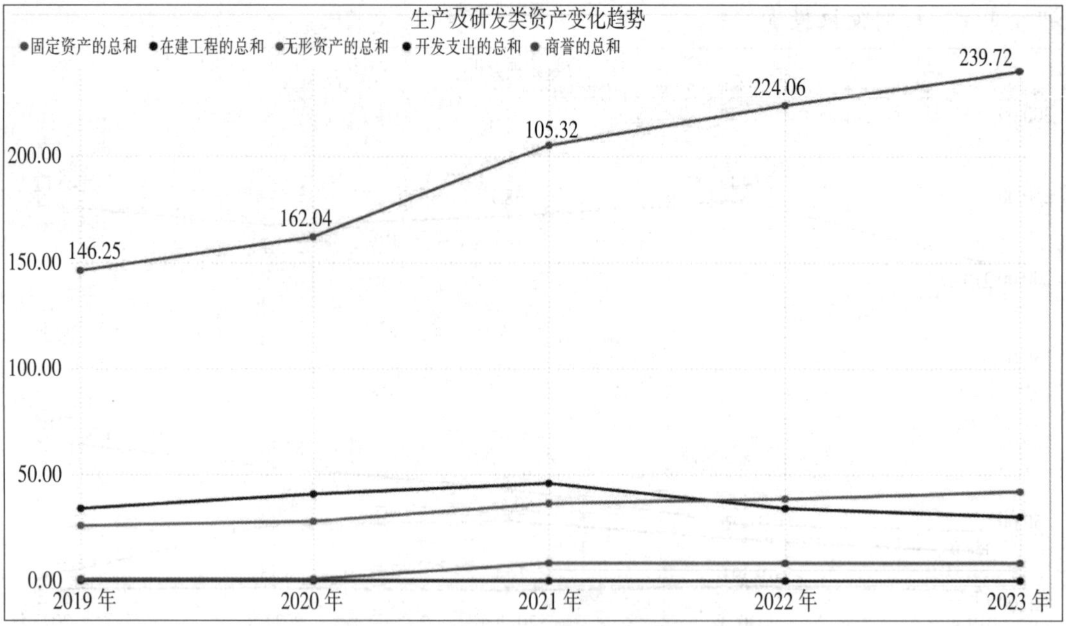

图5-34　折线图（生产及研发类资产）

为更好地归集分析结论，我们可以建立一个分析结论页面，如图5-35所示。

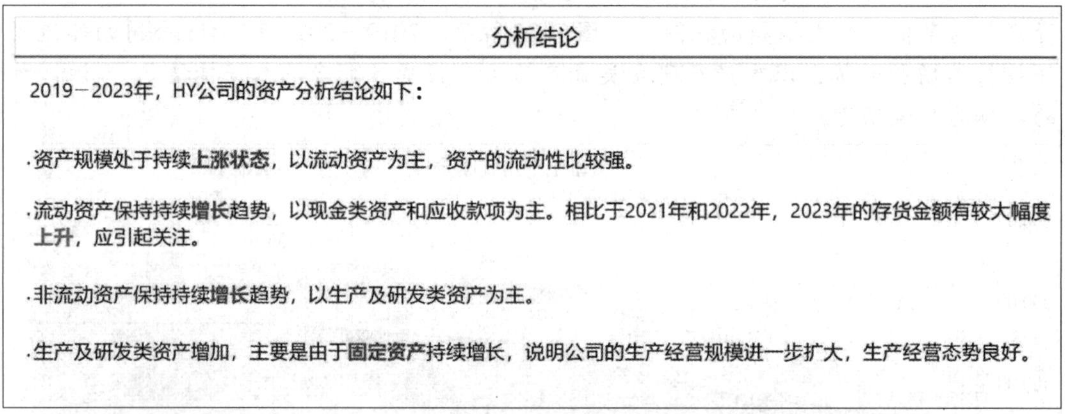

分析结论

2019—2023年，HY公司的资产分析结论如下：

·资产规模处于持续上涨状态，以流动资产为主，资产的流动性比较强。

·流动资产保持持续增长趋势，以现金类资产和应收款项为主。相比于2021年和2022年，2023年的存货金额有较大幅度上升，应引起关注。

·非流动资产保持持续增长趋势，以生产及研发类资产为主。

·生产及研发类资产增加，主要是由于固定资产持续增长，说明公司的生产经营规模进一步扩大，生产经营态势良好。

图5-35　结论页

登录东北财经大学出版社网站下载“文件5-6”可查看Power BI文件。

2. 单一财务报表项目分析——以应收账款项目分析为例

限于空间，在资产负债表上只提供一个总括数字。为深入分析财务报表项目，需要结合财务报表附注。

应收账款，是企业对外销售产品、提供劳务而应向购货单位或接受劳务方收取的款项。在资产负债表上，“应收账款”项目，反映资产负债表日以摊余成本计量的、企业因销售商品、提供服务等经营活动应收取的款项。该项目应根据“应收账款”和“预收账款”两个账户所属的相关明细账的期末借方余额，减去“坏账准备”账户中相关账户期末余额后的金额填列。分析“应收账款”项目时，应关注以下4项内容：

（1）应收账款规模及其变动情况

分析应收账款占资产总额的比重及其变化情况，与同行业平均水平、主要竞争对手或本企业历史同期水平进行比较，如果有重大差异，则说明企业经营可能存在异常，应引起重视并分析具体原因。

（2）应收账款周转速度

应收账款周转率为营业收入与应收账款平均余额的比值，用以反映企业应收账款周转速度快慢。其中，应收账款平均余额表示企业在一定时期的应收账款，等于期初与期末应收账款的平均数。通常情况下，该指标越大，说明企业应收账款周转速度越快，应收账款变现能力越强、坏账损失越小，应收账款质量越高；反之，则说明应收账款变现能力差、坏账损失大，应收账款质量低。但是，应收账款周转速度过快，也要引起注意，要分析是否因企业信用政策过于严格造成，过于严格的信用政策可能会减少更多的收入和利润，造成高周转、低效益的局面。

（3）应收账款质量的高低

应收账款质量的高低，主要是通过账龄结构与债务人结构分析。通常，账龄越长，坏账损失的风险就越大，应收账款的质量越低；债务人财务状况越差，应收账款的质量越低。

（4）坏账准备提取与冲销情况

根据财务报表附注的披露，分析坏账准备当期提取与使用情况，可以获知应收账款对当期营业利润的影响程度。

【活动5-7】2019—2023年年末，HY公司应收账款分析涉及的表格见二维码5-4。

5-4表格

2019—2023年HY公司应收账款项目数据

（1）应收账款规模及其变动情况分析

分区图是在折线图的基础上构建，将折线图中折线与坐标轴之间的区域使用颜色填充，填充区域叫作面积，不同颜色的填充可以更好地突出趋势信息。分区图强调数量随时间而变化的程度，也可用于引起人们对总值趋势的注意。

使用表格“应收账款和资产总额”，新建列“应收账款占比”，计算应收账款占资产总额的比重，以列数据“时间”为X轴，列数据“应收账款”“资产总额”为Y轴，列数据“应收账款占比”为辅助Y轴，生成分区图，如图5-36所示。2019—2023年，HY公司的应收账款金额都在210亿元以上，最低为2019年的210.87亿元，最高为2020年的248.49亿元。2020—2023年，应收账款占比呈现持续下降趋势，由20.14%下降为16.33%。应收账款占比下降，可能是应收账款回收情况转好，客户欠款减少，企业经营信用成本降低；也可能是应收账款变动不大，其他资产增加，比如存货、固定资产等增加。

（2）应收账款周转速度分析

使用表格“应收账款周转率”，以列数据“时间”为X轴，列数据“HY公司”“行业平均”为Y轴，生成分区图，如图5-37所示。2019—2023年，除2021年，HY公司的应收账款周转率较为接近行业平均水平外，其他年份均低于行业平均水平，说明相比较而言，HY公司的应收账款回收速度较慢，变现能力相对较弱，管理水平较低，应进一步加强对应收账款的管理。

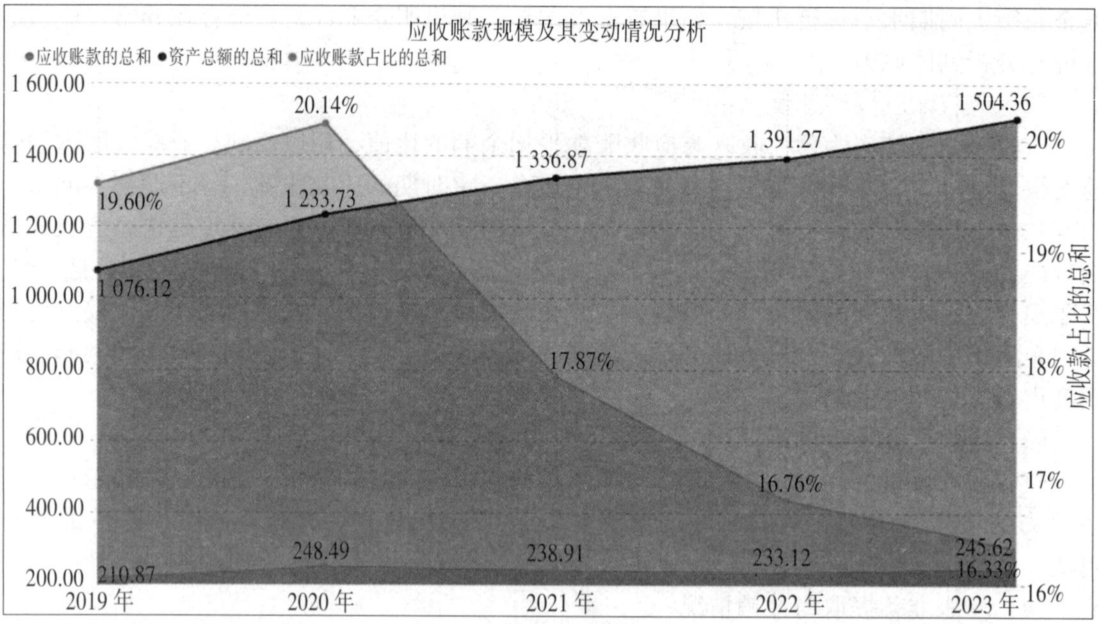

图5-36 分区图

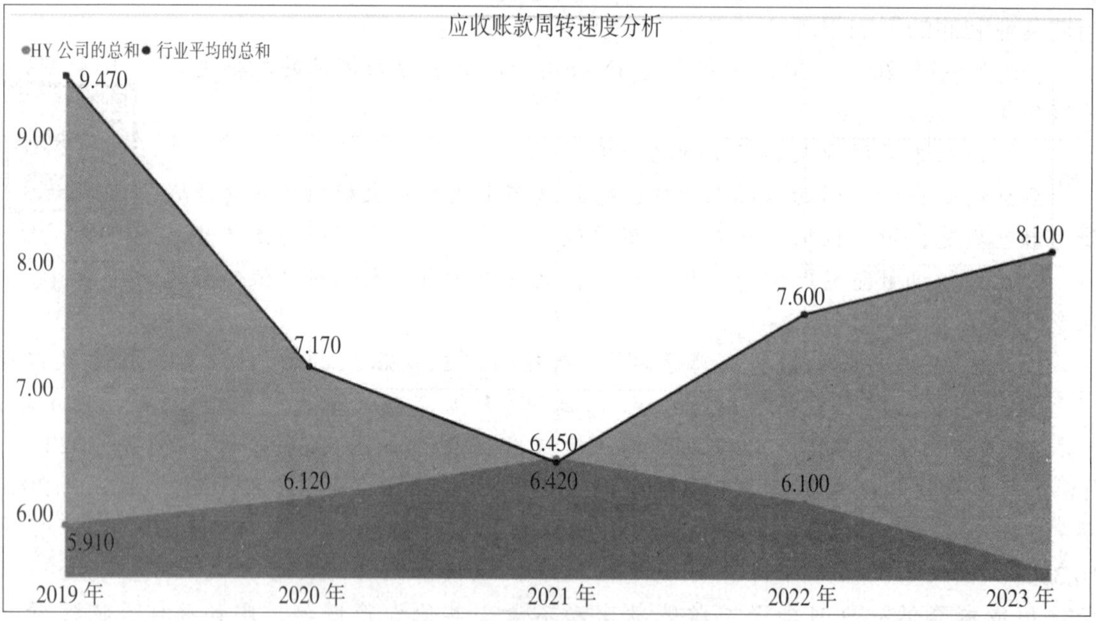

图5-37 分区图（应收账款周转率）

（3）应收账款质量分析。

账龄分析法，是按应收账款拖欠时间的长短，分析判断可收回金额和坏账的一种方法。通常而言，应收账款账龄越长，其所对应坏账损失的可能性越大。

使用表格“应收账款（账龄分析法）”，以列数据“1年以内”“1至2年”“2至3年”“3年以上”为值，生成环形图，以列数据“时间”为字段，建立切片器，如图5-38所示。2022年和2023年，在账龄分析法下，HY公司的应收账款97%以上为1年以内，这说明HY公司应收账款的质量较高，发生坏账损失的风险较小。

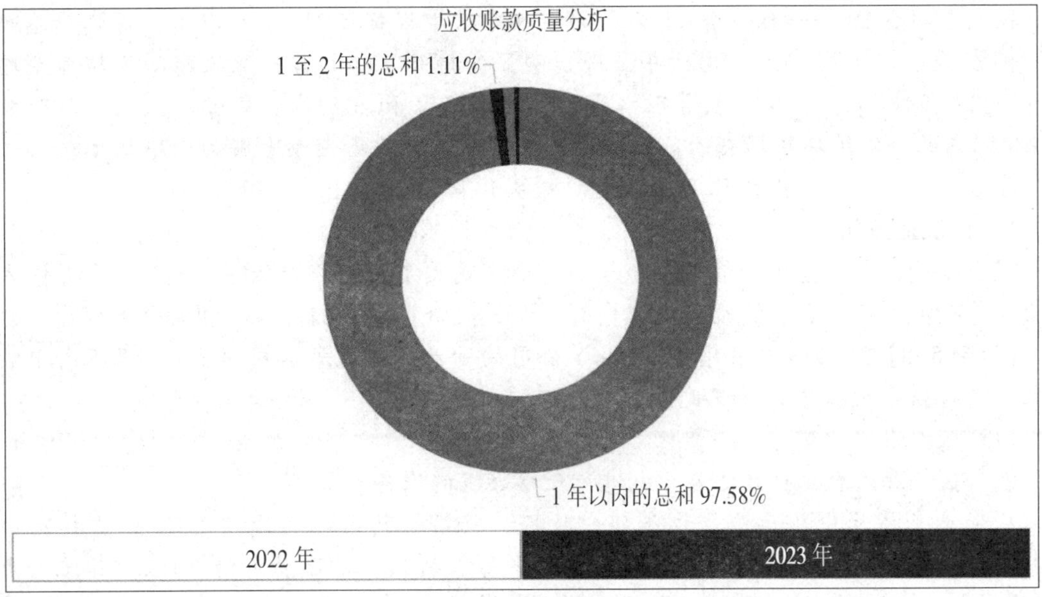

图5-38　环形图

（4）坏账准备提取与冲销情况分析。

瀑布图一般用来展示数据量的演变过程，直观呈现过程数据的变化细节。瀑布图是根据数据的正负值来表示增加和减少，并以此来调整柱子的上升和下降，进而根据柱子的变化序列来表达最终数据的生成过程。

使用表格“坏账准备（2023）”，以列数据“变动项目”为类别，列数据“金额”为Y轴，生成瀑布图，如图5-39所示。2023年HY公司的坏账准备金额变动主要是计提增加、收回或转回减少，年变动金额为0.73亿元。

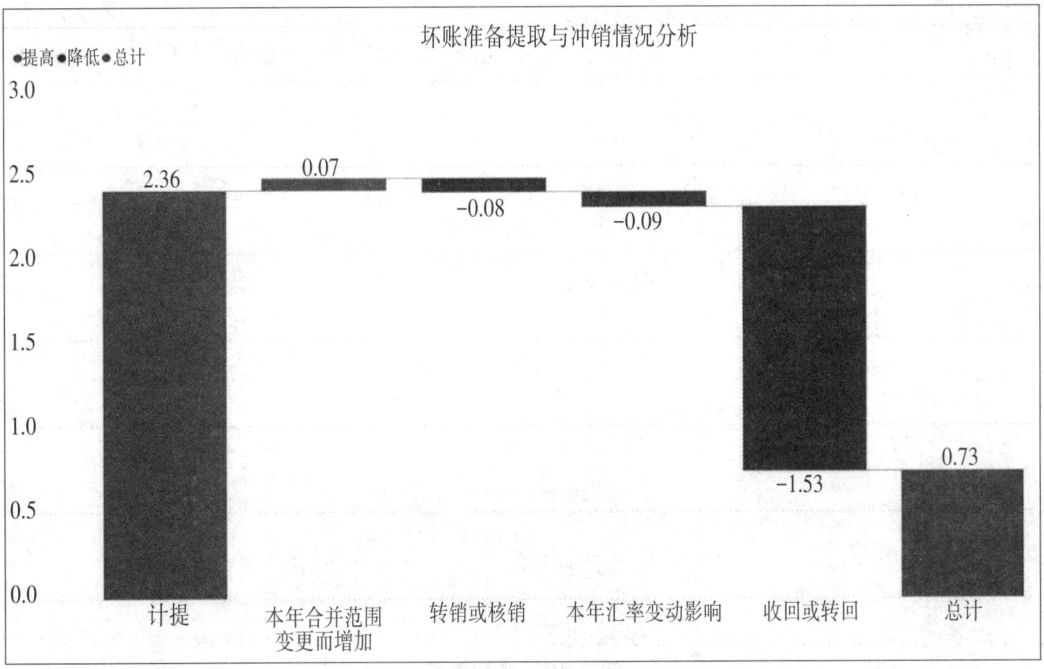

图5-39　瀑布图

总而言之，2019—2023年HY公司的应收账款规模都在210亿元以上，占资产总额的比重均在16%以上，2020—2023年呈现出明显的持续下降趋势；应收账款周转速度均不高于行业平均水平，应收账款管理水平较低；2022年和2023年，97%以上的应收账款都是1年以内的，发生坏账损失的风险较小；2023年坏账准备变动金额为0.73亿元。

登录东北财经大学出版社网站下载“文件5-7”可查看Power BI文件。

（二）权益分析

权益结构，指的是企业债务资金与自有资金的关系，债务资金即负债，是企业借入的资金，包括流动负债和非流动负债，自有资金是投资者投入的资金，即所有者权益。

【活动5-8】2019—2023年年末，HY公司的资产负债表见二维码5-2。根据表中数据对象，进行权益数据分析与可视化。

（1）数据准备

在将数据导入Power BI之前，先进行表格数据的准备。

从资产负债表中，只截取权益部分数据，将第一列名称改为“项目”；去掉空白行“流动负债：”“非流动负债：”“所有者权益：”等；将项目“流动负债合计”“非流动负债合计”“负债合计”“所有者权益合计”重命名为“流动负债”“非流动负债”“负债总额”“所有者权益”；去掉金额全为0的项目“交易性金融负债”“其他非流动负债”“专项储备”。分成4张表格“权益总额表”“流动负债表”“非流动负债表”“所有者权益表”。整理后的Excel见二维码5-5。

5-5表格

HY公司资产负债表（权益部分）

（2）数据获取和清洗

将数据导入Power BI，打开Power Query编辑器，分别使用“转置”“将第一行用作标题”两个命令，使原始表的报表时间成为列数据，对第一列重命名为“时间”。

（3）数据分析与可视化

切换到“模型视图”，基于列数据“时间”，为各表建立1∶1的关系，如图5-40所示。

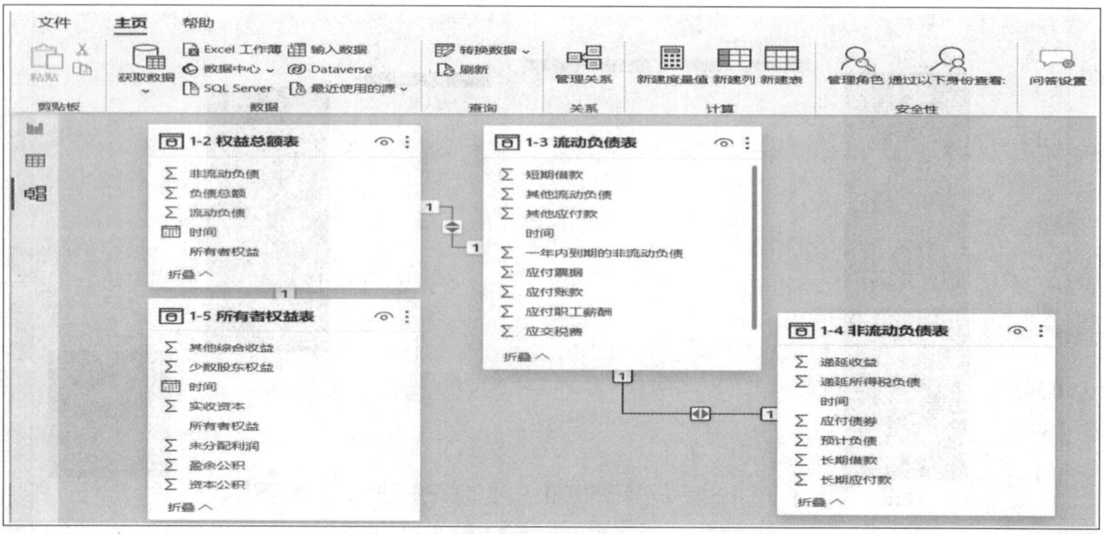

图5-40　模型关系

①权益总额分析

使用表格“权益总额表”，以列数据“时间”为X轴，列数据“负债总额”“所有者权益”为Y轴，生成堆积面积图，如图5-41所示。2019—2023年，HY公司权益总额持续增长，是由于负债总额和所有者权益总额持续增长，负债总额大于所有者权益总额，说明HY公司偏好债权融资。

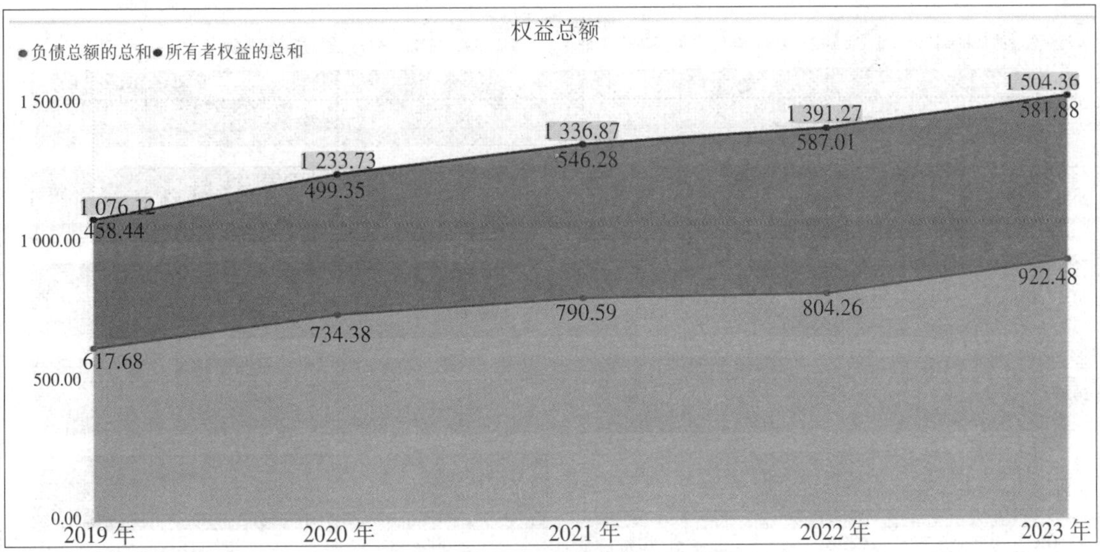

图5-41　堆积面积图

②流动负债分析

使用表格“流动负债表”，以列数据“时间”为Y轴，各流动负债项目为X轴，生成百分比堆积条形图，如图5-42所示。2019—2023年，HY公司的流动负债以应付账款（50%以上）为主；其他应付款占比为10%～13%；短期借款占比不超过10%；2023年，预收款项占比大幅度提升，达到11.12%。

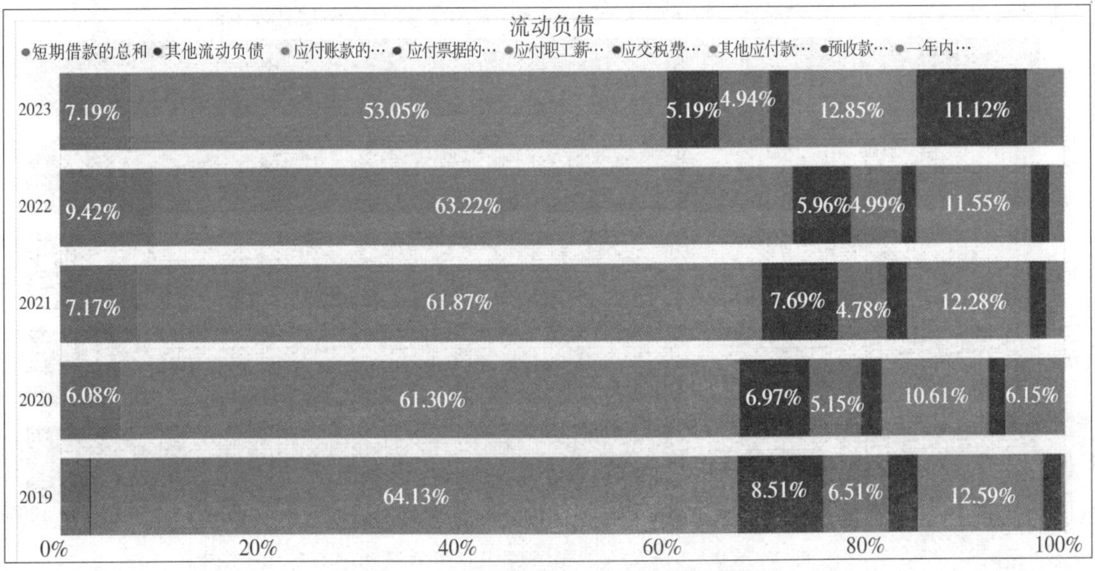

图5-42　百分比堆积条形图（流动负债）

③非流动负债分析

复制表“流动负债”，重命名为“非流动负债”，将X轴字段更换为各非流动负债项目，生成百分比堆积条形图，如图5-43所示。2019—2023年，HY公司的非流动负债构成变化较大，2021—2023年，长期借款占比在35%以上，预计负债占比在10%以上；2020—2023年，没有应付债券。

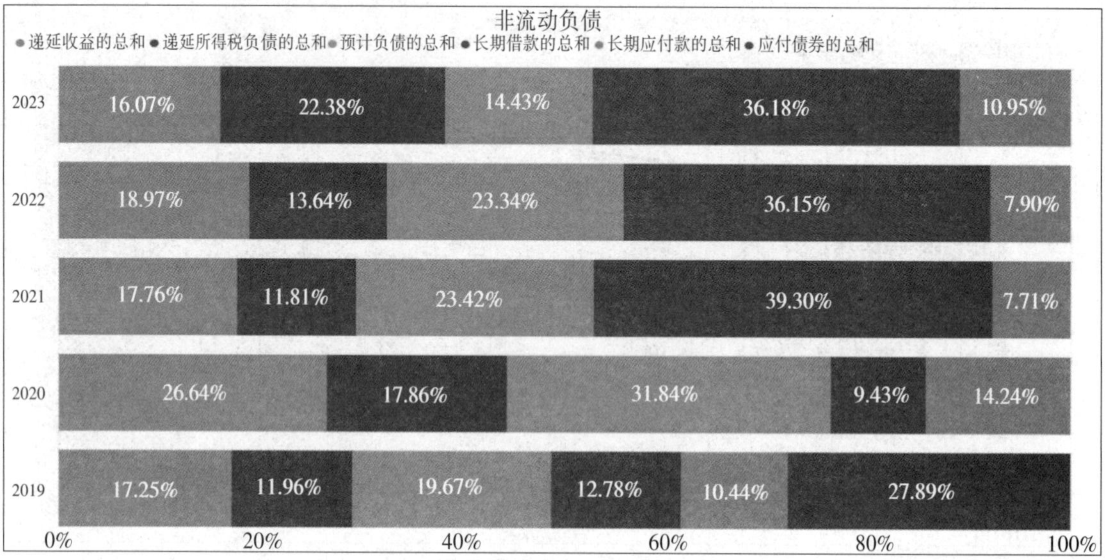

图5-43 百分比堆积条形图（非流动负债）

④所有者权益分析

复制表“流动负债”，重命名为“所有者权益”，将X轴字段更换为各所有者权益项目，生成百分比堆积条形图，如图5-44所示。2019—2023年，HY公司的所有者权益构成项目占比未发生变化。

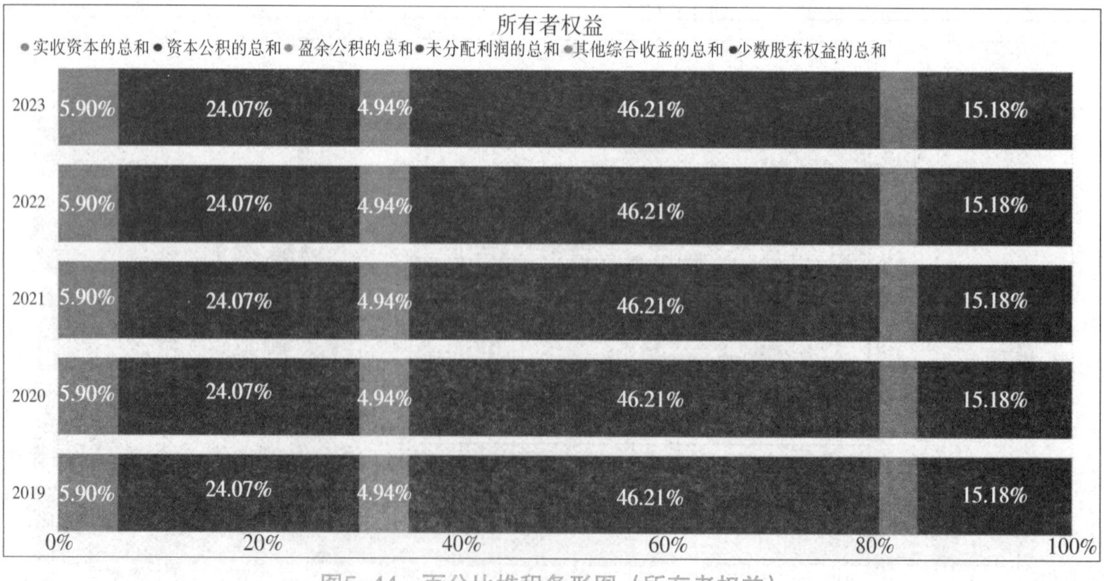

图5-44 百分比堆积条形图（所有者权益）

根据上述分析，建立结论页，如图5-45所示。

分析结论

2019—2023 年，HY 公司权益分析结论如下：

· 负债总额和所有者权益总额持续增长；负债总额大于所者权益总额，偏好债权融资。

· 流动负债以应付账款为主；2023 年，预收款项占比大幅度提升。

· 非流动负债构成变化较大，2021—2023 年，长期借款占比在 35% 以上；2020—2023 年，没有应付债券

· 所有者权益构成项目占比未发生变化。

图5-45　结论页

登录东北财经大学出版社网站下载“文件5-8”可查看Power BI文件。

二、利润表

利润表又称损益表，是反映企业在一定会计期间的经营成果的会计报表。通过利润表，报表使用者可以了解企业在一定会计期间的收入和成本费用状况，判断企业的盈利能力和利润来源。利润表反映企业在一定会计期间的经营成果，是一种动态报表。

可以从以下两个方面理解利润表的定义：①利润表是一种动态报表，反映的是企业在某一期间的经营成果，这是它与资产负债表的最大区别（资产负债表反映的是企业在特定日期的财务状况）；②利润表上反映的是收入、费用、利润三个要素之间的钩稽关系，收入减去费用等于利润。通过利润表，我们可以知道，企业在生产经营活动和投资活动中投入与产出的结果，即利润。需要注意的是，在利润表中，还存在着两个要素：利得和损失，体现了企业非日常活动所形成的经济利益的流入和流出。

【活动5-9】2019—2023年，HY公司的利润表见二维码5-2。根据表中数据对象，进行权益数据分析与可视化。

5-6表格

HY公司利润表数据

（1）数据准备

为分析营业利润形成过程，建立表格“营业利润”，对利润表数据进行调整，收入类项目以正数表示，成本费用类项目以负数表示。建立表格“收入”“成本费用”“利润”，分别放置收入类项目、成本费用类项目和利润类项目。整理后的Excel见二维码5-6。

（2）数据获取和清洗

将数据导入Power BI，打开Power Query编辑器，完成以下操作：

①对表“营业利润”“收入”“成本费用”，使用“将第一行用作标题”命令，提升第一行数据；选中第一列“项目”，使用“逆透视其他列”命令，并将第二列重命名为“时间”，第三列重命名为“金额”。

②对表“利润”，使用“转置”“将第一行用作标题”命令，并将第一列重命名为“时间”。

③使用“关闭并应用”命令，保存操作，返回Power BI主界面。

（3）数据可视化

①对表“营业利润”“收入”“成本费用”，分别以表中的列数据“项目”为类别，列数据“金额”为Y轴，生成瀑布图，这里之所以使用瀑布图，是因为数据有正有负。在每

一张报表中，分别以列数据“时间”为字段，建立切片器，这样，就可以分别查看2019—2023年的数据。

从营业利润报表可以看出，2019—2023年，HY公司的营业利润主要受营业收入和营业成本的影响，如图5-46所示。

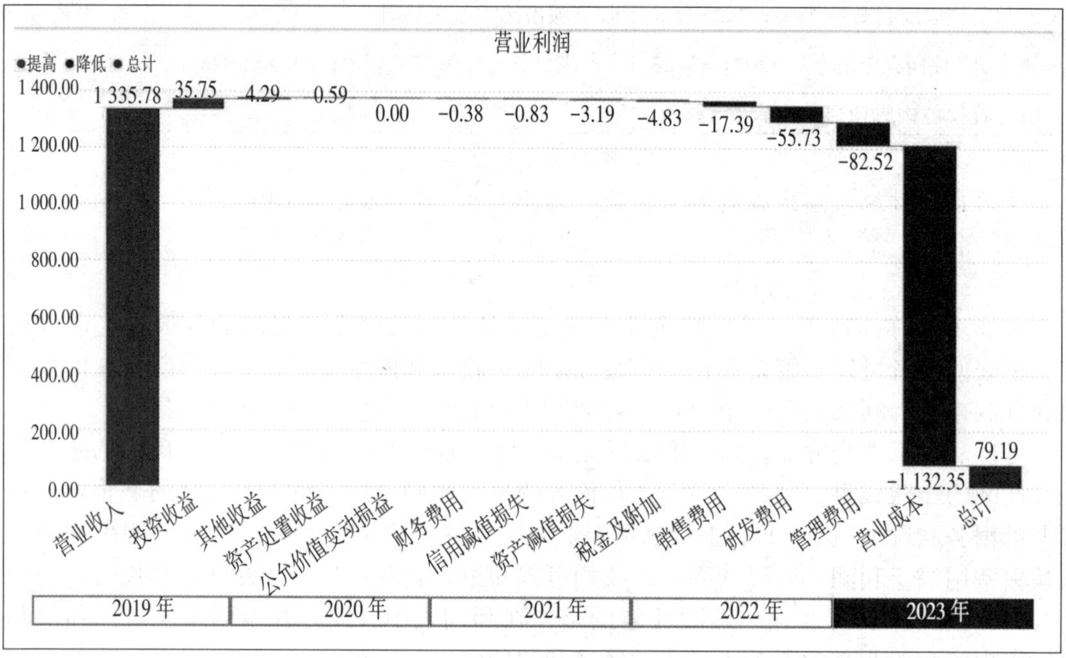

图5-46 瀑布图（营业利润）

从收入报表可以看出，2019—2023年，HY公司的收入主要来源于营业收入，每年都有少量的投资收益，如图5-47所示。

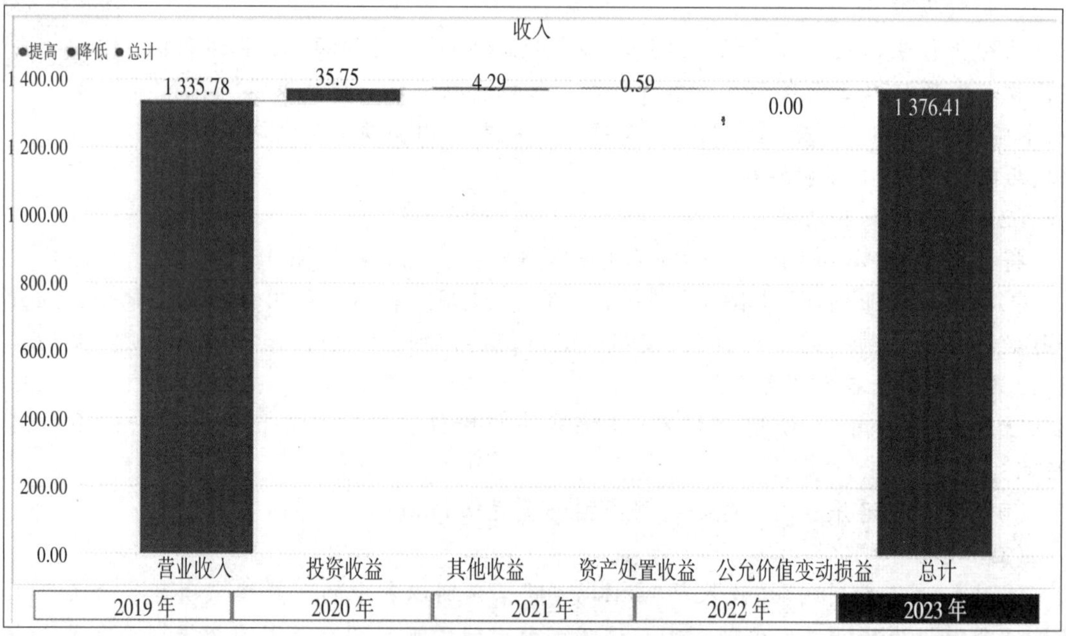

图5-47 瀑布图（收入）

从成本费用报表可以看出，2019—2023年，HY公司的成本费用主要是营业成本和管理费用、研发费用及销售费用等期间费用，如图5-48所示。

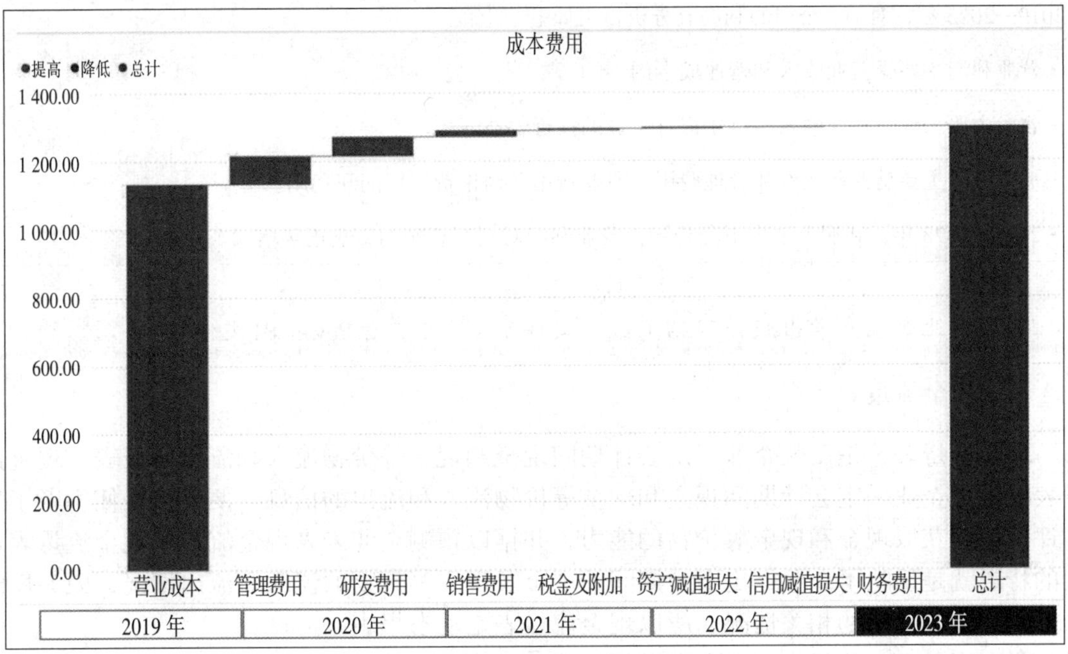

图5-48 瀑布图（成本费用）

②对表“利润”，以列数据“时间”为X轴，列数据“营业利润”“利润总额”“净利润”为Y轴，生成折线图，如图5-49所示。2021—2023年，利润呈现出下降趋势，营业利润对利润总额的影响逐年增大。

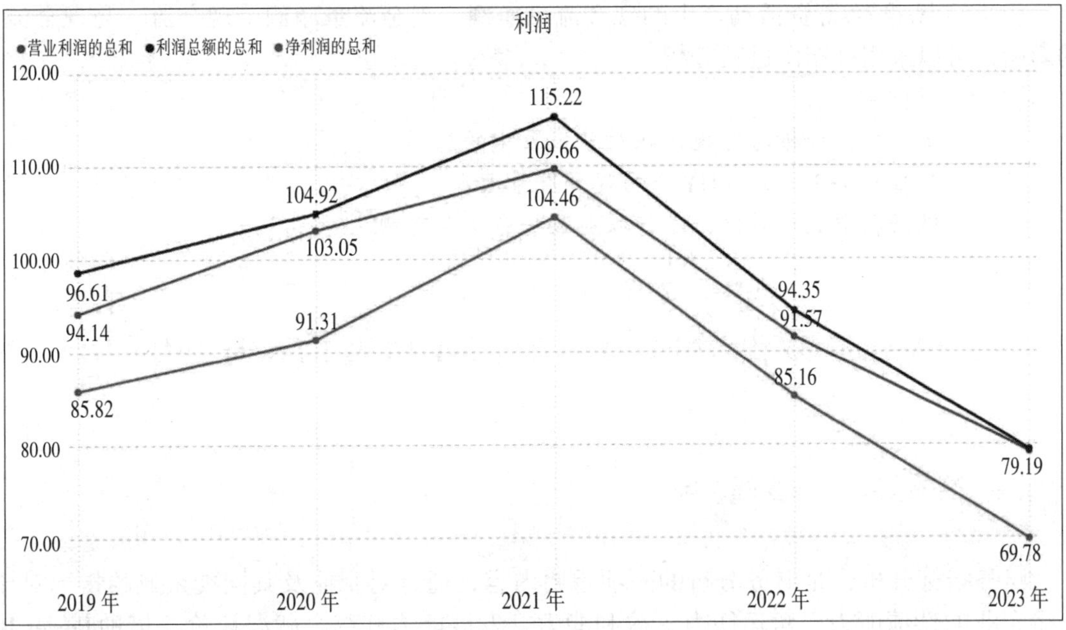

图5-49 折线图（利润）

根据上述分析，可以得出结论，形成结论页，如图5-50所示。

分析结论
2019—2023年，对HY公司的利润表分析得出如下结论： · 营业利润主要受营业收入和营业成本的影响。 · 收入主要来源于营业收入，每年都有少量的投资收益。 · 成本费用主要是营业成本和管理费用、研发费用及销售费用等期间费用。 · 2021—2023年，利润呈现出下降趋势，营业利润对利润总额的影响逐年增大。

图5-50 结论页

登录东北财经大学出版社网站下载“文件5-9”可查看Power BI文件。

三、现金流量表

现金流量表，是反映企业一定会计期间现金和现金等价物流入和流出的报表。现金流量表提供了企业一定会计期间现金和现金等价物流入和流出的信息，便于报表使用者了解和评价企业获取现金和现金等价物的能力，并据以预测企业未来现金流量。现金流量表最大的特点就是反映了企业一定会计期间的现金及现金等价物的流入和流出情况，因为反映的是一定会计期间的相关情况，所以现金流量表是动态报表。

现金流量表的分析，可以考虑以下思路：

（1）现金及现金等价物净增加额分析。“现金及现金等价物净增加额”等于“经营活动产生的现金流量净额”、“投资活动产生的现金流量净额”、“筹资活动产生的现金流量净额”和“汇率变动对现金及现金等价物的影响”四者之和，可以采用柱形图进行分析。

（2）经营/投资/筹资活动产生的现金流量净额。现金流量净额受现金流入与现金流出的影响，可以采用瀑布图进行分析。

【任务实训5-2】

目的：练习数据分析与可视化在对外报表中的应用。

资料：二维码5-2提供的HY公司现金流量表。

要求：根据表中数据对象，进行权益数据分析与可视化。

任务三　数据分析与可视化在财务指标中的应用

情景导入

财务指标分析，是财务分析的一项重要内容，通过对企业及其同类企业的指标对比，获得企业的偿债能力、营运能力、盈利能力、发展能力和综合状况评价。借助Power BI，可以使财务指标分析更加直观、形象，动态反映企业的财务状况和经营成果的总体面貌。

【请思考】如何进行财务指标的数据分析与可视化？

知识学习

一、偿债能力分析

（一）偿债能力

在市场经济条件下，企业无论规模大小、组织形式或所处行业有何不同，都会利用负债筹资，负债经营的策略已被大多数企业广泛采用。在实际工作中，企业经营管理者往往忽视了偿债能力分析，过度进行负债经营，造成了不良的后果。

偿债能力，是指企业偿还到期债务本息的能力，包括短期偿债能力和长期偿债能力。

短期偿债能力，是指企业偿还流动负债的能力，包括偿还流动负债本金的能力，以及偿还即将到期的利息的能力。具体来看，①短期偿债能力是对即将到期债务的偿还能力，即使用流动性较强的资产偿还流动负债的能力；②短期偿债能力，衡量的是企业偿还短期债务本利和的能力；③供应商和以银行为代表的债权人最为关注企业的短期偿债能力。

长期偿债能力，是指企业保证未来到期债务及时偿付的可靠程度。企业举借长期债务有利于扩大生产经营规模，但同时也加大了企业的资金成本与财务风险。长期偿债能力的强弱是反映企业财务安全和稳定程度的重要标志。一项债务会带来未来经济利益的流出。对企业而言，对一项债务承担两种责任，一是偿还债务本金的责任，二是支付债务利息的责任。分析一个企业的长期偿债能力主要就是分析企业支付债务利息以及在债务到期时支付本金的能力。

（二）衡量短期偿债能力的指标

衡量企业短期偿债能力常用的指标有流动比率、速动比率和现金流量比率。

1. 流动比率

流动比率，是指企业流动资产与流动负债的比值，反映了在分析时点上企业流动资产覆盖流动负债的程度。计算公式为：

$$流动比率=\frac{流动资产}{流动负债}\times 100\%=1+\frac{营运资本}{流动负债}\times 100\%$$

式中：营运资本＝流动资产－流动负债。

由于流动资产与流动负债在期间上具有一致性，因此，流动资产变现后能够直接构成偿还流动负债的资金来源。流动资产越多，偿还流动负债就越有保障。一般认为，当流动比率达到2时，企业财务状况比较稳妥可靠。

由于流动比率计算简易、数据取得方便，并且易于理解，债权人尤其是短期债权人，非常看重流动比率所显示的偿债能力。

应用流动比率进行分析时，注意以下几点：

（1）流动比率越高，只能说明企业偿还短期债务的流动资产保证程度越高，但不一定说明企业有足够的资金来偿还，如流动资产可能是存货积压、应收账款增多等原因形成的。所以，企业在分析流动比率的基础上，需进一步对现金流量加以分析。

（2）从短期债权人的角度看，自然希望流动比率越高越好，但是从企业经营管理者的角度看，流动比率并不是越高越好，因为过高的流动比率表明流动资产占用资金过多，使资金利用效率下降，降低了企业资产的盈利性。

2.速动比率

速动比率，是指企业速动资产与流动负债的比值。其中，速动资产是指企业流动资产减去存货之后的余额。计算公式为：

$$速动比率 = \frac{速动资产}{流动负债} \times 100\% = \frac{流动资产 - 存货}{流动负债} \times 100\%$$

式中：速动资产 = 流动资产 - 存货。

通俗地说，速动比率主要衡量一家公司在无须出售库存的情况下，是否拥有足够的流动资产以偿还其短期债务。一般认为，速动比率为1，低于1的速动比率被认为是短期偿债能力偏低，表明企业需要通过出售存货或举借新债来偿还到期债务。

把存货从流动资产中剔除的原因主要有三个：（1）存货变现时需要销售和收款，在流动资产中的变现性最差；（2）存货可能出现损失、报废、滞销或被抵押的情况；（3）存货的历史成本与可变现净值之间往往存在着较大的差距，无法反映实际的变现价值。因此，将存货从流动资产中减去后计算的速动比率，反映的短期偿债能力更加令人可信。

3.现金流量比率

现金流量比率，是指企业一定时期内经营活动产生的现金流量净额与流动负债的比值。现金流量比率越高，说明企业偿还短期债务的能力越强。

$$现金流量比率 = \frac{经营活动产生的现金流量净额}{流动负债} \times 100\%$$

现金流量比率的分母是企业资产负债表上的期末流动负债，分子采用当期现金流量表的经营活动产生的现金流量净额。从偿债的实际情况来看，由于期末流动负债需要下期偿还，偿还这些负债的现金流量也应该是下期产生的。使用本期经营活动产生的现金流量净额对应下期偿还的债务，除了数据获取方面的原因外，实际还隐含这样的假设：预期企业下期的经营状况与本期基本相同。

现金流量比率从企业经营创造现金流量的角度分析企业偿还流动负债的能力。与静态短期偿债能力分析指标不同，它考虑了企业资金周转的速度和实际的变现能力。此处的现金流量是指经营活动产生的现金流量净额，用它与流动负债相比，显示企业进行流动资产投资后，用剩余现金流偿还短期债务的能力。这个过程更贴近企业在持续经营过程中偿债的实际情况，因此，自现金流量表创建以来，现金流量比率成为分析企业短期偿债能力的又一个重要指标。

（三）衡量长期偿债能力的指标

1.资产负债率

资产负债率，是企业某一时点上负债与资产的比值，表示债权人所提供资金占企业总资金的比重，或者说在企业的全部资产中有多少属于债权人所有。计算公式为：

$$资产负债率 = \frac{负债}{资产} \times 100\%$$

资产负债率是从总体上反映企业长期偿债能力的指标，它体现债权人对企业资产的贡献水平，也体现企业在清算时对债权人利益的保障程度。资产负债率越低，说明企业债权的保证程度越高；反之，则说明企业偿债风险越高，债权的保证程度相应越低。一般认为，40%～60%是资产负债率的适宜水平。

2.产权比率

产权比率，是企业某一时点上负债与所有者权益的比值，反映投资者对债权人的保障程度，是评估企业资金结构合理性的指标之一。产权比率越高，说明企业偿还长期债务的能力越弱；反之，则说明企业偿还长期债务的能力越强。计算公式为：

$$产权比率=\frac{负债}{所有者权益}$$

资产负债率与产权比率具有共同的经济意义，两个指标可以相互补充。其中，资产负债率侧重于揭示企业总资金中有多少是靠负债取得的，说明债权人权益的受保障程度；产权比率侧重于分析自有资金对偿债风险的承受能力，说明企业财务结构的风险性。

$$产权比率=\frac{负债}{所有者权益}=\frac{负债}{资产-负债}=\frac{资产负债率}{1-资产负债率}$$

实际上，产权比率是资产负债率的另一种表现形式，只不过其表达得更为直接、明显，更侧重于揭示企业财务结构的稳健程度，以及所有者权益对偿债风险的承受能力。一般来说，当该指标为1时最佳，但也不能一概而论。

3.利息保障倍数

利息保障倍数，是指企业一定时期息税前利润与利息费用的比值，反映了盈利能力对债务偿付的保证程度。利息保障倍数越大，企业支付利息费用的能力越强，说明企业长期偿债能力越强。计算公式为：

$$利息保障倍数=\frac{息税前利润}{利息费用}=\frac{利润总额+利息费用}{利息费用}$$

$$=\frac{净利润+所得税费用+利息费用}{利息费用}$$

式中：息税前利润，是指利润表中未扣除利息费用和所得税之前的利润，即息税前利润=利润总额+利息费用=净利润+所得税费用+利息费用。

利息费用，是指实际支出的借款利息、债券利息等。值得注意的是，利息费用是指本期发生的全部应付利息，不仅包括财务费用中的利息费用，还包括资本化利息。因为资本化利息虽没有计入财务费用，但仍然是要偿还的。在现实分析中，一般使用财务费用代替利息费用。

利息保障倍数不仅反映了企业盈利能力的大小，而且反映了盈利能力对偿还到期债务的保证程度，它既是企业举债经营的前提，也是衡量企业长期偿债能力大小的重要标志。要维持正常偿债能力，利息保障倍数至少应大于3，且比值越高，企业长期偿债能力越强。如果利息保障倍数过低，企业将面临亏损、偿债的安全性与稳定性下降的风险。

【活动5-10】2019—2023年，HY公司的财务报表见二维码5-2。根据表中数据对象，进行偿债能力指标数据分析与可视化。

（1）数据准备和获取

在Excel中，对计算财务指标需用的数据进行整理，并导入Power BI。

（2）数据分析与可视化

①短期偿债能力指标分析报表。以列数据“时间”为X轴，列数据“流动比率”“速

动比率”为Y轴，生成折线图，如图5–51所示。

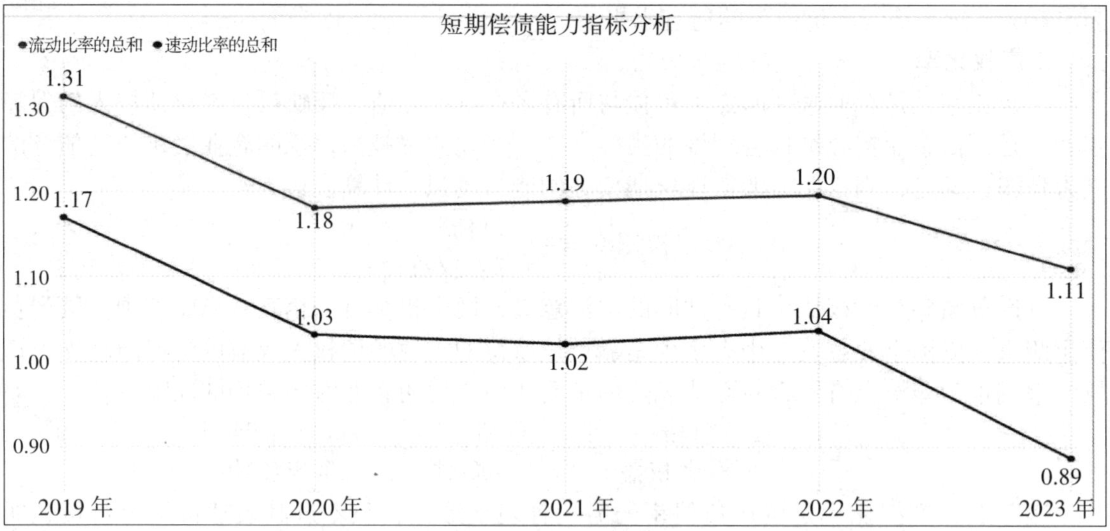

图5–51　折线图

Ⅰ.流动比率分析。2019—2023年，HY公司的流动比率，最小值为2023年的1.11，最大值为2019年的1.31，均明显低于经验值2，因此，HY公司偿还短期债务的流动资产保证程度较低，全部资产的变现能力较弱。

Ⅱ.速动比率分析。2019—2023年，HY公司的速动比率，最小值为2023年的0.89，最大值为2019年的1.17，2019年明显超过了经验值，2020—2022年，近似等于经验值，2023年低于经验值，因此，2019—2022年在无须出售库存的情况下，HY公司还是有足够的流动资产偿还短期债务，即在无须出售库存情况下的变现能力较强，而2023年，HY公司在无须出售库存情况下的变现能力较弱。

②长期偿债能力指标分析报表。以列数据“时间”为X轴，列数据“资产负债率”“产权比率”为Y轴，生成折线图，如图5–52所示。

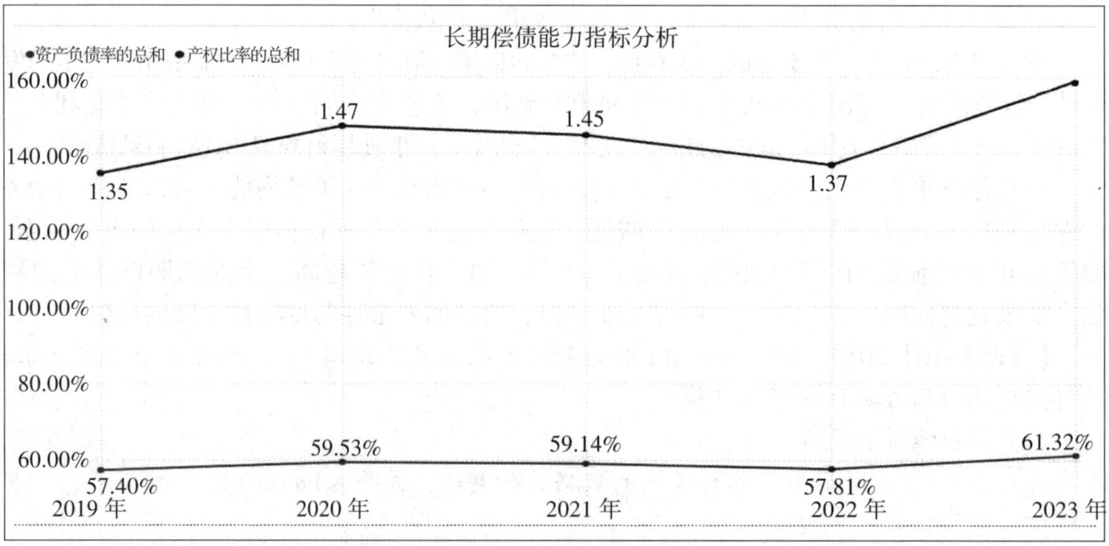

图5–52　折线图

Ⅰ.资产负债率分析。2019—2022年，HY公司的资产负债率处于40%～60%的适宜水平，但相对偏近于60%，最小值为2019年的57.40%，最大值为2020年的59.53%。2023年，HY公司的资产负债率超过60%，达到61.32%。由此可见，2019—2023年，HY公司的资产负债率接近于60%，2023年甚至超过了60%，说明债务资金多于自有资金，具有一定的财务风险，HY公司应保持一定的谨慎，防范财务风险。

Ⅱ.产权比率分析。2019—2023年，HY公司的产权比率均大于经验值1，在1.3以上，最大达到1.59（2023年），明显说明HY公司通过负债方式获取的资金多于投资者投入的资金。对投资者来说，多借债务可以获得额外的利润，但是指标过高，会导致更多的利息负担和更大的财务风险。

登录东北财经大学出版社网站下载“文件5-10”，查看Power BI文件。

二、营运能力分析

（一）营运能力

营运能力，是指企业使用资产支撑经营活动的效率。效率越高，意味着企业支撑同样规模的经营活动使用的资产越少，或是用同样的资产可以取得更大规模的收入。

企业取得收入的过程，在企业内部表现为资金形态的不断转换。从现金变成存货，存货出售形成应收账款，应收账款最终收回从而获得更多现金，循环往复，不断实现收入。在这个过程中，每一个环节的资产如果能尽快转化到下一个环节，则会大大缩短从现金投入到现金回收和获利的时间，使企业在同样时间内能够多创造收入，从而提高企业获取利润的效率。

营运能力用周转率来衡量。周转率，也称周转次数，是指每种资产在1年内从发生到收回循环往复的次数。

（二）衡量营运能力的指标

根据资产的不同组成部分，营运能力可以分为流动资产营运能力、固定资产营运能力和总资产营运能力。

1.流动资产营运能力

流动资产营运能力，是指以应收账款、存货和流动资产为主的资产的利用效率和管理水平，分析指标包括应收账款周转率、存货周转率和流动资产周转率。

（1）应收账款周转率

应收账款周转率，是指企业一定时期营业收入与应收账款平均余额的比值，反映企业应收账款在一定时期（通常为1年）周转的次数。计算公式为：

$$应收账款周转率 = \frac{营业收入}{应收账款平均余额} \times 100\%$$

$$应收账款平均余额 = \frac{年初应收账款 + 年末应收账款}{2}$$

一般企业应收账款周转率设置的标准值为3。在一定时期企业的应收账款周转率越高，周转次数越多，表明企业应收账款回收速度越快，企业应收账款的管理效率越高，资产流动性越强，企业营运能力越强，短期偿债能力越强。同时，较高的应收账款周转率可有效地减少收款费用和坏账损失，从而相对增加企业流动资产的收益能力。

应收账款周转率体现企业应收账款的流动水平（即周转快慢），反映企业变现所需要的时间，主要是应收账款权利的取得到款项的收回这个时间段。该指标不适用于下列情况：季节性、不均衡生产经营的企业；大量使用分期付款结算方式的企业；大量使用现金结算方式的销售企业；年末销售大幅度变化的企业等。

（2）存货周转率

存货周转率，是指企业一定时期营业成本与存货平均余额的比值，反映企业存货一定时期（通常为1年）周转的次数。计算公式为：

$$存货周转率 = \frac{营业成本}{存货平均余额} \times 100\%$$

$$存货平均余额 = \frac{年初存货 + 年末存货}{2}$$

【提示】只有存货周转率的分子是营业成本，其他种类资产周转率指标的分子都是营业收入。

存货周转率是衡量企业购入存货、投入生产、销售收回等各环节管理状况的综合性指标。一般企业存货周转率设置的标准值为3。一般来讲，存货周转速度越快，存货的占用水平越低，资产流动性越强，存货转换为现金或应收账款的速度越快，企业营运能力越强。因此，提高存货周转率可以提高企业的变现能力。

存货不能过量储存，否则可能造成积压、呆滞，也不能储存过少，否则可能造成生产中断或销售紧张，不利于竞争。合理的存货储备量，可减少企业的资金占用，提高其流动性。以销定产，快进快出，维持存货的正常水平，是降低资金占用水平的最佳途径。

在分析存货周转率时，注意应付款项、存货和应收账款（销售）之间的关系，以及组成存货的产成品、自制半成品、原材料、在产品和周转材料（低值易耗品）之间的比例关系。在正常情况下，各类存货之间存在某种比例关系，如果某一类的比重发生明显的大幅度变化，可能就暗示存在某种问题。比如，产成品大量增加，其他项目减少，很可能销售不畅，放慢了生产节奏，此时，存货总的余额可能并没有显著变化，甚至尚未引起存货周转率的显著变化。

（3）流动资产周转率

流动资产周转率，是指企业一定时期营业收入与流动资产平均余额的比值，反映企业流动资产一定时期（通常为1年）周转的次数，衡量流动资产的利用效果。计算公式为：

$$流动资产周转率 = \frac{营业收入}{流动资产平均余额} \times 100\%$$

$$流动资产平均余额 = \frac{年初流动资产 + 年末流动资产}{2}$$

流动资产周转率反映了企业流动资产的周转速度，是从企业全部资产中流动性最强的流动资产角度对企业资产的利用效率进行分析，以进一步揭示影响企业资产质量的主要因素。要实现该指标的良性变动，应以营业收入增幅高于流动资产增幅做保证。通过该指标的对比分析，可以促进企业加强内部管理、充分有效地利用流动资产，如降低成本、调动暂时闲置的货币资金用于短期投资创造收益等，还可以促进企业采取措施扩大销售，提高流动资产的综合使用效率。

一般企业流动资产周转率设置的标准值为2。在一般情况下，该指标越高，表明企业流动资产周转速度越快，资金利用效果越好，流动资产管理水平越高。在较快的周转速度下，流动资产会相对节约，相当于流动资产投入的增加，在一定程度上增强了企业的盈利能力；而周转速度慢，则需要补充流动资金参加周转，会形成资金浪费，降低企业盈利能力。

分析流动资产周转率时应该注意，流动资产中应收账款和存货占绝大部分，它们的周转状况对流动资产的周转具有决定性影响。

2.固定资产营运能力

固定资产营运能力，是指固定资产的利用效率和管理水平，分析指标主要是固定资产周转率。

固定资产周转率，是指企业一定时期营业收入与固定资产平均余额的比值，反映企业固定资产一定时期（通常为1年）周转的次数，衡量固定资产的利用效果。计算公式为：

$$\text{固定资产周转率} = \frac{\text{营业收入}}{\text{固定资产平均余额}} \times 100\%$$

$$\text{固定资产平均余额} = \frac{\text{年初固定资产} + \text{年末固定资产}}{2}$$

固定资产周转率反映了企业经营管理者利用和管理固定资产的能力。一般企业固定资产周转率设置的标准值为0.8。一般来说，企业一定时期固定资产周转率越高，周转天数越少，说明企业固定资产的周转速度越快，固定资产利用充分，投资得当，结构合理，企业营运能力越强；反之，则说明企业固定资产使用效率低下，营运能力不强。

在制造业企业中，设备投资在总投资中所占比例较大，设备能否充分利用，直接关系到投资效益的高低。当企业固定资产周转率处于较低水平时，说明固定资产利用程度不高，所以当计划更新固定资产时，要分析固定资产是否已经被充分利用；如果企业固定资产周转率远高于行业平均水平，一般意味着企业要进行固定资产投资了。

3.总资产营运能力

总资产营运能力，是指企业全部资产的利用效率和管理水平，分析指标主要为总资产周转率。

企业总资产营运能力可以使用总资产周转率或总资产周转天数衡量。

总资产周转率，是企业一定时期营业收入与全部资产总额的比值，反映企业全部资产一定时期（通常为1年）周转的次数，衡量全部资产的利用效果。计算公式为：

$$\text{总资产周转率} = \frac{\text{营业收入}}{\text{资产平均余额}} \times 100\%$$

$$\text{资产平均余额} = \frac{\text{年初资产} + \text{年末资产}}{2}$$

总资产周转率是考察企业资产利用效率的一项重要指标，体现了企业经营期间全部资产从投入到产出的流转速度，反映了企业全部资产的管理质量和利用效率。总资产周转率的高低，取决于营业收入和资产两个因素。增加收入或减少资产，都可以提高总资产周转率。

在一般情况下，指标值越高，表明企业总资产的周转速度越快，资产利用效率越高，营运能力越强，同时，盈利能力也越强；如果指标值较低，则说明企业利用全部资产进行经营活动的效率较差，最终会影响企业的盈利能力，这样，企业就应该采取措施提高各项资产的利用程度，如扩大销售或者处理多余资产。

营运能力指标的释义和一般企业设定的标准值见表5-1。

表5-1　　各类资产周转率指标的衡量和标准值

指标	释义	标准值
应收账款周转率	指标越高，表明企业应收账款的周转速度越快，即应收账款回收速度越快，企业应收账款的管理效率越高，资产流动性越强，企业营运能力越强，短期偿债能力越强	3
存货周转率	指标越高，说明企业存货的周转速度越快，存货的占用水平越低，资产流动性越强，存货转换为现金或应收账款的速度越快，企业营运能力越强，短期偿债能力越强	3
流动资产周转率	指标越高，表明企业流动资产的周转速度越快，资金利用效果越好，流动资产管理水平越高，企业营运能力越强	2
固定资产周转率	指标越高，说明企业固定资产的周转速度越快，固定资产利用越充分，企业营运能力越强	0.8
总资产周转率	指标越高，说明企业总资产的周转速度越快，利用全部资产进行经营活动的效率越高，企业营运能力越强	0.8

【活动5-11】2019—2023年，HY公司、KC公司和行业平均的财务数据及指标见二维码5-7。根据表格中的数据对象，进行下列营运能力指标数据分析与可视化：

5-7表格

营运能力指标数据

（1）2019—2023年，结合一般企业的设定值，分析HY公司流动资产营运能力。

（2）2019—2023年，HY公司和KC公司固定资产营运能力对比分析。

（3）2019—2023年，HY公司总资产营运能力与行业平均水平、一般企业标注值对比分析。

营运能力指标数据分析与可视化如下：

（1）数据准备和获取

在Excel中，对计算财务指标需用的数据进行整理，并导入Power BI。基于列字段“时间”，系统自动建立数据关系，如图5-53所示。

（2）数据分析与可视化

①HY公司流动资产营运能力指标分析。使用表“HY公司财务数据”，以列数据“时间”为X轴，列数据“应收账款周转率”“存货周转率”“流动资产周转率”为Y轴，生成折线图，如图5-54所示。

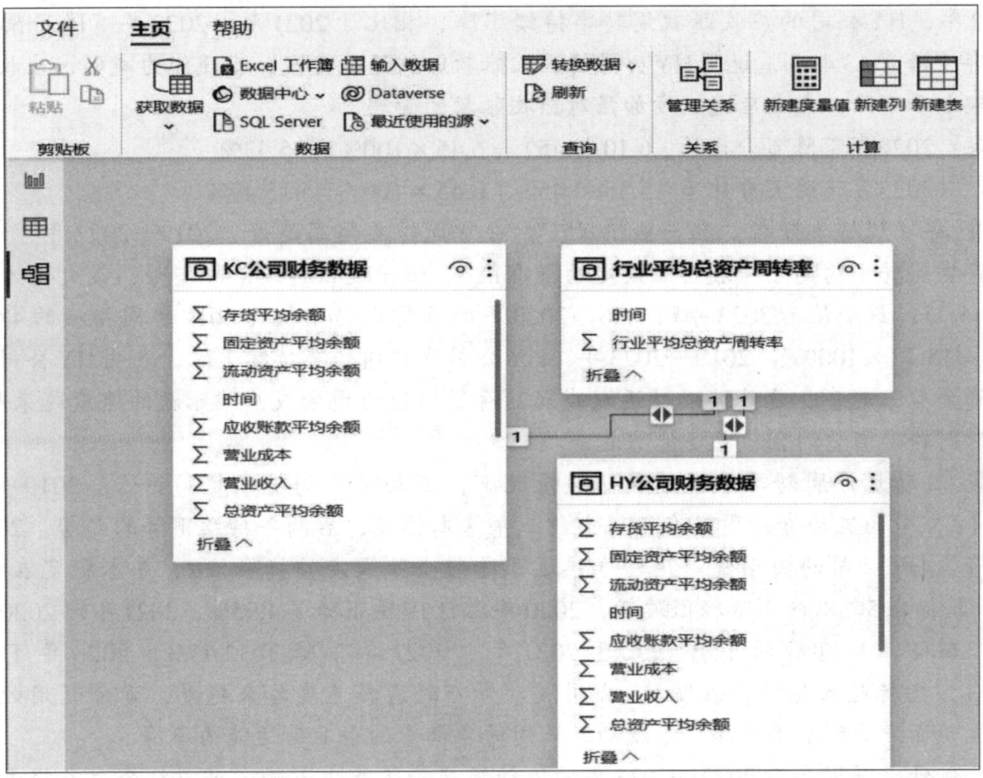

图5-53　表关系

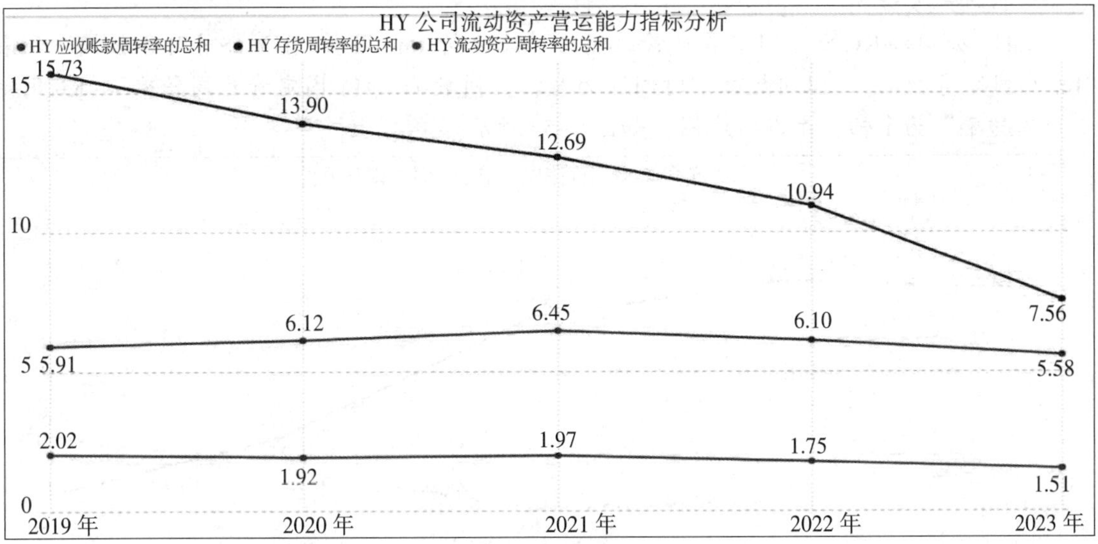

图5-54　折线图

Ⅰ.应收账款周转率分析。一般情况下，应收账款周转率越高越好。2019—2023年，HY公司的应收账款周转率均高于一般企业设定的标准值3，呈现出前3年上升、后2年下降的趋势，最大值为2021年的6.45，最小值为2023年的5.58。2019—2021年，HY公司的应收账款周转率越来越高，从2019年的5.91升至2021的6.45，表明HY公司应收账款回收速度加快，应收账款的管理效率越来越高，公司资产的流动性增强，营运能力增强。在随后2年，HY公司的应收账款周转率持续下降，相比于2021年，2022年下降了5.43%，2023年下降了13.49%，说明HY公司的应收账款回收速度变慢，变现能力减弱，应收账款的管理水平下降，未来应进一步加强对应收账款的管理。

注：2022年下降百分比 =（6.10−6.45）÷ 6.45 × 100% = −5.43%

2023年下降百分比 =（5.58−6.45）÷ 6.45 × 100% = −13.49%

Ⅱ.存货周转率分析。在一般情况下，存货周转率越高越好。2019—2023年，HY公司的存货周转率均高于一般企业设定的标准值3，但呈现出持续下降趋势，最大值为2019年的15.73，最小值为2023年的7.56，2023年的存货周转率仅为2019年同指标的48.06%（7.56 ÷ 15.73 × 100%）。2019—2023年，HY公司存货周转率持续下降，表明HY公司存货占用资金越来越多，资产流动性逐渐减弱，存货转换为现金或应收账款的速度越来越慢，用存货周转率衡量的企业营运能力越来越弱。

Ⅲ.流动资产周转率分析。在一般情况下，流动资产周转率越高越好。2019—2023年，HY公司的流动资产周转率呈现出前三年基本稳定，后两年持续下降的趋势。2019—2021年，HY公司的流动资产周转率接近于一般企业设定的标准值2，基本稳定在1.90~2.10，指标在5%以内上下轻微波动，2020年比2019年下降了4.95%，2021年比2020年上升了2.60%。而随后两年，相比于2021年，2022年下降了11.17%，2023年下降了23.35%，指标越来越低，表明HY公司流动资产的周转速度越来越慢，资金利用效果减弱，流动资产管理水平下降，用流动资产周转率衡量的企业营运能力下降。

具体什么原因导致2022—2023年的流动资产营运能力下降，可以结合财务报表项目数据进行进一步分析。

②HY公司和KC公司固定资产营运能力对比分析。使用表“HY公司财务数据”和表“KC公司财务数据”，以列数据“时间”为X轴，列数据“HY固定资产周转率”“KC固定资产周转率”为Y轴，生成折线图，如图5-55所示。

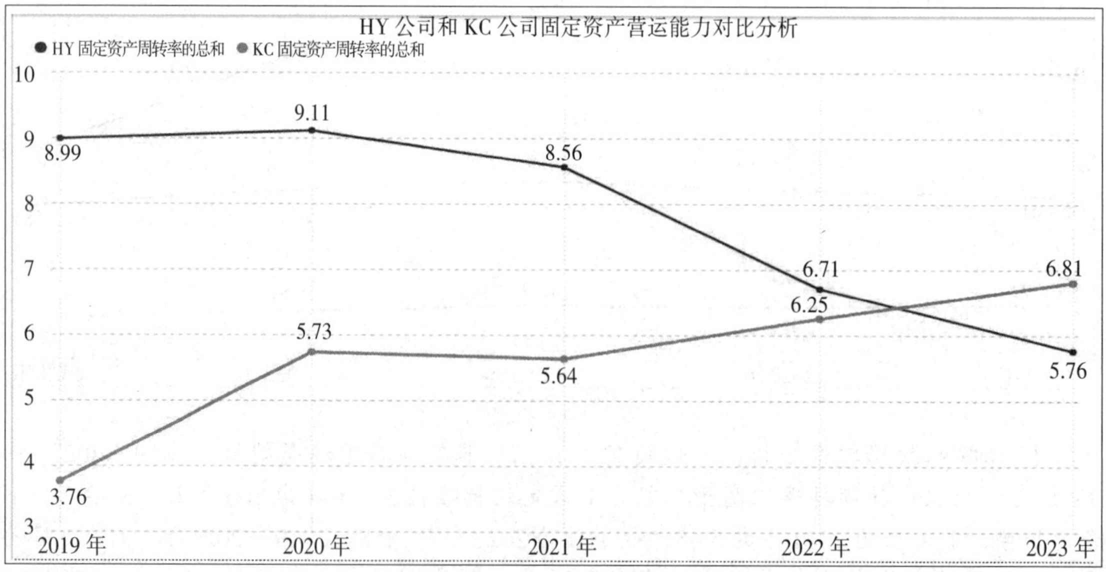

图5-55 折线图

Ⅰ.HY公司固定资产周转率分析。2019—2023年，HY公司的固定资产周转率呈现出持续的下降趋势，从2019年的8.99降至2023年的5.76，说明HY公司的固定资产周转速度越来越慢，固定资产难以充分利用，以固定资产周转率衡量的企业营运能力逐年降低。

Ⅱ.KC公司固定资产周转率分析。2019—2023年，除2021年环比有所下降（-1.57%）外，KC公司其他年的固定资产周转率呈现上升趋势，由2019年的3.76升至2023年的6.81，说明KC公司固定资产利用更加充分，投资更加得当，结构更加合理，以固定资产周转率衡量的企业营运能力越来越强。

总而言之，2019—2023年，两家公司的固定资产周转率均高于一般企业设置的标准值0.8，HY公司的指标变化趋势是逐年下降，而KC公司的指标变化趋势是逐年上升，且2023年赶超了HY公司。未来，HY公司应提高固定资产的管理水平，处置不良或冗余固定资产，采用薄利多销等增收方法，以加速固定资产的周转速度。

注：2021年环比＝（5.64－5.73）÷5.73＝-1.57%

③HY公司总资产营运能力与行业平均水平、一般企业标注值对比分析。在表“行业平均总资产周转率”，新建列“企业标注值”，DAX公式为：企业标注值=0.8，改格式为“十进制数字”，保留两位小数。

复制表“HY公司和KC公司固定资产营运能力对比分析”，重命名为“HY公司总资产营运能力与行业平均水平、一般企业标注值对比分析”，以列数据“时间”为X轴，更换Y轴列数据为“HY总资产周转率”“行业平均总资产周转率”“企业标注值”，生成折线图，如图5-56所示。

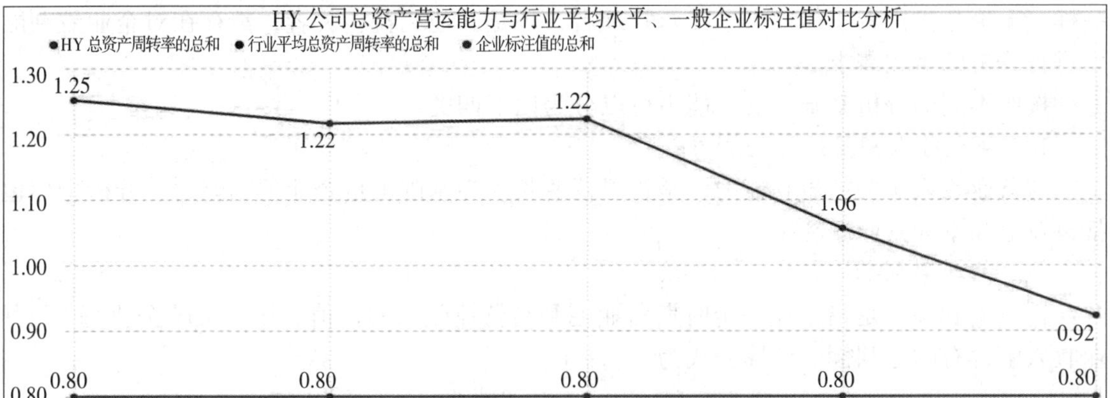

图5-56　折线图

在一般情况下，总资产周转率越高越好。2019—2023年，HY公司的总资产周转率呈现持续下降趋势，由2019年的1.25下降至2023年的0.92，说明HY公司总资产的周转速度越来越慢，利用全部资产进行经营活动的效率逐渐下降，用总资产周转率衡量的企业营运能力逐年减弱。但是，相比于同一时间段的行业平均水平和一般企业设定的标准值，

HY公司的总资产周转率大于两者，说明其在行业中处于优势水平，但是这种优势正逐步减弱，至2023年差距已经很小。

总而言之，2019—2023年，HY公司的总资产周转率虽然持续下降，但是还是处于行业优势水平，不过优势已经逐年趋减弱。未来，HY公司应挖掘潜力、积极创收、提高产品市场占有率、提高资产利用效率，从而达到提升企业营运能力的目的。

登录东北财经大学出版社网站下载“文件5-11”可查看Power BI文件。

三、盈利能力分析

（一）盈利能力

盈利能力，是指企业在一定时期赚取利润的能力，关系到企业的生存与发展。企业通常可以分为营利性企业和非营利性企业。非营利性企业一般涉及教育、医疗、环保等领域，它们不以营利为目的，而是通过服务社会实现自身价值。然而绝大多数企业都是以营利为目的的。

人们可以用利润的绝对数额来直观地衡量盈利的多少，但利润的绝对数额并没有考虑投入的因素，既不能反映经营管理者利用企业资产的效率，又在一定程度上缺乏可比性。为了弥补利润绝对数额的缺陷，人们又将利润与相应的资源投入相配比，用相对指标来衡量盈利能力的大小。相对指标考虑了带来利润的资产投入因素，可以反映经营管理者利用企业资产的效率，也便于企业之间的比较。

（二）衡量盈利能力的指标

企业盈利不仅涉及各个方面的利益，而且不同层面对盈利能力的判断标准和视角也不一样。无论是投资者、债权人、经营管理者，还是其他利益相关者，都存在对企业盈利能力进行分析的潜在需求。

按照不同的分析基础，盈利能力可以分为以下四类：

1. 与营业收入相关的盈利能力

与营业收入相关的盈利能力，是指以营业收入为基础衡量企业盈利能力，分析指标包括营业毛利率和营业净利率。

（1）营业毛利率

营业毛利率，是指企业一定时期营业毛利与营业收入的比值，用以反映企业每1元营业收入中含有的毛利额。计算公式为：

$$营业毛利率=\frac{营业毛利}{营业收入}\times 100\%=\frac{营业收入-营业成本}{营业收入}\times 100\%$$

式中：营业毛利是营业收入扣除营业成本后的余额，即营业毛利 = 营业收入 − 营业成本。

营业毛利率高，说明企业单位产品获利能力强；营业毛利率低，说明企业单位产品获利能力弱。营业毛利率有明显的行业特点，营业周期短、固定成本低的行业的营业毛利率比较低；而营业周期长、固定成本高的行业的营业毛利率比较高。一般来说，餐饮业的营业毛利率一般在35%～70%；商业企业的营业毛利率一般在10%～30%。

该指标与同行业其他企业的营业毛利率对比，可以揭示企业在定价决策、成本控制等方面存在的问题，还可以表明企业在同行业中的市场竞争力。营业毛利率的下降，可能意味着价格竞争正在损害企业，或者企业成本可能失去控制，或者企业的产品组合可能发生变化。

（2）营业净利率

营业净利率，是指企业一定时期净利润与营业收入的比值，反映企业营业收入创造净利润的能力。计算公式为：

$$营业净利率 = \frac{净利润}{营业收入} \times 100\%$$

营业净利率的正常范围是20%～30%。该指标越高，说明企业的产品或服务为股东创造利润的能力越强。但是，它受行业特点影响较大，竞争激烈的行业，产品获利能力有限，该指标值普遍较低，企业需要通过更强的资产管理能力来提高股东最终的收益。

营业净利率与净利润成正比，与营业收入成反比，企业在增加营业收入的同时，必须相应获得更多的净利润，才能使该指标保持不变或有所提高，即只有在净利润的增长速度快于营业收入的增长速度时，营业净利率才会上升。

营业收入包含主营业务收入和其他业务收入，净利润的形成也并非都由营业收入产生，还受到投资收益、营业外收支等因素的影响。但是，净利润主要来自营业收入，才具有可持续性。通过这一指标的分析，可以促使企业在扩大销售的同时注意改进经营管理，提高盈利水平。

2. 与成本费用相关的盈利能力

与成本费用相关的盈利能力，是指以成本费用为基础衡量企业盈利能力，常用指标为成本费用利润率。

成本费用利润率，是指企业一定时期利润总额与成本费用总额的比值，反映企业每付出1元成本费用可获得的利润，体现了经营耗费所带来的经营成果。计算公式为：

$$\begin{aligned}成本费用利润率 &= \frac{利润总额}{成本费用总额} \times 100\% \\ &= \frac{利润总额}{营业成本 + 税金及附加 + 期间费用} \times 100\%\end{aligned}$$

式中：期间费用 = 管理费用 + 销售费用 + 研发费用 + 财务费用。

成本费用利润率是所得（利润总额）与所费（成本费用）的直接比较，综合反映企业经济效益的好坏。在一般情况下，成本费用利润率越高，表明企业为取得利润而付出的代价越小，成本费用控制得越好，企业盈利能力越强。销售企业成本费用利润率一般在30%左右。

3. 与资产总额相关的盈利能力

与资产总额相关的盈利能力，是指以资产总额为基础衡量企业盈利能力，常用指标为总资产收益率。

总资产收益率，是指企业一定时期净利润与资产平均余额的比值，反映企业每1元资产创造的净利润。计算公式为：

$$总资产收益率 = \frac{净利润}{资产平均余额} \times 100\%$$

总资产收益率，体现了企业资产运用效率和资金利用效果之间的关系，在企业资产总额一定的情况下，利用总资产收益率可以分析企业盈利的稳定性和持久性，确定企业所面临的风险。总资产收益率越高，表明企业的资产利用效果越好，经营管理水平越高，企业利用全部资金为股东创造收益的能力越强。一般制造业企业的总资产收益率为5%～10%。

在分析这一指标时，通常要结合同行业平均水平或先进水平，以及企业前期的水平进行对比分析，才能判断总资产收益率的变动对企业的影响，从而了解企业总资产的利用效率，发现企业在经营管理中存在的问题，挖掘潜力，调整经营方针，以达到提高总资产收益率的目的。

4. 与权益资本相关的盈利能力

与权益资本相关的盈利能力，是指以所有者权益为基础衡量企业盈利能力，常用指标为净资产收益率。

净资产收益率，是指企业一定时期净利润与净资产平均余额的比值，反映了企业自有资本及其积累的获利水平。计算公式为：

$$净资产收益率=\frac{净利润}{净资产平均余额}\times 100\%$$

在一般情况下，净资产收益率越高，表明企业自有资本及其积累的获利水平越高。净资产收益率在15%～39%是最为合适的。净资产收益率是衡量企业自有资本及其积累获利水平的最具综合性的指标，该指标通用性强，适应范围广，在企业综合评价中使用率非常高。如果净资产收益率呈现一个上升趋势，则说明企业处于快速成长阶段。

盈利能力指标的释义和一般企业设定值见表5-2。

表5-2　各类盈利能力指标的衡量和标准值

指标	衡量	标准值
营业毛利率	反映企业每1元营业收入带来的毛利额。指标值越大，企业盈利能力越强。受行业特点影响	餐饮业的营业毛利率一般为35%～70%；商业企业的营业毛利率一般为10%～30%
营业净利率	反映企业每1元营业收入带来的净利润。指标值越大，企业盈利能力越强。受行业特点影响	20%～30%
成本费用利润率	反映企业每付出1元成本费用可获得的利润。指标值越大，企业盈利能力越强	销售企业成本费用利润率一般为30%左右
总资产收益率	反映企业每1元资产创造的净利润。指标值越大，企业盈利能力越强	制造业企业的总资产收益率为5%～10%
净资产收益率	反映企业自有资本及其积累的获利水平。指标值越大，企业盈利能力越强	15%～39%最为合适

5-8表格

盈利能力指标数据

【活动5-12】2019—2023年，HY公司、KC公司和行业平均的财务数据及指标见二维码5-8。根据表格中的数据对象，对下列盈利能力指标进行数据分析与可视化：

（1）2019—2023年，结合一般企业设定的标准值，对比分析HY公司和KC公司的营运毛利率、营运净利率和成本费用利润率。

（2）2019—2023年，结合财务数据和行业平均水平，分析HY公司的总资产收益率和净资产收益率。

盈利能力指标数据分析与可视化如下：

（1）数据准备和获取

在Excel中，对计算财务指标需用的数据进行整理，并导入Power BI。基于列字段“时间”，系统自动建立数据关系。

（2）数据分析与可视化

①HY公司和KC公司的营运毛利率、营运净利率和成本费用利润率对比分析。使用表“HY和KC毛利率、净利率、成本费用利润率”，在“报表视图”，以列数据“时间”为X轴，两家公司的每一指标值为Y轴，生成两张折线图，如图5-57和图5-58所示。

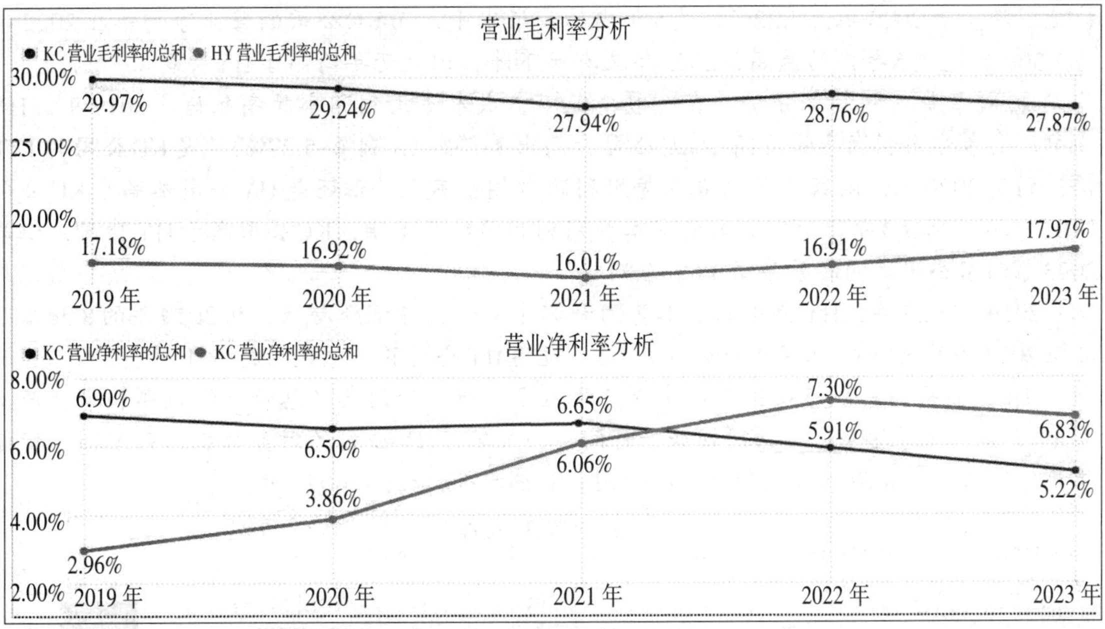

图5-57　营运毛利率分析折线图

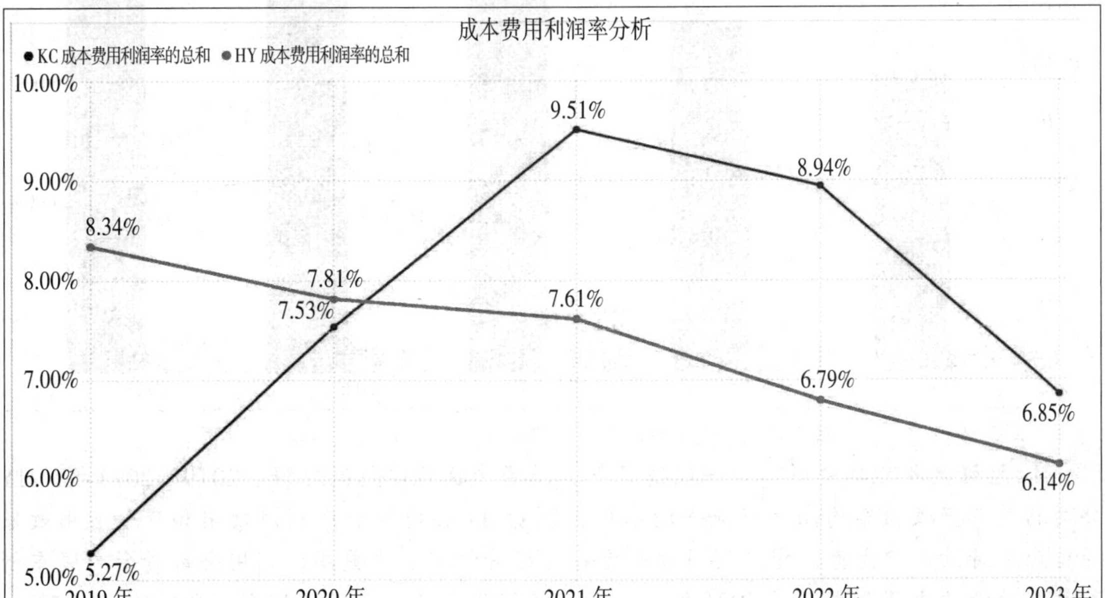

图5-58　成本费用利润率分析折线图

Ⅰ.营业毛利率分析。在一般情况下，营业毛利率越高越好。2019—2023年，KC公司的营业毛利率维持在27%~30%，HY公司的营业毛利率维持在16%~18%，至2023年，两家公司的营业毛利率还有近10%的差距。为提高营业毛利率，未来HY公司应在定价决策、成本控制等方面作出改进。

Ⅱ.营业净利率分析。在一般情况下，营业净利率越高越好。2019—2021年，HY公司的营业净利率高于KC公司，在6%~7%轻微波动，KC公司的营业净利率处于快速增长之中，由2019年的2.96%升至2021年的6.06%。2022年和2023年，HY公司的营业净利率持续下降，至2023年为5.22%，是5年内的最低水平，而KC公司的营业净利率在2022年为7.30%，达到5年内的最高，2023年又有所下降，但这两年均高于HY公司。

Ⅲ.成本费用利润率分析。在一般情况下，成本费用利润率越高越好。2019年，HY公司的成本费用利润率明显高于KC公司，高出3.07%（8.34%-5.27%），是KC公司的1.58倍；到了2020年，两家公司的成本费用利润率相差不大，但还是HY公司略高于KC公司（+0.28%）。此后3年，两家公司的成本费用利润率拉开差距，KC公司高于HY公司，但是2023年两家公司之间的差距减小（-0.71%）。

2019—2023年，HY公司的成本费用利润率处于持续下降趋势，从2019年的8.34%下降至2023年的6.14%，5年内降低了2.2%，说明HY公司的盈利能力持续下滑。

②HY公司的总资产收益率和净资产收益率分析。使用表“总资产收益率和净资产收益率”，在“报表视图”，以列数据“时间”为X轴，HY公司的财务数据为列Y轴，指标值为行Y轴，生成两张折线和簇状柱形图，如图5-59和图5-60所示。

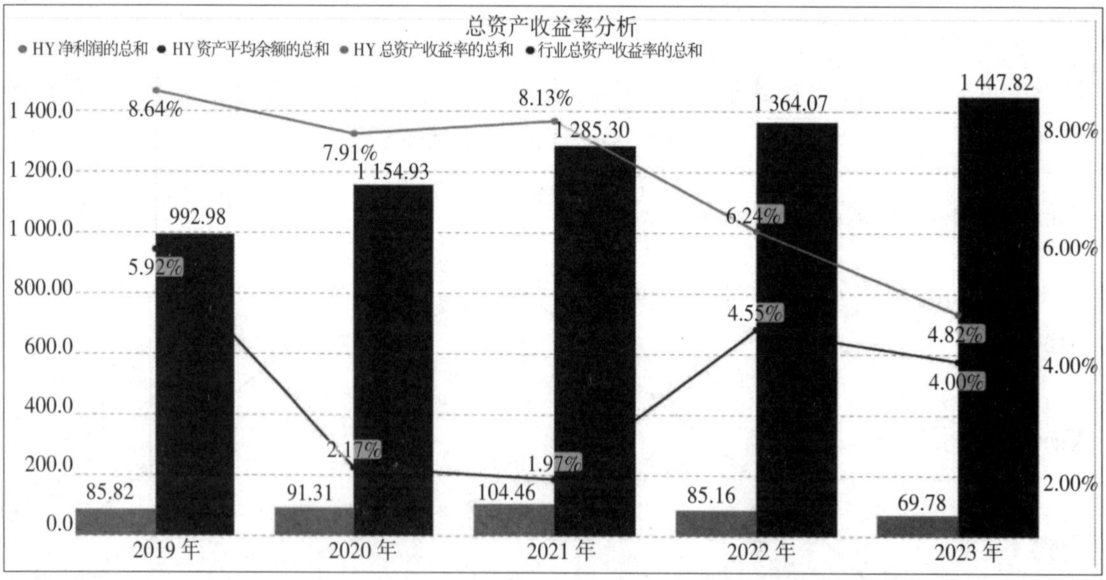

图5-59 总资产收益率分析的折线图和簇状柱形图

Ⅰ.总资产收益率分析。在一般情况下，总资产收益率越高越好。2019—2023年，HY公司的总资产收益率均高于行业平均水平，说明HY公司的资产利用效率和资金运用效果在行业中持续占有优势，资产利用效果更好，经营管理水平更高，利用全部资金为股东创造收益的能力更强，尤其是2021年，该指标是行业平均水平的4.13倍（8.13%÷1.97%）。相比于2021年，2022—2023年，HY公司的总资产收益率持续下滑，其原因是HY公司的资产继续增长，而净利润却连续两年下滑，因此，HY公司应该查找经营管理中存在的问题，挖掘资产潜力，发挥资产效能，以达到提高总资产收益率的目的。

总而言之，2019—2023年，HY公司的总资产收益率均高于行业平均水平，不过这种优势在逐步减小。净利润下滑是导致HY公司在2022年和2023年的总资产收益率下降的主要原因。

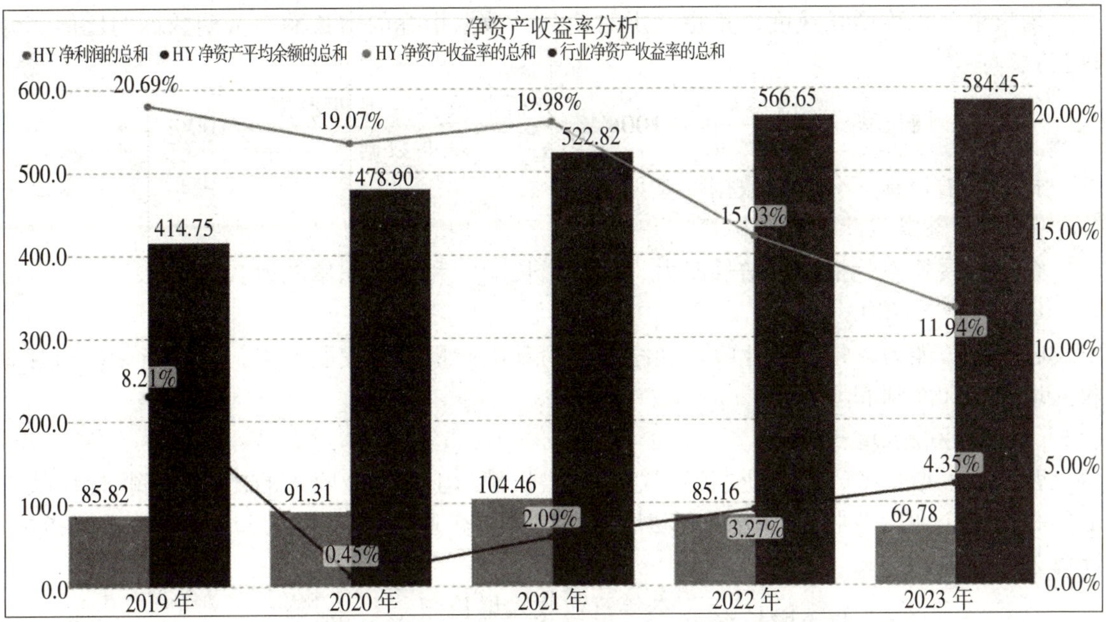

图5-60　净资产收益率分析的折线图和簇状柱形图

Ⅱ.净资产收益率分析。在一般情况下，净资产收益率越高越好。2019—2023年，HY公司的净资产收益率均明显高于行业平均水平，说明HY公司自有资本及其积累的获利水平在行业中处于优势地位，公司盈利能力强。2019—2023年，HY公司的净资产收益率的变动趋势和总资产收益率的变动趋势是吻合的，都是前三年基本稳定，后两年呈现下降趋势，其原因是HY公司的净资产继续增长，而净利润却连续两年下滑，因此，HY公司未来应扩大销售、降低成本、科学投资，取得更多的净利润，以达到提升净资产收益率的目的。

总而言之，2019—2023年，HY公司的净资产收益率均高于行业平均水平，不过这种优势在逐步减小。净利润下滑是导致HY公司在2022年和2023年的净资产收益率下降的主要原因。

登录东北财经大学出版社网站下载“文件5-12”，查看Power BI文件。

四、发展能力分析

（一）发展能力的概念

发展能力，是指企业依靠自身积累的资金或向外界筹资来扩大经营规模的能力。

发展能力是企业获利的不竭源泉和动力，是企业通过自身的生产经营活动，不断扩大积累而形成的，主要依托于不断增长的营业收入、不断增加的资金投入和不断创造的利润等。从结果看，一个发展能力强的企业，能够不断为股东创造财富，能够不断增加企业价值。

与盈利能力一样，企业发展能力的大小同样是一个相对的概念，即分析期的股东权益、净利润、营业收入和资产的增长是相对于上一期的股东权益、净利润、营业收入和资产而言的。这种仅仅利用增长额表示的增长只能说明企业某一方面的增长幅度，而无法反映企业在其他方面的增长幅度，既不利于不同规模企业之间的横向对比，也不能准确反映企业的增长能力，因此，在实践中通常使用增长率来进行企业发展能力分析。

增长率，也称增长速度，是指一定时期某一数据指标的增长额与基期数据的比值。计算公式为：

$$增长率 = \frac{增长额}{基期数据} \times 100\% = \frac{分析期数据 - 基期数据}{基期数据} \times 100\%$$

式中：增长额 = 分析期数据 - 基期数据。

（二）衡量发展能力的指标

企业发展能力包括收入增长能力、资产增长能力和资本积累能力。

1. 收入增长能力

收入增长能力，是以营业收入和净利润为基础衡量企业发展能力，分析指标包括营业收入增长率和净利润增长率。

（1）营业收入增长率

营业收入增长率，是企业本年营业收入增长额与上年营业收入的比值。该指标反映与上年相比，企业营业收入的增减变动情况，是评价企业成长状况和发展能力的重要指标。计算公式为：

$$\begin{aligned}营业收入增长率 &= \frac{本年营业收入增长额}{上年营业收入} \times 100\% \\ &= \frac{本年营业收入 - 上年营业收入}{上年营业收入} \times 100\%\end{aligned}$$

营业收入增长率大于零，表明企业本年营业收入比上年有所增长。该指标值越高，表明企业营业收入的增长速度越快，市场前景越好。在一般情况下，企业处于成长期，该指标值超过10%；已进入稳定期，该指标值为5%～10%；已进入衰退期，该指标值低于5%。若营业收入增长率小于零，则表明企业销售萎缩，市场份额削弱，或者是产品不适销对路，或者售后服务不佳，或者已被竞争产品替代，这些都是需要引起经营管理者注意的因素，需要通过进一步调查予以确定并找出对策。

但是，营业收入增长率只反映了近期营业收入的实际变动，在分析时还需要结合企业历年的营业收入水平、产品市场占有情况、行业未来发展趋势及其他影响公司发展的潜在因素进行预测。同时，在比较过程中要分别结合同类公司和同行业平均水平进行分析。

营业收入增长率受到基期数据的影响。由于一些偶然性因素的存在，如自然灾害、生产事故、行政性停产等，会导致上年或本年营业收入异常，从而造成营业收入增长率偏高或偏低。在基期数据特别小的情况下，本年营业收入的较小增长也会产生较高的增长率，而这不能反映企业的正常经营状况，不利于比较。

（2）净利润增长率

净利润增长率，是指企业本年净利润增长额与上年净利润的比值。该指标反映与上年相比，企业净利润的增减变动情况。计算公式为：

$$净利润增长率=\frac{本年净利润增长额}{上年净利润}\times 100\%$$
$$=\frac{本年净利润-上年净利润}{上年净利润}\times 100\%$$

净利润增长率不仅反映企业获利能力的增长情况，而且反映企业长期的盈利能力趋势。该指标值越大越好。需要说明的是，如果上年净利润为负值，则应取其绝对值代入公式进行计算。

只关注净利润增长率不足以反映企业盈利状况的变化，还需要结合营业收入的变动。如果营业收入增长率快于净利润增长率，则企业的营业净利率会下降，说明企业盈利能力在下降；相反，如果净利润增长率快于营业收入增长率，则营业净利率会提升，说明企业盈利能力在增强。

为了更准确地反映企业净利润的增长趋势，应将企业连续多期的净利润增长率进行对比分析，这样可以排除个别时期偶然性或特殊性因素的影响，从而更加全面真实地揭示企业净利润的增长情况。

2. 资产增长能力

资产增长能力，是以资产总额为基础衡量企业发展能力，常用指标为总资产增长率。

总资产增长率，是企业本年资产增长额同年初资产的比值，反映与上年相比，企业本年资产规模的增长情况。计算公式为：

$$总资产增长率=\frac{本年资产增长额}{年初资产}\times 100\%$$
$$=\frac{年末资产-年初资产}{年初资产}\times 100\%$$

总资产增长率越高，表明企业一定时期资产经营规模扩张的速度越快。该指标值是从企业资产总量扩张方面衡量企业的发展能力，表明企业规模的增长对企业发展后劲的影响。但在分析时，需要关注资产规模扩张的质和量的关系，以及企业的后续发展能力，避免盲目扩张。

3. 资本积累能力

资本积累能力，是以资产总额为基础衡量企业发展能力，常用指标为资本积累率。

资本积累率，即股东权益增长率，是指企业本年所有者权益增长额同年初所有者权益的比值，反映了与上年相比，企业本年资本的积累能力，是评价企业发展潜力的重要指标。计算公式为：

$$资本积累率=\frac{本年所有者权益增长额}{年初所有者权益}\times 100\%$$
$$=\frac{年末所有者权益-年初所有者权益}{年初所有者权益}\times 100\%$$

资本积累率反映了投资者投入企业资本的保全性和增长性。该指标值越高，表明企业的资本积累越多，资本保全性越强，应对风险、持续发展的能力越强。该指标如为负值，表明企业资本受到侵蚀，投资者利益受到损害，应充分重视。

【学思课堂】习近平总书记指出："市场决定资源配置是市场经济的一般规律，市场经济本质上就是市场决定资源配置的经济。"党的二十大报告指出："构建全国统一大市场，深化要素市场化改革，建设高标准市场体系。"构建高水平社会主义市场经济体制，要加快建设全国统一大市场，深化要素市场化改革，建设高标准市场体系，不断完善产权保护、市场准入、公平竞争、社会信用等市场经济基础制度，实现准入畅通、开放有序、竞争充分、行为规范，充分发挥我国巨大市场潜力，聚集国内外资源要素，为构建新发展格局提供坚实支撑。

【任务实训5-3】

目的：练习数据分析与可视化在财务指标中的应用。

资料：二维码5-2提供的财务数据和指标。

要求：根据表中数据对象，进行发展能力指标数据分析与可视化。

项目总结

本项目思维导图如图5-61所示。

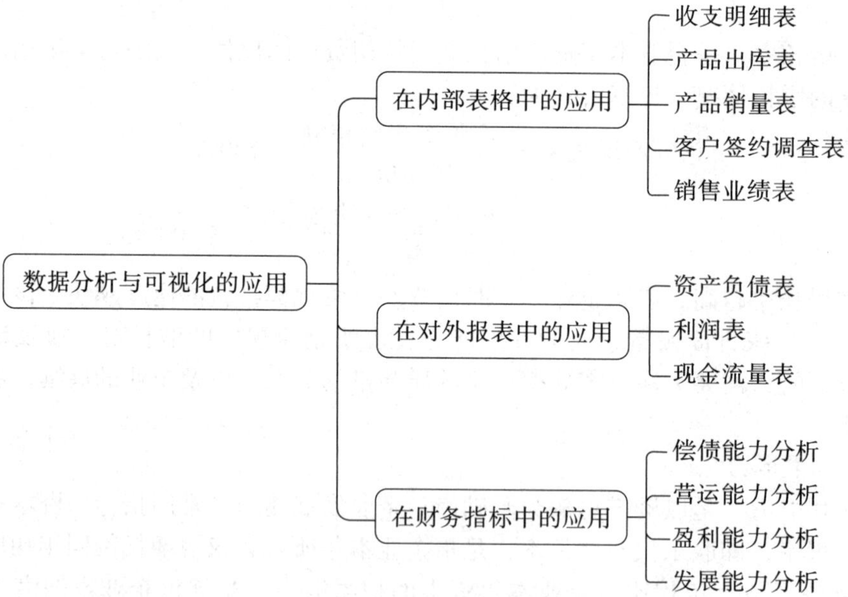

图5-61 项目思维导图

专创融合

结合学习的知识，完善项目计划书（如图5-62所示）。

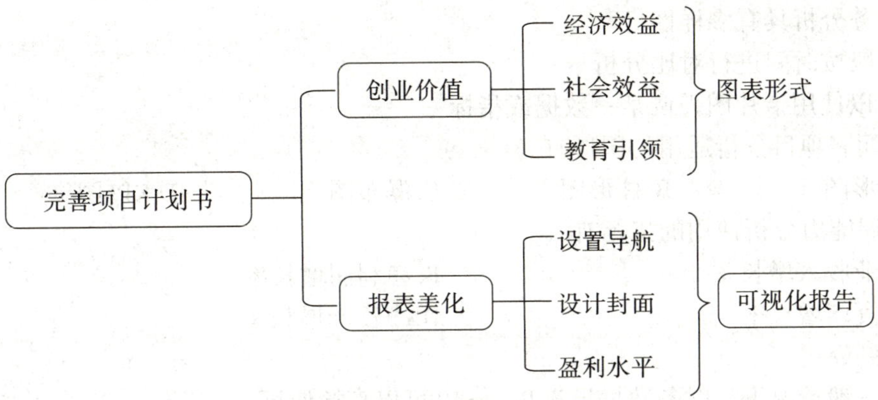

图5-62　完善项目计划书

赛证融通

理论部分

一、单项选择题

1.下列各项属于衡量企业短期偿债能力指标的是（　　）。

A.流动比率　B.产权比率　C.总资产收益率　D.总资产周转率

2.下列各项属于衡量企业长期偿债能力指标的是（　　）。

A.流动比率　B.资产负债率　C.净资产收益率　D.总资产周转率

3.下列各项属于衡量企业盈利能力指标的是（　　）。

A.现金比率　B.产权比率

C.总资产收益率　D.固定资产的资产周转率

4.下列各项属于衡量企业营运能力指标的是（　　）。

A.速动比率　B.产权比率　C.营业毛利率　D.总资产周转率

5.下列各项属于衡量企业发展能力指标的是（　　）。

A.总资产增长率　B.总资产收益率

C.总资产周转率　D.资产负债率

二、多项选择题

1.进行资产负债表数据分析与可视化的时候，应遵循的原则有（　　）。

A.重要性　B.从小到大　C.从大到小　D.完全披露

2.下列各项能很好地反映一段时间财务指标变化趋势的有（　　）。

A.柱形图　B.折线图　C.组合图　D.环形图

3.下列各项的说法中，正确的有（　　）。

A. 分析时使用的图形是固定的，只有一种

B. 财务分析具有多样性

C. 一般按时间进行对比分析

D. 可以使用卡片图强调某一数据或指标

4. 利润表项目分析适用的图形有（　　）。

A. 环形图　　B. 柱形图　　C. 瀑布图　　D.KPI图

5. 发展能力分析使用的指标有（　　）。

A. 营业收入增长率　　B. 净利润增长率

C. 总资产增长率　　D. 净资产增长率

三、判断题

1. 在一般情况下，财务数据导入Power BI可以直接使用。（　　）

2. 财务报表是二维表。（　　）

3. 在指标分析时，折线图、组合图广泛应用。（　　）

4. 总资产周转率是衡量企业盈利能力的指标。（　　）

5. 增长率是一种定基比率。（　　）

技能部分

实训：使用二维码5-2提供的表格，完成下列操作：

（1）分析企业财务状况、经营成果和现金流量；

（2）分析企业偿债能力、营运能力、盈利能力和发展能力。

素质部分

大学生应如何规划自己的职业生涯？

参考文献

[1] 杨华. 财务报表分析 [M]. 3版. 大连：东北财经大学出版社，2023.

[2] 杨华，高丽萍. 财务大数据分析与可视化（Power BI）[M]. 上海：同济大学出版社，2023.

[3] 杨华. 财务数据分析（Excel）[M]. 北京：人民邮电出版社，2024.

[4] 赵悦，王忠超. Power BI商务智能数据分析 [M]. 北京：机械工业出版社，2020.

数字化教学资源索引

为了便于学生自主学习，我们针对重点难点制作了51个数字化教学资源，并以二维码的形式添加在本教材中，用手机扫描二维码即可直接观看，括号内标注了二维码的具体页码。